本书为国家社会科学基金项目成果
项目批准号：09BXW008

北京市社会科学理论著作出版基金资助

境外资本
进入中国传媒市场
行为、影响与政策

Foreign Capital's Entrance to Chinese Media Market
Behavior, Influences and Policies

闻学 肖海林 著

北京大学出版社
PEKING UNIVERSITY PRESS

图书在版编目(CIP)数据

境外资本进入中国传媒市场：行为、影响与政策/闻学，肖海林著. —北京：北京大学出版社，2015.1

ISBN 978-7-301-25352-6

Ⅰ. ①境… Ⅱ. ①闻… ②肖… Ⅲ. ①传播媒介—外资引进—市场研究—中国 Ⅳ. ①G219.2

中国版本图书馆 CIP 数据核字(2015)第 005433 号

书　　　名	境外资本进入中国传媒市场——行为、影响与政策
著作责任者	闻　学　肖海林　著
责 任 编 辑	胡利国
标 准 书 号	ISBN 978-7-301-25352-6
出 版 发 行	北京大学出版社
地　　　址	北京市海淀区成府路 205 号　100871
网　　　址	http://www.pup.cn
电 子 信 箱	ss@pup.pku.edu.cn
新 浪 微 博	@北京大学出版社
电　　　话	邮购部 62752015　发行部 62750672　编辑部 62765016
印　刷　者	北京大学印刷厂
经　销　者	新华书店
	730 毫米×980 毫米　16 开本　28.75 印张　496 千字
	2014 年 12 月第 1 版　2014 年 12 月第 1 次印刷
定　　　价	78.00 元

未经许可，不得以任何方式复制或抄袭本书之部分或全部内容。
版权所有，侵权必究
举报电话：010-62752024　电子信箱：fd@pup.pku.edu.cn
图书如有印装质量问题，请与出版部联系，电话：010-62756370

前　言

习近平在2014年4月15日召开的中央国家安全委员会第一次会议上指出,我国要"构建集政治安全、国土安全、军事安全、经济安全、文化安全、社会安全、科技安全、信息安全、生态安全、资源安全、核安全等于一体的国家安全体系"。对照这一"国家安全体系"的构成可发现,境外资本进入中国传媒市场问题至少涉及其中的五个安全:政治安全、经济安全、文化安全、社会安全和信息安全。因此,基于国家安全视角考察境外资本进入中国传媒市场状况,构建既有利于境外资本有序进入和经营又确保我国国家安全且不失开明的规制环境,具有特别的意义。

随着中国入世五年保护期结束,中国传媒市场进入更加开放的后 WTO 时代。进入21世纪,网络媒体异军突起,引发全球传媒格局重大和深刻的变革。中国对外开放环境的重大变化与世界传媒格局的重大变革的叠加,必然改变境外资本进入世界潜在规模最大和增长最快的传媒市场——中国传媒市场的战略逻辑、战略行为与影响,引发政府传媒规制与监管思路、模式、路径等的调整,从而带来传媒政策环境的变革性影响。因此,准确和系统地了解境外资本进入和开拓中国传媒市场的状况和趋势,揭示境外资本进入中国传媒市场的战略逻辑、行为规律、结构性特征与行为走向和对中国传媒市场的影响,为中国传媒市场的规制建设和监管改进,以及对中国传媒企业的战略选择,进而对中国传媒市场的持续快速健康发展乃至中国国家安全提供扎实的理论依据和实证资料,至关重要。2010年发生的引发中美外交博弈的世界网络媒体巨头谷歌退出中国网络搜索市场事件、2013年6月引发全球关注的美国"棱镜"网络窃取情报项目的曝光,更加凸显本研究的重要性和紧迫性。

境外资本进入中国市场相关问题一直是中国学界研究的热点,成果丰硕。但是,我们发现,在中国学科的划分中,传媒问题一直不是商学院和经济学院的学科领域所包括的问题,而境外资本进入中国问题的研究主要集中在商学院和经济学院,本应高度关注此问题的新闻传播学院却由于长期形成的研究传统的局限使得对此类问题研究的关注明显不够,因此客观上,境外资本进入中国传媒市场问题成为整个中国学界光顾较少的领域,相关的研究显得十分薄弱,难以对国家的政策制定和监管提供更具针对性、前瞻性、更能把握全局的信息,这是导致中国传媒监管政策表现"不稳定性"特征的主要原因之一。从已有文献可看出端倪,在中国入世保护期结束和网络媒体异军突起叠加所形成的新传媒环境下,境外资本进入中国传媒市场已经到了新的阶段、呈现新的态势、表现新的特征,对中国的政治、经济、社会、文化已经并将继续带来新的影响。政府应根据境外资本进入中国传媒市场的最新状况、特征、影响及其未来趋势,优化规制、改进监管,既有效利用境外资本进入中国传媒市场给中国带来的重大战略利益,又规避可能的巨大风险,以持续实现"有效规制"和"有效监管",中国的传媒企业则需要更积极有效地应对,显然,这属于中国经济社会发展中的重大问题。

为此,2009年我们依据国家社科基金课题指南,以课题"境外资本进入中国传媒市场的状况与趋势——基于规制与监管优化需求的研究"申请国家社会科学基金资助,获得了批准,历时四年对这一"重大问题"进行了专门研究。本书即为这一课题的最终研究成果。

主持和参加本研究申报国家社科基金资助的人员有北京交通大学闻学教授、中央财经大学肖海林教授、原国家新闻出版总署王华处长和中南财经政法大学的几位老师,直接参加本课题研究的人员除了我们两人以外,还有来自北京交通大学和中央财经大学的邢红霞、肖闻博、史楷绩、李恋、古华岩、洪黎、周笑宇、郑强华、胡蓉、周瑶、项莲莲、唐婷、赵璐、是凯、刘康、鲍雪等老师和学生。在此,向他们一并表示诚挚感谢!

本书的出版获得北京市社会科学理论著作出版基金资助,出版资助的申请获得北京大学出版社和林君秀编审、周丽锦副主任等老师的推荐与大力支持,出版过程中获得北京大学出版社和周丽锦等老师的进一步支持与帮助,在此,也一并表示诚挚感谢!

本课题研究的难度和工作量均大大超出我们的预想,虽然我们采取了跨学科合作研究、投入了巨大精力,但肯定存在不足之处,欢迎批评指正。

闻学　肖海林

目录

第1章 导论 /1
- 1.1 问题提出 /1
- 1.2 研究内容和研究重点 /3
- 1.3 研究思路、研究方法与资料获取 /5
- 1.4 研究难度及所使用的理论工具 /8
- 1.5 关于几个重要问题的处理 /9
- 1.6 主要创新点 /12
- 1.7 研究不足 /13

第2章 境外资本进入中国出版发行和版权服务市场 /15
- 2.1 境外资本进入中国出版发行和版权服务市场状况 /15
- 2.2 境外资本在中国出版发行和版权服务市场的影响力 /30
- 2.3 境外资本进入中国出版发行和版权服务市场的特征和趋势 /36
- 2.4 境外资本未来进入中国出版市场的战略预测 /39
- 2.5 研究结论 /72

第3章 境外资本进入中国数字出版市场 /74
- 3.1 数字出版与数字出版产业 /75
- 3.2 境外资本进入中国数字出版市场的模式 /77
- 3.3 境外资本进入中国数字出版市场的分布状态 /83
- 3.4 外商投资数字出版企业的影响力——以网络文学为例 /95
- 3.5 数字出版产业未来发展与境外资本投资趋势 /100
- 3.6 研究结论 /102

第4章　境外资本进入中国电影市场　/103
　　4.1　加入WTO后的中国电影产业形态　/103
　　4.2　境外资本进入中国电影市场的动力因素　/111
　　4.3　境外资本进入中国电影市场的策略特征　/116
　　4.4　境外资本进入中国电影制片市场的状况和趋势　/119
　　4.5　境外资本进入中国电影发行和放映市场的状况和趋势　/133
　　4.6　境外大型电影集团进入中国的战略意图、战略特征、战略效应
　　　　　——以时代华纳为案例　/137
　　4.7　研究结论　/153

第5章　境外资本进入中国电视市场　/155
　　5.1　境外资本进入中国电视市场的动因　/155
　　5.2　境外资本进入中国电视市场的领域分布　/158
　　5.3　境外资本进入中国电视市场的行为特征　/163
　　5.4　境外大型电视集团进入中国市场的动态演变与启示：以迪斯尼、
　　　　　新闻集团和维亚康姆为案例　/178
　　5.5　境外资本进入中国电视市场的发展趋势　/182
　　5.6　研究结论　/195

第6章　境外资本进入中国网络视频市场　/197
　　6.1　境外资本进入中国网络视频市场的状况及趋势　/198
　　6.2　境外资本进入中国网络视频市场的影响　/228
　　6.3　研究结论　/240

第7章　境外资本进入中国网络媒体市场　/241
　　7.1　境外资本进入中国网络媒体市场的动因　/241
　　7.2　境外资本在中国领先网络媒体群中的进入状况与投资偏好　/254
　　7.3　境外资本进入中国网络媒体市场的状况及趋势　/271
　　7.4　境外资本绕开中国网络媒体市场准入壁垒的创新形式
　　　　　——协议控制（VIE）　/282
　　7.5　境外资本进入中国网络媒体市场的战略与策略　/291
　　7.6　境外资本进入中国网络媒体市场的影响　/301
　　7.7　境外大型网络媒体与中国的关系机制及政策启示
　　　　　——以谷歌为案例　/304
　　7.8　研究结论　/322

第8章 境外资本进入中国网络广告市场 /325
    8.1 境外资本进入中国网络广告市场状况 /325
    8.2 境外资本进入中国网络广告市场的行为特征 /333
    8.3 境外资本进入中国网络广告市场的影响 /368
    8.4 研究结论 /379

第9章 境外传媒资本退出中国的状况 /381
    9.1 境外传媒资本退出中国的方式 /382
    9.2 境外传媒资本退出中国的特点 /383
    9.3 境外传媒资本退出中国的影响 /385
    9.4 境外传媒资本退出中国的原因 /387
    9.5 研究结论 /390

第10章 研究结论、政策思路和理论创新 /392
    10.1 研究结论 /392
    10.2 政策思路 /396
    10.3 理论创新 /398

附录 /401
参考文献 /432
关键词索引 /446

第1章 导 论

1.1 问题提出

自2006年12月始,中国加入世界贸易组织五年保护期结束,中国传媒市场进入更加开放的后WTO时代。近10年来,网络媒体异军突起,引发全球传媒格局重大和深刻的变革。中国对外开放环境的重大变化与世界传媒格局的重大变革的叠加,必然改变境外资本进入世界潜在规模最大和增长最快的传媒市场——中国传媒市场的战略行为与影响。传媒行业是兼具经济和文化双重属性的"特殊行业",境外资本进入中国传媒市场对中国国家利益和中国传媒企业均是一柄双刃剑,中国传媒市场对境外资本的开放过程及中国传媒市场的健康发展都离不开中国政府的有效规制与监管。同时,由于中国传媒行业的市场化起步较晚、中国大多数传媒企业的竞争力比较弱,境外资本进入中国传媒市场必然对中国传媒企业的发展带来挑战。因此,准确和系统地了解境外资本进入和开拓中国传媒市场的状况和趋势,了解境外资本进入中国传媒市场的行为规律、结构性特征与行为走向,以及对中国传媒市场的影响、对中国传媒市场的规制建设和监管改进,以及对中国传媒企业的战略选择,进而对中国传媒市场的持续快速健康发展乃至中国和谐社会建设,都至关重要。

习近平在2014年4月15日召开的中央国家安全委员会第一次会议上指出,我国要"构建集政治安全、国土安全、军事安全、经济安全、文化安全、社会安全、科技安全、信息安全、生态安全、资源安全、核安全等于一体的国家安全体系"①。对照这一"国家安全体系"的构成可发现,境外资本进入中国传媒市场问题至少涉及其中的五个安全:政治安全、经济安全、文化安全、社会安全和信息安全。因此,基于国家安全视角考察境外资本进入中国传媒市场状况,构建既有利于境外资本有序进入和经营又确保我国国家安全且不失开明的政策环境,具有特别的意义。

伴随中国的对外开放和中国经济长期持续快速的成长,中国成为国际跨国资本的主要进入国之一,因而境外资本进入中国市场相关问题一直是中国学界研究的热点,成果丰硕。但是,在中国学科的划分中,传媒问题一直不是商学院和经济学院的学科领域所包括的问题,而境外资本进入中国问题的研究主要集中在商学院和经济学院,本应高度关注此问题的新闻传播学院却由于长期形成的研究传统的局限使得对此类问题研究的关注明显不够,因此客观上,境外资本进入中国传媒市场问题成为整个中国学界光顾较少的领域,相关的研究显得十分薄弱,真正高水准的、采用规范的研究方法进行的研究明显偏少,总体上,大多数相关文献只是"有感而发"式的文章,且相互引用的较多,鲜有来自系统掌握数据的基础上的研究,且存在许多研究空白,难以对国家的政策制定和监管提供更具针对性、前瞻性,更能把握全局的信息,这是导致中国传媒监管政策表现"不稳定性"特征的主要原因之一。但从已有文献可看出端倪,随着中国入世保护期的结束,以及网络媒体的异军突起,境外资本进入中国传媒市场已经到了新的阶段、呈现新的态势、表现新的特征,对中国的政治、经济、社会、文化已经并将继续带来新的影响。政府应根据境外资本进入中国传媒市场的最新状况、特征、影响及其未来趋势,优化规制、改进监管,既有效利用境外资本进入中国传媒市场给中国带来的重大战略利益,又规避可能的巨大风险,以持续实现"有效规制"和"有效监管",中国的传媒企业则需要更积极有效地应对、化危为机,显然,这属于中国经济社会发展中的重大问题。

解决这一重大问题的前提是弄清下列关键问题:加入 WTO 五年保护期结束后和在网络媒体环境下境外资本进入和开拓中国传媒市场的状况怎样?发生了怎样的变化?表现怎样的规律、特征和趋势?已经和今后会产生怎样的影响?对国家包含怎样的政策含义?对中国传媒企业提供怎样的启示?从详细的文献调查的结果来看,对这些问题,国内迄今还缺乏系统、深入、全面,特别是采取规范的研究方法展开的研究,缺乏截至目前的最新研究成果。

---

① 习近平:《坚持总体国家安全观 走中国特色国家安全道路》,2014 年 4 月 15 日,http://news.xinhuanet.com/politics/2014-04/15/c_1110253910。

本研究旨在融合新闻传播学院和商学院各自的学科优势,形成跨学院和跨学科的研究团队,采用严谨规范的研究方法,综合利用多学科的理论工具,系统深入地研究解决这些问题。

1.2 研究内容和研究重点

1.2.1 研究内容

传媒市场包括众多细分市场（子行业），本研究选择中国传媒业的传媒特性较显著的主要细分市场——传统出版市场、数字出版市场、电影市场、电视市场、网络视频市场、网络媒体市场、网络广告市场,在可行的条件下,分别展开基本遵循以下主要内容的研究。

1. 境外资本进入中国传媒市场的环境状况

根据战略管理的理论,进入中国传媒市场是境外资本重大的战略决策,是否进入、何时进入、怎样进入、先后分别进入哪些细分市场、采取何种市场战略与策略等等,均与中国传媒产业发展的环境密切相关,由此可解释和预测境外资本进入和开拓中国传媒市场的动因和行为。就传媒市场而言,本研究依据针对各个细分市场的研究需求,选择性地研究或组合研究宏观环境（WTO、法律政策、经济、社会、科技等环境）、传媒产业环境和传媒经营环境,以及传媒企业的内部环境（战略定位、资源、能力、核心能力、价值链等）。

2. 境外资本进入中国传媒市场的方式、路径及其特征与趋势

按照企业国际化战略的理论和实践,境外资本进入中国传媒市场的方式受众多因素影响,但总体上有出口进入、合同进入和投资进入三大类型,不同类型下又有多种方式,进入路径总体上有并购、战略合作和内部创业三种。境外资本依据其战略需求、自身实力和对中国传媒市场环境及发展趋势的判断,在不同时期会选择不同的方式和路径进入中国,而不同的方式和路径对中国传媒市场的影响在时间、速度、范围和程度上是不同的,包含着不同的政策含义。

3. 境外资本在中国传媒市场的分布及其特征与演变趋势

（1）行业分布及其特征与演变趋势。

传媒行业包括众多子行业（细分行业、细分市场）,各子行业在不同时期的市场结构、竞争环境、政策环境等各不相同,从而对境外资本具有不同的吸引力,通过研究境外资本在中国传媒市场各个子行业的分布、特征及其演变趋势,有利于国家针对传媒各行业的政策抉择。

(2) 产业链内分布及其特征与演变趋势。

按照产业价值链理论,传媒行业的价值链包括研发、生产(制作)、分销(发行)、促销(广告)等环节,不同的环节在进入壁垒、政府规制、市场吸引力、对企业的能力要求等方面以及传媒企业可能产生的社会影响不同,通过研究境外资本进入中国传媒产业链内部各环节的分布及其特征与演变趋势,可以了解现在及将来境外资本在不同传媒行业分别重点进入哪些环节、对中国传媒各行业的价值链重构与演变、对中国传媒企业的盈利潜力能产生什么影响,从而有利于指导国家的政策抉择和中国传媒企业的对策选择。

(3) 产品领域分布及其特征与演变趋势。

由于传媒产品的内容不同,其市场需求和对社会的影响就会不同,国家就需要对提供不同内容的传媒产品设置不同的政策壁垒,如政治领域的期刊和技术领域的期刊显著不同。通过研究境外资本进入中国传媒市场的产品领域的分布、特征及其演变趋势,了解境外资本对中国的政策规制是否有各种形式的实质性突破以及"打擦边球"的情形。

(4) 地区分布及其特征与演变趋势。

中国不同地区的经济、技术、社会、文化等环境各有不同且是动态变化的,按照国际化经营理论,这些均会决定境外资本在中国传媒市场的区位选择、进入不同地区的时机选择、在不同地区的竞争策略的选择。同时,可以了解境外资本对中国传媒市场影响的深度和广度。

(5) 境外资本来源的地缘分布、公司特征及其变动趋势。

不同国家和地区政治、经济、技术、社会、文化等各不相同,不同境外资本由于使命、愿景和核心价值观的不同,决定了其对进入中国传媒市场具有不同的动机和行为,通过对进入中国传媒市场的境外资本来源的地缘分布、公司特征及其变动趋势的研究,可以了解不同国家和地区、不同公司寻求进入中国的态度和规律,预测境外资本对中国社会经济发展的可能影响,以指导国家政策抉择。

4. 境外资本在中国传媒市场的发展战略与策略及其特征与趋势

境外资本要实现进入中国传媒市场的战略目标,必须通过恰当的战略与策略,突破各种壁垒,建立持续竞争优势,快速改变并形成有利于自己长期发展的传媒市场结构。根据战略管理和市场营销学的理论,这里主要从以下几个方面进行刻画:(1) 境外资本进入中国传媒市场的国际化战略及动态演变。按照跨国经营理论,企业进入其他国家通常有全球战略、跨国战略、本土化战略和国际化战略,这些战略所追求的战略利益不同、对进入国的市场影响也不同。(2) 境外资本在中国传媒市场的公司层战略,即是否展开一体化经营和多元化经营及其普遍性与动态演变。(3)业务竞争战略,包括成本领先战略、差异化战略、集中化战略、最优成本供货商战略、蓝海战略及其他战略在内的基本竞争战略的采用及其动态演变与趋势。(4)快速改变市场结构的战略,包括兼并收购(M&A)与重组、战略合作(战略联盟)和内部创业等。(5)营销组合策略。由于传媒业是特殊行业,故除了研究产品、价格、渠道、促销外,根据国际营销大师科特勒提出的10P理论,还特别关注政治营销、权力营销、社会营销等。(6)突破国家法律政策限制的变异策略或打"擦边球"策略。通过研究,既为中国传媒企业提供借鉴和决策参考,又可以了解境外资本进入中国传媒市场的动机和行为特征,对中国政治、社会和传媒市场可能带来的影响,以指导国家对境外资本的行为进行恰当的规制和有效监管。

5. 境外资本在中国传媒市场的影响力、效应及其特征与趋势

这里根据产业经济学与战略管理理论,主要研究境外资本在中国传媒市场竞争地位的变化、境外资本在传媒各子行业内领先企业群内的分布状况、境外资本进入后对市场集中度所带来的影响、境外资本已建立领先甚至垄断地位的传媒各细分市场的状况,以及境外资本进入对中国传媒产业、传媒市场、传媒发展格局和社会所产生的正负面效应,并给出总体评价。

6. 境外资本进入中国传媒市场后又退出状况及退出原因

对境外资本的规制与监管既要趋利避害,又要防止过度与错位,因此需要对境外资本进入中国后又退出的状况进行研究。这里主要对境外资本的退出现象给出一个总体评价,通过案例深度分析揭示是否存在及存在哪些监管过度与错位的问题,把握趋势。

1.2.2 研究重点

本书的研究重点是从总体上和结构上揭示和刻画境外资本进入和开拓中国传媒市场的行为逻辑与规律,行为、分布和影响的特征与发展趋势,这既是相关研究的薄弱环节,也是中国政府和中国传媒企业准确把握境外资本进入中国传媒市场问题的本质,进而进行正确的政策抉择和战略选择的理论依据,有利于提高政府规制建设的前瞻性和稳定性。

1.3 研究思路、研究方法与资料获取

本书以研究的针对性、规范性、有效性和权威性为导向。

1.3.1 基本思路

1. 总体思路图示如下：

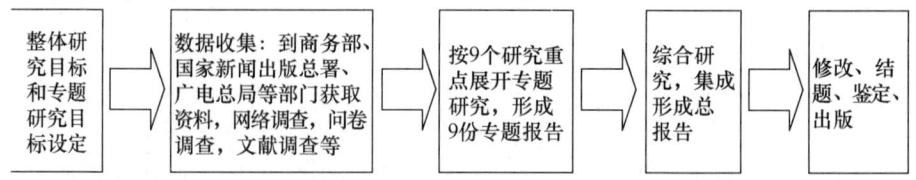

2. 整合五方面研究力量进行跨学科研究,涵盖传媒经营与管理、国际化经营、战略管理、产业经济学、市场营销等学科。安排一批研究生参与数据的收集、挖掘、核对比较与分析。

3. 通过三个比较研究揭示结构性特征:不同时间点的动态演变研究;不同细分行业(市场)的比较研究;传统媒体市场与网络媒体市场的比较研究。

4. 重点瞄准境外大型资本集团。尽管研究的是境外资本,但从逻辑上、实证上重点瞄准研究其中的大型资本集团尤其是大型产业资本集团,因为大型资本集团一般具有宏大的发展愿景、长期秉持的使命与在全球经营都必须坚持的核心价值观,这些会决定其特有的战略行为、经营风格和对中国文化产生较大的影响,同时,这些企业都有强大的资源与能力优势,这决定了这些资本集团一般具有强大竞争能力,能够实现其战略目标。此外,大型资本集团中的产业资本集团进入中国市场一般实施战略性投资,一般会长期直接参与被投资企业的战略决策甚至日常经营,较之一般只追求财务回报的财务资本集团对中国传媒市场影响更大,是中国政府和中国企业关注的重点。即所谓境外资本,在很大程度上实际是指境外大型资本集团。

1.3.2 研究方法

采取规范的研究方法进行研究,视研究问题的需要和可行性组合采用以下方法:

(1) 实证研究。先从国家和省市外资、传媒等政府部门以及传媒各行业年鉴、社会中介机构和行业协会发布的行业研究报告、数据库获取已进入中国传媒市场或已在中国开办分支机构的境外资本数据信息,再以此为基础,进行网络搜寻,文献调查,企业、政府、证交所等的官网调查。在掌握充分数据、资料和事实信息的基础上,再进行数据分析,实现对行为、特征、趋势和影响的揭示。比如,以时代华纳为案例进行的大型境外传媒集团进入中国的战略特征的揭示,就是通过对时代华纳的一系列行为方面的事实信息的分析实现的。

（2）案例研究。为了解决本研究中的重点和难点问题，提高研究结果的可信度，选择典型的案例进行深度分析，为最后的研究成果提供扎实的案例支撑。

（3）规范研究。综合利用战略管理、企业国际化经营、FDI、传媒产业经济学等学科的理论，解释和预测境外资本进入和开拓中国传媒市场的行为、特征、趋势及其政策含义。

（4）比较分析。加入WTO以来，中国传媒市场在发展的不同时间点具有不同的环境特征，境外资本就会有不同的战略行为；同时，网络媒体的异军突起迅速改变世界传媒格局和传媒规制环境，传媒企业的战略逻辑和战略行为就会不同。因此，本研究实施三个比较分析，一是动态演变的比较分析，二是不同细分行业的比较分析，三是传统媒体市场与网络媒体市场的比较分析，以揭示境外资本进入中国传媒市场整体的结构性特征和发展趋势。

1.3.3 数据、资料和事实信息获取

因为传媒市场包括很多具有独立产业经济特征和独特产业环境的细分市场，本书要研究我国加入WTO后各细分市场历年境外资本进入的动态变化，还要预测它们未来的趋势，研究对象包括各个国家和地区的众多资本类型、企业类型，中国众多企业等，数量巨大，涉及的内容很多，对象又是境外资本，所需数据量和数据获取难度均极大。同时，要揭示行为特征和趋势，就需要通过观察、分析、比较大量的碎片化甚至细微细节的事实信息。本研究组织了本科招生排名列全国前十的中央财经大学近百名三年级本科生按2—4人一组分成30余个小组，每小组各领一个数据收集任务，分头解决数据问题。

同时，本研究分解成9个专题、15个子问题，按各个问题对资料和数据的需求，共有2名教授指导22名学生以学位论文方式，基于权威和相互佐证准则，通过多种渠道解决研究资料和数据获取这一决定研究成败和价值高低的问题。总体上所获得的资料和数据能较好地支撑本研究的进一步分析及形成的研究结论。本研究获取资料和数据的主要渠道包括：

（1）历年传媒各行业年鉴、政府统计报告；

（2）国家和省市区外资、传媒等政府部门官网；

（3）历年社会中介机构、行业协会、高校、社科研究机构等发布的行业研究报告和年度报告；

（4）社会中介机构和企业建立的相关数据库；

（5）境外大型资本集团总部官网及其在中国存在关联业务和开办的公司的官网，以及大量中国传媒企业、投资机构官网，中国、美国、中国香港等国家和地区证券交易所官网；

（6）上市公司年报；

（7）相关研究学术专著、报纸、期刊论文及硕士博士论文；

（8）网络搜寻。

本研究因按专题展开，部分专题在2012年4月前完成，所用数据截至该时间之前，部分专题2013年4月前完成，所用数据截至该时间之前。

1.4 研究难度及所使用的理论工具

1.4.1 研究问题的复杂性与研究难度

从本研究的内容、需求和具体执行来看，本研究十分复杂、难度极大，体现在四个方面：一是它不仅涉及众多具有不同产业经济特征和独特产业环境的细分行业，只有进行全景研究才能既揭示整体状况又揭示结构性特征，工作量极大，而且必须综合使用至少三个一级学科——新闻传播学、工商管理和应用经济学的核心理论，这要求研究团队具备三个一级学科的较深厚的理论功底；二是不仅必须研究截至目前的状况，而且必须预测未来的发展趋势，否则，从规制与监管优化的决策需求上讲，研究的价值会大打折扣；三是不仅要揭示境外资本进入中国传媒市场的行为规律和特征，而且还要揭示这些行为规律和特征的内在逻辑和政策含义；四是本研究必须包括的数据量巨大，而中国传媒市场没有统一归口的数据管理和信息披露系统，数出多门、数据打架的现象较多，有些数据属于商业机密企业不愿提供，因此很多数据必须通过反复进行不同渠道的数据挖掘、比较及相互佐证才能使用。为了解决这些问题，本研究采取北京交通大学传播学院与中央财经大学商学院合作研究的模式，将本研究分解成15个子问题进行研究并分别形成学术论文，再进行集成完成。

15个子问题分别是：

（1）境外资本进入中国出版与版权服务市场状况和趋势；

（2）境外资本进入中国出版市场战略与影响预测；

（3）境外资本进入中国电影市场状况和趋势；

（4）境外大型电影集团进入中国市场的战略意图、战略特征、战略效应、监管挑战——以时代华纳为案例；

(5) 境外资本进入中国电视市场状况和趋势；

(6) 境外资本进入中国网络视频市场状况和趋势；

(7) 境外资本进入中国网络媒体市场状况和趋势；

(8) 境外资本进入中国互联网市场的分布、投资偏好及影响测度——以中国盈利50强网络企业为样本；

(9) 境外资本进入中国网络广告市场状况和趋势；

(10) 境外大型网络媒体集团与中国的双向锁定机制——以谷歌为案例；

(11) 境外资本退出中国传媒市场状况和趋势；

(12) 中国传媒产业经济特征与境外资本战略行为及产业后果前瞻；

(13) 互联网环境对境外资本进入中国传媒市场的影响；

(14) 境外资本进入中国传媒市场的规制与监管环境及其动态演变；

(15) 传媒产业关键成功因素、境外资本战略选择与产业动态演变。

1.4.2 研究使用的理论工具

在本书的研究论证中，综合使用了经济学科和管理学科的大量现代理论工具，确保研究做到严谨缜密、结论可靠。使用的主要理论工具有：产业经济学中的产业组织理论、产业经济特征理论、产业规制理论，战略管理中的使命愿景理论、宏观环境PEST分析模型、行业环境五力分析模型、竞争对手分析模型、资源与能力学派的竞争优势理论、价值链理论、钻石模型、国际化战略系列理论、基本竞争战略理论、合作战略理论、并购战略理论等，市场营销学中的营销组合理论，等等。

因限于篇幅，这些理论的介绍不在这里专门进行，会在正文中使用时解决。

1.5 关于几个重要问题的处理

1.5.1 一手数据和二手数据

基于可行性，本研究虽追求一手数据，但无法做到以一手数据为主。与本研究有关的二手数据绝大多数是碎片化的，分布在海量文献、数据库、网站等信息载体中，需要进行海量收集、核对、归纳整理，甚至重新计算才能使用。一手数据获取方式主要是课题组针对相关问题，直接查阅中外公司、政府、证交所等的官网和有关报告获取的数据，而网站数量巨大，还要针对不同细分市场、不同问题重复查阅，工作量浩繁。

1.5.2 写作规范

1. 写作方式及问题意识

本书的用途及使用对象是为宣传、出版、电影、电视、互联网、外资等多个党政部门及相关行业协会、中国企业提供决策参考，不是对单一政府部门，这就决定对多个细分市场都应有扎实的分析，也决定了报告不可能较短。同时，为了解决报告篇幅很长带来的弊端，在写作上进行如下技术处理：按专题陈述，每章一个专题，每一章设一小节"研究结论"，全书最后设一章"研究结论、政策思路和理论创新"。这样对于读者，既便于抓住本书的要点，又便于针对感兴趣的内容进行重点阅读。同时，为了体现本研究的"问题意识"，在结构上第 1 章专门谈问题、研究方法等，引领全报告，中间 8 章就是分析解决问题，最后一章给出研究结论和创新点。

2. 文献综述

文献综述是科学研究的基本环节，一般来讲是创思的前提，但是对于本书，之所以没有专列一节进行文献综述，是因为：一是本书是对"现状和趋势"的揭示与刻画，这类研究对前人相关研究的关联度、依存度和传承性不高，甚至从某种程度上讲恰恰不应过多关注前人的研究，应该"是什么就是什么"，而且密切相关的高质量研究国内很少（多为有感而发和臆断）、文献层次普遍很低且碎片化，国外很少有（因境外资本进入中国传媒市场是中国问题），并不能为本研究有效提供"创思"的前提；二是本书篇幅太长；三是本书对前人研究的借鉴主要来自 FDI、跨国公司管理、战略管理等经济类和管理类的学科，而这类文献的综述表面看起来与本研究关系不是很密切，也不宜写入，本书主要是利用了这些学科的多种理论工具，结合传媒市场独有的产业经济特征等方面进行"创思"的，这正是本研究采取跨学科合作研究的原因。

3. 图、表的资料来源标注

本书使用了大量图表，为体现学术规范，避免侵权，操作原则是：如果图、表系本书作者通过将碎片化的信息进行收集、整理形成，或由作者研究产生，就不标明资料来源；如果图、表系本书作者通过从多个渠道或某一渠道的多个地方获取数据资料并进行加工整理形成，就只标明来源渠道，不给出一个最终出处；如图、表系直接引用，则给出最终出处的完整信息。

4. 参考文献

按照一般的规范要求，参考文献应该只统一著录文中引用注释过的重要文献和权威性文献。但是,本研究需要获取的数据、资料十分浩繁,多半数据资料是二手的,而那种能完整反映某一问题的数据信息很少,需要从海量文献资料、数据库中寻找、挖掘、整理,而且还要进行多渠道的核对比较,才能解决本研究的关键问题——数据资料基础的建立。比如,本书中的表4-8,就是通过研读尹鸿在期刊《电影艺术》九年期间几乎一年一篇文章《中国电影产业备忘》并进行总结归纳形成的。本书中类似这样的情形很多,再加上细分传媒市场很多,所以涉及的文献就很多,而且无法在书中——标出,故在参考文献中全部列出。如果不列出这些文献,读者又会质疑本书中的数据来自何处？因此,本书写作时,只要对本书形成有贡献且有权威机构认可的文献都列入。有的文献看起来不属于重要文献和权威文献,但可能提供了某个关键事实信息,它们构成了本书的数据资料基础。但是,写作时要做到:报告中涉及引用别人观点、理论工具的,都直接以文字表述指出原创者;加工、整合使用别人数据资料的,均标注来源渠道;直接引用别人完整资料数据的,完整指出最终出处点。

5. 内容结构的安排

传媒市场包括传统媒体市场和新媒体市场,它们又分别包括众多具有独立产业经济特征和独特产业环境的细分市场。本书包含传媒属性较强且市场规模较大、境外资本较活跃的细分市场,这一部分市场基本可以稳妥地代表整个传媒市场,同时本书涉及这一部分市场的研究内容已经很多,广告、广播、电商等细分市场因不符合这一要求不包括在内,因此,无法完全遵循通行的市场分类进行研究和内容结构的安排。同时,在内容结构的安排上,虽尽可能遵循通行的传媒市场分类,但同时还要兼顾问题重要性、内容相关性和阅读比较,因此对个别章节的位置做出特殊安排,如网络视频市场(第6章)放在电视市场(第5章)之后、数字出版(第3章)放在出版发行和版权服务市场(第2章)之后,而不是放在网络媒体市场之后,这样安排有利于读者形成阅读比较,把握新传媒格局下境外资本进入中国传媒市场的新趋势和新影响。

1.5.3 政策思路的提出

传媒市场包含众多细分市场,各个细分市场又有很大差异,政策体系庞杂、多变、敏感,针对每一个细分行业提出一个高质量的政策建议都非易事,因此,要提出针对各个具体行业的"具有可操作性的政策建议",是无法做到的,而正确与可行的做法是针对整个传媒市场揭示"政策含义",提出"政策思路"。由于研究的对象是整个传媒市场,提出好的"政策思路"同样具有重要价值,而且这是提出"具体政策建议"的前提,目前在中国还缺乏这样的研究。同时,如果要针对各个具体细分行业提出"可行性的具体建议",书稿的长度就会剧增,而本书内容已经很多。

本书的政策思路是这样提出的:前面各章的战略分析均涉及政策环境,因此课题组对政策环境的总体状况是清楚的、有基本的把握,并体现在前面各章之中,再结合前面各章对境外资本行为、影响、特征、趋势等的揭示与刻画,借助产业经济、战略管理等的理论,在正常的思维能力下,就可以提出最后一章的"政策思路"。"政策思路"是课题组独立提出的,有些观点是首次提出,即便所提出的政策思路与前人提出的观点有相似甚至相同之处,也很有价值,因为中国传媒市场政策思路的调整属于国家重大的政策抉择,如果没有不同的学者通过不同研究提出相同的观点,那么做重大政策抉择的风险就是巨大的,而中国的传媒政策恰恰有多变的特征。

1.6 主要创新点

1. 本书利用经济学和管理学的多种理论工具,首次比较系统、全面且有深度和重点地揭示和刻画了境外资本进入中国传媒市场(涵盖传媒特性明显、市场规模较大和境外资本较活跃的主要细分市场)的战略逻辑、行为特征、分布特征、战略新趋势和对中国传媒市场的影响,重点揭示了境外大型传媒集团的战略意图、战略特征、战略效应,发现了一种网络时代和网络媒体行业才有的传媒新现象和国家安全新趋势——境外大型网络媒体与东道国的双向锁定,而以往的相关研究多为碎片化,在为中国政府优化传媒规制与监管、制定对外开放相关政策以及为中国传媒企业为应对境外资本进入所带来的机遇与挑战而进行正确的战略决策,以及为中国学界提供借鉴方面,体现了较大的价值差异。本研究为中国政府优化传媒规制与监管提供了扎实的理论依据和实证资料。

2. 本书提出了今后我国政府优化规制与监管,合理引导内外资行为,应对境外资本进入所带来的机遇与挑战的新态势,构建有利于境外资本有序进入与经营又不失开明的规制环境,既促进我国传媒市场快速发展又规避境外资本进入风险的政策思路。政策思路的创新性体现在三方面:一是在系统、全面且有重点地揭示和刻画境外资本进入中国传媒市场(涵盖传媒特性明显、市场规模较大和境外资本活跃的主要细分市场)的战略逻辑、行为特征、分布特征、战略新趋势和对中国传媒市场的影响,重点揭示境外大型传媒集团的战略意图、战略特征、战略效应及所带来的传媒新现象和政府管理的新挑战的基础上提出的具有扎实的实证基础,此前国内尚无这类系统性、全景式研究;二是与现有的相关研究不同,本书针对的是全球传媒发展格局剧变必然引来传媒规制与监管思路、模式、路径、重点等的系统性调整,提出了六点政策主张,它们构成一个整体,体现的是系统性建构,这样有利于建立针对新传媒环境的政策协同性,发挥政策体系的协同效应和整体效应;三是所提政策思路具有可行性、针对性和时代性的特点。

3. 提出了一些重要的理论观点或创新,比如发现了传媒行业独特的规模经济特征、自然垄断产业属性及其对企业战略行为和传媒市场发展趋势的规范性影响,发现了一个新的基本竞争战略类型——"差异化 + 低价格"竞争战略,提出了全面本土化概念,发现了境外资本进入所带来的一个传媒新现象和政府传媒管理的新挑战——境外大型网络媒体集团与东道国的双向锁定并提出了一个理论解释框架,指出了双向锁定中境外资本的行为特征及对东道国的潜在安全风险等,这些理论创新丰富了战略管理、产业经济学、传媒管理等学科的理论体系,对政府政策制定、企业实践和学术研究均有重要的指导价值。用这些理论创新能够很好地解释和预测境外资本进占中国传媒市场的各种行为以及对中国传媒市场演变的影响,它们能构成一个很好地诠释境外资本进占中国传媒市场的战略逻辑、行为特征、分布特征、战略新趋势、境外资本进入对中国传媒市场的影响的理论框架。同时,有些观点与传媒文献普遍持有的观点不同,如已有传媒文献都称传媒行业实施的是"差异化战略",我们发现实际不是,而是"差异化 + 低价格"战略,而且这一战略与战略管理学者普遍知晓的差异化战略、低成本战略、差异化和低成本混合战略在战略逻辑和实现路径上都不同,是传媒行业、信息行业特有的。由于竞争战略是战略管理学科的核心内容,因此,发现"差异化 + 低价格"战略就属于重要的理论创新。

1.7 研究不足

本研究的成败决定于翔实数据和资料的获取,但是,十分明显,本研究需要获取的数据和资料可谓十分浩繁,尽管我们动员了百余名学生参与数据和资料的收集、挖掘与核对比较工作,但仍然有一些关键数据无法获取。其原因主要是两点:一是有些数据属于商业机密,传媒企业不予公开;二是国家关于传媒市场数据库的建设是一个十分薄弱的环节,这也正是中国政府今后改进传媒市场监管的一个重要方面。如果不存在这两个原因,以本研究投入的人力之大,完全可以完成得更扎实些、得到的研究结论更精准些,甚至进行必要的高级统计分析。不过,本研究所形成的数据基础足以很好地支撑本研究所形成的各个结论。

此外,由于传媒市场包含众多细分市场,因研究内容已大幅超过课题申报书中的预期研究计划,还有一些细分市场未能专题研究,本成果中的个别细分市场研究略显单薄,这有待以后研究和加强。

第2章 境外资本进入中国出版发行和版权服务市场

2.1 境外资本进入中国出版发行和版权服务市场状况

2.1.1 境外资本进入中国出版发行和版权服务市场的模式

随着中国出版市场的逐渐开放,境外出版企业纷纷进入中国市场。英国培生集团、丹麦艾萌阁集团、美国亚马逊集团、汤姆森路透集团、德国贝塔斯曼集团等全球顶尖出版企业已经与中国出版产业各主体开展了多种形式的合作,并且正在不断寻找更深入的突破口。归纳起来,境外资本进入中国出版发行和版权服务市场的模式主要有:

1. 直接投资模式

(1) 投资设立新企业。

2001年以前,境外资本在中国出版发行和版权服务市场设立的合资企业,基本以个案形式存在,法律法规对此没有明确的规定。比如1980年国际数据集团(IDG)和电子技术信息研究所分别以49%和51%的出资比例合资成立了计算机世界传播服务公司,经营《计算机世界》周报,成为国内第一家经国家批准的合资出版公司。2001年加入WTO之后,中国出台了一系列有关出版产业的法律法规和规章制度,使境外资本进入有章可循、有法可依。2002年10月,大华媒体服务有限责任公司开展书报刊发行分销试点业务的申请获国家新闻出版总署批准,成为中国内地第一家获得书报刊分销权的合资企业。① 此后,经国家新闻出版总署和商务部批准,贝塔斯曼集团2003年12月3日注资北京二十一世纪锦绣图书连锁有限公司,获得后者40%的股份,后者也成为国内首家中外合资全国性图书连锁机构。② 2006年10月,世界著名出版机构威科集团在北京成立了商律(北京)图书销售有限公司,成为国内首家外商独资专业零售书店。③ 2009年,香港TOM集团收购了广州鸿翔音像制作公司50%的权益,成为实质上的控股股东。

根据中国加入WTO的承诺以及《外商投资图书、报纸、期刊分销企业管理办法》和《新闻出版总署关于外商投资电子出版物分销业务有关问题的批复》(新出法规【2005】1048号)规定,2006年过渡期结束之后,中国出版产业分销领域已经全面向境外资本开放。2005年新闻出版总署批准了30家外资分销机构,2006年已批准的外资分销机构达到45家,2007年达到62家,2008年年底全国共有外商投资出版物分销机构56家,新增机构16家,注销17家,2010年底全国外商出版物分销机构为51家。总体看,现阶段境外资本在中国出版发行和版权服务领域直接设立企业的模式主要集中在分销领域,但是在全行业近16万个出版物发行网点中所占比例很小,外商投资企业在出版物分销市场整体上呈亏损状态。

(2)并购。

2004年8月,亚马逊公司收购卓越网100%的股权,成为最大一宗中国出版产业外资收购案。④ 在并购市场比较活跃的当属香港的TOM集团,这家以和记黄埔和长江实业集团为主要股东的具有深厚政治背景的传媒大鳄,自进入中国内地市场以来,先后收购了羊城报业、美亚在线、风驰广告、《亚洲周刊》及中国最大的电子邮局163.net⑤,在2010年8月还与中国邮政合资组建了"邮乐网"。"邮乐网"是一家基于BTOC(商业机构对消费者的电子商务)模式的电子商务企业,可以共享中国邮政旗下4.6万个营业网点的营销渠道。

随着中国对外开放程度的加深,《利用外资改组国有企业暂行规定》《外商投资产业指导目录》《出版物市场管理规定》等政策文件相继出台,这些政策对

---

① 黄华等:《图书分销市场面临变局》,载《上海工商》2003年第9期。
② 颜世瓈:《传媒巨子贝塔斯曼》,载《理财》2005年第9期。
③ 张新华等:《出版物分销市场:在外资的冲击下》,载《出版参考:业内资讯版》2007年第1期。
④ 姚德权、曹海毅:《外资进入中国传媒业与政府规制创新》,载《吉林大学社会科学学报》2007年第3期。
⑤ 司思:《当中国传媒遭遇外国资本》,载《中国经贸》2006年第1期。

吸引境外资本参与国有企业存量改革起到了较大推动作用,目前境外资本参与新华书店总店改制重组即是一个很大的突破。

总体看,中国加入 WTO 以来,境外资本以并购方式进入中国出版发行和版权服务市场仍旧是个别现象,尚不具普遍性,更谈不上大规模,主要原因仍是中国入世承诺的准入限制和《外商投资产业指导目录》并未允许境外资本参与编辑、出版等核心领域。亚马逊收购卓越网从本质看仍旧是分销领域的并购行为,而 TOM 集团开展的一系列并购活动,更大程度上受益于香港回归后的特殊政策以及李嘉诚本人深厚的政治资源。

(3) QFII 或者中外合资基金持股。

QFII 是英文 Qualified Foreign Institutional Investors(合格境外机构投资者)的简称。在 QFII 制度下,单个境外资本可以基金的方式进行不得高于 10 亿美元的 A 股投资,各种资本所得经审核后可转换为外汇汇出境外。①② 可见,在中国目前未实现资本项下可兑换的情况下,QFII 是一种过渡性、间接的投资模式。从这一点看,出版产业的管制松动首先体现在融资政策的松动上。

截至 2011 年 6 月 30 日,境内上市的传媒企业共有 11 家,它们是赛迪传媒、华闻传媒、粤传媒、天舟文化、中文传媒、时代出版、皖新传媒、出版传媒、博瑞传媒、中南传媒、新华传媒,其中,出版传媒是唯一一家整体上市的出版企业,皖新传媒是唯一一家直接 IPO 的出版发行企业,天舟文化是唯一一家民营控股的出版企业。

从这 11 家公司历年定期报告披露的前 10 大股东持股情况看:天舟文化 2011 年中报披露,QFII 持有其 12.558 万股股票;新华传媒 2010 年年报披露,中外合资基金中国银行—富兰克林国海潜力组合股票型证券投资基金持有其 876.6 万股股票;中南传媒 2010 年年报披露,华宝兴业行业精选股票型证券投资基金持有其 870.42 万股股票,工银瑞信基金公司持有其 300 万股股票,其余公司前 10 大股东中未出现 QFII 或者中外合资基金持股情况,且未出现持股超过 1 年的基金。③ 总体看,QFII 或者中外合资基金持有境内出版产业上市公司的股票均是基于获取二级市场差价进行的短期投资行为,不能通过持股影响上市公司的经营决策,更难以影响到各上市公司核心业务的编辑、出版业务。

---

① 《合格境外机构投资者境内证券投资外汇管理规定》,国家外汇管理局 2009 年 9 月 29 日颁布。
② 《合格境外机构投资者境内证券投资管理办法》(中国证券监督管理委员会、中国人民银行、国家外汇管理局 2006 年第 36 号令)。
③ 上述数据根据上海证券交易所、深圳证券交易所公布的各上市公司数据搜集整理。

2. 出口模式

根据《出版管理条例》和《订户订购进口出版物管理办法》等规定,国外的出版物进入中国内地的唯一合法途径,是通过新闻出版行政部门批准设立的出版物进口经营单位办理进口手续,因此,境外出版物出口中国内地是一种间接出口模式。到目前为止,中国进出口公司等国内大型出版物进出口机构仍然是国外出版物进入中国市场的主渠道,国外出版集团很难绕开它们。为了在中国出版市场占据优势位置、绕开各种或明或隐的市场壁垒,境外资本通过在中国设立办事处等方式来进行关系营销或者市场推广,且总是试图与中国各图书进出口公司建立战略联盟。

中国加入 WTO 对于国外出版物在中国市场的增长有着直接的拉动作用。尽管由于语言、文化上的障碍以及出版物定价上的悬殊,中国市场在英美出版商的出口中占据份额较小,但总量是逐年增加。比如,2004 年美国对中国出口图书合计 1811 万美元,在美国图书主要出口国家中中国排第十一位。[①] 2006 年,美国对中国出口图书达到了 2.58 亿美元,在美国图书主要出口国家中中国排名第九位。[②]

自从 1998 年中国开始对出版物实物进出口进行统计以来,中国出版物一直存在贸易逆差,从表 2-1 可以看出,境外出版物进入中国的总额呈逐年增加趋势,出版物贸易逆差仍在扩大,而版权贸易的逆差在逐步缩小。

表 2-1 2004—2010 年全国出版产业进出口简况

年份	进口额(万美元)	外贸比	版权引进(种)	版贸比
2004	18390.93	1:6.65	10040	1:7.64
2005	19351.35	1:5.25	10894	1:7.18
2006	21172.82	1:5.41	12386	1:6.02
2007	25445.70	1:6.41	11101	1:4.28
2008	28618.21	1:7.97	16969	1:6.91
2009	24505.27	1:7.13	13793	1:3.28
2010	37391.30	1:9.95	16602	1:2.92

资料来源:根据原国家新闻出版总署 2004—2010 年期间历年公布的《全国新闻出版业基本情况》整理。

[①] 郝振省:《2004—2005 国际出版业状况及预测》,北京:中国书籍出版社 2005 年版,第 13 页。
[②] 郝振省:《国际出版业发展报告(2008)版》,北京:中国书籍出版社 2008 年版,第 53 页。

3. 以版权为纽带的品牌合作出版模式

根据中国加入 WTO 的承诺和《外商投资产业指导目录》，中国目前还不允许境外资本投资出版和编辑领域，但国家对国内出版单位与境外出版单位展开单一项目合作持鼓励态度。根据《出版管理条例》，境外出版物进入中国市场目前有两种方式：一是通过国家指定的出版物进出口公司进口原版出版物；二是版权合作。大型跨国出版集团由于掌握了大量高质量的出版物版权，在其专注的出版领域占据重要份额，而国内出版社在内容方面相对匮乏，这就使得国内出版社对国外版权的依赖程度呈上升状态，双方合作也具备前提条件。在当前中国出版政策的制约下，以版权为纽带的品牌合作出版是跨国出版集团拓展中国市场的安全模式，同时也能获取较好的经济效益。目前，此类模式主要有以下三种类型：

（1）内容授权。

这种类型一般是以外文出版物的中文版或者是外文出版物内容购买等形式存在于中国的期刊和图书市场，较多地集中在期刊市场。合作方式一般是对原版文章进行全部翻译或部分摘译，然后由国内专家进行分析点评后结集出版。比如《美国医学会杂志》（中文版）、《英国医学杂志》（中文版）等。

（2）双向版权合作。

这种类型主要集中于高码洋时尚类期刊，在中国内地发行的期刊可以采用外国期刊的图文资料，外国期刊也可以登载中国期刊的优秀内容。比如《时尚 BAZZER》《时尚 COSMO》《瑞丽》《ELLE 世界时装之苑》《红秀》等等。国家新闻出版总署在这些杂志引用外刊资料比重方面有硬性规定，如时尚消费类杂志控制在 50% 以内，科技类杂志由于其对现代化建设的积极意义则规定在 60%—70% 甚至更高。

（3）版权合作出版。

版权合作出版，是指一个出版商为最初出版商，与其他两个或更多出版商合作出版期刊或图书。它涉及编辑内容的发展、制作筹备、特定的广告销售协议及不同的投资收益模式。合作出版成本的支付可以是所有的版税支付，也可以是专有版税支付。合作出版的形式是一种变通的项目合资方式，是版权合作的延伸。它不涉及境外资本或国内非国有资本兴办出版社或参股出版社问题，成为国内出版社依靠自身积累及国家扶持之外的第三种解决出版资金的有效办法。时至今日，培生集团、丹麦艾萌阁集团、汤姆森教育集团、德国斯普林格出版公司、哈佛商学院出版社等跨国出版企业均在内地有战略合作伙伴,合作内容涉及医学、教育、儿童读物、音像制品等领域。可以预见,合作出版模式在出版产业将越来越普遍和广泛,涉及领域也将越来越多。

4. 购买境外上市中国出版企业股票模式

上市是出版企业拓宽融资渠道、实现快速扩张和跨越发展、进行资源配置的一条新途径。汤姆森集团、培生集团、麦格—希尔集团、里德·爱思唯尔集团、《读者文摘》等我们所熟知的国外大型出版集团均为上市公司,有的甚至还不止在一地上市。① 无论是在境内上市还是境外上市,出版企业都能够实现筹资、定价、资源配置以及行业地位提升等战略利益。

2000年前后,国家开始文化体制改革试点,作为共青团北京市委的机关报,《北京青年报》是中国第一批参与试点的报纸之一,这也是响应中央要求"把优质资产推向国际市场"的一种尝试。《北京青年报》在保留采编业务之后,将其他所有经营性业务,包括印刷、发行、广告、新闻网站等部门组成北青传媒集团,于2004年12月在香港联交所主板上市,共募集资金12亿元港币,北青传媒成为中国内地第一家赴香港H股上市融资的文化企业,当时最大的机构投资者是南非的MIH传媒集团。

被称为"书店境外第一股"的新华文轩2007年5月30日在香港联交所主板上市,被国家新闻出版总署出版物发行管理司司长范卫平(2007)评价为"是中国出版发行行业的一件大事,表明中国出版发行业在深化体制改革方面卓有成效,结出了硕果。"②出版企业海外上市的社会意义大于其经济意义,对其他出版企业具有明显的示范作用,能够推动和加速出版发行体制改革的步伐,有利于形成开放、竞争、有序的现代出版产业市场体系。

整体看,中国资本市场成立20年中,中国的出版企业上市步伐比较缓慢,境内上市的出版企业只有11家,出版传媒是唯一整体上市的公司,天舟文化是唯一民营出版企业,其余都是国有控股下的部分资产上市,境外上市的出版企业也只有北青传媒和新华文轩。尽管数量比较少,但也代表着中国文化体制改制的重大突破,在一定程度上打破了中国出版产业"企业化经营、事业化管理"的桎梏。

---

① 唐舰等:《出版企业上市:走向考场》,载《编辑之友》2008年第2期。
② 引自魏晓薇:《新华文轩香港上市首日即涨》,载《中国新闻出版报》2007年5月31日。

2.1.2 境外资本进入中国出版发行和版权服务市场的分布

1. 进入领域的分布

从投资方面看,2010 年销售额全球前 20 名出版企业[①]在华设立合资或独资企业各领域的分布情况是:涉及图书领域的 8 家,涉及报纸领域的 1 家,涉及期刊领域的 4 家,涉及音像领域的 2 家,涉及数字出版领域的 5 家。除了阿歇特出版公司 2010 年与凤凰出版传媒集团新成立合资公司、麦格劳-希尔公司正在洽谈外,其余的合资公司成立日期均在 2006 年以前,这些企业的经营范围基本限定在书报刊分销业务、图书策划业务、广告业务等。可以看出,以直接投资形式进入中国出版发行和版权服务领域的境外资本数量整体较少,其中,图书领域和数字出版领域偏多,而报纸领域最少,与出版物的时效性呈负相关关系。

表 2-2 2010 年全球销售额前 20 名出版企业在华投资领域分布

序号	企业名称	图书领域	报纸领域	期刊领域	音像领域	数字出版领域
1	培生集团	V	—	—	—	—
2	里德·爱思唯尔集团	—	—	—	—	—
3	汤姆森路透集团	V	—	V	—	—
4	威科集团	—	—	V	—	V
5	贝塔斯曼集团	V	V	V	V	V
6	阿歇特图书出版公司	V	—	—	—	V
7	麦格劳-希尔教育出版集团	V	—	—	—	V
8	行星集团	—	—	—	—	—
9	圣智学习出版公司	—	—	—	—	—
10	学乐集团	—	—	—	—	—
11	霍兹布林克集团	—	—	—	—	—
12	阿格斯蒂尼集团	—	—	—	—	—
13	威立集团	—	—	—	—	—
14	霍顿·米夫林出版公司	V	—	—	V	V

---

① 通过大量搜集分析资料,可以得出一个基本前提:在中国市场起主导作用的境外资本基本属于这 20 家,港台的几家企业如香港 TOM、香港万华、台湾出版商协会等虽有一定知名度,但在中国市场仍然难与这 20 家企业抗衡。

(续表)

序号	企业名称	图书领域	报纸领域	期刊领域	音像领域	数字出版领域
15	集英社	—	—	—	—	—
16	讲谈社	—	—	—	—	—
17	小学馆	—	—	—	—	—
18	哈珀·柯林斯	V	—	—	—	—
19	斯普林格出版社	V	—	V	—	—
20	英富曼公司	—	—	—	—	—
合计		8	1	4	2	5

资料来源：作者从表中20家公司官网等渠道收集整理获得。

从各领域进口和版权引进方面看，可以得出：在2005年—2010年，第一是境外资本进入的多少与出版物的时效性呈负相关关系，即出版物的时效性越强，境外资本进入的越少；第二是电子出版物进口大幅增长，这表明中国需求庞大的数字出版产业已经引起境外资本的重视，且已强势进入；第三是自2007年后，报纸和期刊已经没有版权引进合作模式，说明传统出版产业已经不再把版权引进作为中外合作的主要形式；第四是出版物进口总额和版权引进总数呈逐年增加趋势，且存在持续的贸易逆差。

表2-3　2005—2010年出版产业各领域进口和版权引进情况

(单位：进口—万美元，版权引进—种)

		2005年	2006年	2007年	2008年	2009年	2010年
图书	进口	4196.96	4324.41	7812.91	8155.24	8316.65	9402.01
	版权引进	9382	10950	10255	15776	12914	13724
报纸	进口	1484.66	2108.43	2103.43	2615.42	2527.25	2777.61
	版权引进	—	—	—	—	—	—
期刊	进口	10736.73	11660.67	11188.1	13290.74	13661.47	13828.96
	版权引进	749	540	—	—	—	—
音像制品	进口	1933	3079.31	4340.26	4556.81	6527.06	11382.7
	其中：电子出版物	1737.15	2981.79	4251.44	4456.25	6401.52	11152.24
	版权引进	359	432	506	521	474	843

资料来源：作者根据原国家新闻出版总署2005—2010年期间历年发布的《新闻出版业基本情况》整理获得。

2. 进入地域的分布

境外资本进入程度与目标市场所在地的经济、文化、社会状况密切相关。境外资本进入中国出版产业首要选择的地点是北京和华东、华南等发达城市和地区，其次是选择文化相近、开放程度较高的地区，因此，北京、上海、广东等省市成为境外资本驻足最多的区域。

2009年中国图书出版产业主要集中于北京、上海和江苏，报纸期刊出版产业主要集中于北京、广东、浙江和江苏，音像制品出版主要集中于北京、广东、辽宁和上海，数字出版主要集中于北京、上海和广东。外商投资和港澳台商投资的出版发行和版权服务企业总数仅占全部出版企业总量的0.5%；外商投资和港澳台商投资企业合计总产出仅占整个出版业总产出的0.52%。[①]据《中国出版业对外交流与合作专题报告》[②]统计，截至2007年12月进入中国的62家外资分销企业中，北京地区有22家，上海17家，重庆、江苏、江西、广东、云南各3家，福建、山东、辽宁各2家，河北、浙江各1家。

由于从官方统计资料无法掌握数据，我们通过从中国知网（www.cnki.net）搜索关键词（关键词为境外出版、跨国出版、外资出版企业、跨国传媒以及2010年世界出版业20强），将2010年世界出版业20强企业名称运用搜索工具在BAIDU进行关键词搜索（关键词为企业名称，选取搜索工具前50条信息），查阅近3年的《中国图书商报》等手段进行分析和整理，发现包括英国培生集团、美国IDG集团、丹麦艾萌阁集团、德国贝塔斯曼集团、美国赫斯特集团等在华知名度较高的出版企业在内的境外资本，仍是以北京、上海为最主要的进入地区。

表2-4 知名度较高的境外出版企业在华地域分布情况

境外出版企业	入华时间	投资形式	所在地区
美国IDG集团	1980年	合资公司	北京
丹麦艾萌阁集团	1994年	合资公司	北京
英国培生集团	1994年	合资公司	北京
美国赫斯特集团	20世纪90年代初	版权合作	北京
香港泛华科技	2002年	合资公司	北京
德国贝塔斯曼	2003年	合资公司	北京、上海、辽宁

① 根据《2009年新闻出版产业分析报告》统计数据整理。
② 载郝振省：《2007—2008中国出版业发展报告》，北京：中国书籍出版社2008年版。

(续表)

境外出版企业	入华时间	投资形式	所在地区
香港 TOM 集团	20 世纪 90 年代开始	多种合作形式	北京、上海、广东等地
美国亚马逊网上书店	2003 年	收购实现控股	北京
我国台湾出版事业协会	2003 年	合资公司	福建
我国香港联合出版集团	2007 年	特许经营	上海
法国阿歇特图书出版公司	2010 年	合资公司	北京
荷兰威科集团	2011 年	全媒体合作（电子出版）	北京

资料来源：作者根据原国家新闻出版总署、《中国图书商报》等官网披露的资料整理获得。

我们同时分析了境外资本在音像制品和电子出版物市场分布情况，将全国32个省、市、自治区2005—2008年对外合作种数和引进节目种数①的合计数进行了排名。

表2-5 2005—2008年音像制品和电子出版物市场境外资本地域分布情况

排名	2005 年	2006 年	2007 年	2008 年
1	北京（含中央）	北京（含中央）	北京（含中央）	北京（含中央）
2	广东	广东	辽宁	辽宁
3	黑龙江	福建	上海	福建
4	福建	山东	广东	上海
5	贵州	四川	山东	广东

资料来源：作者根据原国家新闻出版总署编、中国书籍出版社2005—2008年期间历年出版的《中国新闻出版统计资料汇编》整理获得。

从表2-5分析，在音像制品和电子出版物市场，2005—2008年这4年期间，北京是境外资本分布最多的地区，连续4年均排名第一；广东省这4年来均在前五名，分别是2005年、2006年第二，2007年第四，2008年第五；福建省除2007年外也均在前5名，2005年第四，2006年和2008年第二；上海在2007—2008年进入了前5名。从表中看，除了2005年位居第五名的贵州、2006年位居第五名的四川，其余全是东部沿海省市。其中贵州2005年位居第5名的主要原因是贵州音像出版社从2005年开始，以引进"人与自然"项目报批，却引进了"人体艺术"黄色光盘，造成引进节目数量大幅增长。这种严重的违法违规行为最终导致该

---

① 对外合作总数和版权引进总数主要包括了版权合作、合作出版、单一节目引进等形式。

出版社于 2009 年 5 月被吊销执照。① 整体看,音像制品和电子出版物市场和其他领域具有相似特征,东部发达省市仍然是进入主要地区。

3. 资本来源的地缘分布

从综合资料分析,美国、英国、中国台湾地区、日本、德国等一直是进入中国内地出版发行和版权服务市场的境外资本主要来源地,这些国家和地区要么是经济、科技和文化强大的国家,要么是传统文化与中国相似或一脉相承的地区。具体看,2004—2007 年无论是总量上还是分领域方面美国都牢牢占据了第一名,这与美国的国际经济社会地位也是相称的;到了 2008 年,总量上中国台湾地区超过美国成为第一名,这与 2008 年台湾政党轮替、两岸交流发生了重大而积极的变化有关系,就在这一年,新华社重新获得了入台驻点采访权,这也是在民进党当局禁止三年后重新取得的。②

表 2-6 2004—2008 年版权引进领域输出国(地区)前 5 名

	2004 年	2005 年	2006 年	2007 年	2008 年
图书	美国、英国、台湾地区、日本、德国	美国、英国、台湾地区、日本、韩国	美国、英国、台湾地区、日本、韩国	美国、英国、台湾地区、日本、德国	台湾地区、美国、英国、日本、韩国
期刊	美国、香港地区、英国、加拿大、日本	美国、英国、德国、日本、香港地区	美国、日本、英国、德国、法国	—	—
音像制品	美国、香港、英国、台湾地区、韩国	美国、英国、日本、香港地区、台湾地区	香港地区、美国、英国、台湾地区、法国	美国、德国、日本、台湾地区、英国	香港地区、台湾地区、日本、美国、英国
电子出版物	美国、韩国、台湾地区、法国、英国	台湾地区、美国、日本、香港地区、韩国	美国、台湾地区、法国、韩国、英国	美国、英国、日本、台湾地区、韩国	法国、韩国、台湾地区、美国、日本
合计	美国、英国、台湾地区、德国、日本	美国、英国、台湾地区、日本、德国	美国、英国、台湾地区、日本、德国	美国、英国、台湾地区、日本、德国	台湾地区、美国、英国、日本、韩国

资料来源:作者根据原国家新闻出版总署编、中国书籍出版社 2004—2008 年期间历年出版的《中国新闻出版统计资料汇编》整理获得。

---

① 参见新华网,2009 年 6 月 16 日,http://news.china.com/zh_cn/domestic/945/20090616/15524092.html。

② 林清东、张燕娟:《两岸新闻交流:"大交流、大合作、大发展"——2008—2011 年两岸新闻交流与合作纪实》,www.taihainet.com/2011-6-27。

另外，在全球出版业销售收入前20大企业中，除意大利阿格斯蒂尼集团和西班牙行星集团外，其余18家企业全部有在华投资或者合作项目，合作形式多样，合作领域广泛。这20家企业中，美国企业6家，英国企业3家，日本企业3家，德国企业2家。可以看出，综合实力雄厚的国家拥有巨无霸出版企业的数量较多，其全球布局也较为广泛，在中国出版发行和版权服务市场存在的境外资本基本来自这些综合实力较强的国家。

表2-7　2010年全球出版业销售收入前20位企业在华投资情况

序号	企业名称	所属国	销售额（亿美元）	截至2010年末在华投资情况
1	培生集团	英国	80.95	合资、设立办事处
2	里德·爱思唯尔集团	英国和荷兰合资	71.47	设立办事处、主要以在线服务和电子出版物为主
3	汤姆森路透集团	加拿大	56.37	合资、设立办事处
4	威科集团	荷兰	47.19	合资、设立办事处
5	贝塔斯曼集团	德国	38.44	合资、独资、设立办事处
6	阿歇特图书出版公司	法国	28.72	合资、设立办事处
7	麦格劳-希尔教育出版集团	美国	24.33	合资、设立办事处、教育培训
8	行星集团	西班牙	24.27	公开资料未显示有进入中国
9	圣智学习出版公司	加拿大、美国	20.07	设立办事处、战略合作、内容互换
10	学乐集团	美国	19.12	设立办事处、图书贸易
11	霍兹布林克集团	德国	—	设立代表处、合作出版、在线教育
12	阿格斯蒂尼集团	意大利	—	不详
13	威立	美国	16.99	设立代表处、电子出版、数字出版
14	霍顿·米夫林出版公司	美国和丹麦合资	16.73	设立办事处、图书出版、教育培训
15	集英社	日本	15.92	设立办事处、版权合作、图书贸易
16	讲谈社	日本	14.93	设立办事处、版权合作、图书贸易
17	小学馆	日本	14.36	设立办事处、版权合作、图书贸易（漫画为主）
18	哈珀·柯林斯	美国	12.69	设立办事处、版权合作

(续表)

序号	企业名称	所属国	销售额（亿美元）	截至 2010 年末在华投资情况
19	斯普林格出版社	德国	11.49	设立办事处、联合出版、战略合作、电子出版
20	英富曼公司	英国	10.39	设立办事处、合作出版、内容输出

资料来源：前三列引用自 2011 年 7 月 1 日美国 *Publishers Weekly*，第四列根据原国家新闻出版总署、《中国图书商报》官网披露的资料整理获得。

2.1.3 境外资本拓展中国出版发行和版权服务市场的战略选择

任何一个东道国政府都会对文化安全和意识形态安全高度重视，因此无论境外资本以何种方式进入、进入多少，都会引起东道国政府的高度重视和防范。一方面，境外资本进入中国出版发行和版权服务市场，首先必须熟知中国政府规制，在政策范围内选择适合的方式；另一方面，境外资本在了解中国国情的过程中，与中国政府的规制进行博弈，努力探索在中国出版发行和版权服务市场上发展的有效途径。正如 ESPN 体育电视网中国区前总裁甘达维所说："因为政策方面的原因，我们所能做的是尽量准确地判断每天的政策，在政策允许范围内发挥潜能。"

综观近 10 年来境外资本拓展中国传媒市场的各种战略选择，主要有：

1. 关系营销战略

中国政府对于出版产业的准入监管类似中国的国防战略，以防御为主。出版产业由于长期以来处于行政管制之下，因此无论是产业政策还是规制政策都是靠政府的行政管制来决定境外资本能否进入中国出版发行和版权服务市场。为了突破这道防线，并让中国政府和中国人民产生好感，境外资本一般注重政府公关和关系营销。截至 2010 年末，境外出版机构已经在中国内地设立 60 余家办事处，就近与中国主管部门沟通。一方面通过和中国政府领导人交流沟通来消除中国政府的顾虑，另一方面通过举办庆典活动和慈善公益活动等在中国消费者中树立良好形象。

2. 迂回战略

境外资本还通过渗透到意识形态表现较弱的领域，通过影响精英人群来控制某些精神文化产品。20 世纪 90 年代以来，中国时尚消费类杂志蓬勃发展，并且占据了杂志广告市场份额的绝大部分，由于这类杂志本身几乎不直接涉及敏感的政治意识形态领域，相对其他大众媒介来说其影响力非常有限，中国政府对其监管相对宽松,这为境外资本进入该领域提供了便利,因此这类杂志几乎全部控制在外资出版企业手中。由于时尚消费类杂志对中国新兴的中产阶层具有很好的针对性,传播的是一种符合中产阶层偏好的生活潮流和消费观念,境外资本对这类杂志的控制很大程度上影响到了中国中产精英阶层的文化观和价值观,进而逐步影响到中国社会各阶层的文化观和价值观,从而缩小了中西文化与价值观差异。此外,这一块业务因主要面向中国最具购买力和社会影响力的中产阶层,其所蕴含的广告市场潜力巨大,这为西方文化的渗透提供了良好的传导载体,因此,跨国出版巨头更乐意发挥其时尚消费类杂志从内容到品牌,到市场营销,到社会影响等一系列优势,用相对较大的投入去抢占这一市场。

3. 跨国战略

一方面,境外资本通过本土化运作尽可能挖掘中国出版市场机会。中国政府对编辑权即内容的规制是境外资本进入中国出版发行和版权服务市场的主要壁垒,境外资本的对策是审慎选择内容,走本地化制作道路,即通过本土化生产、用人和传播,并结合本地消费者需求制作产品,这是目前境外资本本土化经营的主要形式。但是这种本土化是建立在母国导向战略的基础之上的,进入中国的任何一家境外资本无一不服从于母国的基本价值观和母公司的整体战略,所调整的仅仅是产品的细节而已,基本的管理理念和价值观等不会有所改变。例如中国政府规定引用外刊内容不超过一定比例,其余内容必须来自中国内地,一些境外资本贴近中国消费者进行内容设计,这些都是在内容上进行本土化的表现;《财富》中文版评选"中国上市公司100强"、举办财富城市峰会等推广活动可以看做是市场营销手段的本土化;时尚类消费期刊的主编和采编队伍均为华人可以看做是人才的本土化。

另一方面,境外资本通过在全球共享资源来获取规模经济效应和范围经济效应,以降低成本。比如在时尚、医药、科技类版权合作的期刊中,各国出版的同一期刊内容雷同率至少在50%以上,有的科技类期刊可以达到90%。这种利用出版物在生产模式上和内容上的一致性的做法实现了资源共享,扩大了销售规模,从而提高了资源利用率,分摊了固定成本。

4. 渐进发展战略

(1) 地域渐进式进入。

境外资本在进入中国的地域选择上非常慎重,国际几大出版集团在中国地域的选择上呈现出从中心城市扩散至全国、从经济发达地区向其他地区渗透的战略,境外资本实施地域渐进式进入战略的原因在于中国比较独特的行政管制和差别化的开放程度。

境外出版集团的办事处主要设在北京和上海,最早进入中国的 IDG 集团从上世纪 80 年代开始即围绕北京开始在中国布局。新闻集团 1995 年从北京开始,陆续扩展到天津、香港、广东、湖南等地。贝塔斯曼偏爱北京、上海。迪斯尼在北京、上海、香港这些中心城市渗透,2010 年获得中国政府批准在上海兴建迪斯尼乐园。丹麦艾萌阁集团、英国培生集团选择的合作地点和合作伙伴至今都在北京。境外出版集团大都选择北京、上海、广东这些沿海发达城市。只有个别出版集团选择中西部作为投资点,比如新闻集团选择西部省市青海作为投资点,与中部湖南省的湖南广播影视集团结成战略联盟,南非 MIH 集团选择安徽作为投资点。从经济因素来看,沿海发达城市经济发达,商品贸易繁盛,广告收入多,资金回收快,思想观念与世界接轨,境外资本较易树立自己的品牌形象。从规制方面看,沿海发达城市人为的行政管制较小,束缚较少,也有利于境外资本的业务发展。

(2)业务渐进式进入。

最初境外资本进入中国一般采取合资的形式,先通过与本土出版企业合作,建立伙伴关系,熟悉中国环境,建立关系资源,一旦中国政府政策放松,时机成熟,即调整策略,扩大投资规模,掌握控股权,甚至独资。培生集团在中国的战略就是以教育带动出版,逐渐向出版领域渗透——如通过与中央电视台合资成立培生传媒公司制作英语教学节目,然后生产与该节目相配套的出版物;同时,培生集团通过其在国外图书市场上积累多年的经验,与国内出版社合作,在图书宣传促销以及校园市场的开拓上做文章,逐渐从宣传推广和流通渠道上开始渗透,该集团还物色中国在各个领域的优质作者为其撰稿,然后通过自身的品牌优势将独具特色的出版物推向世界,这将对中国出版产业的发展产生深远影响。

此外,境外资本还采取跨媒体、跨地区形式的渐进式进入方式,这种方式便于集中使用资源,更好地服务于特定客户群,从而提高资源利用率。培生集团是 2010 年销售收入排名世界第一的出版机构,其全球业务包括教育(全球第一)、信息服务(全球第一)、专业出版、数字出版等,在培生集团 20 世纪 90 年代进入中国内地时,业务范围几乎囊括了其所有主营。但根据其 2011 年中期财务报告所披露的内容,培生集团现已将在中国内地的主要业务集中到教育培训业务和数字出版业务。在中国知名度较高的德国贝塔斯曼集团进入时也主要是推广其"俱乐部"式图书经营模式,在这个模式失败之后,近年来将中心转移到了出版业务培训和咨询方面;在高码洋期刊方面比较领先的美国赫斯特集团,进入中国以来始终围绕期刊这一细分市场,通过版权合作、合作出版等方式集中拓展其在中国高端期刊领域的业务。

综上所述,境外资本进入中国出版发行和版权服务市场所采取的各项战略均是围绕"获利"和"生存"这两个基本目的来进行动态调整的,可以预见的是,未来随着中国出版产业环境的不断变化,境外资本仍会继续调整其在华战略以适应中国出版市场的变化。

2.2 境外资本在中国出版发行和版权服务市场的影响力

2.2.1 境外资本在中国出版发行和版权服务市场的竞争地位

尽管目前仍旧不允许境外资本参与中国出版产业的编辑、出版业务,也不允许境外资本控股除分销领域以外的其他出版业务,但境外资本在某些领域已形成强势竞争地位和较大影响力。

1. 有些领域呈亏损状态,有些领域呈领先之势

中国出版领域长期存在贸易逆差,外贸比最低的年份2005年为1∶5.25,最高年份为2010年,达到了1∶9.95(未考虑汇率波动影响);版权引进领域近年来逆差在逐步缩小,已从2004年的1∶7.64缩小到了2010年的1∶2.92;在分销领域设立企业的境外资本数量在增加,但仍处于弱势竞争地位,分销领域外商投资企业整体上呈亏损状态;境外资本投资企业仅占全部出版企业总量的0.5%,境外资本投资企业总产出只占出版业总产出的0.52%;境外资本在版权合作领域发展迅速,在某些细分市场如高码洋期刊领域有绝对领先地位,2009年广告投放前10名的期刊中,除了《中国之翼》是内资期刊外,其余9家(《时尚伊人》《ELLE世界时装之苑》《时尚芭莎》《周末画报》《瑞丽伊人风尚》《瑞丽服饰美容》《服饰与美容》《嘉人》《悦己》)全部是与境外出版企业进行版权合作且使用相同冠名的期刊。①

2. 编辑出版领域基本禁止涉足,但通过本土化与合作战略产生具有领先竞争地位的产品

长期以来,由于政府视出版产业为意识形态的重要领域,一直实行行政事业型管理体制,规制政策也异常严格,因此,中国出版产业的进入壁垒很高。在未来相当长一段时间内,准入规制仍会非常严格,中国出版产业仍然不会开放编辑

---

① 根据2009年12月31日梅花网广告监测数据动态整理。

和出版这两个核心环节,也不允许境外资本在国内设立出版社、报刊社,但境内出版机构与境外资本合作出版是允许和支持的。从进入壁垒角度分析,只要是进入中国内地市场,无论是市场环境还是法律法规,原则上对所有境外资本是一视同仁的。

从 2001 年至今,境外资本对出版发行和版权服务市场的进入均紧跟中国依据 WTO 承诺的开放程度。比如,我国允许外国投资者在中国市场从事图书、报纸和杂志的零售业务的同时,国家新闻出版总署署长柳斌杰即透露,德国贝塔斯曼、德国图书中心、英国朗文培生集团、美国麦格劳-希尔、日本白洋社、剑桥大学出版社、新加坡泛太平洋有限公司已提出申请在中国从事该类业务。[①] 这一方面体现出境外资本对中国出版产业广阔市场的向往,另一方面也可以看出境外资本对中国加入 WTO 相关承诺的底线是恪守的。

对于在中国具有较大市场潜力的图书产品,境外资本常常通过本土化战略生产竞争地位遥遥领先的产品。比如,战略管理教材在中国的需求巨大,国内外各种版本的战略管理教材众多,所占市场份额均较小,但霍顿米夫林集团通过邀请中国北京大学的周长辉教授与两名外国学者合作编写并由中国市场出版社出版的战略管理教材成为中国最受欢迎的教材之一。

3. 境外资本总量较小,但掌控了市场竞争的核心要素

尽管中国出版产业在总量上有较大增长,但进入的境外资本总量未见明显增长。截至 2009 年末,境外资本投资企业合计 4272 家,仅占出版企业总量的 3.7%(未剔除印刷业境外资本投资企业);境外资本投资企业总产出仅占出版产业总产出的 0.52%。尽管如此,中国主要的出版企业仍难以与强势跨国资本竞争,2010 年全球出版业 50 强中中国唯一入选的高等教育出版社排名第 40,销售收入只有第一名英国培生集团的 1/20,故而我国政府只能采取多方合作的模式或者是严格的规制政策来保护境内出版企业。截至 2010 年末,全球出版业销售收入前 20 位的企业有 18 家已经进入中国,在出版物分销、版权合作、合作出版、战略互换等方面与境内出版机构开展了多方位的合作与竞争,虽然运营主体、控股权均掌握在中方出版机构手中,但是核心品牌、先进理念、面向消费者的核心内容均掌握在境外资本手中。因此,境外资本在中国出版发行和版权服务市场被允许进入的范围内,主要的竞争对手也是境外同类型资本,这种现状需要伴随着中国从出版大国向出版强国的改变才会有所改变。

---

① 参见 http://www.charltonslaw.com/cn/newsletters/5/latest.html。

2.2.2 境外资本在中国出版发行和版权服务市场领先企业群中的投资分布

国家新闻出版总署发布的《2009年新闻出版产业分析报告》对中国出版单位分行业、分规模进行了排名,居全国26家出版集团中前5位的是江苏凤凰出版传媒集团、湖南出版投资控股集团、江西出版集团、浙江出版联合集团、山东出版集团;居全国39家报业集团前5位的是广州日报报业集团、解放日报报业集团、上海文新联合报业集团、成都日报报业集团、南方报业传媒集团;居全国27家发行集团排名前5位的是四川新华书店发行集团、江苏新华发行集团、浙江新华发行集团、安徽新华发行集团、上海新华发行集团;居图书出版单位前5名的是人民教育出版社、高等教育出版社、重庆出版社、外语教学与研究出版社、江苏教育出版社。无一例外,这些出版单位全部是国有独资或国有控股企业,有的甚至仍然是事业单位。

从已搜集到的资料看,上述出版单位均不同程度、不同形式地与境外资本有合作。成立于1950年的人民教育出版社担负着外国教材的翻译和引进工作已经有30年,已经组织编译了一批经典教材,成为中国教育出版界对外合作的排头兵[1];高等教育出版社是2010年唯一一家入选全球50大出版企业的中国出版企业;2010年8月31日,法国阿歇特图书出版公司与中国第一大出版集团江苏凤凰出版传媒集团合资成立了凤凰阿歇特文化发展(北京)有限公司,这是法国阿歇特集团首次进入中国内地市场;剑桥大学出版社与外语教学与研究出版社联合出版发行的《剑桥国际英语教程》、麦克米兰出版公司与外语教学与研究出版社联合出版发行的《新标准英语》等,都对中国英语教材市场产生了重大影响。

分析国家新闻出版总署出版管理司2008年公布的《2006年引进版图书销售收入前50名名录》可发现,境外资本在我国图书和版权引进领域的获利大小取决于其与我国具备图书和版权引进资格的出版单位的贸易额,尚无投资形式的进入,同时,开展有图书和版权引进业务的出版单位的行业地位及图书和版权引进数量都不具明显优势,两者间也无明显相关性。在其中25家开展有图书引进业务的出版单位中,图书引进数量排名第一的接力出版社只引进了6本图书。版权引进数量前20名的图书出版单位,均未进入行业综合排名前5名之列。

在版权合作领域,境外资本遵循的是"避免同业竞争"规则,同一品牌的版

---

[1] 根据人民教育出版社网站 www.pep.com.cn 人教概览、人教动态等整理。

权合作不会授权两家内地出版企业。比如,1988年10月上海世纪出版集团译文出版社与法国桦谢出版集团联手推出《世界服装之苑 ELLE》[①]。除非版权合作协议到期,否则法国桦谢出版集团不会与第二家内地出版企业就 ELLE 品牌达成版权合作协议。因此,在版权合作领域的同一行业内,往往是形成两两联手、彼此竞争的局面,通常集中于科技性期刊和高码洋时尚期刊,但是这两类出版企业规模普遍比较小,区域性比较强。

尽管境外资本进入中国出版发行和版权服务市场在地域上呈现集中化趋势,但从进入后的合作伙伴看,集中化程度不明显,随机性比较强,中国出版发行和版权服务市场各领域排名靠前的企业与境外资本的合作未呈现出垄断或明显的集中趋势。

2.2.3 境外资本拓展中国出版发行和版权服务市场面临的问题及产生的积极影响

境外资本虽然有自己独特的优势,但是对于中国出版发行和版权服务这个行政管制较强、市场化程度较低的市场,不可避免会遇到问题和困难,同时也会对中国市场产生较大影响。

1. 境外资本受政策波动影响,"胆量不足"

中国进入 WTO 之后,对书报刊、音像分销领域的限制已经基本取消,境外资本不仅可以从事零售业务,也可以从事批发业务、代理业务和特许经营,也可以进行音像租赁业务,同时没有地域、数量、股权占比的限制。但根据实际统计数据,境外资本在中国出版发行和版权服务市场上所占的份额并未出现大幅增长,企业总量和总产出仍然很小,对原有的市场格局还未产生实质性影响。这在一定程度上可以看出境外资本对进入中国内地出版发行和版权服务市场虽十分向往但在行动上却仍持十分谨慎的态度。一方面由于2005—2008年政策收紧的缘故,另一方面贝塔斯曼进入中国经营五年仍是零增长且最终退出中国图书连锁经营市场的失败案例,也给境外资本敲响了警钟,它们需要花更多时间来适应和了解中国内地的政策、环境和规则。

2. 经济效益不明显,难以出现规模经济效应和范围经济效应

除了版权贸易领域境外资本产生大量顺差外,真正落地进入中国内地的境外资本中,经济效益体现不明显,也难以出现规模经济效应和范围经济效应。

---

① 参见范萱怡:《国际时尚杂志中文版的经营策略》,载《新闻记者》2005年第8期。

在分销领域，截至2010年年底全国外商出版物分销企业数量仅有51家，在全行业近16万个出版物发行网点中所占比例很小。大多数外商分销企业的销售规模较小，难以充分发挥规模经济效应，整体上看，外商投资企业在出版物分销市场呈亏损状态。

从各国际性出版集团进入状态来看，几乎全是以办事处或者合资公司形式出现，所经营的业务基本依赖于境内合资公司，国际性出版集团一般仅有收益权，从这一点来看，谈不上范围经济的形成，境外资本只能通过类似古纳亚尔集团对编辑们进行培训的做法来逐步渗透进出版产业的核心环节。

3. 规制不完善导致境外资本进入存在结构性问题

出版发行和版权服务是一个非常特殊的行业，在开放过程中也必然带有特殊性。审视意识形态倾向和政治属性是世界各国在出版产业开放问题上首先要考虑的。因此，中国政府对出版产业采取了严格的监管政策，在主体资格、市场准入及产品内容上都进行了严格的规定和细致的管理，这种严厉的规制手段一方面造成了境外资本进入的整体规模较小和效益不明显，但在高码洋期刊、数字及音像出版领域具有强大影响力，另一方面也使得境外资本利用规制的不完善极力谋求突破，屡屡挑战规则底线。

从主体资格上看，中国实施的是主体资格限定和严格审批制，除了分销领域，其他领域都不允许出现有境外资本参与的创办主体，并且对报号刊号实行计划控制，不允许买卖。但在产业发展过程中，却出现了类似百度、当当网等外资控股、实质拥有"专有出版权"的公司；也出现了通过所谓的"协议合作"买卖刊号、"合作出版"实质控制编辑出版权的现象。2005年5月《出版参考》杂志以"本刊讯"的形式提出了"一些海外的出版机构在与内地的出版社洽谈项目时，不再采用版权贸易的方式，而是采取共同投资、平分利润的合作出版的模式，外方出版机构要求介入选题、用材、定价、印刷、装订等所有出版流程，并参与决策，在实质上进入出版业的核心。"①

从产品内容上看，中国要求内容环节由编辑掌控，境外资本禁止进入。在版权合作领域关于内容引用的规定上，中国采用了一种简单的限定引用比例的方式，比如在时尚消费类期刊引用内容方面规定了50%的上限比例，却未对刊物的版面上限进行规定。假定一本时尚期刊允许引用内容为50%，为保证引进版原文内容的全部呈现，在刊物审批时完全可以采取扩版的形式，使得政府的规制

---

① 石林:《警惕中外合作出版的新变种》，载《出版参考》2005年第15期。

手段形同虚设。

尽管截至目前,境外资本进入总量、总产出比例都很小,但是需要注意的是,在某些细分领域境外资本呈现出了快速发展态势,在一些关键领域和关键读者方面甚至能够实施控制甚至垄断。比如中国高端时尚类期刊几乎全部是以"版权合作"形式被控制在境外资本手里,并且占据了杂志广告市场份额的绝大部分。境外资本不仅要通过"版权合作"来获取收益,还会通过自己控制的广告公司来进行二次销售获取收益。由于广告收入部分没有列入新闻出版总署《2009年新闻出版业分析报告》的统计口径,因此,我们很难相信0.52%的市场份额是客观反映境外资本存在现状的。根本原因还是在于政府规制中过多强调了意识形态安全,而忽视了境外资本可以通过内容传播和广告效应来影响中国新兴中产阶层的价值观和消费理念。

4. 境外资本进入中国出版发行和版权服务市场的积极影响

中国出版发行和版权服务市场对境外资本的开放是根据中国加入WTO的承诺循序渐进的,这十年来,境外资本的进入利弊兼具。境外资本进入后,中国本土出版发行和版权服务市场可能面临的问题是:竞争对手整体实力和影响强大带来的威胁,资源和人才的流失;已开放领域市场份额的流失;对本土知识产权的影响;对文化安全、意识形态的影响等。

从有利的一面看,第一,中国加入WTO的这十年同时也是中国文化体制改制积极推进的十年,境外资本的进入客观上推动了中国政府文化产业改革的步伐,也加速了中国新闻出版相关法规、政策的建立和完善。比如在知识产权立法方面,中国对国外著作权人的保护已经基本达到WTO的要求,但对国民著作权保护的水平还未提高,下一步需要立法消除在著作权保护上实际存在的双重标准、国外著作权人超国民待遇问题。第二,有利于打破条块分割、区域分割的产业格局,跨媒体、跨地域、跨所有制的出版集团的形成有利于疏通出版物在全国市场的流通渠道。第三,通过与境外资本实行"借船出海"、对等落地等合作手段,有利于中国文化产业实施"走出去"战略。第四,境外资本进入后所带来的先进技术,在国家科技发展和经济建设等方面的作用日益明显。比如,中国在经济和科技方面仍不发达,版权贸易和版权合作无疑是一种学习和赶超的捷径,并且呈现边际成本递减的趋势,这从中国多年来版权引进主要集中在科技、经济、管理领域也能够体现。

从以上分析来看,境外资本进入中国出版发行和版权服务市场时间较短、经济效益和社会效益还未明显体现,其表现出来的利弊差别还不是很明显,目前尚不能从现有分析结果中做出准确的判断。但可以得出的结论是：境外资本进入对中国出版产业不利的方面主要是经营层面的，是短期的；有利的方面主要是体现在促进体制变革层面的，是长期的。

2.3 境外资本进入中国出版发行和版权服务市场的特征和趋势

2.3.1 境外资本进入中国出版发行和版权服务市场的特征

综合前面的研究，境外资本进入中国出版发行和版权服务市场可以总结出如下几个特征：

1. 从进入领域看

受中国准入政策的限制，境外资本在中国出版发行和版权服务市场主要分布在分销市场和版权服务市场，中国出版产业的贸易逆差已经持续到了2010年，境外资本的主要优势体现在版权贸易领域，绝对优势体现在数字出版领域。

2. 从进入地域看

境外资本进入中国选择的是经济比较发达、政治比较开明的省市，这一点和境外资本初入其他行业的区别并不大，由于中国出版发行和版权服务业开放时间有限、准入门槛较高、开放领域较少，因此，出版发行和版权服务市场还未出现境外资本进行梯度转移的情况。

3. 从投资来源看

美国、英国、中国台湾地区、日本、德国等一直是进入中国出版发行和版权服务市场的境外资本主要来源地，这些国家和地区要么是经济和文化强大的国家，要么是传统文化相似或一脉相承的地区。

4. 从进入模式看

截至2010年境外资本进入中国出版发行和版权服务市场有出口进入模式、投资进入模式、合同进入模式等，其中出口进入模式仍是主导，合同进入模式广泛存在并且深受提倡，投资进入模式是境外资本最为向往的模式，但是发展较慢。这种现状的形成与中国出版产业的开放政策是密切相关的，境外资本目前只能在境内设立分销企业或者策划、广告等非核心层文化企业，这使得国内庞大的内容需求和国际庞大的内容供给只能通过出口或者合同形式进入；再因为合同进入存在内容引用比例、文化安全审查等一系列规制环节，因此出口进入模式成为境外资本最愿意选择也是最为安全的进入模式。

2010年以来越来越多的境外资本进入中国市场来洽谈长期合作事宜,阿歇特集团已经与凤凰出版建立了合资公司,麦格劳-希尔教育出版集团、霍顿米夫林集团等正在与国内多家出版机构洽谈。随着中国文化体制改革的深入,投资进入模式将会快速发展。

5. 从业务发展战略看

境外资本广泛采用战略联盟的形式进入中国市场,具体表现形式有建立合资公司进入分销业务、合作开展出版业务或者建立战略合作伙伴关系等。境外资本采用合作战略的初衷在于出版产业作为政府规制最严格的产业之一,境外资本采用这种战略可以绕开中国的政策壁垒和规避经营风险。

6. 大型跨国出版集团利用自身优势多方渗透,寻求突破

到2010年为止,境外大型出版企业大多在北京设立了办事处和版权代理公司,一方面积极开展版权贸易,另一方面也在探求介入中国出版产业的其他方式。比如麦格劳-希尔集团在中国的兴趣主要集中在高等教育和专业培训方面。由于缺乏直接进入渠道,该公司积极参与一些中国高校举办的研讨班,利用一切机会推介该公司出版的教材。他们也积极参加各种机构举办的原版教材展示,以便提高其在中国的知名度。通过他们的积极努力,截至2010年,中国已有将近300所高校使用其原版教材;还有一些境外出版机构凭其经验和技术渗入出版流程,比如帮助国内出版社聘请翻译人员等;DK公司驻京办事处协助出版社找印刷厂甚至包办印务[①];还有诸如古纳亚尔与国内多家出版机构合作开展培训编辑出版团队等。

2.3.2 境外资本进入中国出版发行和版权服务市场的发展趋势

2009年以后,中国出版产业引进境外资本出现了政策松动迹象,2010年开始,中国新闻出版体制改革强力推动,各出版社的转企改制成为工作重点,国家允许业外资本参与改制;2010年1月国家新闻出版总署发布的《关于进一步推动新闻出版产业发展的指导意见》等政策颁布后,出版企业上市步伐开始加快,整个出版产业开始积极进行资本运作;《指导意见》同时要求积极发展以数字出版、网络出版、手机出版等数字化内容、数字化生产和数字化传输为主要特征的战略性新兴新闻出版产业新业态。也就是在2010年,包括新浪、苹果、谷歌、百度、京东商城等多家混合所有制结构的IT企业纷纷加大了在数字出版业务上的

---

① 朱诠等:《外资进入中国出版业的现状及应注意的问题》,载《编辑之友》2003年第2期。

投入和创新,可以预见的是中国出版发行和版权服务市场将开始进入多种所有制并存的阶段。

综合前面的研究,可以得出一些境外资本进入中国出版发行和版权服务市场的趋势,但由于数据的零散和缺乏,下文同时会列举一些具体事件来进行趋势判断。

1. 中国出版产业"走出去"步伐加快,版权贸易逆差逐步缩小

应该说以前中国出版产业"走出去"多少具有形象工程的意义,2011年《新闻出版业"十二五"时期"走出去"发展规划》的制定并实施,肯定了出版产业"走出去"步伐将进一步加快。从数据统计看出,2004年中国版贸比是1∶7.64,贸易逆差比较大,2010年中国版贸比缩小到了1∶2.92,版贸比均呈逐年下降趋势。从中国出版产业"走出去"的政府举措、企业行为来看,未来几年内出版产业贸易逆差将进一步缩小,但不能判断出随着贸易逆差的缩小,出版企业主体的盈利能力是否会加强。

2. 境外资本越来越多地在资本市场持有出版业上市公司股权

2004年12月22日北青传媒在香港上市可以看做是中国文化产业上市公司首次从资本市场吸收境外资本。2010年以后,已上市的出版企业中,天舟文化、新华传媒、中南传媒股东中出现了QFII或者中外合资投资基金,而当当网、新华文轩更是实现了国外上市,流通股股东境外资本占了绝大多数。从2004年北青传媒的一枝独秀,到2010年后数家上市公司的多花开放,今后将有更多出版企业境内外上市。我们可以得出结论:资本市场将逐步成为境外资本进入中国出版发行和版权服务市场的主要渠道之一,只要境外资本不违反中国证监会有关外资基金持股规定,理论上一只QFII可以购买某只上市出版企业不超过10%的股份,而数只一致行动的基金可以控制到某只上市出版企业流通市值的10%,完全可以在重大事项表决上产生相当大的影响力。

3. 以版权为纽带的品牌合作出版模式将继续是主要进入模式

前文已谈到,版权贸易虽然还占据主导地位,但已呈现出减少的趋势。加上国外出版集团从授权销售中获得的利益较低,因此未来更倾向于采取以版权为纽带的品牌合作出版模式。采取这种模式的境外资本,涉足领域最多的仍然是期刊出版。根据北京开卷图书市场研究所统计,1994年人民邮电出版社和丹麦艾萌阁集团合资的童趣出版有限公司,到2010年已位居少儿出版社零售图书销售榜的第七位。随着跨国出版集团对中国出版社的渠道能力、资信程度等方面的深入了解,在双方合作出版的过程中,跨国出版集团的亚洲公司或中国代表处

将会深入地渗透到前期选题的策划、改编,以及市场营销的培训中。合作出版对于跨国出版集团在中国市场的当前战略中,将占据越来越重要的地位。

4. 境外资本在未来相当长时间内仍主要集中在北京、华东、华南等发达地区

由于社会、经济、政策、文化以及人口等因素的影响,中国出版产业区域发展之间存在较大差距,中国东部沿海出版产业的发达程度、广告经营额、境外资本数量都远远超过其他地区。出版产业具有人力密集型、知识密集型、服务经济等特征,其发展与区域经济发展、区域文化发展和居民可支配收入水平有极强的正相关关系。境外资本在选取进入区域时,不能不考虑财务绩效。因此,市场容量的大小、市场需求的强弱、目标客户的聚集区和消费能力、出版物的时效性都是制约和影响境外资本区域选择的重要因素,价值观念、制度水平、文化积淀也是制约境外资本区域选择的因素。北京、上海、广州等城市市场开发程度较高、出版产业发展规模较大、出版物供需两旺,且均是经济文化中心,而中国中西部地区在短期内很难同时满足境外资本的选择条件。更为明显的一点是,出版产业与工业生产型企业不同,是轻资产运行的产业,对固定成本敏感度较小,因此境外资本不会仅仅因为降低成本而实施梯度转移。

因此,现阶段中国还不存在出现境外资本梯度转移的条件,境外资本在未来相当长时间内仍主要集中在北京、华东、华南等发达地区。

2.4 境外资本未来进入中国出版市场的战略预测

2.4.1 境外资本进入中国出版市场的未来动因

关于企业国际化经营动机的命题,学术界从不同角度给出了解释,从根本上讲,企业的经营活动都是为了获取利润和谋求发展。具体到某一行业,多数情况下,行业内企业国际化经营的动因难以用某一种理论完全解释,推动企业国际化经营的因素是多方面的,而且这些因素作为一个整体发挥作用,且不同行业有着不同特点,因此,在分析境外出版企业国际化经营动因时,应结合出版业的特点、已有的国际化经营理论,并联系企业开展国际化经营的根本出发点进行综合分析。

1. 境外出版企业垄断优势的利用

垄断优势是1960年由美国学者海默首先提出,经金德尔伯格、约翰逊和凯夫士等补充发展后形成垄断优势理论,该理论的核心思想包括市场是不完全竞

争的,企业对外投资是对当地竞争者所占有优势的有效利用,这些优势称为"厂商特有因素"或垄断优势。垄断优势包括产品市场的优势、要素市场的优势、规模经济的优势和政府管理行为带来的优势等。境外大型出版企业无论是在拥有的出版物质量、品牌数量、营销技能、组织管理技术还是资金实力方面,都是中国出版企业不能望其项背的。最终出版物的贸易由于政府管制、关税等原因,使得最终产品市场是不完全的,而要素市场上的技术、品牌、资金、管理组织等方面存在技术转移障碍也是不完全市场,这些构成了境外出版企业进入中国出版市场的社会经济基础。虽然境外出版企业进入中国出版市场后,政府的管制仍然存在,但是绕开了关税等贸易壁垒,加上相对中国本土企业的垄断优势,其在中国出版市场上将赢得较大的市场份额和获得快速发展。

2. 境外出版企业国家竞争优势的利用

迈克尔·波特在1990年出版的《国家竞争优势》中提出了国家竞争优势理论,该理论强调不仅是一国的所有行业和产品参与国际竞争,更为重要的是要形成国家整体的竞争优势。国家竞争优势的取得,关键在于四个基本要素(生产要素、需求要素、相关辅助性产业和企业战略、结构、同业竞争)和两个辅助要素(政府的作用和机会)的整体作用,构成了一个"钻石体系"。现今世界出版业排名靠前的企业集中在西欧和北美,如2006年到2008年盘踞全球出版业前5名的出版商分别来自英国、美国、荷兰、加拿大和德国,见表2-8。

表2-8 2006—2008年全球出版社前五位排名

排名			出版商	所属公司	总部所在国
2008年	2007年	2006年			
1	2	2	培生	培生	英国
2	4	1	励德·爱思唯尔	励德·爱思唯尔	英国/荷兰/美国
3	1	3	汤姆森—路透	The Woodbridge Company Ltd	加拿大
4	5	5	威科	威科	荷兰
5	3	4	贝塔斯曼	贝塔斯曼	德国

资料来源:张文彦、肖东发:《从全球出版结构审视中国出版文化软实力》,载《江苏大学学报(社会科学版)》2010年第1期。

在"钻石体系"的四个基本要素中,生产要素分为基础要素和高级要素,前者主要是自然赋予如自然资源、人口,后者则需经长期投资和培育形成,如科研设施、受过高等教育的劳动力等,它们对一国竞争优势的形成影响更大。出版业作为内容产业更是如此,需要优秀的作家提供内容、受过高等教育的编辑选题策划,而目前国际出版巨头所在国家为发达国家,政府对基础教育和高等教育的投资大,已在高级人力资源方面建立起优势。

在需求要素方面,发达国家的文化产业在 GDP 中占有很大比重,如美国,高达 30%,出版企业面临的是本国趋于饱和的市场,必须向"出口型"企业转型。市场饱和的刺激和成熟消费者的挑剔都促使企业培育和提升竞争力。

在相关辅助产业方面,出版业是文化产业的重要组成部分,它与其他形式的新闻传媒互为相关产业,跨媒体的合作能对彼此的发展相互促进。出版业并非单纯的孤立行业,尤其在数字出版兴起、全球大流通的背景下,软件、电子阅读器、物流等相关行业的优势对出版业有着较大的支持作用。而在西欧、北美国家,软件技术、物流技术、电子产品研发能力恰恰也是其优势。近年来,各大型出版集团为迎接数字出版的迅猛发展浪潮,多开始与软件、电子产品企业合作,为在新的市场机遇中淘金做准备。

四个基本要素的最后一个为同业竞争,回顾出版企业的发展史,各出版巨头无疑都经历了由小的出版企业到国际出版集团的成长历程,在国内市场份额不断提升。特别是近几十年,高潮迭起的并购重组,同业竞争的激烈程度略见一斑。经过弱肉强食、大浪淘沙的洗礼,这些国家出版业的竞争力有很大提升。

"钻石体系"的这四个特质都具有优势,将促进一国出版业的进步和产业升级,出版企业带着这些特质积淀形成的优势,很容易在国际经营中具有较强竞争力。

3. 资源的寻求与利用

出版产业链的上端编辑出版是知识密集型产业,这又可分为两部分,一是优秀的作品或优秀的作者资源,二是出版企业的编辑,这是境外出版企业的优势所在,但在全球范围内并没有对这些资源完全垄断。文化一部分来源于继承,一部分来源于创造,可继承部分的资源散布于全球各个国家和地区,中国有悠久的历史和深厚的文化积淀,拥有丰富的内容资源可供开发。另一部分是对时下文化的捕捉,应看到文化的差异性与多元性,而差异与多元往往以国家为界,促使出版企业跨越国界,争夺产业链上游的内容资源。

出版产业链的印刷复制是资本密集型和劳动密集型产业。复制印刷同时也是高技术产业,但囿于劳动力价格高昂,在技术最先进的德国,印刷成本却居高不下,相比之下,中国、东南亚国家由于相对低廉的劳动力能使印刷成本大幅下降。印刷设备在国际贸易中不是受限制的物品,且中国本土研发生产的印刷设备虽与国际最先进的技术存在距离,但业已达到一定的技术水平。为了获取和利用廉价的劳动力资源,目前已有两类实践:一是境外资本的出版企业到中国大陆完成图书的印刷和装订,然后再发往销售地区,在这个过程中,大陆的印刷企业完成的是"三来一补"的加工业务,参与国际分工和贸易;二是境外资本直接到中国大陆投资设厂,以对外直接投资的方式,利用廉价的劳动力资源。第一类国际加工贸易可以用李嘉图的比较优势理论很好地解释,对国际出版企业而言,中国的吸引力绝不仅是廉价的劳动力,广阔的市场如果能够渗透进入,中国大陆在整个国际生产链条上也绝不仅是完成"三来一补"的加工使命。

4. 对规模经济的追求

出版业的规模经济,主要是通过产业链下游发行推广环节将出版物推向更广阔的市场实现的。出版物销售量的上升可不断摊薄单位生产成本,将出版物卖到更多的国家和消费者手中,是实现规模经济的重要途径。在全球大流通的背景下,版权贸易、图书贸易可以实现,当然由于各国政府都对出版物存在一定的管制,仍只能部分实现。出版业的国际化模式有图书贸易、版权贸易、产业链全球布局、国际投资等。图书和版权贸易虽然简单、直接,但效率和效益都较为有限;产业链全球布局如前所述,根据比较优势理论,采用国际贸易的方式可降低成本,而国际直接投资也能够帮助企业实现规模经济。这主要在于直接投资可让版权、出版物绕开关税壁垒,将版权直接带入到目标市场。编辑环节形成的中间产品成本相对固定(尤其是在作者报酬固定的情况下,即使作者报酬不固定也已有相当大部分成本沉淀),使其形成最终出版物满足更多的市场需求,可使单位成本下降。此外,国际直接投资可增强对渠道的控制力,带来境外出版企业优秀的营销能力、物流管理能力,能更有效地开拓市场。

5. 竞争的驱使

国际出版巨头在全球竞争中易发生寡占市场的模仿行为,一旦竞争对手进入新的市场,为了不将新市场让竞争对手完全掌控,其他出版巨头也会竞相进入这一市场。通过在更广阔领域进行竞争并建立优势,可进一步促使企业做大做强,带来的益处包括可以给畅销书作者支付巨额预付款、开展更为强大有力的营销推广活动、增强企业在产业链上的议价能力、控制行业竞争格局和实现可持续发展。

另一方面,各个国家和地区的行业竞争激烈程度存在差异,也会促使出版企业选择从竞争激烈的"红海"转移到竞争不够充分的"蓝海"。国家竞争优势理论认为,激烈的同业竞争将有利于该国在这一行业形成优势,但竞争也会使得企业面临更加严峻的生存压力。在发达国家,出版企业在科技快速发展的背景下,网上书店的崛起使得实体书店原本建立的优势在一定程度上消退,瞄准数字出版新浪潮的企业不断加入竞争,传统出版企业在行业中的地位受到威胁和挑战。而在另一些国家,出版业的竞争激烈程度则相对温和,如中国出版业,无效竞争有余和有效竞争不足,这些出版巨头带着已有的优势包括发展数字出版的优势进入中国,将促使中国出版业重新洗牌,占领中国新行业格局下的制高点。

需指出的是,对境外出版企业进入中国出版市场动因的归纳,既包括宏观的国家竞争优势,也包括微观的企业经营、竞争方面的因素,但这五点归纳并不完全,如境外出版企业进入的动因还可能与其自身的战略、愿景有关,抑或带着传播文化、价值观的使命。具体到某一出版企业,可能还有自身独有的动因。此外,以上都是从境外资本同行业进入中国出版市场的视角来分析的,除同业进入外,还有一些非出版企业(除投资公司、基金公司外)跨行业投资进入中国出版市场,这类投资的动因主要在于中国出版市场较大的吸引力和企业对高利润的追求。

通过动因分析,可以得出结论,境外资本将会继续视中国出版市场为战略性市场。

2.4.2 中国出版市场的吸引力及结构

中国出版产业被视为朝阳产业,近年来不断有非公有资本进入、参与角逐。从境外资本进入的视角评价中国出版市场吸引力,主要包括市场规模、市场增长率、盈利能力、市场结构、政策环境影响等方面。

1. **市场规模及增长率**

改革开放以来的 30 多年是中国出版产业高速增长的时期,大体又可分为 1978—1985 年的超常规增长,1986—1994 年的调整与徘徊和 1995 年至今的快速增长三个阶段。

(1) 出版产业的总量规模及增长率分析。

在规模总量方面,中国新闻出版业已形成较大规模和保持较快增长,这对境外资本具有很强的吸引力。2009 年,新闻出版业全行业总产出为 10669.0 亿元,实现增加值 3100.1 亿元,占同期国内生产总值(GDP)的 0.9%,营业收入

10341.2亿元,利润(结余)总额893.3亿元。① 2010年,全国新闻出版、印刷复制和发行业实现总产出12698.1亿元,实现增加值3503.4亿元;营业收入12375.2亿元,利润总额1075.9亿元。② 这四项指标均实现百分之十几的增长,其中利润总额增长超过20%。

出版业是文化产业的一个重要类别,虽然近年来中国文化产业的规模快速增长,但总体看文化产业创造的价值占GDP的比重不到3%,相比于发达国家还有很大差距,如美国文化产业创造的价值占GDP的30%,日本和韩国也分别占到18%和13%。"提高文化软实力"已被提到国家战略高度,因此,新闻出版业也是中国的战略性产业之一,表明中国的出版业仍有非常大的发展空间。

(2) 出版市场规模及增长率的产业结构分析。

出版产业的主要细分产业类别包括图书出版、期刊出版、报纸出版、音像制品出版、电子出版物出版、数字出版、出版物发行、出版物进出口和印刷复制九个产业类别,它们在整个出版产业中所占的比重和增长率不尽相同,因此各产业类别对境外资本的吸引力也存在差异,且吸引力的大小往往与各产业类别的产出总量及增长率呈正相关关系。2010年各产业类别产出情况见图2-1。

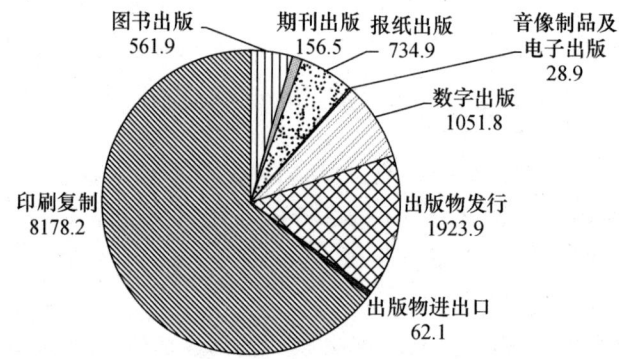

图2-1　2010年各出版产业类别产出情况(单位:亿元)

资料来源:国家新闻出版总署出版产业发展司编《2010年新闻出版产业分析报告(摘要)》,http://www.gapp.gov.cn/cms/html/55/1610/201107/727729.html。

由于新技术的发展、人们阅读习惯的改变,各个产业类别的增长率有较大差

---

① 国家新闻出版总署出版产业发展司:《2009年新闻出版产业分析报告》,http://www.gapp.gov.cn/cms/html/55/1609/201010/705316.html。

② 国家新闻出版总署出版产业发展司:《2010年新闻出版产业分析报告(摘要)》,http://www.gapp.gov.cn/cms/html/55/1610/201107/727729.html。

异,其 2010 年增长率情况见图 2-2。

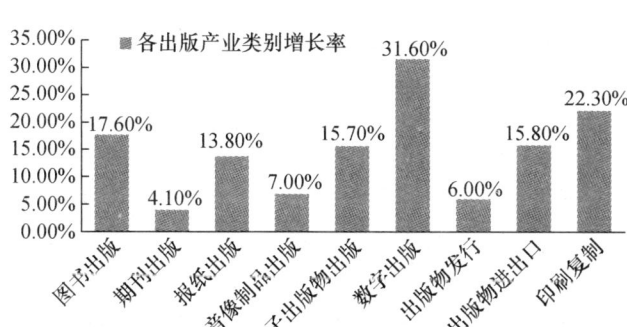

图 2-2 2009 到 2010 年度各出版产业类别增长率
资料来源:作者根据国家新闻出版总署编《2009 年新闻出版产业分析报告》(http://www.gapp.gov.cn/cms/html/55/1609/201010/705316.html)和《2010 年新闻出版产业分析报告(摘要)》(http://www.gapp.gov.cn/cms/html/55/1610/201107/727729.html)整理获得。

① 数字出版与传统出版。

在所有出版产业类别里,数字出版增长最快。中国的数字出版虽仍处于起步阶段,但规模总量却得到迅速扩大。据统计,2006 年数字出版产值为 213 亿元,2007 年 362.42 亿元,2008 年增长至 556.56 亿元,2009 年为 799.4 亿元,2010 年实现 1051.79 亿元,为 2006 年的 5 倍,2011 年达到 1377.88 亿元[1],每年平均增长率逾四成。

互联网的普及、技术及经济的发展,使得中国数字阅读环境日益向好,至 2009 年,中国国民上网率为 41%;14.9% 的国民接触过手机阅读;4.2% 的国民使用 PDA/MP4/电子词典等进行数字化阅读,国民对数字化付费阅读接受程度加深。此外政策的扶持力度加大,为数字出版的快速发展奠定了基础。[2]

相比之下,传统出版则受到数字出版的冲击,增长相对缓慢。近年来中国国民的阅读情况为纸质图书阅读率下降,而网上阅读率快速上升。

② 复制印刷。

2009—2010 年度印刷复制的增长速度仅次于数字出版,2010 年印刷复制业的产出占新闻出版业总产出的 64.4%,远远超过新闻出版的其他产业类别,在全行业居主要地位。其中包装装潢印刷的工业产值占印刷复制总产出的 50%

---

[1] 郝振省:《2011—2012 中国数字出版产业年度报告》,http://wenku.baidu.com。
[2] 郝振省:《2009—2010 中国数字出版产业年度报告》,北京:中国书籍出版社 2011 年版,第 5—8 页。

以上。受到数字出版的影响,出版物印刷增长缓慢,在复制印刷业所占比重呈逐年下降趋势。

③ 出版物发行。

在出版物发行方面,2009到2010年度的增长率仅为6%,显示了纸质出版物受到电子书、电子期刊以及网络新闻等新兴出版方式的冲击,人们对纸质图书、报刊的依赖度下降。值得注意的是,尽管出版物发行的增长率偏低,但网络发行渠道的增长率却很高,不少网络发行企业年增长率高达100%,对传统渠道造成挤压,已成为发行市场的重要组成部分。易观国际发布的《2010年第二季度中国网上零售市场季度监测》数据显示,2010年第二季度网络图书销售总额已达到12.2亿元,同比增长59.7%,环比增长16.2%。[①]

2. 中国出版业盈利能力

(1)中国出版企业盈利能力分析。

如前所述,2009年中国新闻出版业利润(结余)总额为893.3亿元,2010年实现利润总额1075.9亿元,增长了20.4%。从总量上看,千亿利润显示了行业广阔的盈利潜力。

具体到企业层面的盈利能力,根据Wind行业板块的分类标准,截至2010年4月30日,中国A股已上市的出版发行企业一共有7家,分别是出版传媒、皖新传媒、博瑞传播、新华传媒、时代出版、华闻传媒和ST传媒。由于出版发行企业上市之后,业务范围由以往单一的出版发行扩展到文化传播、高新技术、地产等多个领域[②],因此在分析出版发行企业盈利能力时,选取主营业务仍在出版业的出版传媒、皖新传媒、新华传媒和时代出版4家上市公司为分析对象(表2-9)。

表2-9 2010年上市出版发行企业的财务数据

公司名称	销售毛利率	主营业务利润率
出版传媒	25.66%	5.57%
皖新传媒	33.25%	12.55%
新华传媒	37.12%	10.41%
时代出版	27.48%	11.69%

资料来源:作者根据沪、深证交所披露的四家上市公司财务数据整理。

[①] 杨晓芳:《多家共分天下 图书网上销售呈现多元格局》,http://www.chinaxwcb.com/2010-08/19/content_204969.htm。

[②] 马勤、牛建林:《A股上市出版发行公司的现状——多元性、盈利性与公益性视角下的分析》,载《出版发行研究》2010年第8期。

从表2-9可看出,这4家企业的销售毛利率和主营业务利润率分别在30%和10%左右,处于较高水平。从净利润总量来看,4家出版企业的净利润不断增长(表2-10)。皖新传媒2010年实现净利润3.2亿元,较2009年增长0.45亿元,出版传媒的净利润为1.298亿元,2010年新华传媒和时代出版的净利润分别为2亿元和2.47亿元,与2009年相比,仅新华传媒略有回落。从2006年到2010年四家上市出版企业净利润的变化可以看出,出版发行企业的盈利能力逐年提高。

表2-10 2006年—2010年上市出版发行企业净利润　　（单位:亿元）

公司名称	2010年	2009年	2008年	2007年	2006年
出版传媒	1.298	1.29	1.16	1.05	0.91
皖新传媒	3.21	2.76	2.52	2.12	1.56
新华传媒	2.0	2.33	2.42	0.69	0.16
时代出版	2.47	2.25	2.15	0.06	0.04

资料来源:作者根据沪、深证交所披露的四家上市公司财务数据和马勤、牛建林在《出版发行研究》2010年第8期发表的论文《A股上市出版发行公司的现状——多元性、盈利性与公益性视角下的分析》整理获得。

(2) 中国出版业盈利能力的结构性分析。

同产出规模及其增长率一样,出版业的盈利能力也存在结构性差异,因此,不仅有必要从总量上分析出版业的盈利能力,还需考量各产业细分类别的盈利能力。

从图2-3可看出,复制印刷在整个新闻出版产业的利润结余中占有半壁江山,图书、报刊、电子书及音像制品出版的利润总额为203.3亿元,数字出版的利润总额为89.1亿元,出版物发行环节的利润为206.8亿元,占全产业利润总额的20%,出版物进出口的利润总额则非常之小,仅为1.7亿元。但是利润总量的大小受到产出规模的影响,因此在考量各产业类别的盈利水平时,应剔除产出总量的影响。

图2-4在剔除产出规模因素后发现,印刷复制的利润总量虽大,但利润产出比却较低,仅为7%。在编辑、印刷、发行的产业链上,编辑环节利润产出比最高,发行次之,中间环节的印刷复制最低。数字出版虽然发展迅猛,但由于商业模式仍处于探索阶段,尚未形成成熟的商业模式,作为增长速度最快的产业类别,其利润产出比却低于传统出版。

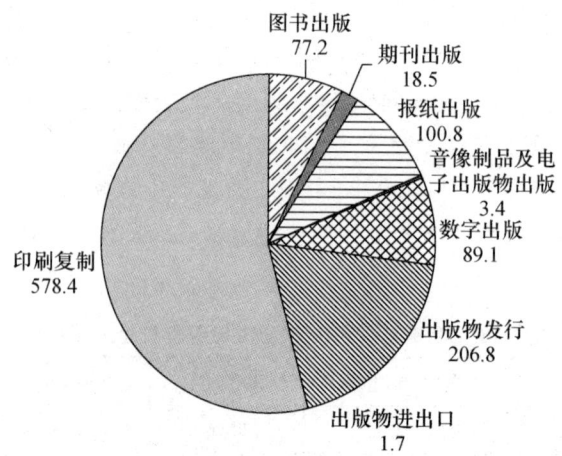

图 2-3　2010 年各出版产业类别利润总额情况（单位：亿元）

资料来源：根据原国家新闻出版总署发布的《2010 年新闻出版产业分析报告（摘要）》整理。

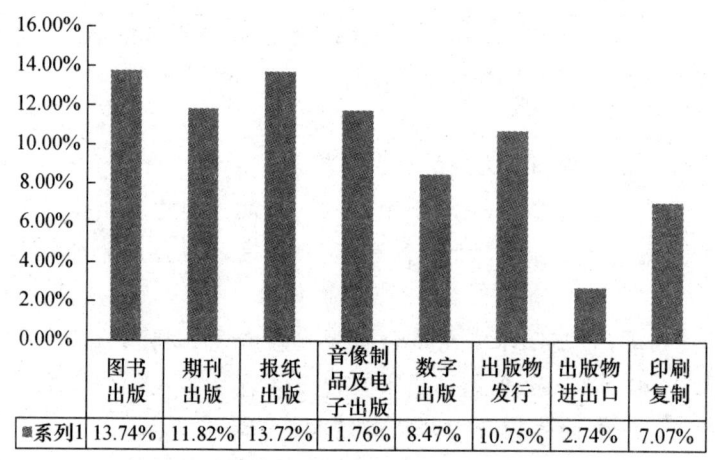

图 2-4　2010 年各出版产业类别利润产出比

资料来源：根据原国家新闻出版总署发布的《2010 年新闻出版产业分析报告（摘要）》整理。

3. 中国出版业的市场结构

改革开放以来，中国出版业经历了数量、规模双扩张的过程。以出版社为例，数量由 1977 年的 114 家以每年几十家的速度增长，至 1988 年出版社的数量达到 506 家，之后国家进行了数量控制，2008 年全国共有出版社 579 家（包括副牌社 34 家）。依据 1985 年统计局的产业划分，出版业已成为一个独立产业，开始了出版业由事业单位向企业的转变。遵循出版企业做大做强、"造大船"的思路,出版业进行了集团化建设。此外,在发展过程中,政府逐渐减少了对非公有资本的进入限制,越来越多的民营资本、境外资本进入到新闻出版业。但经过改革开放,中国出版业总体看来并没有形成适宜的市场结构,产业链的不同环节具有不同的结构特征。

(1)出版(编辑)环节的市场结构分析。

① 市场集中度。

自第二次世界大战以来,西方国家的出版业进行了一系列并购重组活动,使出版业呈现越来越集中的态势。

表2-11 2006、2007年各国图书出版业的市场集中度

国家	市场集中度			
	CR4(%) 2006年	CR4(%) 2007年	CR8(%) 2006年	CR8(%) 2007年
美国	44.03	37.09	64.79	57.22
德国	31.58	47.79	51.17	59.29
日本	23.46	23.22	—	

资料来源:蒋雪湘:《中国图书出版产业组织研究》,长沙:湖南大学出版社2010年版,第123页。

表2-11显示,发达国家图书出版业的市场集中度较高。具体到图书类别,美国6万多家出版社构成的图书产业里,大众图书市场的CR10为63%,基础教育图书市场的CR4为70%,高等教育图书市场的CR3高达80%(2005年)[1]。

虽然集团化使得中国出版业的市场集中度有明显提高,但仍处于较低水平。2009年中国前10家出版集团的图书市场占有率,见表2-12。

表2-12 2009年中国前10家出版集团的图书市场占有率

排名	出版集团	业务区域	码洋占有率(%)
1	中国出版集团	全国	6.52
2	吉林出版集团	全国	3.91
3	凤凰出版传媒集团	全国	2.70

---

[1] 陈晔:《中国图书出版寡头垄断竞争反应分析》,载《农业图书情报学刊》2009年第1期。

（续表）

排名	出版集团	业务区域	码洋占有率(%)
4	中国国际出版集团	全国	2.68
5	北京出版集团	全国	2.36
6	上海世纪出版(股份)	全国	2.25
7	湖北长江出版集团	全国	1.59
8	辽宁出版集团	全国	1.57
9	中国科学出版集团	全国	1.56
10	陕西出版集团	全国	1.55
—	前10名出版集团合计	—	26.69

资料来源：天舟文化招股说明书。

以市场集中度为指标，按日本学者越后和典的分类，中国的图书出版业为E型(低集中度产业)，中国出版市场的CR10还不及西方发达国家的CR4。较低的市场集中度表明，中国图书出版产业中不存在市场领导者，各企业的市场势力均很有限，通常难以通过企业自身的势力为潜在进入者设置有实质性影响的进入壁垒。由于历史原因和改革中各地均衡发展、集团化，使得计划经济时期形成的产业布局并未打破，存在较高的区域贸易壁垒，图书全国范围内流通不畅，并没有形成真正的全国性竞争市场。

报业的市场结构呈现多元性和复杂性，报业多为区域性市场，以总印数为指标，2010年国家级报纸所占比例为14.54%，省级报纸所占比例为54.09%，其余皆为地、市、县级报纸。1996年至今，全国共成立了49家报业集团，集团化大大提高了区域内的市场集中度，如今报业在全国范围内呈低集中度的市场结构，而在区域市场则为寡头垄断。

② 进入壁垒。

境外资本的资金实力、生产运作能力和营销能力能够保障其满足资本需求量和达到或超过最小经济规模，即对境外资本而言，中国出版市场的进入壁垒主要源于政策壁垒而非经济性壁垒。

入世时中国并没有承诺开放内容出版业，对境外资本入股出版社或开办杂志报纸也没有具体的开放时间表，编辑出版产业仍由公有资本绝对主导。2005年《国务院关于非公有资本进入文化产业的若干决定》(国发9[2005]10号)文件中仍然规定非公有资本不得投资设立和经营通讯社、报刊社和出版社。2009

年4月6日颁布的《关于进一步推进新闻出版体制改革的指导意见》，对非公有经济进入图书出版业的政策有所放松，但并没有明确境外资本能否进入。除了资本主体的限制，图书出版资格和书号、刊号资源从另外两个方面为境外资本筑起了很高的进入壁垒。

③ 差异化程度。

无论是图书、期刊、报纸还是音像制品，差异化程度都较低，体现在出版物内容和出版水平的同质，如创作水平、包装、营销推广策略和消费者服务等方面。高同质化程度带来的后果是产业内的竞争是低水平的价格战，竞争激烈但无效，民众日益增强的多元化、多层次的文化需求得不到很好的满足，而企业方面，库存量却居高不下。

（2）复制印刷环节的市场结构分析。

① 市场集中度。

与上游的编辑和下游的发行环节相比，复制印刷环节的市场集中度非常之低，企业数量多而规模小，排名靠前的企业的市场份额见表2-13。

表2-13　2010年中国前8家复制印刷企业的市场占有率

排名	复制印刷企业	销售收入（万元）	占有率（%）	企业性质
1	当纳利中国有限公司	319737	0.4%	独资（美国）
2	上海紫江企业集团股份有限公司	262572	0.33%	股份有限公司
3	鹤山雅图仕印刷有限公司	241860	0.31%	独资（香港）
4	永发印务有限公司	238838	0.3%	独资（香港）
前四家复制印刷企业合计（CR4）			1.34%	
5	上海烟草包装印刷有限公司	208731	0.26%	国有及国有控股
6	鸿兴印刷集团有限公司	206202	0.26%	独资（香港）
7	利丰雅高印刷集团有限公司	190709	0.24%	独资（日本）
8	上海界龙实业集团股份有限公司	183670	0.23%	股份有限公司
前八家复制印刷企业合计（CR8）			2.34%	

资料来源：作者根据百度搜索和表中公司官网等渠道获取的数据整理获得。

复制印刷业的CR8仅为2.34%，行业内企业众多，单个企业无论是销售收入还是利润与整个行业相比都非常小，因此任何一个企业所拥有的市场势力都十分有限。但相比之下，已进入中国的境外资本的企业整体规模较本土企业大，在2010年的印刷企业100强中,三资企业占42家,可见,凭借资金实力、技术管理上的优势,外资企业在复制印刷环节比本土企业更具竞争力。

② 进入壁垒。

极低的市场集中度使为厂商设置的策略性进入壁垒可以忽略,境外资本的进入壁垒同样主要来源于政策限制。入世十余年来,中国政府对境外资本的准入门槛不断调低,虽然除包装装潢印刷外,其他业务不允许独资,但总的看来该环节的进入壁垒并不高。

③ 差异化程度。

印刷市场可分为出版物印刷、包装装潢印刷、商业印刷、印刷机械、印刷耗材等几个细分市场。包装装潢印刷和商业印刷因要满足客户个性化的需求,差异化程度较高,而出版物印刷的差异化程度相对较低,随着短版印刷需求的日益增强,按需印刷将成为出版物印刷发展的新方向。

(3) 发行环节的市场结构分析。

发行是出版产业链上唯一已向境外资本全面开放的环节,但政策壁垒的消除并不意味着为境外资本留有较多的市场机会。

① 市场集中度。

2010年,全国新华书店系统和出版社自办发行单位实现出版物总销售额1728.5亿元,而发行环节总营业收入为1898.5亿元。在图书零售市场上,随着电子商务的快速发展,实体书店受到强有力的冲击,市场格局出现新的变化。2010年中国图书零售总额接近370亿元,其中网络销售突破了50亿元[1],占整个图书零售市场的比重由2008年的5%左右上升到13.5%,当当网和卓越网两家企业在网络销售渠道的市场份额超过80%,形成双寡头垄断。经营多年的低价战略为当当网和卓越网积攒了宝贵的品牌资源和客户资源,使得两家企业在网络销售竞争中优势明显。

② 进入壁垒。

虽然政策上发行环节基本已对境外资本全面开放,但这并不等同于进入壁垒的消除。每年中小学教材经营上百亿的利润只能在新华书店系统内部分配,由于受到地方财政区域割据的限制,行业的竞争是区域性的,地区分割严重,各省纷纷组建发行集团,拥有自己的发行系统。在图书零售方面,受到网上书店的冲击,实体书店经营惨淡,近几年不仅较小的民营书店关闭,曾经全国排名数一

---

[1] 陈杰:《2010年中国图书销售破百万种 近370亿元》,载《北京商报》2011年1月17日。

数二的民营连锁书店也被迫关门。面对网络销售的挤压，传统零售渠道市场容量萎缩的可能性较大，而线上销售进入当当网和卓越网寡头垄断的格局。它们所建立的品牌抢占了消费者的心智，长期经营为消费者设置了一定的转换成本，积累的客户资源增强了对上游出版企业的议价能力，这些结构性进入壁垒是境外资本难以回避的障碍。此外，凭借已建立起来的优势，当当网和卓越网可能会对新进入者采取有实质性影响的报复行为。

4．中国出版市场吸引力综合评价

中国出版市场规模总量、增长率、增长空间、利润、盈利能力等数据，为境外资本展现的是一个总量和潜力都很大的蛋糕。通过对出版产业的结构性分析发现，产业链的三个环节中，上游的编辑和下游的发行对境外资本（非专门从事复制印刷的企业）较中游复制印刷的吸引力更大，尤其是上游的编辑，利润产出比最高。数字出版虽然现阶段盈利性差，但是其年均50%的增长率及未来继续快速增长的预期，展现出广阔的发展前景，有远超传统出版的成长性，是一个颇具吸引力的产业类别。通过市场结构分析了解到产业链三个环节的不同竞争情况和进入壁垒情况，发现在编辑环节若除去政策性壁垒，以行业目前的竞争状况，境外资本有足够的机会和实力通过竞争获取相当的市场份额。复制印刷环节的吸引力偏弱，虽然进入壁垒和市场集中度低，但是利润率也较低，既有行业附加值偏低的因素，也有竞争激烈造成利润率下降的原因。发行环节的线上渠道已形成双寡头垄断，线下则被新华书店系统及各出版社自办发行单位主导，虽已消除政策性壁垒，但这样的市场结构，刺激境外资本蜂拥而入并不容易。

2.4.3　中国出版产业关键成功因素与境外资本的优劣势

产业关键成功因素，是指能使企业在产业中占优势地位、对企业总体竞争地位有着重大影响的条件、变量或能力。企业若想在该领域快速成长，一个很重要的工作就是要识别该产业的关键成功因素，并根据产业的关键成功因素，确立合适的战略。关键成功因素因不同产业而异，对出版产业而言，产业链上包括编辑出版、复制印刷和发行三个类别，不同的产业类别也对应着不同的关键成功因素。下面主要对吸引力较大的编辑出版和发行环节的关键成功因素及境外资本的优劣势进行分析。

1．编辑出版环节分析

（1）选题策划能力。

出版企业的选题策划能力包括对作者资源的占有能力、利用政府政策和争取政府支持的能力、对市场发展趋势和市场竞争环境的判断能力、对读者市场细分能力、企业内各部门参与选题策划能力和对出版物发行时间、经费、数量的预测能力等六个方面。① 由于出版业是内容产业,出版物的内容是出版企业产品的核心,也是消费者最根本的利益诉求。《哈利·波特》《明朝那些事儿》《品三国》《乔布斯传》等出版物因为内容具有较强吸引力而成为畅销书,《钱经》《国家地理杂志》《财经》等杂志因为内容专业、独家报道,使定价高出一般的生活、娱乐类杂志。优质的内容源于优秀的选题策划,首先表现为对优秀作家资源的占有,他们作为内容资源最原始的提供者,位于产业链的最上端。在组建优秀作家队伍的同时,还需企业的编辑在对市场环境、读者等因素分析的基础上进行选题策划,既包括构思出原创性的作品也包括对已有内容题材的二次开发,无论哪种形式都将带来巨大的经济效益和社会效益。可见,选题策划活动是出版企业能够形成出版精品的关键作业,选题策划能力是编辑出版产业的关键成功因素。

(2) 市场营销能力。

图书出版具有十分显著的规模经济特征,要想尽可能挖掘规模经济效应,就必须尽可能扩大销售规模。而销售规模的扩大在很大程度上决定于出版企业的市场营销能力。出版企业的市场营销能力包括市场调研能力、市场开拓能力、定价能力、渠道控制能力、促销能力等。

(3) 与渠道商的战略合作能力。

出版业的规模经济是通过渠道商将出版物推向更广阔的市场获得的,出版物的商品价值,最终也是通过分销渠道实现。出版产业链上不仅包括商流、资金流,还包括信息流,渠道商特别是零售商,能与读者接触并准确地捕捉到最新的市场信息,因此,渠道对出版企业至关重要。

传统的产业链上,出版社是渠道的领导者,而在市场转型期,下游渠道商表现出更大的成长性,渠道的权力中心向下游转移,在此背景下,出版企业与渠道商战略合作的重要性进一步凸显。编辑出版企业与渠道商不应是"你"和"我"的控制与被控制关系、利益竞争和风险转嫁的零和博弈,而应是"我们"的合作关系。通过与渠道商建立良好的战略合作,可使企业获得有关读者需求、购买心理、价格承受力,以及各种图书的销量及销货速率等重要信息,以更好地进行选题策划和开展市场营销活动,增强对市场的反应力。战略合作还有助于让出版物获得合理的上架周期、充分的销售机会、得到重点陈列销售、获得渠道商在销

---

① 贺剑锋:《我国出版企业核心竞争能力及其培养》,载《编辑之友》2002年第5期。

售过程中提供的相应服务等。由于渠道权力中心的转移,编辑出版企业与渠道商之间进行的是不平等的博弈,因此,出版企业能否与渠道商打破利益竞争的短期行为,建立稳定的战略合作关系,是其在产业里获取成功的关键。

(4)品牌。

品牌作为关键成功因素,更多地表现在报纸期刊领域,在图书出版产业链中,编辑出版环节价值增值的聚集能力弱,不同品种图书的价值难以聚集到一个方便转移或传递的图书品牌之中,而报刊领域则不同,编辑环节的价值增值活动集中体现在报刊的品牌形象之中。[1] 与其他产品一样,报刊品牌的价值在于能方便读者做出购买决策、增进读者忠诚度、增加消费者的感知价值等。

(5)出版政策资源的获取。

获得准入许可是企业进入出版业参与角逐的先决条件。目前编辑环节尚未对境外资本开放,游离在体制外、苦心经营多年的民营资本和境外资本也始终没有获得名分,公有资本绝对主导的地位相当稳固。

当前出版业务的基本行业规制包括出版社经营许可、选题管理、书号使用许可制、刊号使用许可、出版社业务范围规定等,可将其比作是一种资源,是企业制定进入战略和开拓战略必须考虑的重要因素。以书号为例,2005年国家加大了对图书出版的管理力度,强力执行一书一号制度,书号资源由出版行政部门分配给各出版社,与民营资本、境外资本无缘。一些小出版社由于自身的经营能力有限,贩卖书号成为一种"开源"手段,而境外资本、民营资本离开了书号便不能进入图书出版业,更勿论在出版市场中取得成功,因此采取与出版社合作的模式成为唯一的选择。书号本是图书出版领域最为基础的东西,由于政策的规制,成为一道基本的进入门槛,直接影响企业的进入方式和战略决策。出版企业获得相应的政策资源并不能保证其成功,但为其平等参与竞争的必要条件,因此,政策资源也应视为在编辑环节获取成功的关键因素。[2]

(6)境外资本的优劣势。

在以上五个关键成功因素中,出版政策资源的获取为境外资本的绝对劣势所在。原则上,境外资本是不允许进入内容编辑环节的,尽管境外资本采取多种方式向该环节渗透,但始终没有获得准入。

在选题策划能力、市场营销能力和品牌三个方面,境外资本拥有绝对优势。自二战以来,西方出版企业兼并重组的数量大幅上升,优胜劣汰机制在行业里发

---

[1] 方卿等:《出版产业链研究》,北京:高等教育出版社2011年版,第143页。
[2] 吴华:《民营图书出版公司与出版社的合作问题研究》,载《上海财经大学》2006年。

挥作用。拥有优秀的选题策划能力是国际出版企业在行业里生存发展、形成可以游弋世界的"出版旗舰"的必要条件。国际出版企业已在不同内容领域建立起强势品牌，目前在中国期刊领域，境外资本采用项目合作的方式，授权境内资本使用其品牌，如《ELLE》《商业周刊》《时尚》等。此外，在杂志内容方面，中外版权合作、选题合作成为重要方式，尤其是时尚类杂志，优秀的杂志内容往往都拥有强大的外来资源。值得注意的是，境外资本市场营销能力的优势，必须配合全面的本土化才能充分发挥，如贝塔斯曼就是前车之鉴，其在国外成熟的书友会模式并不适应中国市场，成为其败走中国的重要原因之一。

在与渠道商战略合作方面，中国出版物发行的渠道冲突在企业层面上的原因主要有三：一是出版企业渠道管理不善；二是渠道成员之间缺乏有效沟通；三是出版企业与发行企业之间博弈的不平等。[①] 对前两方面的问题，境外资本可利用自身的经验克服，通过沟通和管理，以期达成理念共识，建立起以出版企业为主导的、深度协同合作的营销价值链。但要真正克服由于出版商与发行商不平等博弈引致的问题，关键在于境外资本的出版企业能否形成出版精品，它决定了建立稳定的战略合作关系能否为渠道商带来利益。结合境外资本在选题策划、市场营销和品牌方面的绝对优势，相较于境内出版企业，与渠道商建立起良好的战略合作关系的可能性更大。

2. 发行环节分析

电子商务的快速发展对传统的图书渠道和图书零售模式形成巨大冲击，大部分实体书店尤其是民营书店将会退出市场，得益于财政优惠（物业成本低廉、税收优惠、教材独家发行权等）存活下来的国有实体书店，已有部分开始线上业务。图书发行市场最终将是国有实体书店和网上书店的天下，市场集中度将不断提高，最终形成寡头垄断的市场结构。传统发行渠道的关键成功因素包括物流系统、图书品种，网上书店与此相似，但又有新的内容。发展迅猛的网上书店已在图书发行市场上扮演重要角色，并且其重要性在不断提升。下面主要分析网上书店的关键成功因素。

（1）物流系统。

从竞争的角度看物流技术对网上书店的意义，相对于线下竞争者实体书店，送货上门服务是其继价格之外的又一大优势。相对于更为直接的竞争对手，其他网络销售企业，便捷的服务是影响消费者购买决策、满意度、忠诚度的一个重

[①] 李宏葵：《出版物发行渠道冲突原因探析》，载《出版发行研究》2008年第7期。

要因素。此外,高效的物流还能为企业降低成本。电子商务企业有"得物流者得天下"的说法:2010年阿里巴巴投入300亿元建设物流;京东商城三次融资所筹集的资金也全部用于物流建设;世界上最大的网上书店亚马逊,自建的亚马逊物流已是响当当的品牌,创造了顾客下订单到送货上门仅用两小时的神话,杰出的物流服务帮助亚马逊将竞争对手远远甩在后面。巴诺是美国最大的图书连锁企业,1997年5月开始线上经营。巴诺集团拥有庞大的连锁书店体系,使其在物流方面有充分的货源和现代化的发货能力,为此,亚马逊斥巨资在美国不同地方乃至海外建立大型实体仓库以保证物流高效[①],捍卫其在行业的领导地位。可见,物流技术都已被各图书网络销售企业重视,被视为在竞争中获取成功的关键因素之一。

(2) 品牌。

与实体书店相比,网上书店没有地域的限制,要面对所有其他网上书店的直接竞争,在这种情况下,品牌建设对网上书店的经营发展尤为重要。品牌能够帮助消费者减少交易成本、减少认知不协调、确保质量,消费者乐于在自己熟悉的品牌书店购买,一旦建立起知名品牌,将是网上书店一笔巨大的财富。

B2C电子商务有强烈的平台经济效益,品牌能帮助企业吸引更多的消费者聚集到自己的网络平台之上,平台的价值可从广告、客户数据等多方面挖掘,只要企业能吸引大量的顾客进驻到自己的平台之上,赢利就只是时间问题。虽然现阶段,电子商务企业赢利能力很差甚至是亏损,如亚马逊,但是在股票市场上却备受青睐,部分原因可以归结于投资者对其品牌价值和平台价值的认可。因此,是否拥有能够占领消费者足够多心智资源的品牌,是图书网络销售企业取得成功的关键因素之一。

(3) 图书品种。

无论是传统的实体书店还是网上书店,专业书店还是大型书城,图书品种至少是某一专业的图书品种的丰富程度,都会影响到书店对消费者吸引力的大小。网上书店突破了实体空间的局限,图书品种可以达到实体书店不可企及的数量,而且网上书店通常对出版社采取的订货是品种多、单品种订货少的模式,将库存压力转嫁给出版社,并不会因为可供销售的图书品种上升而大幅提升库存成本。此外,丰富的图书品种还能为网上书店创造长尾奇迹。能为网上书店带来盈利的不仅是畅销书,一些滞销书也同样能带来财富,如当当网每月卖出18万种图

---

① 杨贵山:《国际出版业导论》,北京大学出版社2010年版,第37页。

书,其中畅销书毕竟只是少数,不乏大量的滞销书。出版社也同样能使原本销不出去的书找到出路。对消费者而言,在一家网上书店找不到想要的图书,很容易转向其他网上书店,这可能是消费者忠诚度降低的危险信号。因此,网上书店纷纷在扩充图书品种上下功夫,目前销售量最大的三家网上书店,当当网、卓越网和京东商城,其图书品种数量与销售量排名一致。当当网在建立之初就模仿卓越现在的东家亚马逊,走大而全的道路,而卓越网一开始采用的是精品路线,由于竞争中大而全更具优势,驱使卓越网与当当网趋同。① 可见,众多的网上书店都认识到海量图书品种是其吸引顾客、保持顾客忠诚的重要手段。

(4) 信息技术。

互联网企业与信息技术紧密相连,对于网上书店,信息技术体现在对高效物流的支持、对海量图书信息的管理、搜索功能、客户信息的管理等。前已提到物流系统和丰富的图书品种的重要性,如果离开先进的信息技术,这两个方面往往难以做好,强大的检索功能以及友好的检索界面,可增加消费者的满意度。前面在分析品牌时提到平台经济,各个 B2C 电子商务企业不约而同地构建自己的平台,争取把尽可能多的消费者吸引到企业的平台之上,然后再挖掘消费者的价值,这要求企业除了能吸引消费者,还要具有对消费者信息进行有效管理的能力。目前,网上书店都采用低价营销策略跑马圈地,尽可能多地将消费者圈到自己的平台上,辅之以一定的转换成本,但从长期来看,价格战不会一直成为竞争的主旋律,取而代之的应是个性化的服务,如针对消费者的专门服务,或根据搜集整理的消费者需求信息,通过与出版社战略合作,创作迎合消费者需求的读物。企业搜集、处理消费者信息,一方面能促进其与出版社的战略合作,另一方面,有价值的信息流也可增强其对出版社的议价能力,而提供这些服务需要以先进的信息技术为依托。

(5) 境外资本的优劣势。

目前发行环节基本上已对境外资本全面开放,在线下实体书店方面,境外资本拥有先进的管理经验,但缺少国有书店享有的财政优惠,很可能也将陷入现今中国民营书店遭遇的困境。发行环节有四个关键成功因素,在物流系统方面,无论是线上还是线下图书零售业态的物流,境外资本都更为成熟,积累了丰富的经验。但是,由于国外高效的物流系统是在传统零售业的带动下逐渐完善起来的,而境外资本进入中国后,需要与中国本土企业面对相同的外部物流环境,可能会

---

① 郑彦:《卓越与当当:从差异到趋同》,载《出版广角》2008年第6期。

使其优势部分打折扣。境外资本另一个占优势的方面是信息技术及建立在信息技术基础上的客户信息管理。中国还在打低级的价格战时,国外已有企业针对客户提供个性化服务的尝试。个性化的服务可能与消费者的消费水平和需求相关,也体现了更先进的市场竞争理念。

前已分析指出品牌的巨大价值,各电子商务企业都积极打造自己的品牌,但是根据心智阶梯原理,人的记忆力是有限的,对同一品类的品牌,消费者的记忆里最多只能保存七个,且品牌自上而下有序排列,阶梯状存在于人的潜意识中。而当当网和卓越网依靠较早的"触网"优势,已占领消费者心智中前两名的位子,从品牌对消费者心智资源占领这个角度来讲,留给境外资本的机会并不太多。

2.4.4 境外潜在进入者及其战略行为预测

1. 境外出版企业分析

这里的中国出版业的境外潜在进入者指的是,将中国出版业看作战略市场的境外大型出版企业。对出版产业关键成功因素的归纳与境外资本的优劣势分析,可作为预测境外资本进入战略及判断进入后对中国出版业影响的依据,但是单从关键成功因素、市场吸引力两个方面对境外资本的战略行为做出预测,仍是不充分的。在此,借鉴迈克尔·波特的竞争对手分析模型,选取国际出版集团中世界排名靠前的培生集团(2010 年排名第一)、汤姆森路透集团(2010 年排名第三)和贝塔斯曼集团(2010 年排名第五)[①]为对象,将境外出版企业看作一个整体,着眼于它们共性的地方,进行企业层面的分析,分析模型见图 2-5。

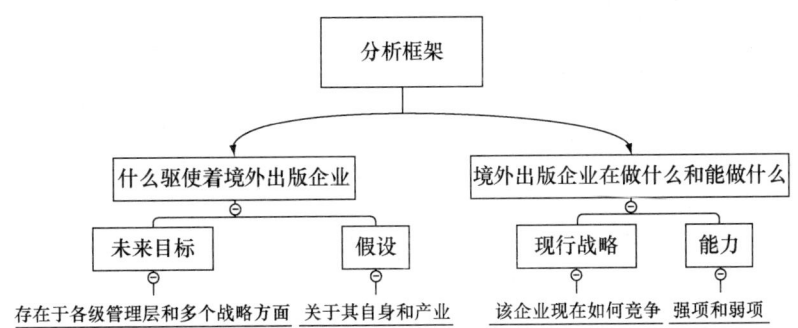

图 2-5 作为潜在竞争对手的境外出版企业分析模型

---

① 刘益、赵志伟、杨卫斌:《培生集团的经营管理与发展战略研究》,载《出版发行研究》2009 年第 12 期。

（1）未来目标。

对一个企业而言,无论是财务、市场份额,还是市场影响力的目标,都根植于企业的使命与愿景。贝塔斯曼集团的使命是,作为一家国际化传媒公司,通过为全球客户提供信息、教育及娱乐等服务手段,达到为社会发展做出贡献的根本目标;其愿景是,做市场的领导者和获取能保证企业持续成长的财务回报。① 培生集团的使命是,帮助所有人发挥其最好的潜质,愿景则是做世界领先的教育企业。②

① 专注于核心业务发展成为市场领导者。

以贝塔斯曼集团和培生集团的使命与愿景为分析窗口,可看到国际出版集团旨在成为其核心业务领域的市场领导者。为实现这一目标,长久以来,企业为此组织资源、培育核心竞争力,这些国际出版集团的盘剥出售、兼并重组多围绕核心业务进行。例如培生集团,以"终生教育"为思路,和全球几大教育出版集团进行了相似的重点战略转移,培生卖出了蜡像馆、拉萨德银行、西班牙主题公园的股份,买进了几家著名出版公司的教育相关业务,成为世界上最大的教育出版集团。再如,汤姆森2006年10月宣布,将出售汤姆森教育出版集团,汤姆森集团总裁解释道:"汤姆森教育出版集团是一个运行良好的企业,但是它不符合我们长期的战略计划。在销售了汤姆森教育出版集团之后,我们的主要收入将来自电子产品和服务,这些正在高速增长的部门。"③ 汤姆森与路透的合并,同样也是为了在信息服务领域有更大的作为。

② 数字化和信息服务领域的长远发展。

科技的进步推动着世界出版业态的转变,出版巨头取得数字化和信息服务长远发展的未来目标同样值得关注。

从1999年开始,培生集团就展开了有关数字技术的并购,建立了数字化平台,2006年通过提供技术和服务获得了10亿英镑的收入④,2009年度该集团的数字化收入已占集团总收入的31%。培生旗下的企鹅出版集团获得母公司的支持,对不包含数字版权授权的作者书稿拒绝出版纸质版。贝塔斯曼则受到了网络发展的冲击,造成了读者的流失和广告收入的下降,面对必须增强线上业务

---

① 贝塔斯曼集团官网:http://www.bertelsmann.com.cn/。
② 培生集团官网:http://www.pearson.com/。
③ 孙赫男:《西方出版巨头为何纷纷抛售教育出版》,载《出版参考》2007年第10期。
④ 刘益、赵志伟、杨卫斌:《培生集团的经营管理与发展战略研究》,载《出版发行研究》2009年第12期。

的发展要求,取得数字化发展的长足进步,也将是贝塔斯曼未来的重要发展目标之一。

由单纯的传统出版企业向新兴的信息服务企业转变,是国际出版业的一大发展趋势,向信息服务发展已列入多数国际出版企业的战略。汤姆森集团是以报业出版起家的,2005年卖掉了旗下近百家报纸向信息出版产业进军,为了在财经信息市场谋求更大的发展,2007年并购了路透,成立了汤姆森路透集团。该集团的业务分为财经资讯和传统出版业务,截至2007年,财经资讯所占集团总资产比例达到五分之二。[①] 同汤姆森集团一样,培生遵循的也是"出版业务 + 信息业务"的发展模式。

③ 更为国际化。

2012年年初上任的贝塔斯曼集团董事会主席兼首席执行官瀚韬(Thomas Rabe)表示,"公司的主要目标是要让公司发展得更快,使公司更数字化和国际化"。他提到要通过拓展新的增长市场来实现此目标,明确提出要拓展集团在印度、中国和巴西的业务范围。培生集团同样也提到,企业正在追求数字化和国际扩张,既要保持在发达国家的业务,又要在发展中国家加速投资发展。在经济全球化的大背景下,各出版巨头将加快国际化的步伐,而新兴国家将成为它们竞争的战略重镇。

(2)假设。

每个公司都对自身、产业和产业中的其他竞争对手有所假设,这些假设直接引导着企业的战略行动。从2010年世界出版企业的排名来看,但凡排在前20名的出版企业,都在某一专业领域有其专长,且这些出版企业都把自己看做是该专业领域的市场领先者乃至市场领导者,都认为自己是国际化企业。在新技术和经济全球化的推波助澜下,世界出版业的发展快速而剧烈,理解国际出版集团对出版业态发展的假设,对预测其战略行为有重要的指向性作用,而对产业发展的认识,各出版集团有较强的共性,在此以培生集团为例进行分析。

① 新兴市场具有很强的成长性。

在培生集团的官网上,列出2006年到2010年集团业务在新兴国家或地区的增长情况,并强调中国、印度、非洲和拉美是增长最快的市场。得益于这些快速成长的市场,即使在全球经济不景气的大环境下,集团的教育业务在这五年内维持了18%的年均增长率。同时,增加对新兴市场的投资,也是其利润率上升

[①] 王积龙:《从汤姆森—路透的并购看:增值最快与市场最大》,载《出版参考》2007年第22期。

的重要原因之一。

② 数字出版时代的来临。

虽然电子图书出现已逾20年，但数字出版真正起飞却较晚，众多出版商将2010年看做是数字阅读开启的元年，诸多电子阅读终端、电子书版式、销售渠道迅速涌现，并且伴随着消费者对数字阅读的真实需求，都让企业看到数字出版远高于传统出版的成长性。

③ 信息的付费机制将会被接受。

数字信息的免费性是消费者长久以来的观念，但这并不利于知识产权的保护和数字出版的发展。虽然从免费到有偿使用机制的转变，短时间内并不能让很多消费者接受，但是包括培生在内的出版传媒企业认为，足够有价值的内容和体验是能让消费者选择付费使用的，且一些企业已开始了这方面的尝试。

（3）现行战略。

伴随着新世纪全球化的大趋势和新技术给社会生活带来的日新月异的变化，国际出版集团采取了一系列的发展战略，现行战略中普遍采用多元化战略和国际经营中的本土化战略。

① 多元化战略。

前面分析到，目前各出版集团都专注于核心业务的发展，如贝塔斯曼专注于大众出版，培生和汤姆森路透的核心业务则分别为教育出版和财经信息服务，专业化的定位并非与多元化战略相矛盾。多元化是对应于媒体形式的多样，而所从事的都是内容产业。出版产业的本质是内容产业，随着技术的发展，各种传播媒介的界限越来越模糊，信息内容呈多样化的传递表达方式。这些企业的多元化战略又可分为横向多元化和纵向多元化。

首先，在横向多元化方面，出版巨头的业务体系涵盖了"大媒体"体系的各个领域，包括图书、报纸、杂志、电视、信息处理、电子与网络媒体等。出版集团的多元化业务里不仅包括非出版的其他传媒业务，也包括非传媒业务如金融、地产等，之后虽对非传媒业务进行了部分剥离，但仍在集团业务中占有一定的比重。贝塔斯曼的主要业务有广播与电视及节目制作、图书出版、杂志与报纸及网站内容提供、音乐娱乐、印刷、IT、信息储存及服务、读者俱乐部与网上书店等。培生旗下企鹅出版集团的CEO曾说道，无论顾客"是想要一本纸本书、电子书、有声书还是一个可下载文件……我们都可以满足"[①]。从各企业的业务范围可看出，

---

① 李红强：《国际出版集团的战略角色研究》，载《中国出版》2010年第15期。

在数字技术快速发展的背景下,与数字化有关的业务已被纳入集团的多元化经营。多元化经营给出版传媒企业带来的益处,除了获得更大的市场份额、分散风险,还表现在范围经济和可获得出版物附加权的好处,如与图书版权相关的电影电视版权、缩编本版权等。

谈及多元化经营,多从横向角度来说出版集团的相关多元化,在出版产业链上,出版集团也采用纵向一体化的发展,拥有独立的研、产、供、销企业,打造完善的产业链。以贝塔斯曼为例,集团架构里有古纳亚尔、兰登书屋、施普林格、卢森堡广播电视公司、贝塔斯曼音乐娱乐集团等内容生产型企业,也有贝塔斯曼阿多瓦集团提供印刷和制作,贝塔斯曼图书俱乐部在发行领域。

关于多元化经营的实现,并购是最主要的手段。据格雷柯统计,20 世纪 60 年代到 2001 年,美国出版业发生了 1000 多次并购[1],所有的大型国际出版集团都是从小的出版企业,经过不断并购逐渐发展壮大,每个出版集团的历史都是一部并购史。如汤姆森集团,其所有核心业务都是通过并购获得的,并购是汤姆森集团实现多元化经营的基本手段。回顾各出版集团的并购历程同样也可以发现,它们在进入新的国家时,基本是靠并购获取业务。关于国际出版企业的并购有两点须指出,一是现阶段并购活动仍在进行,但已不是单纯扩张式的并购,而是在围绕其核心业务进行;二是随着数字化的发展,有关数字化的并购日益增多,电子化去纸媒,成为多数并购的主题。过去几年里,培生集团的《金融时报》卖掉了多家纸媒,收购了众多网站和信息供应商,包括追踪并购信息的网站 Merge Market、高端猎头网站 Exec-Appointment 等,集团还大举投资 FT 网站和私募股权投资数据库 Interactive Data[2]。

② 本土化战略。

出版业的竞争不再是只囿于一国范围,而是面向世界,目前多数国际出版集团在国外的收入已超过在本国的收入,并且都将国外新兴市场作为战略重点。不可否认国际化是当今经济发展的大趋势,但是基本上所有企业都会面临当地需求响应的命题,由于在文化、语言、社会习俗、经济发展水平、制度等方面,不同国家间存在着巨大的差异,本土化战略的实施就是国际化战略成功的保障,各出版集团进入新的国家时,往往都会积极推行本土化经营。以期刊杂志为例,国际杂志都倡导"以本土内容、本土编辑为主"的方针,一般本土的内容会达到 70%

---

[1] 梁小建、于春生:《国外传媒集团的并购经营及对我国出版业的启示》,载《中国出版》2011 年第 2 期。

[2] 李昕:《培生中国计划 国际出版巨头向中国快步拓展》,载《新世纪》2010 年第 44 期。

左右。贝塔斯曼进入中国,将"本土化"列为公司杂志运作的两大原则之一,合作所办杂志有国外的内容资源,但更多的是由本地记者、编辑采写,比例高的达80%左右,最低也有40%。[①]

(4) 能力。

在产业关键成功因素部分对境外资本的优劣势进行了分析,涵盖了境外资本在产业链相关环节的能力,在此从其他方面进行补充。

① 数字出版的优势。

全球排名前20位的出版集团,近两年业绩的增长率几乎是出版行业的两倍,而且其中业绩最好的,恰恰就是采用数字化技术的公司。各出版集团战略上的重视和具体经营中对数字技术的获取与发展,使得这些出版集团走在了数字化发展的前列,在数字出版领域具有较为明显的优势。

② 国际经营管理能力。

出版集团的迅速全球扩张,国际经营管理能力是其做大做强的保证,全球的人力资源、财务、营销、物流等方面的管理与控制,都对集团的经营成效有深刻影响。尤其各企业都是通过并购一步步成长,优秀的整合能力是关键的成功因素,经过几十年甚至上百年的发展,出版巨头们在这方面积累了相当多的经验。仍以2007年汤姆森与路透的并购为例,两个庞然大物的合并,在短短的几年内已产生协同效应。

③ 融资能力。

贝塔斯曼以14亿美元收购兰登书屋,让人见识到出版巨头非凡的资金实力,2007年汤姆森集团更以183.04亿美元的天价并购了路透集团,由此国际出版巨头的融资能力略见一斑。借力于发达的资本市场和巨额国际投机性基金,出版集团的资金实力得到很大增强,使得一些被收购的企业在强大的资本面前无力对抗。

2. 境外资本进入战略的前瞻性分析

根据境外资本进入中国出版市场的动因和市场吸引力的分析,易知国际出版巨头对中国出版市场垂涎已久,欲罢不能,即使曾宣布退出中国市场的贝塔斯曼,也未真正离开,而是潜伏在其他领域等候时机。鉴于广阔的市场和相对境内出版企业的巨大优势,我们有理由相信,在未来,境外资本进入中国出版市场将保持很高的积极性。前面指出境外资本的现行战略突出多元化和本土化,根据

---

① 洪伟:《中外合作杂志的国际化和本土化——阿歇特菲利帕契和贝塔斯曼在中国杂志合作的案例分析》,载《复旦大学》2005年。

出版物的特性及各出版集团的实践,境外资本进入中国后实施全面本土化战略是可以预见的,在此具体分析境外资本的战略行为,按照横向多元化和纵向一体化两条线展开。

(1) 横向多元化。

随着技术发展,各种传播媒介的边界日益模糊,"大媒体"时代已经到来,跨媒体发展成为当前出版传媒发展的一大特点。各大型国际出版集团都跨越媒介,在广播、影视、互联网乃至广告领域都已开展业务,因此,境外资本进入中国后也绝不仅是开展单一的出版业务。此外,境外资本最想进入的出版编辑环节尚未开放,仅是通过与出版社进行有限合作,向该环节渗透,如此小规模的进入自然难以满足国际出版巨头的需要,相比之下,影视、互联网、广告等领域开放程度更大,在这种情况下,境外资本很可能会进入其他传媒领域"潜伏"。这样做的好处在于:一是与境外资本的多元化发展战略相契合,二是通过在相关领域开展业务,以期发挥协同效应,为进入编辑环节做准备,三是可以进一步增进对中国出版市场的了解,等候时机。由单纯的出版传媒企业向信息服务商发展,是国外出版业的一大趋势,也是国际出版集团的未来目标之一,而这一发展方向涵盖的部分内容在一定程度上已突破了出版和传媒的概念,提供信息产品不需要出版社资质,不需要书号、刊号,直接面向客户,如根据客户需求提供定制的信息解决方案。如此看来,境外资本进入中国,采用横向多元化的战略不仅仅是权宜之计,也遵循着其自身的长远发展目标。

(2) 纵向一体化。

相对横向多元化,出版产业链的编辑、印刷、发行是境外出版企业更为直接的目的地。尽管中国政府在逐步减少出版领域的境外资本限制,但出版业仍是受到严格限制的领域之一。自加入世界贸易组织以来,政府对境外资本的准入政策进行了部分调整,2011年3月,包括《出版管理条例》在内的一系列法规修改后重新公布,并于同年4月1日公布了《外商投资产业指导目录(修订征求意见稿)》。在此,对境外资本进入出版业的开放政策做一个梳理,见表2-14。

表2-14 境外资本进入中国出版业的开放政策

	开放政策	备注
出版	不允许	
印刷或复制	允许合资、合作,从事包装装潢印刷的,允许独资	"复制"适用于音像制品和电子出版物,该类别不允许进入

(续表)

		开放政策	备注
发行	总发行	允许	
	批发	允许	从事图书、报纸、期刊连锁经营业务超过30家连锁门店的,不允许外资控股(2011年修订重新公布的《出版物市场管理规定》新增)
	零售	允许	

产业链的三个环节中,出版编辑环节对境外资本的吸引力最大,发行次之,复制印刷最小。编辑环节除政策壁垒外,境外资本的优势非常明显,因此,该环节应是境外资本最重要的目标。发行环节虽然政策性壁垒基本消除,市场结构和品牌上的劣势使得境外资本想要占领行业制高点存在很大的难度,但是发行推广对规模经济的实现和增强出版企业对渠道的控制有重要意义,因此境外资本仍将会选择进入发行环节、建设渠道,为将来编辑环节开放后实现一体化发展做准备。复制印刷的市场集中度极低、进入壁垒相对不高,但利润率也很低,加上数字出版的冲击,出版物印刷在产业的比重下降,可以推测,境外资本并不会有太多的热情将复制印刷作为战略重点。参照境外资本纵向一体化的现行战略,境外资本的出版企业可能将采取合资的方式建立复制印刷企业,旨在作为与中国境内出版企业合作的内容之一,同时,达到节省外部交易费用的目的。在此,主要对境外资本在出版编辑和发行环节的进入战略做一个预测。

① 发行环节进入战略的预测。

目前,发行环节除了新增的"从事图书、报纸、期刊连锁经营业务超过30家连锁门店的,不允许外资控股"的限制外,已完全开放。正如前面分析的,发行环节的市场机会并不太好,线下由新华书店系统和出版社自建的发行渠道主导,线上当当网和卓越网的先行者优势明显,如果境外资本新建进入,线下很可能与现有的民营书店结局相似,线上要取得突破难度较大,因此,境外资本进入发行环节仍将以并购、合资合作的方式为主。具体可能采取以下几种策略:

第一,与国有发行企业合作,依托国有发行企业的优势,帮助其整合资源,实现跨省、跨区域连锁经营。

当前中国的发行市场主要是区域性市场,各区域间的流通并不顺畅,国有发行企业跨省跨区域的连锁经营基本上都不成功,跨区域合作成为时下的热门话题。境外资本若要在发行环节达到一定的规模,应当会寻求与国有发行企业合作,在财税政策的庇护下国有发行企业在行业受电子商务强烈冲击、民营书店经营惨淡时,仍能生存发展。再加上大型连锁经营不允许境外资本控股的新规,与国有发行企业合作将是境外资本进入线下发行环节的出路。顺应跨区域合作的潮流,境外资本利用企业在实体经营管理中的优势,帮助国有发行企业整合资源,打通发行渠道,为今后境外资本的出版物实现全国大流通打基础。

第二,并购即将倒闭的民营连锁书店,开展线上线下混合的零售模式。

几乎所有人都感受到电子商务对实体经营的影响,越来越多的实体经营企业把业务从线下搬到了线上。在图书零售业,网络销售渠道所占比例越来越大,但是在电子商务领域发展最为成熟的美国,B2C领域排名前十的企业中,有一半采用的都是线上线下混合的零售模式。可以预测,这种发展模式或经验也将被境外资本的出版企业所借鉴。即将倒闭的民营连锁书店可作为网上书店覆盖面广的"仓库",能提供便捷的送货服务,同时实体书店通过提供个性化、增值服务,以部分抵消价格和图书品种上的劣势。但这种方式仍会面临一个较大的问题,即网上书店的品牌建设。目前民营连锁书店并没有强大的品牌资源能够与现有的网上书店相抗衡,这一问题可由下一策略解决。

第三,收购或入股其他知名网站,利用物流技术、信息技术的优势,扶持其向全品类发展(含出版物)。

当当网和卓越网较早触网的优势是境外资本新设进入很难抵消的。而目前各大B2C网站有一发展趋势,即向全品类发展,当当网开始销售百货,且百货类占总收入的比重越来越大,卓越网的东家亚马逊,以亚马逊的品牌也开始了百货销售,京东商城、苏宁易购等都朝着全品类发展。向全品类发展的目的,一是为了扩大赢利,充分利用客户资源,二是通过多元化以期提供一站式购物平台,吸引、留住消费者。这样的发展趋势为境外资本提供了机会,使用其最擅长的并购策略,入股这些知名网站,扶持其向全品类发展,利用自己先进的物流技术、信息技术,提供更便捷的服务、管理客户信息。此外,境外资本还可能效仿亚马逊,全资收购卓越网后,在名字中加入亚马逊,然后用亚马逊代替卓越,引入自己的品牌。这种策略与上一策略的联合运用,既可解决品牌的问题,也为物流配送提供了便利。

2010年线上渠道销售总额占图书零售的比重是13.5%,线下渠道仍占有很大的比重。但线上销售有更大的发展前景,且先行者优势明显,因此,境外资本很可能优先发力于线上发行渠道的建设。

② 编辑环节进入战略的预测。

如表2-14所示,出版编辑环节并没有对境外资本开放,境外资本在中国境内通过设立图书工作室等方式向该环节渗透,如与境内出版企业的项目合作不涉及出版物内容,但在有的情况下,出版物内容已被境外资本掌控,境外资本采取"曲线救国"的策略,已在一定程度上渗透到了编辑环节。另一方面,数字出版的崛起,为境外资本进入出版编辑环节提供了新的渗透方向,下面将对境外资本进入数字出版环节和假定在政策部分开放的情况下,对境外资本的进入策略进行预测。

第一,向数字出版领域渗透。

数字化是国际出版集团的发展目标之一,中国数字出版有非常大的发展潜力,将是国际出版集团的兵家必争之地。目前中国数字出版的市场主体,主要有以下几类:传统出版企业、移动运营商、终端设备商、数字IT技术企业和互联网企业。传统出版企业起步较晚,2005年之前,以低廉的价格将版权转让给技术提供商,技术提供商成为行业的主角,之后传统出版企业日趋重视对内容资源的保护,加大了行业集成商搜集内容资源的难度,造成现在中国数字出版业多方参与,但产业链没能有效整合甚至出现断裂的现象。各环节均想一家独大、主导产业链,结果造成产业链重构、合作松散。① 从国外发展数字出版的经验看来,要在数字出版业中做大,内容集中是关键,从长期来看,数字出版产业必将出现寡头企业。国外数字出版业是由大型出版集团主导的,由于市场集中度高,内容集中具有优势,而中国出版业的市场集中度低,呈原子型,内容资源较为分散,加之起步较晚,因此,尽管目前各出版集团都对数字出版加以重视,但假使出版业仍是分散的市场结构,内容资源集中在技术提供商、网络运营商和移动运营商的可能性就比较大。因此,要在中国数字出版业淘金,IT技术提供商和网络运营商都是境外出版企业目前可以扮演的角色。境外资本有先进的数字出版技术和强大的资金实力,可利用已有技术充当技术服务商或并购中国本土的IT技术提供商。一旦在数字技术服务环节或网络运营平台环节达到垄断,将在未来数字出版发展中获得可观的收益。

此外,数字出版也将成为国际出版集团与本土出版企业合作的新方向。需要指出的是,目前中国数字出版市场的准入机制模糊,准入许可制度尚未建立,使得一些未获数字内容生产和传播资质的企业有浑水摸鱼的机会②,境外资本也能通过钻政策的空子,轻而易举地进入数字内容生产和传播环节。

---

① 陈邦武:《政府与市场在数字出版中的为与不为——试论数字出版产业链建设》,载《出版发行研究》2010年第4期。

② 郝婷:《我国数字出版法律制度的现状、问题及对策研究》,载《中国出版》2011年第16期。

第二,开放背景下的进入战略预测。

2005 年《国务院关于非公有资本进入文化产业的若干决定》(国发 9[2005] 10 号)规定"非公有资本不得投资设立和经营通讯社、报刊社和出版社",没有给予非公有资本进入编辑出版环节的主体资格。虽然编辑环节完全放开基本上是难以实现的,但是随着开放程度的不断加深,境外资本获得主体资格是有可能的。也许这样的主体资格与公有资本并不平等,如在持股比例上、达到一定规模的企业控股主体要求上等,但是以合资方式进入在未来应能实现,政府可能在选题、书号、刊号或其他方面对其进行管理。境外资本一旦取得主体资格,易推断,将遵循其惯用的并购战略,通过多次并购迅速做大。由于境外资本目前的并购行为多围绕核心业务进行,因此,在中国的并购对象也将是与核心业务有关的出版企业,这将导致中国出版业的同类型优势资源向境外资本快速集中,加上国际出版企业本身拥有的巨大优势,很可能在市场上建立起领先地位。此外,一旦编辑环节放开,在下游发行环节,境外资本的进入与开拓也将随之提速。

2.4.5 中国政府管理思路调整的必要性及政策建议

中国政府对出版业的管理规制一直都是"欲放又止"的态度。一方面想要引入竞争,利用境外资本的资金、技术、能力推动出版业的发展,另一方面又带着意识形态受到威胁的担忧,陷入产业发展和文化安全的两难选择。由于出版业具有很强的外部性,对境外资本进入到内容生产环节可能带来的负效益,政府一直缺乏管理信心。但文化安全仅从意识形态入侵方面解读是不完全的,中国文化若不能得到传承、发展、创新,同样也属文化安全隐患。目前中国出版业的现状是,图书尤其是学术著作的学术质量亟待提高,进入国际市场的中国图书太少,这对中国的文化强国建设、科技创新、中国文化与科技的国际影响力的提升均构成不利影响。导致这一现状的原因是:中国出版市场集中度低、进入退出壁垒却很高,导致竞争激烈,出版企业议价能力(对作者和发行商)较低,为了生存和盈利,不少出版企业往往放弃对图书质量的追求。保持出版业资本的纯洁性,部分消除了文化安全隐患,却付出了失去文化繁荣的高昂代价,不论是内在发展要求,还是经济全球化和技术革命的推动,中国出版业走向开放都将是必然趋势。

(1) 开放背景下的产业格局预测。

目前编辑环节并未放开,已开放的发行环节由于产业链上游尚未开放、市场不规范等原因,境外资本没有大举进入,但不难推断,编辑环节的开放将给中国出版产业的发展格局带来剧烈变化。

境外资本的劣势在于政策壁垒，而出版经营方面的能力比境内出版企业高出很多，因此，如果消除对境外资本的政策性进入障碍，把中国出版市场看作战略市场的那些境外大型出版集团，利用它们具有的资金、品牌、能力以及国外渠道优势，再加上全面本土化战略，将会导致行业洗牌。境外资本通过并购本土出版企业，使出版业的资源向其聚集，迅速做大。这样带来的结局：一是外商投资出版企业垄断中国的优质作者队伍，进而垄断高质量学术图书或畅销图书；二是一些经营不善、缺乏竞争力的出版企业最终将退出市场；三是出版业出现产业并购重组。境外资本将在中国出版市场扮演重要角色，对中国出版传播的内容有相当大程度的影响，也对中国文化繁荣和出版业的发展带来益处。这一方面有助于形成中国本土的出版精品以及促使更多海外出版精品进入中国，提升中国的出版层次；一方面有可能出现中国图书借助境外资本的国外渠道，走向国际市场，形成良性循环。此外，通过并购重组也能使本土产生具有国际竞争力的出版企业。

（2）政府管理思路调整的必要性及政策建议。

目前，中国政府对境外资本的监管主要集中在市场准入上，缺乏对其业务运营监控和风险防范规制。保证资本的纯洁性，排斥境外资本，封闭运行，结果严重阻碍了中国出版业的升级。另一方面，境外资本采用多种方式向内容生产环节渗透，已对出版内容拥有一定的影响力。因此，国家的政策思路需要做出重大调整，主要原因有以下几点：一是快速发展的网络出版部分分担了传统出版的文化、信息传播使命，且在内容传播监管方面，网络出版的开放性使得针对传统出版的限制性政策的作用逐步降低，甚至消于无形，而现代科技的发展给对出版物内容的适时监管提供了便利；二是中国出版业需要借用境外出版企业的力量提升出版层次；三是中国出版产品需要借用境外出版企业的境外渠道打入国际市场，扩大中国文化的国际影响，改变出版物贸易逆差的格局。因此，政府对出版业的管理思路应由严格的市场准入转向严格的内容监管，政策选择的具体做法如下：

第一，对境外资本的进入限制适当松绑。

合理利用境外资本对文化建设和文化产业发展具有重要意义，但放开并非对境外资本不设防线，而应是有条件的开放，如要求外商投资出版企业必须每年具有一定比例的本土图书译成外文版销往国际市场。适当放开的程度应围绕出版规制的底线和政府规制的核心这两点，政府规制的底线是文化安全和政治安全,因此时政新闻属于政府出版规制的底线范畴领域,而政府规制的核心是出版产权,目前政府仍是出版产权归国家的思路。[①] 因此,政府可将非政府底线领域对境外资本逐步开放,而在出版产权方面,由产权完全国有向国家"控股"转变,这要求对出版市场的资本准入有一个严格的规定。国务院发展研究中心 2006 年发表的一份报告称,中国已开放的各产业里,排名前 5 的企业几乎都为外资控制[②],对出版业而言,一旦市场准入放开而资本准入(所有权、资本运作等)没有相关的限制,产业很可能被境外资本控制,造成很大的文化安全隐患。因此,政府可在持股上限、股权结构、资本运作等方面有一个明确的规定。开放是必然的过程,但是政府须在开放程度或准入方式上有一个清晰的衡量。

第二,重视民营资本作用,给予国民待遇。

徘徊在体制外、未获得名分的民营资本在出版市场上比国有资本表现出更大的创造力,以引入竞争为思路发展中国出版业应充分重视民营资本的作用。为此,政府应给予民营资本国民待遇,让其以平等的地位与国有资本竞争。通过激烈有效的竞争激发出版业的活力、增强产业的竞争力,也是繁荣和发展文化产业的有效途径。同时,由于民营资本的国民身份,没有意识形态入侵的隐患,因此,可作为向境外资本开放的先行步骤。

第三,对出版物内容实施更严格的监管。

政府监管的重心由准入移向出版物内容,利用先进的科技手段进行内容筛查,不通过者不准出版,并进行事后严厉惩罚。对内容进行监管的同时应完善相关法规,尤其是与数字出版相关的法规,目前这方面存在很大空缺。由于网络出版使得传统监管手段的适用性降低,因此可利用科技的发展成果,采用信息技术革新监管方式,如建立信息监督管理系统、开发审读软件,使对出版物内容的适时监管变得可行。

第四,推动中国出版产业的并购重组,提升本土企业的国际竞争力。

严格监管对出版业来说是必要的,但要真正繁荣发展文化产业、维护文化安全,关键是要有能与境外资本相抗衡的本土企业。引入境外资本的竞争能够刺激本土出版企业摆脱行政垄断下的市场惰性,培育核心竞争力,最终产生具有国际竞争力的本土企业。目前看来,境内出版企业的实力与国际出版集团相去甚

---

① 姚德权、曹海毅:《外资进入中国传媒业态势与政府规制创新》,载《吉林大学社会科学学报》2007 年第 2 期。

② 王海杰:《对外资并购的反垄断法规制——保护民族产业,提升国家竞争力》,载《东方企业文化》2007 年第 7 期。

远,而参照大型国际出版集团的发展路径,中国政府应继续推动本土出版企业的并购重组。但也需注意,政府引导的并购重组不能是简单的行政捏合,而应遵循市场规律,发生"化学反应"而不仅是"物理变化",这样才能达到提升本土出版企业国际竞争力的目的。

2.5 研究结论

1. 境外资本进入中国出版发行和版权服务市场呈现以下特征:在进入领域上主要分布在分销市场和版权服务市场,境外资本的主要优势体现在版权贸易领域,绝对优势体现在数字出版领域,中国出版发行和版权服务市场的领先企业均不同程度、不同形式地与境外资本有合作;在进入地域上,选择的主要是经济比较发达、政治比较开明的省市,且尚未出现境外资本的梯度转移;在境外资本来源上,美国、英国、中国台湾地区、日本、德国等一直是主要来源地,这些国家和地区要么是经济和文化强大的国家,要么是传统文化相似或一脉相承的地区;在进入模式上,涵盖出口进入、投资进入、合同进入等模式,其中出口进入模式仍是主导,合同进入模式广泛存在并且深受提倡,投资进入模式是境外资本最为向往的模式但发展较慢,近年来青睐长期合作;在业务发展战略上,广泛采用合作战略,较多采用关系营销战略、迂回战略、跨国战略和渐进发展战略;境外资本利用自身优势多方渗透,寻求突破。

2. 总体上讲,境外资本进入中国出版发行和版权服务市场的总量较小,尚未对中国出版发行和版权服务市场形成控制,显得"胆量不足"且总体经济效益不明显,有的境外资本选择了退出(各种退出最后的原因都可以归结到政策壁垒),这种局面的形成并非源于中国出版企业的竞争力而是源于中国出版市场的政策壁垒。在发行市场,已经产生市场领先的外资图书发行企业,这说明只要给予内外资同样的规制环境,中国出版市场将是境外大型资本机构的聚宝盆,能对内资企业形成巨大竞争压力。

3. 境外资本提供的产品在允许进入的中国出版市场显示了引领作用,在有些细分市场已掌握竞争的核心要素,形成局部领先甚至控制局部市场之势。

4. 境外资本尽管没有对中国出版发行和版权服务市场形成控制,但是在其进入的市场已显示文化扩张力,比如境外资本积聚较多的时尚消费类期刊,它们无一例外地倡导"奢华""贵族""自由"的生活方式和消费观念,所刊登广告大多是国外奢侈品广告,这种突出的价值导向和宣传方式一定程度上造就了中国奢侈品第二消费大国的地位。

5. 总体上讲,目前境外资本进入对中国出版产业的不利方面主要体现在经营层面且是短期的,有利方面则主要在体现在促进中国出版业体制变革层面且是长期的。

6. 未来境外资本进入中国出版发行和版权服务市场的趋势:中国出版发行和版权服务领域版权贸易逆差将继续缩小;境外资本将越来越多地通过资本市场持有出版业上市公司股权;以版权为纽带的品牌合作模式仍然是境外资本进入的主要模式;境外资本在数字出版产业的绝对优势将继续保持;境外资本在未来相当长时间内仍主要集中在北京、华东、华南等发达地区。

7. 未来境外资本将会继续视中国出版市场为战略性市场,中国出版市场为境外资本展现了一个总量和潜力均很大的蛋糕;产业链的三个环节中,编辑环节和发行环节,特别是前者较复制印刷环节对境外资本更具吸引力;数字出版较传统出版更具吸引力。

8. 未来境外资本开拓中国出版市场的战略,在横向多元化经营方面将实施跨媒介经营,由单纯的出版传媒企业向信息服务商转型;在纵向一体化经营方面,境外资本进入发行环节将以并购、合资合作为主,在编辑环节积极向数字出版领域渗透并有望建立领先竞争地位。如果在编辑环节给了境外资本主体资格,境外资本将广泛实施并购,能导致中国出版业的同类型优势资源向境外资本快速集中,使外资出版企业很快建立市场领先地位。

9. 国家的政策思路需要做出重大调整,即扩大准入领域、结构性降低准入门槛、加强内容监管。调整的主要原因:一是快速发展的网络出版部分分担了传统出版的文化、信息传播使命,且在内容传播的监管方面,网络出版的开放性使得针对传统出版的限制性政策的作用逐步降低,甚至消于无形,而现代科技的发展给对出版物内容的适时监管提供了便利;二是中国出版业需要借用境外出版企业的力量提升出版层次;三是中国出版产品需要借用境外出版企业的境外渠道打入国际市场,扩大中国文化的国际影响,改变出版物贸易逆差的格局。

第3章　境外资本进入中国数字出版市场

第五次信息革命后现代通信技术与设备发展迅速,"数字化"概念被广泛运用于社会生产的各个领域,彻底颠覆了传统的产业运作模式。在文字、信息的录入和存储方面,纸质媒介渐渐被更为先进的二进制数字存储技术取代,出版业开始由传统出版向数字出版转型。

2007年,我国新闻出版总署将数字出版列入"十一五"发展规划,数字出版产业成为我国重点扶持的战略性新兴产业之一。

作为新兴的出版业态,数字出版所依托的数字化技术、通信技术和互联网技术在近年来不断更新,因而它自诞生开始就以高速发展着。随着它的规模迅速扩大、形态逐渐完备、产品日益丰富、技术不断创新,数字出版已成为出版产业中令人瞩目的新增长极。

据国家新闻出版总署统计,2006年数字出版产业总体收入为213亿元,2007年达到362.42亿元,2008年为556.56亿元,2009年预计总收入超过750亿元,实际达到了799.4亿元,首度超越传统书、报、刊出版物的生产总值。2010年,数字出版产值突破1000亿元大关,产业整体总收入达到1051.79亿元。短短5年的时间,数字出版产业总收入增加了四倍,年增长速度达到49.73%,发展势头大好。[1]

中国数字出版业所展现出的光明前景和巨大潜力不仅使国内的传统媒体纷纷涉足其中,还吸引了大量境外资本进入。

2005年,有"总统俱乐部"之称的美国凯雷投资集团向ZCOM电子杂志平台投资1000万美元。据不完全统计,在2004年到2007年间,先后有ZCOM、

---

[1] 郝振省:《2010—2011年中国数字出版年度报告(摘要)》,载《出版参考》2011年第7期。

POCO、ZBOX、阳光导航、Xplus等数家电子杂志企业陆续得到国际风投青睐,吸收境外投资总额近1亿美元。

2010年,美国知名数据库软件提供商甲骨文公司与中国出版集团公司商谈深度合作,该公司将为中国出版集团打造统一的出版数字资源管理平台。同年,苹果公司发布iPad平板电脑,高调进入数字出版产业链下游的移动阅读市场,与汉王、方正等国产阅读器抢占市场份额。

横亘于众多境外资本面前的政策壁垒也在逐渐消除。继2009年4月《关于进一步推进新闻出版体制改革的指导意见》和2009年7月《文化产业振兴规划》出台后,2010年1月由新闻出版总署下发的《关于进一步推动新闻出版产业发展的指导意见》明确指出:鼓励、支持和引导非公有资本以多种形式进入政策许可的领域,引导并规范个体、私营资本投资组建的非公有制文化企业以提供内容、项目合作、作为国有出版企业下属部门等方式,有序参与科技、财经、教辅、音乐艺术和少儿读物等专业图书出版活动。业界评论认为,VC/PE投资机构可由此获得发展新兴出版产业、出版业重组和上市、海外并购融资渠道扩展等多个投资切入点。[①]

2010年1月《关于进一步推动新闻出版产业发展的指导意见》发布,除鼓励非公有资本参与新闻出版产业、对符合国家出口指导目录规定的境外投资将在政策方面予以支持之外,也第一次为我国新闻出版产业所包含的内容进行了定义,明确指出新闻出版产业还包括数字出版等非纸介质战略性新兴出版产业。

在2011年新发布的《外商投资产业指导目录(修订版)》中,新闻出版业仍然是禁止外商投资的产业之一,境外资本在数字出版行业的分布也因此具有明显的分散性、间接性特点。同时数字出版于近年兴起,尚未形成完善的行业标准,相关的政府监管与促进政策亦处于探索阶段。研究境外资本在该领域的进入状况与趋势,将对政府制定进一步的开放政策、完善监管机制有重要意义。

3.1 数字出版与数字出版产业

3.1.1 数字出版的界定

数字出版(Digital Publishing)概念的提出最早可以追溯到1978年。在当年4月卢森堡由欧盟和欧洲科学基金会共同举办的"科技社会出版业展望"(The

---

① 徐畅:《出版业吸引VC/PE眼球》,载《中国证券报》2010年1月25日。

future of publishing by scientific and technical societies)研讨会中,J. A. Urquhart首次在学术文献中使用了"电子出版"(electronic publishing)的概念。① 此后一系列相关概念相继产生,如在线出版(Online Publishing)、网络出版(Network Publishing)等,数字出版是如今较为统一和普遍的说法。

学术界的许多研究分别从存储读取介质、载体、内容服务、出版流程等不同角度对数字出版进行了诠释,所有的定义概括起来可分为两大类:一类定义强调数字出版的信息载体、传播介质需具有数字化的技术属性;另一类定义指出,只要运用二进制这种数字手段对出版的任何环节进行操作,都可以算作数字出版的一部分。② 这两类定义中,前者相对狭义,更接近网络出版和互联网传播,后者则从广义角度将数字化概念与整个出版活动的全过程结合起来。

新闻出版总署《中国数字出版产业年度报告》课题组给出的数字出版官方定义则更加宽泛:《2005—2006中国数字出版产业年度报告》将数字出版定义为"用数字化(二进制)的技术手段从事的出版活动",即不论终端阅读介质是什么,只要是记录在介质上的内容是数字化的,并且记录方式是数字化的,这种出版活动就是数字出版。这个定义否定了以出版介质来划分传统出版与数字出版的方法,强调从数字出版的基本含义上进行理解。《2007—2008中国数字出版产业年度报告》进一步划定了数字出版的边界,"它包括传统出版业数字化的全部过程和结果,同时也包括新兴的数字媒体",并指出传统出版业的数字化和新兴的数字媒体产业已开始出现相互渗透、相互融合的趋势。

3.1.2 数字出版产业及其子行业

综合以上数字出版的概念,我国数字出版包括的内容主要有两种:一种是传统媒体内容数字化,即把已出版、发行的纸质内容以二进制的方式储存为电子内容,并通过网络(互联网、移动通信)传播,例如网络期刊、数字报纸;另一种则是根据新出现的媒介(新媒体)特点定制和专门提供数字化信息,再通过新媒体特有的方式传播,例如手机报、电纸书等。

新闻出版总署在《关于加快我国数字出版产业发展的若干意见(新出政发〔2010〕7号)》中指出,"数字出版是指利用数字技术进行内容编辑加工、通过网络传播数字内容产品的一种新型的出版方式,其主要特征为内容生产、管理过程、产品形态的数字化,以及传播渠道的网络化。目前数字出版的产品形态主要

---

① 邱炯友:《电子出版的历史与未来》,载《佛教图书馆馆讯》1989年第23期。
② 张立:《数字内容管理与出版流程再造》,载《出版参考》2007年第21期。

包括数字期刊、数字报纸、电子图书、网络原创文学、网络教育出版物、网络地图、网络动漫、数字音乐、网络游戏、数据库出版物、手机出版物(彩信、彩铃、手机报纸、手机期刊、手机小说、手机游戏)等"。

这一界定明确了按照产品形态这一划分方法,数字出版包括数字期刊、数字报纸、电子图书等11个子行业。

3.2 境外资本进入中国数字出版市场的模式

3.2.1 政策环境

我国的新闻出版产业历来处于政府严格监管下,开放进程十分缓慢。虽然目前新闻出版业依旧属于禁止外商投资产业,但网络的繁荣与数字化浪潮使传统出版业受到巨大冲击,国内的出版企业急需先进技术与管理经验改变旧有模式,给境外资本带来了机会。

1. 宏观政策

2005年文化部等五部委联合制定了《关于文化领域引进外资的若干意见》(以下简称《意见》),对引入外资的领域和活动范围明确定义了"允许"和"禁止"事项。《意见》提出,在中方控股51%以上或中方占主导地位的条件下,允许外商以合资、合作的方式设立出版物印刷企业。但是,禁止外商利用信息网络开展视听节目服务、新闻网站和互联网出版等业务。这份《意见》此后被视为我国文化领域步入对外开放进程的重要标志。

2009年7月,国务院常务会议讨论并通过《文化产业振兴规划》(以下简称《规划》),这是继汽车、钢铁等十大产业振兴规划之后出台的又一个重要的产业振兴规划,文化产业至此成为国家战略性产业。《规划》指出,出版业要推动产业结构调整和升级,加快从传统纸介质向多种介质形态出版物的数字出版转型。由此,我国文化产业开始全面加快发展,大力发展数字出版成为新闻出版业转型的战略重点。但是《规划》对于外资并没有放松,中宣部改革办事业发展处处长朱涛曾在接受人民网采访时表示,在外资进入文化领域若干规定的政策中,对合资、独资、合作参与的情况都有明确的规定,中国的传媒领域是严格控制外资进入的。

2010年4月国务院发布《关于进一步做好利用外资工作的若干意见》,提出"促进利用外资方式多样化"的指导思想;鼓励外资以参股、并购等方式参与国内企业改组改造和兼并重组。同时,支持A股上市公司引入境内外战略投资者。鼓励外商投资设立创业投资企业,积极利用私募股权投资基金,完善退出机制等。这一政策对外商投资的领域、方式、行政审批过程做出了规定,降低了外资风投的运作成本,扩大了外商投资领域,进一步改善了外商投资环境。

总体而言,在鼓励引进外资方面,近年来的宏观政策比以往更加注重利用外资的"质量"而非仅仅关注"数量",对外商投资研发中心、高新技术行业等项目有较多鼓励政策,对依托信息技术发展的数字出版产业具有积极影响。

2. 产业政策

早期的产业政策大多将数字出版视为新闻出版业的一种新兴业态,视其为出版业未来创新发展的方向之一。2009年9月4日,由中国出版工作者协会主办、《出版人》杂志社协办的"中国出版:资本时代新业态"高层论坛在京举行。新闻出版总署副署长孙寿山表示,将采取一系列措施,支持出版传媒企业上市融资,为新闻出版企业创新转型发展创造良好融资环境;为以数字出版为核心的新兴业态的发展在资金、资源、人才等方面提供政策支持和基础保障。

2010年1月,新闻出版总署发布《关于进一步推动新闻出版产业发展的指导意见》(以下简称《指导意见》),第一次将数字出版等非纸介质战略性新兴出版产业明确纳入新闻出版产业范围,对数字出版产业的未来发展影响重大。该《指导意见》提出,在国家政策允许的条件下,充分利用发行企业债券、引进境内外战略投资、上市融资等多种渠道为企业融资,允许投资人以知识产权等无形资产评估作价出资组建新闻出版企业,为产业发展争取良好的融资环境。

同年9月,新闻出版总署发布《关于加快我国数字出版产业发展的若干意见》(以下简称《意见》),明确提出"到2020年,传统出版单位基本完成数字化转型,其数字化产品和服务的运营份额在总份额中占有明显优势"的发展目标。《意见》还指出,对有丰富内容资源、具备技术、符合相关条件的传统出版单位,将优先赋予互联网出版权;鼓励有条件的传统出版单位开发基于互联网、无线通讯网、有线电视网、卫星传输等各类移动终端的数字出版产品。鼓励传统出版社、新媒体公司进行深层次合作,探索新型业务、营销模式,拓展和延伸出版产业链。

目前,我国数字出版的产业政策的关注重点主要在内容资源、技术引进、版权保护、数字出版基地建设等方面,力求通过资源整合、优化配置使我国数字出版走在世界前列。此外,政府对数字出版企业的融资、内容资源与运营技术的产业链整合非常重视,对引入国际战略合作伙伴、战略投资者、国外先进技术也给予一定的政策支持。

3. 地方代表性政策

在中央宏观政策的指导下,全国各地方对数字出版产业发展都表现出了相当程度的重视,给予了许多鼓励政策。其中,上海市的数字出版产业发展处于全国前列,具有一定的代表性。

2008年7月,新闻出版总署批准建设的第一个国家级数字出版基地——张江基地在上海挂牌成立。该基地由张江集团和张江数字多媒体公司运作,以吸纳世界数字出版的最新技术、打造中国数字出版知名品牌、拥有数字出版自主创新的知识产权为目标,希望该基地成为出版业进入资本市场的典范。这一项目给予了境外资本一定的进入机会。

2011年3月,上海市政府出台《关于促进本市数字出版产业发展的若干意见》,这是我国第一个从宏观政策、政府采购、财政扶持、知识产权保护、税收优惠、投融资、资质认定和人力资源等领域,全方位、多层次支持数字出版产业发展的省级政府文件。该《意见》指出,对数字出版企业投资建设的符合《当前国家重点鼓励发展的产业、产品和技术目录》和《外商投资产业指导目录》鼓励类和限制乙类的项目,对符合规定的相关设备和配套件,可以免征关税,给予了外商投资一定的政策支持。

3.2.2 进入模式

对上述政策内容进行分析可以发现,我国对境外资本在数字出版领域的政策规定具有"严格控制内容资源、鼓励投资技术与创新服务"的特点,因此境外资本与国内出版社的战略合作将是未来的主要趋势。截至目前,境外资本进入数字出版产业的模式出现如下类型。

1. 按照境外资本是否直接参与数字出版活动划分,存在直接进入与间接进入两种模式。

(1) 直接进入模式。

外资企业或境外资本直接参与数字出版业务活动,主要有签订技术协议、设立数字出版合资企业、结为战略合作伙伴三种方式。

① 技术协议。

2010年8月,美国甲骨文公司与中国出版集团公司进行深度合作,甲骨文公司是富有经验的数据库服务提供商,它将提供Oracle通用内容管理解决方案,帮助中国出版集团公司打造统一的出版数字资源管理平台。

② 设立合资企业。

近年来境外传媒集团参与新媒体、数字出版企业的例子逐渐增多。例如，2009年10月，江苏凤凰集团与法国阿歇特出版集团共同投资设立了凤凰阿歇特文化发展（北京）有限公司，该合资公司将利用凤凰集团的规模资源与阿歇特的数字化出版技术，拓展中国图书市场、建立一个衔接中国与国际出版产业的双向发展平台。

③ 战略合作伙伴。

2010年3月，安徽出版集团与北京万方幸星数码科技有限公司、安徽新华发行集团、中国外文局所属新世界出版社进行了合作意向签约，这是典型的企业、资源、资本三方合作模式。合作方之一的北京万方幸星数码科技有限公司是一家具有外资背景的国际化专业数字动画制作公司。它的股东多为境外资本，其中美国风险资本在该公司占股25%。公司核心团队是由十多位拥有30多年动漫从业经验的全职外籍专家组成。

（2）间接进入模式。

境外资本从资本市场间接进入数字出版产业，主要方式有参股已上市的数字出版企业、风险投资、协议控制等。

① 参股已上市企业。

2011年，欧洲最大的金融控股集团瑞士联合银行股份有限公司（英文简称UBS AG，中文简称瑞银集团）由二级资本市场收购方正科技集团股份有限公司大量流通股份，占股比例达到0.22%，成为方正科技第七大流通股东，后于2011年末退出。方正科技是我国著名的数字出版企业，旗下拥有方正阿帕比电子图书平台和番薯网数字门户网站。

② 风险投资。

风险投资者常被称为高新技术企业的孵化器，他们同样也是数字出版业最早的支持者之一。2006年国际著名风投海纳亚洲创投基金SIG、凯雷投资集团曾向电子杂志ZCOM投资数千万美元。比较近的例子是2008年，安徽出版集团获得英国Spark Vertures 1000万美元投资，公开通告称该笔投资将被用于数字化教育图书、动漫、网络电视、光盘加工等方面。此外，2010年8月鼎晖投资正式注资磨铁图书，与第一轮的风险投资商共同注资1亿多元人民币打造大型出版运营平台。鼎晖投资成立于2002年，管理着100多家国际和中国机构投资者的基金，该案例创下了迄今为止风险投资对中国民营出版业的最大投资数额。

③ 协议控制(VIE模式)①。

与传统出版相比,数字出版具有海量存储、成本低廉、传播迅速等特点,被视为出版产业转变发展方式的主要方向。2010年,国家新闻出版总署先后出台了《关于进一步推动新闻出版产业发展的指导意见》《关于加快中国数字出版产业发展的若干意见》,提出:到2020年,传统出版单位基本完成数字化转型,其数字化产品和服务的运营份额在总份额中占有明显优势。同年11月又公布了首批电子书出版资质、电子书复制资质、电子书总发行资质、电子书进口资质的企业名单。

实际上,在这些规定出台之前,中国的互联网门户网站和电子商务企业早就已经开始进入出版行业,包括新浪、搜狐、百度、当当网等等。新浪和搜狐的读书频道用会员制方式进行图书销售,同时还培育自己的签约作者,已经渗透入内容制作环节;百度利用百度文库培养"自媒体"作者,并用支付版税的方式与作家合作,然后用"积分下载"的方式向会员出售百度文库的资源,实质已经构成出版行为;当当网被称为"中国的亚马逊",它的主业一直是通过网络进行图书的销售,2010年11月当当网成立了数字出版业务部,专门进行电子书业务和数字出版业务。无一例外的这些公司都是用VIE模式在海外上市,吸纳境外资本在境内开展业务。这些公司的股东全部是在境外购买公司股票,以外币投资于公司;这些公司的实际控制人无一例外的接受的是完全西化的教育。比如新浪实际控制人曹国伟团队,搜狐实际控制人张朝阳,百度实际控制人李彦宏,全部都是"海归"。

这种模式的形成有其历史原因。中国1993年时的电信法规规定:禁止外商介入电信运营和电信增值服务,而当时信息产业部的政策性指导意见是,外商不能提供网络信息服务(ICP),但可以提供技术服务。为了境外融资的需要,新浪找到了一条变通的途径:外资投资者通过入股离岸控股公司A来控制设在中国境内的技术服务公司B,B再通过独家服务合作协议的方式,把境内电信增值服务公司C和A连接起来,达到A可以合并C公司报表的目的。这种模式就被称为VIE,也被叫做"新浪模式"。2000年,新浪以VIE模式成功实现美国上市,这种模式随后被一大批中国互联网公司效仿,搜狐、百度、阿里巴巴等均以VIE模式成功登陆境外资本市场。2010年1月8日当当网也以VIE模式在纽交所上市,募集资金3.13亿美元。

---

① 有关协议控制产生的动因、实现机制、维系、风险和影响,参见第7章第4节内容。

VIE模式的特点就是:通过层层股权设置,最后达到境外控股公司可以合并境内实际经营业务公司的报表,从而分享收益、影响决策,从而达到实际控制的目的。随着以VIE模式海外上市的公司越来越多,2011年8月25日,商务部出台《商务部实施外国投资者并购境内企业安全审查制度的规定》将"协议控制"即VIE模式纳入监管范围。同年9月1日,该规定正式开始实施。这则规定的出台并没有禁止企业通过VIE模式境外上市或者进行其他经营活动,仅是为VIE模式设置了前置审批条件,这在一定程度上也体现了政府对境外资本准入规制有条件的放松。

2. 按照境外资本进入数字出版产业链的出版内容、数字出版平台、电信运营、支持服务等不同环节,可将其进入模式分为内容进入、设备进入和服务进入三种。

(1) 内容进入模式。

外资作为内容提供商进入数字出版业务,此类的代表是我国首家合资出版企业——童趣出版有限公司。该公司的中方股东为人民邮电出版社(51%),外方股东为欧洲最大的儿童出版集团艾阁萌(49%)。童趣公司成立于1994年,主要业务是引进国外多部优秀少儿读物和发展国产卡通,旗下现有《米老鼠》《小公主》《芭比》《小熊维尼》《卡酷全卡通》《喜羊羊与灰太狼》等十余种期刊品牌,在全国拥有数百万忠实读者。2010年童趣组建了数字出版项目组,并在现有网站上开始了电子书和电子期刊的尝试。此外,童趣还计划和大型网站进行合作,共同运营、优势互补。

(2) 设备进入模式。

外资通过与数字出版相关的设备制造商合作,进入产业链的硬件提供环节。一个典型的例子是2012年初,美国高通公司的全资子公司高通MEMS技术有限公司与国内电子阅读器供应商汉王科技股份有限公司共同合作,在国际消费电子展(CES)上推出采用mirasol显示技术的电子阅读器汉王C18,由此进入数字阅读终端。除此之外,美国苹果公司的iPad平板电脑也是流行的数字阅读终端之一,许多数字期刊平台运营商提供iPad版客户端,这款平板电脑在目前数字阅读终端中所占份额正逐渐增长。

(3) 服务进入模式。

电信增值服务是数字出版的重要平台,境外资本往往通过参股电信运营商、投资服务提供商来进入数字出版产业链。中国移动旗下的卓望控股自成立起先后引入美林、英国沃达丰和HP(惠普)等财务股东,合计占股超过20%。它的子公司卓望信息负责支撑移动梦网的运营和手机报业务。中国联通与网通亦有外资股东,大部分是有丰富3G网络运营经验的国外电信运营商,对网络出版这一领域颇有野心。

2010年7月,新闻出版总署与中国移动、中国电信相继签订《共同推进数字出版产业发展战略合作备忘录》,开展掌上读书、数字阅读基地等计划,电信运营商将在数字出版产业链中扮演越来越重要的角色。

3.3 境外资本进入中国数字出版市场的分布状态

3.3.1 数字出版整体市场规模

根据《2010—2011年中国数字出版产业年度报告》[①]统计数据,2010年数字出版产业总体收入规模达到1051.79亿元,比2009年增长31.97%。

表3-1　2010年数字出版各子行业收入情况

项目	收入规模(亿元)	占总收入比例(%)
手机出版	349.8	33.26
网络游戏	323.7	30.78
互联网广告	321.2	30.54
电子书	24.8	2.35
博客	10	0.95
互联网期刊	7.5	0.71
数字报纸	6	0.57
网络动漫	6	0.57
在线音乐	2.8	0.27
合计	1051.8	100

数据来源:郝振省:《2010—2011中国数字出版产业年度报告》,载《出版参考》2011年第7期。

从表3-1可以看出,手机出版、网络游戏和互联网广告在总收入中占很大比重,三项总和达到了总收入的94.58%。其中,手机出版是近年来快速增长的一

---

① 郝振省:《2010—2011年中国数字出版产业年度报告》,载《出版参考》2011年第7期。

项,特别是2009年我国颁发3G牌照后,经过电信运营商的大力建设与推广,手机在线浏览功能日益丰富,手机移动终端与移动电脑功能逐渐趋同。未来几年,手机出版将取代网络游戏成为数字出版中增长最快的子行业。

另一方面,数字图书、报纸、期刊、在线音乐的发展仍然较慢,这四项的收入之和仅占总体产值的3.9%。导致这一结果的可能原因有:

(1) 免费阅读、下载仍是当前网络浏览的主流模式,数字出版各子行业目前尚未形成成熟盈利模式,规模难以扩张;

(2) 大部分传统出版单位对数字出版仍存观望态度,他们掌握着大量的图书报刊资源,缺乏独特、丰富的内容资源使数字出版企业难以吸引消费力量;

(3) 图书、音乐的知识产权和版权缺乏有效保护的问题难以解决,盗版损害了整个产业的利益,这将是可能阻碍数字出版产业健康发展的重大隐忧。

3.3.2 境外资本投资概况

根据《2010中国风险投资年鉴》的统计,2010年以外资机构为主导的风险投资项目共有319个,占风险投资总项目数的26.04%,涉及金额总量为532.84亿元,占总投资额的54.56%,投资金额总量高于本土机构,投资强度平均20814.16万元/项,为本土机构的3.75倍。与2009年相比,外资机构投资项目增加了149%,投资金额总量是上一年的4倍,投资强度增加近一倍。

从外资投资行业分布来看,2009年文化传媒行业风险投资项目42个,占总体比例6.15%,涉及金额18.9亿元,仅占总体比例的5.99%。而2010年文化传媒行业风险投资项目47个,仅增长5个,涉及金融18.28亿元,占总体比例2.31%,比例有所下降。

影响境外资本在数字出版产业投资决策的因素,除了知识产权保护等产业自身的先天薄弱环节,还包括产业本身的经济特征与政治属性。数字出版产业具有新媒体特征,在互联网技术、传播渠道高度发达的情况下,内容资源成为支撑发展的最重要因素,政府对传媒内容的严格限制是外资犹豫不前的主要原因。

2009年中国风险投资研究院发布的"最具投资价值行业"报告中,本土投资机构对新媒体的认同度为2.8%,境外投资机构对其的认同度则达到5.26%,这说明境外投资者认为新兴媒体存在很大发展潜力。但在中国风险投资研究院2010年"2011最吸引风险投资的行业预测"调查中,本土投资机构对文化传媒产业的投资认同度达到7.88%,境外投资机构对其认同度仅有2.86%,透过这一"发展潜力大但投资吸引力小"的现象,可以看出境外资本对投资传媒行业背后政策风险的重重顾虑。

从狭义的数字化出版角度把数字出版的整个过程概括起来,数字出版产业链的上游是作者与出版单位(内容提供者),中游是运营商与技术提供商(服务提供者),下游是阅读设备制造商,最后是读者与其他消费者(图3-1)。

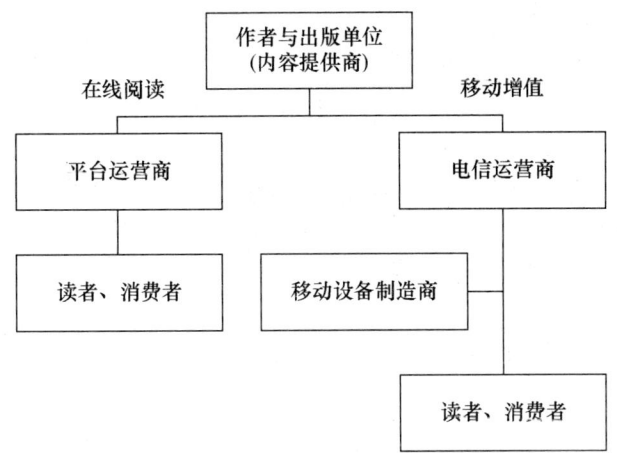

图3-1 数字出版产业链构成

其中,内容提供商由于涉及出版内容,政策限制严格,境外资本投资案例较少。中游运营商主要有电信运营商和数字出版平台运营商两类,电信运营商由中国移动、中国联通等垄断经营,境外资本的投资目标大多为这些运营商提供外包服务的中小型高新技术企业。但随着电信运营商与出版内容单位进行直接合作的举动增多,服务提供商的市场机会也在逐渐减少,境外资本将进一步向电信运营商中渗透。下游的设备制造商方面,以苹果公司为代表的外资设备制造商已参与到我国竞争激烈的电子阅读器和移动终端市场,手机终端也已经被苹果、诺基亚、三星等外资企业占据大部分市场份额。

继2009年国务院发布《文化产业振兴规划》后,各大国有出版集团开始了企业转制、资源整合、融资上市之路。2008年,文化创意产业发生投融资事件18起(根据 ChinaVenture 旗下数据库产品 CVSource 统计),涉及金额超过2.2亿美元。其中出版行业5起,文化创意产业中实现IPO的企业3家。仅2010年,文化传媒类就有12个企业成功通过IPO上市,涉及金额132.87亿元。这些数据的背后体现着我国出版业向市场化发展的努力,也为境外资本进入提供了一个较好的时机。

从近年来境外资本投资的行业特点来看,制造业、房地产业仍然吸引了大量资金;互联网、软件行业也历来受到投资者关注。除此之外,在我国政策指导和相关优惠条件下,外资还比较关注一些新兴产业和服务业。

3.3.3 数字报刊

本节中研究的数字报刊这一子行业,其产品形态主要包括数字期刊、数字报纸(不包括手机报)、电子杂志等。为了更好地表现境外资本的分布特征,下文将从产业链的各环节分析境外资本的分布情况。

1. 内容提供商

数字报纸和数字期刊的内容提供商大多是国有传统出版社和报刊社,它们对内容资源有绝对的控制权,再加上政策限制,境外资本在这一环节的直接投资案例较少,比较经典的中外合资出版公司案例有两个:

(1) 贝塔斯曼。

德国贝塔斯曼集团是国际著名出版巨头,它于 1995 年进入中国,与上海科技图书公司合资建立了上海贝塔斯曼文化实业有限公司,并与中国科技图书公司合作成立了贝塔斯曼书友会。这是外国传媒巨头进入我国出版业的最早案例之一。但因不适应中国市场消费特点,公司长期累计亏损金额高达上亿元,最终贝塔斯曼在 2008 年宣布解散书友会。此后贝塔斯曼转变身份,由实体经营者转向战略投资者,设立一亿欧元专项投资基金,开始向新媒体领域投资,在数字出版领域的项目有北京正保远程教育集团(网络教育)、YOHO(时尚数字期刊)等,投资规模达到千万美元。

(2) 童趣出版社。

这是我国首家合资出版企业,中方股东为人民邮电出版社(51%),外方股东为艾阁萌集团(49%)。童趣公司的主要业务是引进国外多部优秀少儿读物和发展国产卡通,旗下拥有多个期刊品牌,在全国拥有数百万忠实读者,目前该公司已开始设立网络阅读平台、发展数字出版业务。

除了设立合资公司,大多数境外出版集团主要仍偏向于和我国出版社签订合作协议,相互交换版权、引进图书。

在我国许多出版集团转制上市后,境外资本的投资方式又有所增加。中宣部改革办事业发展处处长朱涛表示,外资可以参与资本市场 A 股文化类上市公司的投资、参与文化公司的股票买卖,关于持多大股的比例,要严格按照证券法的规定执行,有一套国家严格的行政审批制度。目前许多国内风投、私募基金已纷纷向出版业上市企业注资,但这些本土投资机构的资金来源中是否含有境外资本、含有比例多少,都还是未公开数据。比较明确的外商投资事件有:

案例一,2008年,安徽出版集团获得英国Spark Vertures 1000万美元投资,用于数字化图书出版。

案例二,2008年5月,成为基金对《中欧商业评论》投资500万美元,这是中国第一个引入风险投资的商业评论杂志,这笔资金中的一部分将被用于开发中欧商业在线网站、移动学习品牌"E-learning"等一系列数字出版项目。

将这两个案例与2009年达晨创投等五家本土战略投资者对中南传媒集团融资4.55亿元的案例相比较,很明显境外资本在传媒领域的投资规模比本土机构小得多,投资态度相对谨慎。

2005—2007年电子杂志曾被许多境外风投看好,ZCOM、POCO、ZBOX、阳光导航、Xplus等电子杂志企业在几年间陆续获得了近1亿美元的风险投资。但因为内容缺乏独创性、盈利模式模糊、仅靠广告收入维持运营,电子杂志这一新兴事物很快亏损衰落,近年已少有投资人关注。2007年,拥有电子杂志两大品牌《Wo男人志》《Me爱美丽》的摩得互动(Somode)获得来自日本、新加坡的500万美元投资,这是整体电子杂志行业中唯一一家依靠主营业务实现收支平衡的企业,但2009年后该网站已关闭。

继2005年国务院发布《关于非公有资本进入文化产业的若干决定》后,民营书业逐渐成为出版业的一支重要力量。在出版集团纷纷融资之时,民营书业也接受了许多社会注资,但大多数民营公司被国有出版集团并购,接受境外资本的例子较少。典型的有磨铁图书公司接受鼎晖投资注资,规模达1亿多元人民币。

2. 平台运营商

在数字报纸方面,大部分传统出版社都设立了自己的数字报纸网站。截至2008年已有335家多媒体报纸网站,但这些网站普遍存在着更新缓慢、网站内容与报纸内容重复等问题,缺乏自己的独创性,尚未形成市场竞争优势。

同时,新浪、搜狐、腾讯、网易等门户网站的新闻业务对传统报业形成冲击。这些门户网站均有自身富有特色的资讯频道,如新浪财经、搜狐资讯等,它们通过及时更新最新消息、发布独家看法,获得大批网民关注,已经占据互联网阅读领域的大部分市场份额。

其中,新浪、搜狐、网易已在美国上市,腾讯在香港上市,它们的股东大多是境外资本。新浪的十大股东中有高盛集团、德意志银行、奥本海默基金公司、花旗集团,腾讯的第一大股东则是非洲第一大传媒集团 Naspers 旗下的全资子公司米拉德控股集团,它持有腾讯公司 35% 的股权。

除了各大门户网站,可能含有境外资本的还有 2006 年成立的蜘蛛网,这是中国最大的专业报刊网络发行机构,2008 年它曾获得中国发行业首笔数千万人民币的投资,出资者是有浙商背景的上海合心投资公司。该网站业务从订阅报纸向其他文化服务延伸,如电子商务、网上订电影票等,当年实现盈利,交易额超过 1 亿,2011 年营业收入达到 1.8 亿元。在蜘蛛网 2009 年开始筹备的第二轮融资中,红杉、鼎晖等国际风投纷纷参与洽谈。

在数字期刊方面,主要的平台运营商有万方数据、同方知网、龙源期刊、维普资讯四家,2006 年时它们最高曾占据数字期刊市场约 90% 的市场份额。同方、维普和万方的业务重点在学术领域,龙源期刊则具有更多娱乐、生活类杂志内容。

其中同方知网的运营商同方知网(北京)技术有限公司是清华同方股份有限公司的全资境外子公司——清华同方(美国)公司,通过其境外全资子公司 KNOW CHINA 在北京设立的全资子公司,因此,该公司是清华同方股份有限公司下属的独资外资企业。此外,同方知网正准备境外上市,未来将会引进境外投资。

此外,境外资本还通过签订技术协议等方式参与平台运营,例如 2005 年 6 月,维普资讯与 GOOGLE 公司签订协议,双方共同开发中文期刊数据在 GOOGLE SCHOLAR 里搜索。

综合以上分布情况来看,在数字报刊这一领域,境外资本由于无法直接投资出版内容,采取了从新媒体领域渗透、与发行平台运营商合作等方法,在传播渠道方面有一定的占有率。随着各门户网站和平台运营商不断发展业务、开发属于自己的特色内容,境外资本有可能向出版内容领域渗透。

3.3.4　电子图书

以内容划分,电子图书行业涉及的产品有两类:一类是将已发行的纸质图书数字化,存储到终端设备以便阅读;一类是直接用数字化技术为终端设备提供网络文学原创内容,省去了漫长的印刷、出版环节,具有快速、便捷的特点。下文将从不同的产业链环节考察境外资本的具体分布情况。

1. 内容提供商

除了提供数字化图书的传统出版社,电子图书的另一大类内容提供者是诸多的原创文学网站。境外资本大多是通过参股互联网行业的已上市公司,间接进入网络文学领域。

(1) 盛大文学。

旗下拥有榕树下、起点中文网、潇湘书院、红袖添香、小说阅读网、言情小说吧6家著名原创文学网站,占我国原创文学71.5%的市场份额,是我国网络文学主要内容供应商之一。盛大文学是上海盛大集团于2008年成立的子公司,盛大集团2004年在美国纳斯达克上市。2012年,盛大文学也向美国股市递交了上市申请。

(2) 纵横中文网。

成立于2008年9月,是北京幻想纵横网络技术有限公司旗下的大型中文原创阅读网站。该公司是北京完美时空的子公司,主要资金来源是每年来自完美时空的投资。幻想纵横公司拥有"纵横中文""纵横动漫"等诸多优秀品牌与资源,贯穿线上阅读、线下出版、动漫改编、游戏改编、影视改编等整条文化产业链。完美时空是中国领先的网络游戏运营商,最大的在线游戏提供商之一,2004年在纳斯达克上市,融资1.88亿美元。

2. 平台运营商

电子图书的平台运营商分为专业领域和大众娱乐领域两类。专业领域的主要运营商有北京书生、中文在线、超星和阿帕比。这四家公司中有3家得到国家政策与资金支持,参与国家研发项目,境外资本鲜有渗透。

大众娱乐领域主要在线阅读平台有新浪读书、腾讯读书频道等,新浪图书借助微博的传播覆盖,在2011年文学网站排名中占据第二位,盛大旗下的起点中文网居首位,腾讯占据第三位,它们都具有外资股东背景。

3. 电子阅读器制造商

目前中国的电子阅读器供应商中具有外资背景的除了盛大旗下的Bambook,还有汉王科技。汉王科技最初收到过上海联创3000万元的风险投资,在汉王上市之后,上海联创持有其8.73%的A股,排名十大流通股东第一位。上海联创(后改名永宣创投)是有限合伙制投资管理公司,是国内首家同时管理境内及离岸基金的风险投资管理公司,拥有众多海外投资人,基金规模达到5.2亿美金。此外,台电来自台湾,艾利和有韩国制造背景。

易观的数据统计显示,2011年第一季度汉王阅读器市场份额占有率仍然遥遥领先,占据市场65.4%的份额,第二名是盛大的Bambook(锦书)。但需要指出的是,这一统计数据仅仅针对了电子阅读器市场,并未考虑其他替代产品(如

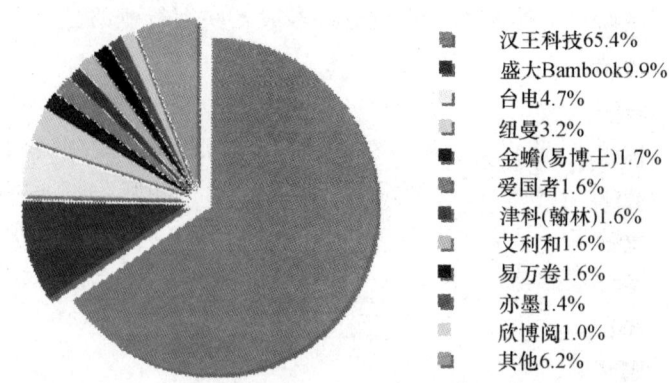

图 3-2　2011 年第一季度中国电子阅读器市场份额
数据来源：易观国际·易观智库，http://www.enfodesk.com/SMinisite/maininfo/article-detail-id-5460.html。

苹果公司生产的平板电脑 iPad）所获得的市场份额。

2011 年 11 月百度正式发布百度阅读器，亚马逊亦宣布正与我国政府协调旗下电子阅读器 Kindle 进入中国市场事宜，国产电子阅读器未来无疑将面临诸多挑战。2012 年 1 月，汉王科技发布公告预计 2011 年全年亏损 4.25 亿元，董事长刘迎建预言 2012 年电子阅读器企业的幸存者将由 2011 年的 50 多家减少至 5 家。随着一些国际巨头的进入，中国电子阅读器市场的竞争将越发激烈。

3.3.5　手机出版

在 2010 年数字出版产业收入中，手机出版已成为规模最大的子行业，产值 349.8 亿元，占数字出版总体收入的 33.26%。

中国手机出版发展良好主要有两个原因：一个原因是中国具有庞大的手机用户群体。国家工信部（MIIT）发布的数字显示，截至 2011 年 11 月底中国的移动电话用户已过 9.75 亿。另有统计显示，截至 2011 年中国的 3G 用户已达 1.27 亿，3G 手机阅读用户已达 5700 万，而潜在手机阅读人群更是超过 2.5 亿。另一个原因则是目前电信运营商在手机出版产业链中占据核心地位。我国电信行业由中国移动、中国联通和中国电信三大电信运营商垄断，对渠道有很强的控制力，移动增值服务的收费模式发展成熟，因此手机出版有良好的盈利前景。

1. 手机出版整体情况

根据《2010 中国风险投资年鉴》的统计数据，2009 年移动数字内容的整体格局已经发生了显著的变化，短信仍然占据最大的比重，但份额有所下降，与之相对应的是移动音乐、手机阅读等领域的迅速崛起。

手机阅读是从2005年开始发展起来的新兴领域,目前其用户数量正快速增加。据工业和信息化部电信研究院统计,截至2009年底中国手机阅读市场活跃用户数已经超过1.55亿。然而这个数字在短短两年时间内翻了一倍。易观国际2012年2月16日发布的最新监测数据显示,2011年第四季度中国手机阅读市场活跃用户数达3.09亿。随着移动阅读的基础条件不断完善,手机阅读已成为继移动音乐之后最具潜力的业务。

从内容层面分析,目前手机网络应用程序主要集中于娱乐休闲类,音乐、文学、游戏、视频等都在渗透率中排名靠前,而手机邮件、支付等应用率较低。这是因为我国手机网民的总体并不集中于高端商务人群,而是以普通民众为主体,因此更倾向于娱乐内容。

2. 境外资本分布情况

根据历年中国风险投资年鉴数据统计,2006—2010年间境外资本在手机出版相关领域的投资共20起,涉及金额6.6亿美元(不计入金额不明案例)。其投资的主要类型有:手机应用内容开发、手机游戏、为电信运营商提供各种外包服务的服务供应商(SP)。境外投资者主要有两类,一类是境外风险投资者,另一类是境外实体企业,包括移动增值服务公司、电信运营商和游戏开发商等。

表3-2　2006—2010年境外资本在手机出版领域的投资情况

时间	被投资企业	投资者	涉及金额	投资类型
2006	杭州联梦	Monstermob(英)	8000万美元	SP
	北京万讯通科技发展有限公司	Monstermob(英)	8150万美元	SP
	北京掌上明珠信息技术公司	德同资本	300万美元	手机游戏
	指云时代	LaNetro Zed(西班牙)	1.4亿美元	SP
	轻点万维	LaNetro Zed(西班牙)	9000万美元	SP
	华友世纪	中国台湾大哥大	580万美元	SP
	手机应用软件公司3GV8	IDG等	600万美元	手机应用
2007	九天音乐网	永威投资(Asia vest partners)	1000万美元	数字音乐
	北斗手机网	高原资本(美国)、IDG	4000万美元	手机游戏

(续表)

时间	被投资企业	投资者	涉及金额	投资类型
2009	万国数据公司	软银中国	2000 万美元	SP
	北京掌上明珠信息技术公司	宽带产业基金、德同资本	1000 万美元	手机游戏
	万国数据旗下企业EDS	软银、光大控股、国际金融	4500 万美元	SP
	ByRead Inc.（百阅）	世界华文、晨兴创投	300 万美元	手机阅读
2010	摩卡世界	IVP 投资	200 万美元	手机游戏
	博远	IDG 及经纬创投	800 万美元	移动增值
	维络城	凯鹏华盈（KPCB）	1000 万美元	移动增值
	Aurora Feint	九城投资	金额不明	手机游戏
	3G 门户	宽带产业基金	5500 万美元	移动增值
	当乐网	启明创投	1200 万美元	手机游戏
	小米科技	晨兴、启明创投	3500 万美元	移动增值

数据来源：作者根据 2006—2010 年期间历年中国风险投资研究院的《中国风险投资年鉴》披露的资料整理获得。

除了风险投资，我国还有相当数量的电信服务提供商在海外上市。2009 年有两家公司在纳斯达克上市：一是著名的软件服务提供商 CDC 软件，融资 5760 万美元；二是斯凯网络（MOBI），融资 5800 万美元，这是一家手机游戏运营公司，有国内最大的手机应用平台，该公司曾于 2007 年获得国际著名风投红杉资本的投资。①

3. 未来发展趋势

手机出版的整个移动增值服务价值链由内容提供商（CP）、服务提供商（SP）、无线数字渠道（运营商）和用户四个环节组成。其中，垄断数字渠道的运营商起着决定性作用。结合现状来看，未来发展主要有两大趋势：

（1）服务供应商竞争加剧。

目前我国电信运营行业由中国移动、中国联通、中国电信三大企业垄断，移动增值服务商大部分利润来自于与中国移动和中国联通的合作，但随着产业链的不断整合，电信运营商与内容供应商的合作逐渐增多（例如中国移动在 2006

---

① 资料来源：中国风险投资研究院：《2009 中国风险投资年鉴》，北京：民主与建设出版社 2009 年版。

年跳过服务提供商与各大唱片公司直接合作),实现向产业链下游延伸、降低中间环节成本。因此服务提供商(SP)的价值和作用将越来越小,服务提供商必须提供有特色、难以被替代的服务才能在激烈竞争中得以生存。

(2)内容供应商参与度加大。

在手机3G用户规模日益扩大的情况下,许多传统的新闻出版单位开始推出适用于手机阅读的出版物,电信运营商也积极参与其中。中国移动、联通、电信均已投资建立了数字阅读基地,与传统出版社、数字内容提供商合作,并在2010年取得了较好的运营效果。易观国际分析,在阅读基地的推动下2010年中国手机阅读市场的收入规模已经达到了30亿元。全球著名的移动互联网研究机构艾媒咨询(iimedia research)2011年7月发布的《2011年度中国移动互联网阅读市场状况报告》预测,2011年中国手机阅读市场规模将达到70.1亿元,年增长率将达到52.1%,此后两年将达92.7亿元和128.9亿元,增长率预计为32.2%和39.1%;而到了2014年,艾媒咨询预计收入将增加接近30亿元,达到161.5亿人民币。

(3)手机出版物产品形态增多。

继数字阅读基地成功运营之后,三大电信运营商在2010年下半年又相继启动了手机游戏、动漫基地的运营,并且发展势头良好。可以预见的是,随着手机电子书、手机报、手机博客、手机杂志、手机游戏、手机动漫的出现,手机出版物正在不断更新,未来手机出版将不断被注入新的活力,继续迅猛发展的势头。

3.3.6 网络教育出版物

中国网络教育起步于1996年,此后直到2000年都是导入阶段,2001—2003年因为互联网泡沫而处于低迷时期,2004年开始复苏,2005年大量风投资金涌入,发展快速但仍停留在概念炒作层面,2006—2010年开始蓬勃发展。网络教育行业有许多海外上市企业,境外资本在这一领域的分布较多。(表3-3)

表3-3　2006—2010年网络教育领域上市企业的外资背景

企业名称	上市时间、地点	IPO	外资背景	企业类型
新东方教育科技集团	2006,纽约	1.1亿美元	老虎基金投资	培训服务
诺亚舟	2007,纽约	1.4亿美元	雷曼兄弟、霸菱亚洲投资	电子词典

(续表)

企业名称	上市时间、地点	IPO	外资背景	企业类型
弘成教育	2008,纽约	6820万美元	IDG、大华等7家机构投资	网络教育
ATA	2008,纽约	4630万美元	软银赛富投资	网络教育
正保远程	2010,纽约	6125万美元	兰馨亚洲、晨兴创投、贝塔斯曼	在线学习
环球雅思	2010,纽约	6700万美元	赛富基金	培训服务

数据来源:作者根据2006—2010年期间历年中国风险投资研究院的《中国风险投资年鉴》披露的资料整理获得。

除了已上市的企业,许多国际风险投资机构都看好中国教育市场,综合2006—2010年期间历年《中国风险投资年鉴》与ChinaVenture上的数据,2006—2010年间境外资本在网络教育领域投资22起,涉及金额约3.2亿美元(未计入金额不明案例)。①

表3-4　2006—2010年境外资本在网络教育行业的风险投资情况

时间	被投资企业	投资者	涉及金额
2006	精品学习网	IDG	1000万美元
	环球雅思	SAIF(赛富)	2亿元
	安博教育	麦格理、集富亚洲、思科、艾威	1000万美元
	东方标准	DCM、德同资本	1000万美元
	100e(一百易)	智碁创投	300万美元
	StudyEZ	GSR	不详
	中华学习网	麦格劳—希尔	1亿元
	巨人环球教育	启明创投	2000万美元
	达内科技	IDG	500万美元
	EQ学习网	ASI	不详
2007	安博教育	麦格理、集富亚洲、思科、艾威	5400万美元
	新世界教育	凯雷集团	2000万美元

---

① 2005年以前的时间段也有大量境外资本投资网络教育,本章中并未计算在内。

(续表)

时间	被投资企业	投资者	涉及金额
	学大教育	鼎晖投资	1000万美元
	北大青鸟IT教育	凯欣亚洲	不详
2008	安博教育	英联投资、艾威基金	10300万美元
	环球天下教育科技集团	软银赛富	500万美元
	汇众益智	凯鹏华盈	1000万美元
	瑞思学科	EMPGI美国公司［迪拜基金（Istithmar）背景］	不详
	100e（一百易）	NIF SMBC	不详
2009	八方视界	星火资本、戈壁合伙人	700万美元
2010	花朵网	龚宇天使投资	不详
	八方视界	瑞穗集团、星火资本、戈壁合伙人	525万美元

分析表3-4的数据可以发现,境外资本看好的网络教育企业主要分布在培训服务、远程教育、在线英语学习等细分领域。我国具有庞大的中小学教育、成人教育和各类线上培训市场,网络教育未来的市场规模仍会进一步扩大,考虑到政策的限制,境外资本可能继续以风险投资的形式在网络教育领域进一步渗透。

3.4 外商投资数字出版企业的影响力——以网络文学为例

3.4.1 盛大文学有限公司

1. 公司简介

盛大文学是上海盛大互动娱乐公司的全资控股子公司。成立于1999年的盛大互动娱乐公司是中国最大的网络游戏运营商,旗下有众多子公司,涵盖网络游戏、网络文学、影视音乐等一系列互联网娱乐业务。该公司于2004年在美国纳斯达克上市,融资10.44亿美元,是美国资本市场当年IPO的最大规模。

盛大文学成立于2008年,拥有母公司充足的资金支持,此后开始了一系列并购整合行为,目前为止盛大文学已拥有数字期刊网站、有声阅读网站、云中书城运营平台和6家原创文学网站,是一家集在线付费阅读、无线阅读、线下出版为一体的数字出版企业。

近年来,盛大文学积极布局移动互联网业务,并取得了突出成绩:2011年已成为三大移动运营商阅读基地最大的内容提供商,2012年来自中国移动手机阅读基地年度总访问用户数近1.5亿,较2011年翻了一倍。自有移动互联网端以来,日活跃用户数500万,月活跃用户数过千万,从2013年4月到现在,收入实现了倍增,已经超过互联网端。其起点中文网自有移动端,2013年第一季度收入超过2012年全年,第二季度收入环比增长100%。

2012年,盛大文学在影视等版权开发上取得了令人瞩目的成绩,共计售出版权作品900余部,艾瑞报告显示,2011年根据网络原创文学作品改编的影视剧中,来自于盛大文学的原创作品最多。根据旗下版权作品改编的电视剧《小儿难养》登录湖南卫视金鹰独播剧场,收视率蝉联全国黄金档第一;《裸婚时代》《步步惊心》等播出后位列同时段收视冠军,同样根据盛大文学旗下作品改编的陈凯歌导演的电影《搜索》、赵薇导演的《致青春》获得了极大的反响。根据旗下版权作品改编的影视剧杨幂主演的《盛夏晚晴天》《鬼吹灯》等近百部作品已筹拍并陆续播出。《星辰变》《盘龙》《凡人修仙传》《斗破苍穹》等著名网游,也都是根据盛大文学的作品而改编。

盛大文学继承了中国传统文化基因的中国网络文学,已经与世界性写作同步,正在构建一个恢宏的想象力世界,创新打造网络文学全产业链。盛大文学入选2012年上海版权示范单位和"2012年中国文化创意产业十大领军企业"。

2. 战略行为

盛大集团在网络游戏领域取得成功后开始进军内容原创平台,进行了一系列收购与投资行为,目的在于打造综合性一体化娱乐平台,成为中国的网络"迪斯尼"。

表3-5 盛大文学历年战略行为一览

时间	事件	相关行业	性质
2004	收购起点中文网,进入网络文学领域	网络文学	收购
2008	收购红袖添香,盛大文学成立	网络文学	收购
2009	创立聚石文华,进入线下出版和发行领域,收购华文天下	出版发行	创立
2009	收购老牌原创文学社区榕树下	网络文学	收购
2010	收购小说阅读网	网络文学	收购
2010	收购潇湘书院、言情小说吧	网络文学	收购

(续表)

时间	事件	相关行业	性质
2010	收购中智博文	出版发行	收购
2010	收购天方听书网	有声文学	收购
2010	收购悦读网	数字期刊	收购
2010	发售电子阅读器Bambook(锦书)	电子设备	销售
2011	运营云中书城	在线平台	运营
2011	推出云中书城web2.0,进一步整合数字出版产业	在线平台	运营
2011	创立北京盛大新经典影视文化有限公司	文化传媒	创立
2012	向美国纽约证券交易所申请上市	资本市场	上市

数据来源:根据盛大网络、盛大文学官网等网站上的资料整理获得。

3. 影响力分析

盛大文学在扩张、发展过程中主要采用了横向一体化与前向一体化战略。

(1) 横向一体化。

盛大文学先后收购了6家原创文学网站,根据2010年6月的中国互联网指数(CIIS)关于网络文学市场份额的数据统计,盛大旗下的6家原创文学网站占网络文学市场份额总和为34.35%。其中,在市场份额排名前50家的文学网站中,盛大旗下有5家网站在前10位,仅榕树下排在第25位。根据盛大2011年的招股书数据,其网络文学市场份额为71.5%(可能不仅包括文学网站,还有电子图书、无线阅读领域),线下出版收入占总收入的47%。

此外,2012年2月盛大文学的相关文件披露:该公司的无线业务(手机付费阅读、云中书城等)增长迅猛,在2009、2010和2011三年分别收入576.3万元、6041.5万元、1.741亿元,占总收入的比例分别为4.3%、15.4%和24.8%。盛大文学副总裁柳强称,盛大文学的手机移动阅读收入占整个中国移动这方面收入的50%以上,各大榜单占比在60%以上,提供了中国移动手机阅读基地60%的内容,是中国移动手机阅读基地最大的付费内容供应商。

盛大文学在网络文学领域已占据重要位置,旗下的文学网站涵盖女性阅读、玄幻等多个细分市场,对年轻女性,中、青年男性读者等多个网民群体有较大的影响力。

(2) 纵向一体化。

除了在文学内容领域的横向整合,盛大文学还通过一系列收购与投资,涉足出版发行、电子阅读设备和影视制作领域。盛大文学本身也因此具有了内容供应商、平台运营商、设备提供商、影视制作方等多个身份，公司业务遍及数字出版整个产业链，在数字出版的娱乐产业领域有重要地位。

3.4.2 北京完美世界（完美时空）网络技术有限公司

1. 公司简介

北京完美时空（2010年更名为完美世界）是中国领先的网络游戏开发商和运营商。2006年完美时空收到SAIF基金800万美元的投资，2007年在美国纳斯达克上市，融资1.88亿美元。

完美时空的主要业务有自主研发游戏引擎、游戏平台开发、网络游戏设计等，旗下游戏产品设计精良、远销北美等海外地区，它的长期目标是成为全球最大的在线游戏提供商。在2009到2011年间，完美时空开发的《诛仙》一直稳居中国自主原创3D网游第一的位置，在全球领域仅次于《魔兽世界》。此外，完美时空旗下还有幻想纵横等多个涉及网络文学、动漫的子公司。

2．战略行为

与盛大集团一样，完美时空在网络游戏方面取得巨大成功后，也开始多元化发展，先后涉足影视、动漫、文学等多个领域。

表3-6 完美时空历年战略行为一览

时间	事件	相关行业	性质
2008	与台湾游戏研发商昱泉达成网络游戏授权与销售协议	网络游戏	合作
2008	投资设立北京完美时空文化传播有限公司	文化传媒	创立
2008	投资创立幻想纵横公司，旗下设纵横中文、纵横动漫	网络文学、动漫	创立
2008	投资电影《非常完美》	影视娱乐	投资
2009	投资1500万元人民币于叶网科技	网络游戏	投资
2010	收购老牌网游运营商联众世界50%的股份	网络游戏	收购
2010	收购鑫宝源和宝宏影视公司多数股权	文化传媒	收购
2010	收购日本网游运营商C&C Media 100%股权	网络游戏	收购
2010	向旗下纵横中文网投资一亿元	网络文学	投资

数据来源：作者根据完美世界网络技术有限公司官网等网站上的资料整理获得。

3．影响力分析

完美时空的主营业务是网络游戏。2010年第三季度数据显示，完美时空所占网络游戏市场份额为9%,排名第四,前三位分别是腾讯、盛大和网易。同时,完美时空在游戏出口方面发展良好,2008年曾占据我国游戏出口商36.8%的市场份额,其海外收入占当年总收入的15%。此外,根据互联网实验室发布的《2010年6月中国文学网站市场份额统计报告》数据统计,完美时空旗下的纵横中文网占1.51%的市场份额,在前50家文学网站中排名17,其市场份额比上一期增长了0.34%,相比2004年成立的起点中文,2008年才成立的纵横中文网虽然起步晚,但发展极快。

结合以上数据和完美时空的战略行为来看,完美时空采取的是相关多元化战略。它通过投资处于文化产业链上游的网络文学行业,为网络游戏开发储备了优秀的内容素材,避免了游戏产品同质化竞争。同时,网络游戏的用户和网络文学的读者有很高的重合度,这两类消费者都是网络文化的核心人群。如此一来,在网络文学作品基础上开发出的游戏,发布初期就将具有较大的影响力、能够引起较多关注,非常有利于游戏的宣传。

因此,完美时空通过实行相关多元化战略,既能够进一步扩大企业在网络文化领域的影响力,又有利于发掘潜在用户群、提高现有用户群的忠诚度,其长期战略重点是渗透整个影视、文学、游戏等网络娱乐产业链。

3.4.3 小结

综观盛大文学和完美时空这两家数字出版企业的战略行为,不难发现其中一个明显的共同点:向自身所处的产业链上下游、相关行业进行延伸与渗透。在这个过程中,大量来源于资本市场的资金是这类企业能够进行同业收购、实现资源整合的有力保障。

目前我国的数字出版产业行业已经渡过了起步期,进入高速发展阶段。这一阶段中,产业链环节的整合、内容资源的竞争是必然趋势,只有掌握优质内容资源、拥有核心技术的企业,才能获得最终利润。

在整个行业的发展过程中,必将产生多个大型文化产业集团和传媒巨头。境外资本投资的最终目的是高额的资金回报,企业为了获得大量利润最终会向着垄断方向发展。因此,政府在促进数字出版产业发展的同时,需要重视文化产业链中涉及国家安全的核心环节的监管,评估境外资本可能对其产生的影响和波动。

3.5 数字出版产业未来发展与境外资本投资趋势

3.5.1 行业发展趋势——形成多个全面发展的大型集团

从宏观角度来看,数字出版产业未来发展的总趋势将是以内容资源为核心的全产业链的整合,在整个产业中会形成多个全面发展的大型集团。

从产业角度来看,数字出版产业内部主要有以下两个发展趋势:

1. 内容提供商拥有话语权

近年来数字出版产业市场规模每年都大幅度增长,它的发展潜力已得到充分证明,将有越来越多原先持保守、观望态度的传统出版社参与进来。在未来一段时期内,因为国家政策限制,具有内容出版权将成为他们独特的竞争优势。作为处在数字出版产业链上游的内容提供商,他们通过与电信运营商、平台运营商签订合作协议,甚至引入技术合作伙伴为自己定制网络发行平台,有可能主动占据一部分市场份额,得到相当程度的话语权。

2. 运营商的业务向上下游延伸

在网络平台运营商方面,未来将会有越来越多的内容提供商拥有自己的发行平台,更多新网络平台的涌现将使这一环节的竞争变得更加激烈。目前,中国知网、龙源期刊均已推出自己的独有期刊或特色内容快讯;盛大文学在运营云中书城的同时,也开始加大线下出版、发行的力度。在未来会出现更多这样的例子,平台运营商的业务将逐渐向上、下游延伸,努力使自己的服务不可替代,以吸引、留住更多用户。

在电信运营商方面,3G、4G 网络的发展将打破大型电信运营商原先拥有的竞争优势,市场份额将会发生变化、企业的市场影响力将有重新排序的机会。在这一背景下,电信运营商一方面将会通过与内容提供商合作,开发更多的手机出版项目、创新自己的移动增值业务以吸引更多手机用户;另一方面,为了更好地运营已有的数字阅读基地,电信运营商将选择具有核心优势的技术外包服务供应商进行合作,创造更多方便于数字阅读的客户端和相关娱乐软件。

3.5.2 境外资本在数字出版市场继续占据绝对优势

互联网的飞速发展使得数字出版业务实现了跨越式发展,一些非出版类公司如百度、腾讯、淘宝、新浪、搜狐,以及从事出版物网络销售的亚马逊、当当网,电子图书运营公司北大方正、清华知网、超星公司,开始强势进入出版产业。百度旗下的百度文库采取会员制的收费模式,并开始为内容作者支付版税,形成了实质性的出版行为;腾讯、新浪、搜狐均设立读书频道,以 VIP 的形式出售出版物;淘宝、当当、亚马逊等是典型的 BTOC(商业机构对消费者的电子商务)公司,他们的网络出版物销售开展得更为灵活;爱思维尔、施普林格、约翰·威立等科技出版的大鳄已经率先完成数字化转型,国际上最有影响的学术期刊基本都是这些公司出版或者授权出版。由于除了一些电子图书运营公司外,上述企业无一例外地具有一个特征:全部都是境外上市的企业,借助协议控制(VIE)模式,其主要资本来源都是境外资本。

相较于这些先行者,中国官方 2010 年 7 月 7 日才成立了"电子书内容标准项目组",还未形成成果;新闻出版总署 2010 年 9 月才发布了《关于加快中国数字出版产业发展的若干意见》和《新闻出版总署关于发展电子书产业的意见》,规范明显滞后。这也直接导致了中国传统出版企业在数字出版产业领域行动的滞后。从已上市的 11 家文化产业上市公司看,招股说明书以及 2010 年定期报告中均提出人力发展数字出版,但是还没有明显成效。倒是几家运营商提出了一些具体措施:如中国移动在 2010 年 5 月将其移动手机阅读业务正式商用,将"打造全新的图书发行渠道",中国电信在 2010 年 9 月 8 日宣布与浙江联合出版集团、江西出版集团、河北出版集团、陕西出版集团、中信出版社及盛大文学等十多家机构联合打造天翼数字阅读平台。综上分析可以判断出在数字出版业务上起步晚、战略不清晰的传统出版企业在短期内绝对难以与具有雄厚资本和经验的境外出版企业竞争,境外资本在数字出版产业的绝对优势短期内也不会改变。

3.5.3 境外资本将继续扩大投资

一是境外资本将向数字出版领域进一步渗透。数字出版依赖新媒体、互联网的特点,使它的开放程度较大,境外资本进入相对容易。因此,未来境外资本在数字出版领域的各类投资将会继续,通过提供技术、交流管理经验、与国内传媒集团合作等方式,向产业链的各环节进一步渗透。

二是通过投资互联网行业间接进入数字出版市场。境外资本对互联网行业一直非常关注,许多新媒体企业早期都是由境外投资机构扶持成长的,很多都有外资背景或已在境外上市。目前这类企业中有不少开始涉足数字出版,例如百度在 2011 年末发布了百度阅读器,此外它旗下的百度文库也是占据相当市场份额的在线文章分享平台。

未来将会有越来越多的这类企业进入数字出版产业,原有的网络用户基础使他们非常具有竞争力。因此境外资本在数字出版领域的影响力将进一步扩大。

3.6　研究结论

　　1. 按照境外资本是否直接参与数字出版活动划分,存在直接进入与间接进入两种模式。直接进入模式包含签订技术协议、设立数字出版合资企业、结为战略合作伙伴三种方式。间接进入模式则有参股已上市的数字出版企业、风险投资、协议控制等主要方式。很显然,境外资本进入中国数字出版市场的方式较进入传统出版市场要激进,不像传统出版市场只吸引境外产业资本,还吸引境外财务资本,还出现了风险投资和协议控制方式,这表明境外资本进入中国数字出版市场的政策壁垒被化解,境外资本将会广泛进入中国数字出版各个细分市场。

　　2. 按照境外资本进入数字出版产业链的环节,存在内容进入、设备进入和服务进入三种进入模式。

　　3. 在数字报刊领域的内容进入上,除采取设立合资公司方式进入外,大多数境外出版集团主要仍偏向于与我国出版社签订合作协议、相互交换版权、引进图书;在平台运营商上,新浪、搜狐、网易、腾讯等一批著名数字出版企业均为境外上市企业,其股东大多为境外资本。综合看,在数字报刊领域,境外资本由于无法直接投资出版内容,采取了从新媒体领域渗透、与发行平台运营商合作等方法,在传播渠道方面有一定的占有率。随着各门户网站和平台运营商不断发展业务、开发属于自己的特色内容,境外资本将深度介入出版内容领域。

　　4. 在电子图书领域的内容提供商上,除了提供数字化图书的传统出版社,电子图书的另一大类内容提供者是诸多的原创文学网站。境外资本大多是通过参股互联网行业的已上市公司而间接进入网络文学领域;在平台运营商上,主要通过购买境外上市中国网站企业股票进入。

　　5. 在手机出版市场,境外资本主要投资于手机应用内容开发、手机游戏、为电信运营商提供各种外包服务的服务供应商(SP)。

　　6. 在网络教育市场,境外上市中国网络教育企业数量较多,境外资本通过购买其股票和风险投资得以大量进入,主要进入培训服务、远程教育、在线英语学习等细分领域。

　　7. 未来将会有越来越多的网络企业开展数字出版业务,原有的网络用户基础为它们提供了强大业务平台、使它们非常具有竞争力,外资数字出版企业将占据绝对优势,境外资本在数字出版领域的影响力将进一步凸显。

第4章 境外资本进入中国电影市场

4.1 加入WTO后的中国电影产业形态

2001年中国加入WTO,中国电影产业随之进入逐步扩大开放和融入世界电影市场的年代。2001年至2011年,是中国电影产业规模不断扩大、票房纪录不断被刷新的11年。中国内地电影产业的票房收入由2001年的8.7亿元增长到了2011年的131.2亿元,年均增长率达到31.17%。良好的经济环境是电影产业不断发展的强大动力,中国经济的快速增长带来电影产业的优异表现,这在经济快速增长的东部沿海省份表现更为突出。2001年,北京市城镇居民可支配收入为11578元,上海市城镇居民可支配收入为12883元,其余沿海省份基本在8000元上下。到2011年,北京市城镇居民可支配收入为32903元,上海市城镇居民可支配收入为36230元,江苏省、浙江省城镇居民可支配收入均超过25000元。人均可支配收入的快速增加使消费者增加了对文化的消费,产生了对于电影产品的旺盛需求。

如表4-1、4-2所示,电影产业年度收入环比增长率超过25%,单部电影最高票房从2003年的0.45亿元增长到2010年的13.79亿元,增长高达30倍,年度过亿元票房影片数量从2003年的零部增长为2011年的35部,均大大超过GDP增长率。中国的电影产业,2010年平均每天增加4.2块银幕,而在2011年,平均每天增加8.3块银幕,影院数量比2010年增加了803座,这一增量超过了过去五年增量的总和。可以认为,近几年来,中国电影市场正在经历一个极为快速的增长过程,充分体现了消费者对于电影产业的热情和中国电影产业的发展潜力。受到国家政策等多方面的影响,可以预见在未来数年内我国电影产业将继续处于快速上行的通道。

表 4-1 2003—2011 年中国电影市场主要收入　　　　　（单位：亿元）

年份	2003	2004	2005	2006	2007	2008	2009	2010	2011
内地票房收入	9.50	15.70	20.00	26.20	33.27	43.41	62.06	101.72	131.15
电影频道收入	7.00	10.00	11.00	12.00	13.79	15.64	16.89	20.32	22.00
海外市场收入	5.50	11.00	16.50	19.10	20.20	25.28	27.70	35.17	20.46
收入总和	22.00	36.70	47.50	57.30	67.26	84.33	106.65	157.21	173.61
同比增长率(%)	—	66.82	29.42	20.63	17.38	25.38	25.99	47.41	10.43

资料来源：前四项数据来自 2003—2011 年历年《中国传媒产业发展报告》（崔保国主编，北京：社会科学文献出版社出版），第五项由前四项计算得出。

表 4-2 2003—2011 年内地单部电影票房纪录和全年过亿元票房的影片数量

年份	2003	2004	2005	2006	2007	2008	2009	2010	2011
影片最高票房(亿元)	0.45	1.60	1.70	3.60	2.70	3.25	4.60	13.79	10.89
最高票房影片名称	《手机》	《功夫》	《无极》	《满城尽带黄金甲》	《变形金刚》	《非诚勿扰》	《2012》	《阿凡达》	《变形金刚3》
过亿元票房的影片数量(部)	0	3	1	4	7	10	18	27	35

资料来源：作者根据 2003—2011 年历年《中国传媒产业发展报告》（崔保国主编，北京：社会科学文献出版社出版）整理获得，其中 2007 年过亿元票房的影片数量通过网络搜索结果统计形成。

表 4-3 中国内地历年院线规模一览

年份	2002	2003	2004	2005	2006	2007	2008	2009	2010	2011
影院数量	875	1108	1188	1243	1325	1427	1545	1687	2000	2803
银幕数量	1581	2296	2396	2668	3034	3527	4097	4723	6256	9286
院线数量	30	32	36	37	36	34	34	34	34	34

资料来源：国家广电总局电影局，转引自崔保国主编：《2011 年：中国传媒产业发展报告》，北京：社会科学文献出版社 2011 年版，第 180 页。

4.1.1 产业链结构

1. 电影制作环节

随着电影业改革的深入，制作环节各企业的地位已经发生很大变化。在国有电影集团中,中国电影集团以及产业整合相对完整的上海电影集团成为我国国有电影生产机构的中坚力量。2004年之后,北京新画面、保利华亿、华谊兄弟、世纪英雄、光线传媒等民营企业,逐渐登上了中国电影制作的舞台。中国电影产业的制作环节已形成以国有的中影集团、上影集团和民营的华谊兄弟等为核心的产业局面。

2004年10月,国家广电总局发布43号令《电影企业经营资格准入暂行规定》,允许外资涉足中国内地电影制作等领域。在这一政策出台的当月,由时代华纳、中影集团和横店集团合资建立的"中影华纳横店影视公司"即成立,截至2012年上半年,该公司共制作了7部电影,均为故事类小成本制作电影,其中比较知名的有《疯狂的石头》《爱情呼叫转移》等。同年11月,日本索尼公司和中国电影集团旗下华龙电影公司共同组建"华索影视数字制作有限公司"。截至2012年,华索影视的电影作品只有《无底洞》(2011)这一部作品。由于在2005年8月5日文化部等六部委联合推出的《关于文化领域引进外资的若干意见》中第三条中明确规定"禁止外商投资设立和经营电影制作公司",因此,目前仍在经营的设在中国的外资电影制作公司仅有上述两家。

但近几年来,境外资本寻找到了新的进入模式,其一是与国内机构建立战略联盟,例如在2011年8月15日,华夏电影发行有限责任公司、美国相对论传媒公司(Relativity Media)、星空大地(北京)影视文化发展有限公司在北京召开"战略合作启动仪式新闻发布会"。该联盟正在筹拍数部大型中国现代题材影片,所有影片将同时面向国内外市场。其二是将与内地电影制片厂合资的制片公司设在非大陆地区以避免政策的限制,例如在2012年6月,美国传媒公司传奇娱乐(Legendary Entertainment)与华谊兄弟达成协议,共同成立传奇东方(Legendary East)影视制作公司,面向全球观众制作电影及其他内容,新公司总部设在香港。其三是参与或设立产业基金投资各电影制作项目组或者国内企业。

2. 电影发行环节

中国主要的电影发行公司有国有的中国电影集团、华夏影片发行有限责任公司以及民营的博纳国际影业集团和华谊兄弟传媒集团等。2004年颁布的《电影企业经营资格准入暂行规定》放开了民营公司的发行资格,禁止外资进入发行环节。对于已经进入电影制作环节的民营企业来说,这一政策调整有利于进一步提升他们在中国电影产业的地位,增强境内资本的产业控制力。

由于目前中影和华夏两家公司垄断进口分账片的发行权,因此在整个市场中,国有企业处于领先地位。但在2012年2月,中美就WTO电影相关问题达成协议,内容包括每年增加14部3D进口大片的配额,将美方分账比例从13%提高到25%,以及将进口片发行牌照从目前的中影、华夏两家垄断,扩大到允许民营企业进入等(此前有新闻报道称政府将颁发第三张进口片发行牌照,但至今尚未有结果)。可以预见的是,随着市场的进一步发展,民营企业将有较大的发展空间和较快的发展势头。未来发行市场上的竞争将会加更加激烈。如2009年,在国有企业方面,中影凭借对进口分账片的垄断发行权、强大的电影发行能力以及广泛的院线资源,其市场份额达38.4%,位居第一;华夏公司市场份额为20.7%,仅次于中影;属于中影集团的专门发行3D影片和数字影片的中影集团数字电影院线有限公司的市场份额达到5.8%。在民营企业方面,博纳影业凭借《十月围城》《窃听风云》《倔强萝卜》《金钱帝国》等影片,市场份额为9.6%;华谊兄弟凭借《游龙戏凤》《风声》《拉贝日记》《追影》等影片,市场份额为7.0%;光线影业凭借《气喘吁吁》《阿童木》《证人》《斗牛》等影片,市场份额为3.1%;北京新画面与华夏联合发行了《三枪拍案惊奇》,市场份额为2.1%,其他发行公司总共占到13.3%的市场份额。①

应指出的是,博纳影业本身拥有发行权,但其同时在纳斯达克上市,因此可以认为目前境外资本已经参与到电影的发行环节,只是并没有大规模地进入,形成对发行环节的控制。而在2012年5月,美国新闻集团入股博纳影业,直接向博纳影业创始人、董事长兼首席执行长于冬购买博纳影业19.9%的股权,而博纳影业目前是国内最大的私有电影发行商,新闻集团的此次入股将在一定程度上介入到博纳的发行业务中。

3. 电影放映环节

我国的电影产业在放映环节的集中度较高。2007年以前,市场上最大的5家电影院线的市场份额在40%左右,但2007年之后增至50%以上,从2003—2011年国内电影票房收入排名前五名的数据来看,我国电影放映环节实力较强的院线有:北京万达、上海联合、北京新影联、中影新美和中影南方新干线。其中北京万达属于民营企业,其余几家均属于国有企业。

---

① 参考艺恩咨询:《2009—2010年中国电影产业研究报告》,第33页。

表 4-4　国内电影放映市场产业集中度

年份	2003	2004	2005	2006	2007	2008	2009	2010	2011
国内电影院线票房收入总和（亿元）	9.5	15.7	20	26.2	33.27	43.41	62.06	101.72	131.15
国内电影院线票房收入前5名票房总和（亿元）	4.29	6.21	8.53	12.09	16.68	—	32.54	54.36	64.02
CR5（市场上最大的5家电影院线的市场份额）（%）	45.16	39.55	42.65	39.27	50.14	—	52.43	53.44	48.81

资料来源：作者根据2003—2011年历年《中国传媒产业发展报告》（崔保国主编，社会科学文献出版社出版）披露数据整理并计算获得。

尽管每年进口电影在数量上无法与国产电影相比，但进口电影凭借其气势恢宏的电脑效果、出色的营销手段等诸多竞争优势占据较大的市场份额，其总票房曾长期高于国产电影，只是近两年来呈略有下滑的态势（表4-5）。在2010年国内引进的24部进口电影中，有10部票房超过亿元，进口影片的单片平均票房远远高于国产影片。在2010年的年度票房冠军上，《阿凡达》更是取得了13.79亿元的佳绩，一部影片就占当年全国票房的13.5%。在2010年，国产影片的表现也令人瞩目，《让子弹飞》《唐山大地震》《非诚勿扰2》等影片都获得了很不错的票房，使得2010年进口电影总票房在全年总票房的占比第一次下降到50%以下。2011年，依靠《金陵十三钗》《建党伟业》《龙门飞甲》等影片国产电影总票房继续保住半壁江山，但是从单片票房来看，进口影片仍然具有明显优势，《变形金刚3》和《功夫熊猫2》分别以10.8亿元和6亿元成为年度票房冠亚军。

表 4-5　2004—2011年国产电影与进口电影票房比较　　　（单位：亿元）

年份	2004	2005	2006	2007	2008	2009	2010	2011
国产电影总票房	6.7	9.0	11.8	15.2	17.8	27.0	61.3	70.3
进口电影总票房	8.3	11	14.4	18.0	25.6	35.1	40.4	60.8
进口电影总票房/总票房（%）	55.3	55.0	54.9	54.2	59.0	56.5	39.7	46.4

资料来源：作者根据2004—2011年历年《中国传媒产业发展报告》（崔保国主编，社会科学文献出版社出版）整理获得。

与电影的制作和发行环节相比,放映环节是目前政策上唯一允许外资直接进入的电影产业环节。如在 2003 年至 2006 年期间十分活跃的时代华纳,以及现今仍在中国发展的韩国 CJ 娱乐、美国柯达集团、韩国 SHOW-BOX 公司、韩国乐天集团、美国 EPR 娱乐地产信托公司、法国卢米埃国际影院等都进入放映环节,建立电影院。

4.1.2 产业整合

自 2007 年开始,我国电影产业的结构开始发生巨大变化。这一变化来源于业外资本的逐步进入。一直受制于资本不足的中国电影产业一旦拥有充足的资本供给,就立刻开始了扩张之路,借助业外资本做大做强。

1. 横向一体化

在电影制作上,国有企业和民营企业都拥有雄厚的资本和庞大的导演、演员阵容,例如中影的陈凯歌,北京新画面的张艺谋,华谊兄弟的冯小刚,彼此之间虽然相互垂涎,但是目前来看还没有横向整合的表现。

横向扩张主要集中在电影放映环节。目前电影院线数量总体保持在 34 条,少数院线进行了调整,如中影星美院线与海南蓝海院线整合、辽宁北方院线与青岛银星院线整合、大地数字院线脱离中影南方新干线院线单独成为一条院线。因电影产业正处在快速成长期,尤其是二、三线城市还有巨大的市场空间,影院和银幕的数量不断快速增加,各大院线正依靠资本力量和现代管理将许多影院纳入麾下,这使得院线的规模不断扩大。放映环节正经历着激烈的竞争,未来随着我国电影市场逐渐饱和、电影产业进入成熟期,电影院线之间必将展开激烈的并购与重组。2012 年 5 月,万达并购美国第二大院线集团 AMC,成为全球最大院线集团,这无疑对其今后影片在海外的票房收入带来了保障,也为其在国内的 IPO 增添了筹码。

2. 纵向一体化

业外资本的介入促进了我国电影产业市场纵向整合的展开。无论是国有企业中的中影、上影还是民营企业中的华谊兄弟、博纳影业,都在借助业外资本的力量兼并上下游企业,控制从制作到发行到放映的产业链。例如保利集团参资入股重庆万和院线;中影集团增资扩股中影星美院线;华谊兄弟将电影、电视、艺人经纪三大业务板块有效整合,实现从编剧、导演、制作到市场推广、院线发行等完整的生产经营体系,同时还计划两年内建设 6 家影院、5 年内累计建设约 15 家影院。[①]

4.1.3 产业支撑

1. 二、三线城市提供发展潜力

目前中国内地电影市场形成了"8＋N"现象,"8"是指 8 个电影票房过亿的重点城市——北京、上海、深圳、广州、成都、武汉、杭州、重庆,目前票房收入前 30 名的影院主要集中在这几个城市。"N"是指电影票房收入在 4000 万元至 1 亿元的南京、大连、天津、哈尔滨等 20 多个城市。它们构成了电影市场的主要组成部分。[②]

我国电影市场的发展还不均衡。2009 年,北京市电影票房收入超过 8 亿元,占全国票房份额的 13%,上海市占 10% 左右。八个大城市占有全国票房市场份额的 70%,而其他二、三线城市对于电影市场的贡献很少。

随着二、三线城市居民人均收入的不断增长,电影院的普及率会不断提高,从一线城市到二线城市,再发展到三线城市,最终到农村,影院将会融入人们的日常生活。二、三线城市将会成为我国电影产业投资的重点,推动我国电影产业的发展。

2. 金融创新促进电影业发展

电影业作为一个高投入、高产出、高风险的行业,在其运作过程中,离不开业外资本的支持。一部高投入的电影,动辄需要投入上亿元资金,没有业外资本的有效支持难以完成。

(1) 商业银行融资。

商业银行融资一直是资本市场的中坚力量,而我国电影企业一度苦于无法得到足够的银行贷款,导致发展举步维艰。2006 年之后,商业银行对电影行业伸出了橄榄枝。2006 年,招商银行与华谊兄弟影业投资有限公司签署了 5000 万元的贷款合同,对其影片《集结号》进行融资,贷款性质为无第三方公司担保。同年,渣打银行(香港)以债券融资的方式借贷给北京新画面影业有限公司 1000 万美元贷款,为其《满城尽带黄金甲》融资。2008 年,北京银行为《画皮》提供了 1000 万元的版权质押贷款。2009 年,中国工商银行向华谊兄弟和保利博纳提供

[①] 崔保国主编:《2011 年:中国传媒产业发展报告》,北京:社会科学文献出版社 2011 年版,第 188 页。
[②] 尹鸿:《2009 电影产业备忘》,载《电影艺术》2010 年第 2 期。

贷款,成为中国国有大型商业银行首次介入民营文化产业的标志性事件。[①] 这些融资项目在票房收入上都成绩斐然,也为银行提供贷款增强了信心。2010年,中宣部、中国人民银行、财政部、文化部、国家广电总局、新闻出版总署、银监会、证监会、保监会等联合出台《关于金融支持文化产业振兴和发展繁荣的指导意见》,鼓励银行业开发适合文化特点的信贷产品,加大有效信贷投放,完善授信模式。政策的出台为金融传媒行业深度合作提供了政策支持,为破除传媒业发展面临的资金瓶颈提供了途径。

(2) 非银行类资本融资。

IDG、红杉、SIG 等风险基金,分众传媒、华友世纪、嘉禾股份等上市公司,都瞄准了中国电影产业这块蛋糕。中影集团、华谊兄弟、保利博纳、光线传媒、橙天娱乐等公司因为较好的电影业绩和规范的企业运作,受到了这些资本的关注。[②] 截至 2010 年底,一壹影视文化投资基金、中华电影基金、A3 国际亚洲电影基金、"铁池"私募电影基金等多只风投和基金都纷纷参与到电影产业,也从另一个侧面体现了中国电影的投资风险正在逐年降低。[③] 据有关机构统计,截至 2011 年底,中国文化创意产业相关基金数量已达 100 余只,募集资金总量超过 1300 亿元人民币。其中,电影投资相对成熟,也是资本关注的热点领域之一。

(3) 上市融资。

以影视内容制作为主业的橙天嘉禾和华谊兄弟分别在 2009 年 7 月和 10 月在香港、深圳上市,开启了我国电影产业的资本化进程。2010 年 10 月,华策影视在深交所创业板挂牌上市,2010 年年底,博纳国际影业集团通过 IPO 方式在美国纳斯纳克交易所上市,成为首家在美国上市的中国影视企业。2012 年 2 月,华录百纳在深交所挂牌上市。目前,包括中影集团、上影集团、万达院线在内的诸多电影行业的企业正在积极筹备上市,相信在未来几年内电影行业的上市企业将不断增多,随之也将带来这一行业更全面的发展和整合。

我国电影产业的融资方式在不断增加,融资难度在不断降低,金融机构对于电影产业的信心也在不断增强。金融机构的资本支持将推动我国的电影产业更快地发展。

---

① 参考自唐榕:《金融创新与电影成长》,载崔保国主编:《2010 年:中国传媒产业发展报告》,北京:社会科学文献出版社 2010 年版,第 303—307 页。
② 尹鸿、詹庆生:《2007:电影产业备忘》,2008 年第 2 期。
③ 崔保国主编:《2011 年:中国传媒产业发展报告》,北京:社会科学文献出版社 2011 年版,第 181 页。

4.2 境外资本进入中国电影市场的动力因素

中国电影市场的快速发展和巨大潜力,对于境外资本有着巨大的吸引力。中国电影市场是全球战略性电影市场和新兴成长性电影市场,是境外大型电影集团的共识。与此同时,境外电影集团在其国内正面临着市场饱和、竞争日益激烈的态势,因此,凭借其强大的电影制作与运营资源与能力,境外资本对于中国电影市场十分向往。

4.2.1 境外大型电影集团都有宏大发展愿景

能对中国电影市场产生重大影响的境外资本主要是境外大型电影集团,而这些大型电影集团一般都有宏大的发展愿景,这就决定了高度重视并进占全球范围内的战略性电影市场和新兴成长性市场是其内生战略行为。

表4-6总结了世界四大著名电影集团的使命、愿景以及核心价值观,由于使命、愿景和核心价值观是企业制定战略和进行战略决策的基本准则,依据表4-6中的使命、愿景以及核心价值观,就可以判断出这些企业一般会采取进取性战略行为。

表 4-6　世界著名电影集团使命、愿景、核心价值观

	使命	愿景	核心价值观
华纳兄弟	整合全球信息普惠全民	作为行业的领导者,华纳兄弟致力于打造全球娱乐的第一品牌。利用自己的能力及资源创造更多的商业模式来适应行业的变化	—
哥伦比亚	体验发展技术造福大众的快乐	为包括我们的股东、顾客、员工,乃至商业伙伴在内的所有人提供创造和实现他们美好梦想的机会	体验以科技进步、应用及科技创新造福大众带来的真正快乐;做先驱,不追随别人,但是要做不可能的事情;尊重、鼓励每个人的能力和创造力

（续表）

	使命	愿景	核心价值观
华特迪士尼	使人们过得快活	成为全球性的超级娱乐公司	带给千百万人快乐,并且歌颂、培育、传播健全的美(极为注重一致性和细节刻画;通过创造性、梦幻和大胆的想象不断取得进步;严格控制,努力保持迪斯尼"魔力"的形象)
环球影片公司	充分发挥自己的优势,树立全球强势品牌,为全世界的观众提供娱乐、影视等服务	极大地利用互联网及新的科学技术,创造一个全球性的强势品牌;在世界范围,树立一个良好的形象,集影视、娱乐、艺术于一体,建立一个联合舰队,在全球保持领先	

资料来源:作者根据各公司官网披露的资料及网上公开资料整理形成。

4.2.2 境外发达电影市场已经饱和

以美国为例,美国电影市场全年总票房从2000年的76.61亿美元增加到了2011年的101.739亿美元,年平均增长率为2.6%;与此同时,全年售出电影票总数从2000年的14.208亿张逐渐变化到2011年的12.83亿张,年平均增长率为－0.92%;平均票价从2000年的5.39美元每张增加到了2011年的7.93美元,年平均增长率为3.57%。而美国从2000年到2010年10年间美元年平均通货膨胀率就为2.41%。可以看出,美国电影票房的增长来自于平均票价的增加,而平均票价的增加很大一部分是来自于美元的通货膨胀。而真正反映电影市场规模的售出影票总数却不增反降。

美国电影市场已经呈现出明显的饱和状态,促使美国电影巨头瞄准国际市场。

4.2.3 境外大型电影集团具有强大竞争能力

电影价值链非常独特,主要由研发、营销和放映环节构成,生产环节几乎可忽略不计,对于电影制片企业,其战略环节是研发和营销。人们通常所称的电影制作或电影生产,实际应该称为电影研发。电影的研发常常需要巨大的投入,是电影成本的主要构成。而中国电影消费的价格通常差别不大,因此,电影制片企业能否盈利又决定于电影制片企业能否建立成本领先优势,而成本领先优势直接决定于电影发行量[①],电影发行量越大,企业就越盈利。而电影发行量决定于电影的研发和营销能否向电影消费者提供独特价值。因此,电影行业的基本竞争战略是"差异化+低价格"战略,它是一种不同于差异化竞争战略、低成本竞争战略、蓝海战略和最优成本供应商战略的基本竞争战略。而实施这一战略主要决定于研发能力、营销能力,还常常决定于资本运作能力,而境外资本的这些能力恰恰具备优势。

国内电影市场长期以来较低的竞争强度以及对外沟通交流的缺乏,直接导致了国内企业在与该行业的外资企业进行竞争时处在劣势的地位。这意味着如果境外资本能够顺利进入中国市场,在较短的时间内,国内企业无法快速提高竞争力而会被境外资本夺走大部分的市场份额。

1. 建设"内容品牌"能力

"内容为王"是维亚康姆集团现任董事长兼首席执行官雷石东提出的一个观点。雷石东认为:"我只投资软件,只对传媒的内容进行投资,因为硬件的投资需求非常巨大而又难以预测。我们就把精力全部放在内容上。"

这几年,国内电影市场正面临着"缺少内容"这一问题。无论是古装动作片、香港制造的武打、搞笑、警匪类型的影片还是曾经风靡的"大制作",因为空洞和雷同让观众感到乏味和失望。尽管影院、银幕、影片数量等诸多定量指标在快速增加,但是影片质量难以提高将成为电影市场转型和发展的重大障碍。

从数量上看,2011年中国生产故事影片558部,但是大部分没有机会进入影院放映,甚至有些拍摄电影的初衷并不在于票房,而是依靠政府的补贴和获奖奖金来进行营利,这导致了影片内容和市场需求的严重脱节,也导致了近几年我国电影在国际各大电影节上的欠佳表现。

相反,国外影视领域的发展相对成熟。雷石东曾经提出过著名的ABC三部曲扩张策略:A-Acquire,购买最好的内容;B-Brand,针对内容建设品牌,并且在经济可行的条件下将这些内容在尽可能多的平台和市场进行杠杆经营;C-Copyright,为自己品牌的内容进行严格的版权保护。品牌应建立在优质的内容之上,而一旦拥有了这样的竞争力,就要建立起版权保护以防止竞争对手恶性竞争,而

---

① 我们发现,电影行业的规模经济不仅显著而且特殊,呈"L"形曲线而非"U"形曲线,因为电影的固定成本就是研发成本,而生产成本几乎为零,这表明电影相关企业为满足消费者观看一部电影所带来的成本会随着观众的不断增加而不断降低,规模不经济很难出现。

这些策略实施的首要前提是要拥有最好的内容。

2. 创意研发和营销能力

电影的制作、发行和放映,每个环节都可能得到先进技术的改良,进而促进企业发展的大规模提速。技术创新一方面可以不断压缩成本,另一方面,融入高科技并且有创新点的作品更能够迎合目前的时代和目标受众的需求。国外使用高科技制作的特效和各种后期制作能力都是目前国内电影企业难以企及的。国内的一些电影企业行动相对迟缓。2012年4月,我国影视制作公司小马奔腾与好莱坞顶尖视效公司数字王国(Digital Domain)在北京电影节期间宣布,双方计划在北京设立合资公司,培训国内视觉特效人才,建立影视特效基地,并设立中国第一家影视特效摄影棚。

除了电影内容,电影营销活动同样需要创意。电影市场的供应方日益增加将会导致这一市场的不断饱和,企业必须采取行动吸引客户的注意力,特别是关注包括广告在内的经典促销策略,要求企业在广告制造商、广告创意、广告制作技术等方面都要有一定的竞争优势。目前营销成本已经占到电影成本的三分之一,越来越多的企业开始涉足电影营销。

好莱坞电影非常注重影片的营销工作,并且有丰富的营销经验和技术。美国影片的路径大致为全国电影院首映——发行到海外电影院——付费频道播出——全球发行录像带/DVD——在主要免费电视频道播出[1],而国内的大部分影片都终结于影院或电影频道,更缺乏相关副产品的开发。衍生品的缺乏使电影的价值很难充分挖掘出来,正如学者马丁·戴尔说过的"电影工业的真正价值不在于影片本身能产生多少利润,而在于它为企业与其他领域合作提供了多少机会……所有这些都降低了成本和风险,而增加了收入。"[2]

3. 品牌塑造及维护能力

品牌的塑造较之于谋求短期的销售利益,对企业的意义更为重大。品牌的建设和经营有利于消费者建立起品牌忠诚度,因为有群体概念的消费者会从与自己特征相符的品牌中找到认同感。

"好莱坞"这个名称就是美国商业电影品牌塑造的最好的例证。除了这个产业品牌,大量如米高梅、派拉蒙等商业电影公司的国际品牌和知名度,导演品牌、明星品牌、院线品牌以及与电影有关的商品品牌的塑造对美国商业电影业也十分重要。外资企业进入中国传媒业的手段之一就是品牌合作,即中国的企业

---

[1] 胡正荣:《美国电影产业的核心与经营策略》,载《电影艺术》2005年第1期。
[2] 杨淳:《我国电影产业的发展现状、存在的问题及建议》,载《思想战线》2010年第S1期。

利用国外的品牌价值创造利润,这之间不涉及股权资本的交易。采取品牌授权的方式,扩大品牌的影响范围,进一步增加其价值,也使拥有该品牌的企业进入其他市场的难度降低。

部分中国的电影企业正在进行品牌的塑造,例如定位在五星级档次,针对高档消费人群的UME,其名字的含义为"终极电影享受"。UME在票价制度、人才管理、服务意识等方面"力求打造影院中的品牌——劳斯莱斯,就像酒店业的香格里拉一样"。但是对于大多数企业来说,从如何打造独特、优质、稀缺和不可替代的品牌资产以及如何维护品牌形象的角度考虑,国内企业还有很长的路要走。

更重要的是,优质品牌要建立在合理的定位之上。电影具有的双重属性——经济属性和文化属性——决定了它不仅仅是大机器流水线生产出来的普通商品,其中包含的思想和娱乐性才是产品附属价值的决定因素。

目前国内已有不少电影院线,通过建立可识别的特性实现产品和企业的定位构成其经营管理的关键活动,在利用企业中的人力资源进行定位这一电影产业的独特之处进行成功尝试。例如,不同的导演有不同的制作风格,最终反映在作品上就是各不相同的电影作品。如果企业能够利用这一定位点并且展现各自不同的营销风格,那么因此建立的鲜明品牌形象会给消费者留下深刻的印象并且传达不同的定位信息。

4. 资本运营能力

资金支持常常是电影企业的命脉,不论是制作还是宣传,都需要大量而且持续的资金投入。如果企业想要进行技术创新、招募高端人才、开展营销活动、购买优质内容,资金的充裕度就成为关键。

资本运营是企业合理利用资源的经营手段,是通过多种方式将已有资本转化为证券化资本,以实现资产增值的活动。常见的方式有资产重组、兼并、合资、合作等。审视世界传媒巨头的发展史,几乎都采用了不断并购的方式来达到逐渐扩大规模、拓宽业务领域和地理范围、快速融入资金等目标。近年来,国内也不乏成功进行资本运作的案例,例如一些上市公司和基金参与电影业、2006年之后商业银行与电影行业的合作,以及橙天嘉禾、华谊兄弟和博纳影业等企业的先后上市等,但总体上还远没有达到与境外大型电影集团可以匹敌的水平。

4.2.4 境外资本视中国电影市场为全球战略性市场和新兴成长市场

前一节的大量实证数据已经表明,随着中国经济长期并将继续保持世界最快速的增长,中国电影市场显示出巨大的潜在规模且仍在持续增长,加之中国目前还没有可与表4-6所列的世界几家大型电影集团匹敌的资源和能力,因此,世界大型电影集团进入中国电影市场就顺理成章。

4.3 境外资本进入中国电影市场的策略特征

从4.1、4.2的分析看,在没有政策壁垒的情况下,国际传媒企业大举进入中国电影市场将是十分自然的事情。但是,电影产业作为传媒业的子行业之一,尽管相对于新闻业、广播电视业等而言,其意识形态色彩较淡,但仍然关系到民族文化保护和产业安全等问题,所以政策对于境外资本进入电影行业仍然存在诸多限制,为了用尽政策空间、尽量避开政策障碍,从而获取中国市场上的最大利益,国际传媒企业十分注重讲究进入中国的策略。具体看,境外资本进入的策略呈现以下特征:

4.3.1 积极筹划,政府公关

跨国公司进行跨国投资需要对投资环境以及自身优劣势进行综合评估,具体到中国电影产业,政策的限制对于实力强大的传媒集团而言是最大的障碍,需要对政策这一因素着重进行考虑,并积极采取行动推进政策的进一步放宽,这在客观上要求传媒集团积极进行政府公关,与政府建立良好关系,并取得政府的支持。

各大国际传媒企业对中国电影产业政策的影响首先是体现在中国的入世谈判过程中。在这一长达14年的谈判过程中,跨国传媒集团充分利用长期建立起来的人脉关系,向中国政府施加压力,迫使中国最大限度地放宽对外资进入电影产业的限制。

另外,境外传媒集团还通过与我国政府领导人的直接接触和积极参加各种社会公益活动等方式,博得政府的好感以及社会对自身的信任感。正如维亚康姆集团提出的"要想在中国立足,应该先替中国做些事情"所说,2001年和2002年,维亚康姆集团CEO雷石东两次来华都拜会了时任国家主席江泽民以及其他政府高层领导人,此外还通过各种方式支持我国的文化建设,而时代华纳更是将1999年《财富》全球论坛年会的举办地定在了上海。此外,新闻集团董事长默多克也是努力讨好中国,例如1993年收购STAR TV后,默多克立即停止在该频道播出BBC的节目,因为BBC曾经播出过攻击中国人权的纪录片,1998年新闻集团向洪灾地区捐款 100 万美元，默多克本人还于 2003 年到中央党校进行演讲。

4.3.2 政策外围，谨慎慢行

由于政府对电影行业的管制，跨国传媒集团在进入中国市场方式的选择上，至今仍然无法采取直接收购、设立独资公司等较为激进的方式进入，都是采取合作以及不控股合资经营的方式，待政策放宽后再伺机采取更直接、力度更大的方式进一步打开市场。例如，1985 年，默多克首次访华，向中央电视台赠送了 50 部 20 世纪福克斯电影公司拍摄的影片，包括《音乐之声》《巴顿将军》等名片。

战略联盟这一形式也为境外电影企业经常采用，从而规避政策的限制，与境内企业实现优势互补、相互协作。所谓战略联盟是指两个或以上的企业为了达到共同的战略目标而采取的相互合作、共担风险、共享利益的联合行动。2011 年 8 月，美国相对论传媒公司(Relativity Media)、中国华夏电影发行有限责任公司和星空大地(北京)影视文化发展有限公司共同宣布启动战略合作。该联盟正在筹拍数部大型中国现代题材影片，所有影片将同时面向国内外市场。另外，在 2012 年 6 月，美国传媒公司传奇娱乐(Legendary Entertainment)与华谊兄弟达成协议，共同成立传奇东方(Legendary East)影视制作公司，面向全球观众制作电影及其他内容，为了规避我国不允许外资投资电影制作环节的政策限制，新公司总部设在香港。

国外传媒集团在中国市场上发展受到的限制包括所有权限制、资本运作方式限制等在内的资本进入限制；区域限制、市场占有率限制在内的市场覆盖限制；意识形态、文化传统和民族风俗等在内的内容标准限制。[1]

在资本进入方面，电影产业三大环节对于外资均有诸多限制：在制作环节，《关于文化领域引进外资的若干意见》中第三条中明确规定"禁止外商投资设立和经营电影制作公司"，即目前不允许外资进入制作环节；在发行环节，《外商投资电影院暂行规定》第二条明确规定"外商不得组建电影院线公司"，即不允许外资进入发行环节；在放映环节，尽管在 2003 年 9 月 28 日出台的《外商投资电影院暂行规定》一度规定在七大试点城市允许外方控股，但这一规定仅仅持续了不到两年，在 2005 年 8 月 5 日出台的《关于文化领域引进外资的若干意见》中再次取消了试点，从此始终要求外方投资电影院不能控股。

在地域限制方面，主要体现在当初推行的试点政策上，政策对于各个市场区

---

[1] 张咏华、潘华、刘佳：《境外媒体进入上海的现状与挑战》，载《新闻记者》2005 年第 6 期。

域的开放循序渐进,先放开经济发达、市场成熟、区内企业竞争力较强的地区,然后再推进到其他地区。在《外商投资电影院暂行规定》中,明确"中外合资电影院,合营中方在注册资本中的投资比例不得低于51%;对全国试点城市北京、上海、广州、成都、西安、武汉和南京的中外合资电影院,合营外方在注册资本中的投资比例最高不得超过75%。"市场覆盖的限制迫使各大传媒集团只能采取扎根外围、逼近中心的迂回战术,例如时代华纳在电影院选址上就首先选择了经济发达、政策限制少的上海,于2003年7月12日,与当时的中国票房第一影院——上海永乐影城成立合资影院"永华影城",在进入若干个试点城市的同时,逐步向大连、哈尔滨、沈阳等一系列较为发达城市推进。

在内容标准限制方面,我国的电影审查制度一贯严格,对于外资拍摄的电影(进口片、合拍片等)更是层层把关,保证在意识形态、文化传统和民族风俗等方面不出现问题。

4.3.3 东风一到,单刀直入

国际传媒企业在中国的战略行为很大程度上是囿于政策的限制,难以施展拳脚。一旦政策放开,实力强大的传媒集团会果断采取行动。如在2004年10月,国家广电总局出台《电影企业经营资格准入暂行规定》,"允许境内公司、企业和其他经济组织与境外公司、企业和其他经济组织合资、合作设立电影技术公司,改造电影制片、放映基础设施和技术设备。外资在注册资本中的比例不得超过49%。"这意味着电影制作环节也开始向外资进行有限度的开放。这一政策出台数天之后,时代华纳即与中影集团、横店集团合资成立了中影华纳横店影视公司,成为首家获批成立的此类合资公司。而筹备一家如此的公司肯定需要长时间的准备和协调,能够如此迅速获批,可见时代华纳已早有谋划和充分准备,一旦相关政策出台,各项既定战略便可在第一时间得到执行。

4.3.4 政策收缩,战略转型

传媒业的特殊性使得对外资的开放必然存在一定的政策底线,电影行业也是如此。2005年8月5日出台的《关于文化领域引进外资的若干意见》的第二条收回了之前的外商投资电影院的试点政策,再次强调外商不允许控股。这一《意见》的出台直接导致时代华纳的退出。2006年11月,时代华纳将上海永华电影城49%的股份和在南京上影华纳影城51%的股份出售给了上海电影集团,同时宣布停止中国影院市场的投资。

国际传媒企业在进入中国电影市场之初的行动更多的是基于长期战略的考虑,不太看重短期收益。事实上,一些境外传媒企业在中国的很多业务长期处于亏损状态。如果再遭遇政策收缩,如同雪上加霜,战略实施难有进展,有些则如时代华纳采取退出战略,有些则会考虑战略转型,在夹缝中求得生存,如转向互联网、无线增值业务等新兴数字化领域及广告业等政策限制较少的领域。这使得国外传媒集团在中国扩张的道路呈现多领域、多元化渗透和复合式、渐进式发展之态势。[①]

4.4 境外资本进入中国电影制片市场的状况和趋势

因存在于电影行业的文化安全问题主要决定于制片环节,故本节重点揭示我国电影制片领域境外资本进入的状况和趋势。本节按直接进入和间接进入两种模式展开分析,并对境外资本当中较为特殊的港资予以单独研究。

4.4.1 直接进入

直接进入包括出口、国际联合制作和合资公司三种方式。出口是目前外资进入中国电影市场的最主要方式,出口片[②]的票房占到了中国电影市场票房前十的近半壁江山。国际联合制作也是近几年外资普遍使用的进入方式,票房前十中合拍片[③]占到了34.40%。相比前两种进入方式,合资公司方式并不普遍。

1. 出口

电影进口由国家广播电影电视行政部门指定电影进口经营单位经营,未经指定的任何单位或者个人不能开展电影进口业务。[④] 2001年底,中国加入WTO,进口分账大片从每年10部增加到每年20部。[⑤] 2012年2月17日,中美双方就解决WTO电影相关问题的谅解备忘录达成协议,美方的分账比例从原来的13%提高至25%和进口分账片的数量从20部增加到34部,新增电影的类型均为3D或IMAX电影。[⑥]

---

① 张金海、梅明丽:《国外传媒集团中国市场新一轮扩张态势解读》,载《中国媒体发展研究报告》,武昌:武汉大学出版社2007年版,第437页。
② 这里的出口片不包含港、澳、台片。
③ 这里的合拍片包含与港、澳、台的合拍片。
④ http://www.sarft.gov.cn/articles/2007/02/16/20070913144431120333.html,《电影管理条例》。
⑤ http://www.sarft.gov.cn/articles/2008/12/05/20081205170524290689.html。
⑥ http://news.xinhuanet.com/fortune/2012-02-20/c_122728770.htm。

中国加入WTO之后，分账式大片的数量有了明显增加，进口片的票房涨势非常明显（表4-7），从2004年的6.7亿元增长到了2011年的60.84亿，增长将近十倍。但进口片票房占中国总票房的比例一直稳定在45%左右，说明中国电影市场正在蓬勃发展，市场蛋糕越来越大，进口电影的单部影片相对于国产电影拥有明显的竞争优势，通过不断提升其单部影片票房成功分享了中国市场机会。

表4-7　2004—2011年进口片票房变化趋势　　　　（单位：亿元）

年份	2011	2010	2009	2008	2007	2006	2005	2004
总票房	131.15	101.72	62.06	43.41	33.27	26.2	20	15.7
国内影片票房[①]	70.31	57.33	35.0639	26.04	18.01	14.4	11	8.3
国内影片票房占比	53.61%	56%	56.5%	60%	54.13%	54.96%	55%	52.87%
进口片票房	60.84	43.39	26.9961	17.36	15.26	11.8	9	6.7
进口片票房占比	46.39%	44%	43.5%	40%	45.87%	45.04%	45%	47.13%

数据来源：作者根据尹鸿2004—2011年期间各年在《电影艺术》上发表的文章《中国电影产业备忘》整理获得。

可以预见，如果进口电影配额不增加，进口电影的市场份额不会有太多的增长空间，甚至会被蓬勃发展的国产影片挤占市场。但是，如果进口分账影片没有配额限制或者限制很小，进口片和国产片平分天下的局面将被打破，进口大片凭借品牌、资源和能力优势势必快速抢滩中国电影市场。

对2007—2011年五年间的年度票房位居前40%的电影进行统计分析（表4-8）后发现，从2007年到2010年，票房前十占总票房的比例一直稳定在40%左右，而在2011年下降到了35%，这意味着电影行业的竞争更加激烈。为了保证各年度数据的可比性，将2011年的样本增加到13个。从2007年到2011年总计53部电影中，有24部引进片，票房占39.43%。引进片的市场份额并没有因为配额的增加而明显增加，而是处于波动状态。引进片的票房总量总体上呈现逐年递增的趋势，但是引进片的票房占总票房的比例并不稳定，最高的年份是2007年，进口片占到了总票房的59.43%的份额，最低的年份是2010年，只有

---

① 这里的国内片包含与境外资本合作拍摄的电影。

21.17%的份额。因此,虽然进口配额在不断增加,进口片的票房占总票房的比例并没有呈现正比例增长趋势。

表4-8 2007—2011年五年间的年度票房前40%的电影分析　　（单位:千元）

年份	总票房	前十票房合计	前十占比	引进片数量	引进片票房	引进片占比
2007	332700	136300	41%	6	81000	59.43%
2008	434100	177650	41%	3	43200	24.32%
2009	620600	249375	40.1%	4	89875	36.04%
2010	1017200	423300	41.6%	5	89600	21.17%
2011	1311393	458987	35%	6	298702	55.20%
小计		1445612		24	602377	39.43%

数据来源:作者根据尹鸿2007—2011年期间各年在《电影艺术》上发表的文章《中国电影产业备忘》整理获得。

在进口片的制片商方面,好莱坞电影制片巨头包揽了2007—2011年度票房前十中的全部进口片。进口电影的票房成绩主要被时代华纳、索尼、派拉蒙、梦工厂、迪斯尼和20世纪福克斯这些电影制片巨头斩获(表4-9)。

表4-9 2007—2011年度前十名进口片的电影制作公司统计

电影公司	进入年度前十的数量	进入票房前十的电影
20世纪福克斯	4	《冰川时代3》博物馆奇妙夜、博物馆奇妙夜2、猩球崛起
迪斯尼	4	加勒比海盗4:惊涛怪浪、爱丽丝梦游仙境、飞屋环游记、加勒比海盗3
哥伦比亚电影公司	6	洛杉矶之战、终结者2018、蜘蛛侠3、007之皇家赌场9200、蓝精灵、007大破量了危机
华纳兄弟	5	哈利波特5、哈利波特6、哈利波特7(上)、哈利波特7(下)、忍者神龟
环球影业	2	木乃伊3、速度与激情5
派拉蒙影业公司	3	变形金刚2、特种部队、变形金刚3
梦工厂	2	功夫熊猫、功夫熊猫2

数据来源:作者根据尹鸿2007—2011年期间各年在《电影艺术》上发表的文章《中国电影产业备忘》整理获得。

从表4-9可发现,每个公司都有自己的电影品牌,20世纪福克斯有《冰川时代》和《博物馆奇妙夜》、迪斯尼有《加勒比海盗》、哥伦比亚电影公司有《007》和《蜘蛛侠》、华纳拥有《哈利波特》、环球影业则有《木乃伊》《速度与激情》等等。这些公司通过推出电影续集保证票房收入、降低风险。只要第一部电影成功,之后的续集就很有可能成为未来的"摇钱树"。

2. 境内外联合制作(合拍)

中外合作摄制电影片,是指依法取得《摄制电影许可证》或《摄制电影片许可证(单片)》的境内电影制片者与境外电影制片者在中国境内外联合摄制、协作摄制、委托摄制电影片。中外合作摄制电影片包括下列形式:① 联合摄制,即由中外双方共同投资(含资金、劳务或实物)、共同摄制、共同分享利益及共同承担风险的摄制形式;② 协作摄制,即外方出资,在中国境内拍摄,中方有偿提供设备、器材、场地、劳务等予以协助的摄制形式;③ 委托摄制,即外方委托中方在中国境内代为摄制的摄制形式。①

联合摄制的电影片跟国产电影一样,审查合格后即可在中国境内外发行公映。不过合拍片要聘用境外主创人员的,需经过广电总局批准并且外方主要演员比例不得超过主要演员总数的三分之二。香港受惠于 CEPA(Closer Economic Partnership Arrangement,即《关于建立更紧密经贸关系的安排》的英文简称)相关协议规定,内地与香港合拍片可以视为国产片经审批后在内地发行,但内地主要演员的比例不得少于影片主要演员总数的三分之一。

早在2001年,绝大多数在中国广受欢迎的华语影片都已经打下了国际制造的烙印,索尼、哥伦比亚、华纳等好莱坞主要制片商已经开始在资金、人员、营销和管理方面介入华语电影的制作。

随着合拍片政策的不断放开和合拍片票房的上佳表现,越来越多的制片商愿意联合制作电影,实现共担风险和优势互补。从2001年到2011年,合拍片数量一直在平稳地上升(图4-1),其成绩不可小觑。

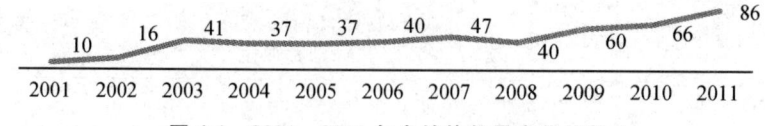

图4-1 2001—2011年合拍片数量变化趋势

---

① http://www.gov.cn/gongbao/content/2005/content_64179.htm,《中外合作摄制电影片管理规定》。

表 4-10 是对 2007 年到 2011 年的票房年度排名前十位共 53 部[①]电影进行的统计分析。表 4-10 显示,合拍片在 2007—2011 年间一直都有不俗表现,每年票房前十中都有 2—4 部是合拍片,平均占到了 34.4%。大部分合拍片属于中国内地和香港合拍,比如 2011 年的《龙门飞甲》,2010 的《让子弹飞》和 2009 年的《游龙戏凤》。也有少部分合拍片包含来自欧美的投资,它们主要是大制作影片,需要联合中国内地、香港和好莱坞等地的资金共同打造。投资高达 8000 万美元的《赤壁》就集合了国有资本、民营资本、香港资本和美日韩的多国外资。不仅如此,美国著名的电影融资保险公司 CineFinance 也为《赤壁》的拍摄提供了完成保证书,促成了这部国际合拍片在国内国际市场的卓越表现。

表 4-10　2007—2011 年每年合拍片的表现

年份	总票房	前十票房合计	前十占比	合拍片数量	合拍片票房	合拍片占比
2007	332700	136300	41%	3	37300	27.37%
2008	434100	177650	41%	4	84950	47.82%
2009	620600	249375	40.1%	2	67500	27.07%
2010	1017200	423300	41.6%	3	246700	58.28%
2011	1311393	541079	41.2%	2	83510	15.43%
小计		1527704		14	519960	34.40%

数据来源:作者根据 2007 年至 2011 年票房前十名数据计算获得,票房前十名数据来源于原国家广电总局网站:http://gdtj.chinasarft.gov.cn/。

合拍片中大部分由香港与内地合拍,占到了合拍片的 80% 左右。从表 4-11 可看出,合拍片在港片中所占的比例和获得的票房都在逐年递增。香港电影公司对中国内地电影制作水平、营销推广和国际影响力的提升具有非常大的积极影响。

---

① 2011 年为前 13 部,主要为了保证统计电影票房市场份额的一致性,2007 年到 2010 年这四年的票房前十基本占到全年票房的 40% 左右,所以 2011 年将样本扩大到前 13 部票房冠军为的是保证研究的电影样本占总体份额的一致性。

表 4-11　2004—2010 年香港电影和内地香港合拍片数量变化

（片数单位：部；票房单位：万港元）

年份	香港电影	合拍片	香港电影票房	合拍片票房	合拍片票房/香港电影票房
2004 年	63	20	41177	4945	12.0%
2005 年	52	16	29075	4174	14.4%
2006 年	52	13	22980	4664	20.3%
2007 年	52	15	21305	2323	10.9%
2008 年	51	30	25066	17513	69.9%
2009 年	48	15	23620	12719	53.4%
2010 年	56	30	30950	20832	67.3%

数据来源：阿木：《繁华喧嚣的落寞——合拍片的沉浮（2）》，http://yule.sohu.com/20110221/n279441709.shtml。

2003 年后由于 CEPA 的签署，港产合拍片数量激增，基本保持在每年 15 部左右，从合拍片的票房占整个香港电影票房总和的百分比看出，合拍片的质量和受欢迎程度都在逐步提高。合拍片的上佳表现很大程度上来自于两地的资金支持，据统计早在 2004 年内地与香港的合拍片的平均投资规模就在 600 万元以上。

2004 年很多颇具影响力的电影都有港资的加入，比如《天下无贼》是由香港寰亚公司和华谊兄弟联合投资，《新警察故事》《千机变 2》则有来自英皇公司的投资，《十面埋伏》也获得了精英娱乐机构的投资。2005 年，香港资金更是成为了投资的主力军，无论是大型制作、中型制作还是小成本的电影几乎都有香港资金的参与。2006 年内地电影票房前 5 名都是内地与香港的合拍片。而到了 2007 年，内地与香港的合拍片收获了 7.4 亿的票房，占国产影片全年总票房的 41%。更加值得瞩目的是，当年内地与香港的合拍片几乎占据了国产片票房前十的全部位置。2008 年，内地与香港合拍片达 30 部，《保持通话》《叶问》《赤壁》和《梅兰芳》等内地与香港的合拍片都获得很大的票房成功。2010 年内地和香港合拍的 30 部电影的票房全部过亿。2011 年排名前 50 的 27 部合拍片中，有 24 部是内地与香港合拍。香港资金的"北上"提高了内地电影的制片水平，帮助内地更好地适应全球化的市场，同时香港也通过内地找到了发挥自身资金和技术优势的机会，内地与香港的合作很好地利用了"优势互补、资源共享"的战略利益，这也是国产电影连续 10 年打败进口大片的重要原因。

随着中国电影市场的发展,港资以外的境外资本也开始活跃于电影合拍领域。非港资境外资本参与合拍有两个主要趋势,即境外资本参与合拍的投资总金额和参与合拍的国家和地区均在不断扩大。

在 2005 年之前哥伦比亚公司一共合拍了 9 部电影,但投资规模都较小,除了《功夫》外,有 5 部投资都不足 100 万美金,其他 3 部也不超过 400 万美金,基本属于对中国市场的试探。2006 年,诸如《夜宴》《满城尽带黄金甲》《墨攻》这些面对国内国际主流市场的大制作开始包含非港资境外资本。[①] 2007 年好莱坞巨头迪斯尼公司与中影集团、香港先涛电影娱乐有限公司合作拍摄了《宝葫芦的秘密》。迪斯尼是继索尼、哥伦比亚之后,又一个参与中国电影合拍的好莱坞公司。2008 年,合拍的合作范围不断扩大,合作地区既包括美国、英国、法国、荷兰和加拿大等欧美国家,也包括韩国、新加坡和马来西亚这样的亚洲国家。这一年,中美合拍片《功夫之王》在境外取得了很大成功,创造了 1.28 亿美元的票房成绩。随着《功夫之王》的成功,2009 年,以境外资本主导的合拍片成为开拓国际市场的主要力量。2010 年,票房前 50 中,中外合拍片有 2 部,一部是中美合拍的《杜拉拉升职记》,另一部是中国和新加坡合作拍摄的《锦衣卫》,都创造了过亿的票房成绩。这一年,中外合拍片的范围继续扩大,中新、中澳、中印等亚太地区的电影合作明显增加。外资如此青睐与中国制片公司合作的主要原因是这一融资方式一方面解决了资金问题,另一方面降低了进入合作方市场的难度,比如合拍片可以享受到合作方政府的优惠政策、打破文化壁垒,避免文化差异带来的不利影响。另外,合拍片由于本身具有的多国性质,使其可以进入更多市场。合拍电影既有神秘的异国风情又不失本国的文化解读,因此受到很多大片制作方的追捧。一般来说,电影投资规模越大,合拍的可能性越高,合作方的数量也越多。

3. 合资公司

2004 年发布的《电影企业经营资格准入暂行规定》允许境内企业和其他经济组织与境外企业和其他经济组织合资、合作设立电影制片公司,但要求外资在注册资本中的比例不得超过 49%。2005 年 2 月 25 日,国家广电总局下发《关于实施〈中外合资、合作广播电视节目制作经营企业管理暂行规定〉有关事宜的通知》,规定每家外资企业[②]原则上只能在中国合资组建一家影视制作公司。

[①] 《满城尽带黄金甲》获得香港渣打银行 1000 万美元贷款,《夜宴》和《墨攻》则在日本市场分别获得 500 万美元和 350 万美元的预售融资。

[②] 这里的外资企业不包括港、澳、台资企业。

尽管有合资比例等的重重限制，仍有不少外资通过成立合资公司开拓中国电影市场。虽然合资公司方式并没有像进口片和合拍片那样对当今电影市场产生举足轻重的影响，但是很多新近成立的合资公司因为有外资巨头的加入，发展潜力巨大。

表 4-12　主要合资公司一览

公司名称	资本构成	成立时间	代表作品
中影华纳横店	中影集团、华纳和横店集团占股分别为 4∶3∶3	2004	《面纱》（首部）、《玉战士》《疯狂的石头》《疯狂的赛车》《投名状》《保持通话》
人人电影（Cinema Popular）	由香港导演陈可辛、内地监制导演黄建新联同博纳国际影业集团共同创立	2009	《十月围城》（首部）、《神奇侠侣》《血滴子》
传奇东方	美国传奇影业和华谊兄弟分持 40.1% 和 9.9% 股权，其余通过香港股票市场融资	2011	暂未发布影片
东方梦工厂	中方华人文化产业投资基金（CMC）、上海东方传媒集团有限公司（SMG）、上海联和投资有限公司（SAIL）联合控股 55%，美方梦工厂动画公司持股 45%	2012	暂未发布影片

数据来源：根据尹鸿 2001—2011 年期间各年在《电影艺术》上发表的文章《中国电影产业备忘》、林涛在 2010 年第 3 期《中国企业家》上发表的文章《博纳 IPO"开麦拉"》、http://baike.baidu.com/view/7889273.htm? fromTaglist 和 http://baike.baidu.com/view/3772787.htm 上的信息整理获得。

中影华纳横店影视有限公司是中国首家中外合资电影娱乐公司，其主要业务包括投资、制作、发行和推广华语电影及电视。中影华纳横店成立当年推出了首部合拍片《面纱》，之后又推出过中国、芬兰合拍片《玉战士》和内地、香港合拍片《投名状》，票房成绩很好的《疯狂的石头》和《疯狂的赛车》也是中影华纳横店出品的电影。

最近，不少国际知名制片商也开始进入或计划进入中国市场。2011 年 6 月，美国传奇影业（Legendary Picture）和华谊兄弟在香港成立合资公司"传奇东方"，之后传奇影业通过借壳上市进入香港资本市场，筹集资金约 23 亿元，美国传奇影业及内地华谊兄弟，分别持有 40.1% 及 9.9% 的股权。"传奇东方"计划从 2013 年开始每年生产 1—2 部以中国文化为背景的电影，华谊兄弟将负责影片在中国地区的发行而传奇影业美国工作室的合作方——华纳兄弟将负责中国以外的全球发行。

另外,美国梦工厂动画公司也在中国创立了电影制片合资公司,中国合作方为华人文化产业投资基金(CMC)、上海东方传媒集团有限公司(SMG)和上海联和投资有限公司(SAIL)。该合资公司会引进梦工厂美国公司的先进技术和经验,并融合中国文化制作动画和真人电影。梦工厂中国公司预计在2015年推出第一部动画片。另外好莱坞电影制片人杰克·伊伯斯(Jake Eberts)也正在筹备与七星电影有限公司组建合资公司东方联合制作公司(Allied Production East)。

除了外国资本之外,香港资本在成立合资公司方面也表现出很高的热情。由于合拍片的成功,越来越多的香港电影工作者开始来到内地发展,组建或者加入内地电影公司。比如陈可辛与黄建新两位重量级导演就在北京成立了"我们制作"电影工作室,并和保利博纳共同成立了制片公司——"人人电影"。

在2011年国产影片票房前50中,除了中影华纳横店以外几乎没有合资公司的身影,所以从目前来看,以成立合资公司形式进入的外资还没有在中国电影市场形成较大的影响力。不过,以梦工厂和杰克·伊伯斯为代表的好莱坞电影精锐进入中国市场指日可待,合资公司未来发展不容小觑。

4.4.2 间接进入

境外资本的间接进入主要包括资本市场和植入广告两种方式。间接进入的特点是外资不参与实际运作而只是提供纯粹的资金支持。这些方式中资本市场是外资进入的主要方式,资本市场又可以根据风险大小和投资者类型细分为银行中长期信贷市场、证券市场和风险资本市场。从市场的开放程度和所参与企业的发展阶段来划分,风险资本市场又包含了三个子市场:非正式的私人风险投资市场——天使投资(Informal Business Angel)、私募股权投资市场(Personal Equity)和风险资本市场(Venture Capital)。此外,植入广告也是电影业独有的融资渠道。(图4-2)

1. 资本市场

电影和资本的对接是电影产业成熟的表现。以好莱坞为例,电影制作与私募基金有着成熟的合作基金。美国六大电影公司都有自己的私募电影基金:Melrose基金系派拉蒙和美林证券合作成立;德意志银行支持的Relativity基金则是索尼和环球的重要资金来源。中国电影制片近几年才开始利用资本市场融资,但是可以预见,越来越多的制片公司会借力资本市场,而资本也会把更多的

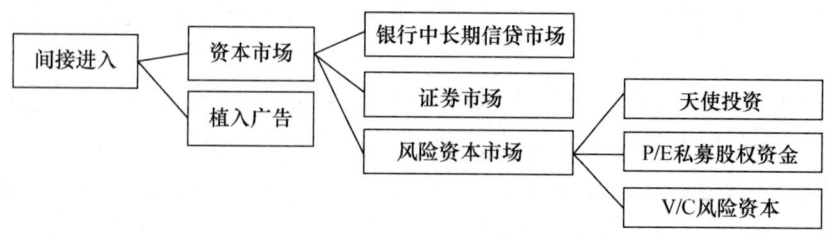

图 4-2　间接进入方式分类

目光投向电影制片这块蓬勃发展的沃土。

（1）银行中长期信贷市场。

电影企业向银行贷款拍片是国际上比较流行的做法,银行有一套系统的风险评估程序来控制相应的风险。在中国,放贷给电影制片近年来才开始获得长足发展,而此前长期以来,由于电影制片的高风险和电影制片龙头企业的缺乏,银行不敢涉足电影融资业务。表 4-13 反映的是 2006 年以来银行在电影制片领域的大额贷款情况。

表 4-13　2006 年以来银行在电影制片领域的大额贷款

时间	银行	影片或公司	金额和方式
2006	香港渣打银行	《满城尽带黄金甲》	1000 万美元
2006	深圳发展银行	《夜宴》	5000 万元两年期
2007	招商银行	《集结号》	5000 万元无担保授信贷款
2007	广东发展银行	《功夫之王》	6500 万元
2007	渣打银行	《赤壁》	7000 万美元
2008	北京银行	《画皮》	1000 万元
2009	工商银行北京分行	保利博纳的《十月围城》《大兵小将》《一路有你》	5500 万
2009	德意志银行	华谊兄弟	2 亿美元打包融资
2011	民生银行	《金陵十三钗》	1.5 亿元
2011	北京银行	博纳影业用于《龙门飞甲》《不再让你孤单》等四部电影和一部电视剧的拍摄	以版权质押加第三方保证方式一次性"打包"贷款 1 亿元
2011	中国建设银行	横店集团	100 亿元授信额度

数据来源:作者根据网站 http://wiki.ujelly.org/index.php？doc-view-7049、论文《中国电影制片业投融资研究——以银行融资模式为例》(钱灿,西南大学,2010)等载体上的资料整理获得。

最先尝试的一批银行都是香港和广东地区的银行。2006年和2007年,渣打银行、深圳发展银行、招商银行和广东发展银行等开始涉足电影信贷业务。获得信贷支持的电影主要是名导演的大制作,比如联合内地、港台和国际资本的《赤壁》就获得了渣打银行7000万美元的贷款。银行在选择电影时也会看重制作团队的实力以控制风险,比如,如表4-13显示,银行愿意投放贷款的对象都是有国际国内知名度的大导演如冯小刚、张艺谋的作品和电影产业的翘楚如博纳和华谊兄弟这样的制片公司。随着电影行业信贷业务的成功,越来越多的银行愿意贷款给电影制片公司,因此近年来很多大导演和大型电影公司通过银行融资。

内地银行于2008年开始介入电影信贷业务,比较活跃的地区是北京,其主要原因是北京政府的政策鼓励。据统计,北京银行在2008和2009两年间就发放了文化创意企业贷款25笔,总金额5.2亿元。由于版权质押贷款的推出,更多的电影可以通过银行获得贷款。

从表4-13可看出,现阶段向国产电影提供融资支持的主要是中国的银行,境外银行介入较少,只有渣打银行和德意志银行发放电影制作贷款。这一方面可能是中国政策的壁垒限制了外资银行放贷,另一方面可能是外资银行更喜欢把钱投放到好莱坞大公司,比如德意志银行就是索尼和环球的重要资金来源。中国电影制片要争夺国外银行的投资还需要提高自己的实力,尤其是国际影响力。

(2) 证券市场。

自2009年10月20日华谊兄弟上市开始,中国电影制片公司就陆续在证券市场寻找投资。博纳影业成功登陆纳斯达克,是第一个通过境外证券市场融资的本土电影制片商。可以预见,会有更多的电影公司利用境外资本市场融资。

(3) 风险资本市场。

风险资本市场是境外投资者进入中国电影产业的又一重要渠道。由表4-14可以看出,2005—2009年中国电影产业共发生VC/PE投资28起,可查到的投资金额共计2.56亿美元,平均单笔投资金额为985万美元。并且,PE/VC投资从2005年到2007年一直稳步增加,2007年之后稳定在每年8起左右。

表 4-14　2005—2009 年中国电影产业 PE/VC 投资规模　　　（单位：百万美元）

年度	案例数	投资金额	平均投资金额
2005	1	20	20
2006	3	14	4.67
2007	8	93.17	11.67
2008	7	81.09	13.52
2009	9	47.66	5.96
合计	28	256.11	9.85

数据来源：作者根据 http://www.szwhjjw.com/shownews.asp?id=318 和 Shirley 等的《PE 下一步，影视投资》(《钱经》，2010 年第 12 期)披露的资料整理获得。

第一个进入中国电影市场的投资基金是美国 Endgame 基金，2006 年，哥伦比亚的华裔电影人将美国 Endgame 基金引入中国，在中国建立了"铁池"私募基金，希望重构华尔街和好莱坞的电影投资模式。之后的 2007 年，PE/VC 投资开始受到社会的广泛关注，这一年美国国际数据集团（IDG）在中国有几笔大额的投资格外引人瞩目，IDG 的单笔投资金额高达 5000 万美金，投资方向也是中国电影行业的明星公司中影集团和中博影视。同年红杉资本也开始进军中国电影市场，它主要的投资对象是保利博纳，先后注资 5000 万美元和 1 亿元人民币，帮助保利博纳完成上市之前的两轮融资，有力地促使博纳境外成功上市。2008 年，通过上海国际电影节，多家风险投资基金将目光投向了中国的电影制片市场，其中就包括 Endgame、IDG，也包括闻风而动的新西兰亚太电影基金会等多个风险投资基金。

表 4-15　在华 VC/PE 主要动作

风险基金	主要投资动向
红杉资本	与 SIG、海纳和经纬中国分别于 2007 年 7 月和 2009 年 6 月 15 日向保利博纳注入 1000 万美元和 1 亿元人民币
IDG（外币基金）	与中影集团建立"IDG 中国媒体基金"，发掘中国的新型电影人才，在中国计划参与投资 60—80 部影片 参与投资张艺谋的《胡同里的阳光》《山楂树之恋》和上影集团《高考 1977》《雪花秘扇》等多部影片
大摩华莱坞基金	重点投资无锡（国家）数字电影产业园建设，尤其是支持该产业园内企业从事建立电影发行和流通渠道、设置青年导演基金进行影视内容制作、影视版权交易和文化产品营销

（续表）

风险基金	主要投资动向
韦恩斯坦亚洲电影基金（外币基金）	投资中外合拍片《功夫之王》和古装动作大片《花木兰》
"铁池"电影私募基金	计划在未来5年内投资拍摄20—30部中国元素的电影，然后投入到西方电影市场中
A3国际（亚洲电影基金）	将在5年内投资30部亚洲电影，其中约60%的资金将投在中国，也包括中、日、韩合拍片。

资料来源：作者根据 http://www.sequoiacap.cn/、阚世华等的《不放弃新媒体》(《中国新时代》2009年第4期)和张达的《中国电影投融资现象分析》(上海交通大学，2009)披露的资料整理获得。

目前，风险投资在电影产业有三个主要投资领域。一是对电影相关人才的投资，尤其是青年导演。IDG与中影集团的合作基金就旨在帮助年轻导演实现梦想，因此，风险投资不同于银行只投资大导演大公司的风险规避风格，会为发现机会承担更高的风险，因此也是一些小电影公司和年轻导演融资的重要渠道。二是对电影的后期制作投资。中国很多国产片都把后期制作放到国外去做，因为国外有更先进的技术，但是这样会大大提高电影的总成本，因此风险投资着力于在中国开发后期制作技术、建立电影制作基地。三是对院线和电影院的投资。现阶段，中国大部分的院线都是区域性的，没有一个覆盖全国的大型院线体系，影院市场还有很大的发展空间，另外，影院的投资回报率稳定，因此也是风险投资关注的一大领域。

由上述可知，海外PE/VC能够帮助电影产业更加合理地分配资源，对产业链中不成熟或尚待开发的环节进行改造和完善，提升中国电影的国际竞争力。因此可认为，风险投资进入电影市场是一种双赢，一方面电影市场的蓬勃发展和方兴未艾给国外的风险投资创造了无限商机，另一方面风险投资用其成熟的资本运作和战略性眼光推动着中国电影产业走向成熟、走向世界。

2. 植入广告

植入式广告是将某个或者某些产品、品牌及其代表性视觉符号甚至服务内容恰当地融入影视作品的内容之中，从而让观众在不知不觉中接受该产品信息，继而达到其营销目的的一种新型广告形式。全球植入式广告的投资规模以每年16%的速度增长，2010年植入广告投资约为140亿美元。在好莱坞电影中，植入广告是一种很常见的融资模式，甚至一些厂商会专门在好莱坞设立办公室寻找产品注入电影的机会。植入式广告在中国的发展不到20年时间，而一些外资

公司由于植入经验丰富已成为电影植入广告的主要买家。（表4-16）

表4-16　近年来广泛运用植入广告收回成本的电影的投资方

放映时间	片名	植入广告融资金额	中国赞助方	外国赞助方
2003	《手机》	650万		摩托罗拉
2004	《天下无贼》	4000万元人民币	中国移动、长城润滑油、淘宝网、渔夫之宝、White Collar	宝马、诺基亚、佳能、惠普、曼秀雷敦
2008	《非诚勿扰》	2500万	海南航空、中国移动、清华同方笔记本、剑南春酒、招商银行、北京茉莉餐厅、杭州西溪湿地、中信建投证券	摩托罗拉手机、北海道、温莎威士忌、意大利Costa邮轮、斯巴鲁SUV、巴黎Baguette咖啡馆
2010	《非诚勿扰2》	6000万	海南航空、美素化妆品、BJTV、XLTV、淘宝网、中国平安人寿保险、朵唯女性手机、潮宏基珠宝、北京市旅游局、中国南风航空、海南石梅湾艾美酒店、剑南春	LG、三星、法国Royal Rose浴袍、Burberry、奔驰、GMC汽车
2010	《杜拉拉升职记》	600万	马自达、智联招聘、联想笔记本、北京银泰中心、北京柏悦酒店、SOHO中国	立顿红茶、泰国旅游局、诺基亚手机、德芙巧克力、益达口香糖、爱马仕、波比波浪彩妆、Dior、Gucci、Exta益达口香糖、强生、联合利华、屈臣氏、宜家

数据来源：作者综合以下渠道的资料形成：秦喜杰：《从投资角度研究中国电影产业的困境与机遇》，载《北京电影学院学报》2005年第6期；徐刚：《非诚勿扰》与冯小刚的"广告经济学"，载《艺术广角》2009年第4期；薛晨：《电影植入式广告，路在何方——以电影〈非诚勿扰2〉为例》，载《青年作家》2011年第5期。

《非诚勿扰2》《杜拉拉升职记》等影片大量植入广告的运用让更多实业资金进入电影行业，植入广告是电影制片降低风险、提升效益的重要途径。近几年有越来越多的中国电影开始有意识地引入植入广告，尤其是一些现代主题的商业片，比如《杜拉拉升职记》《手机》等。由于植入广告既节省了投资方拍摄单独广告的高额成本，又帮助电影制片公司扩宽了融资渠道，是一种双赢，因此受到了很多电影和外资公司的青睐。

4.5 境外资本进入中国电影发行和放映市场的状况和趋势

4.5.1 发行市场

发行领域是制作、发行和放映三大领域中对外资限制最大的领域,基本上没有外资可以进入,即使是境内资本,在发行领域也受到较大限制。我国目前有2000多家电影发行单位,但是总体上,源于政策限制,发行行业的市场集中度很高。目前,国内拥有境外影片发行权的公司只有中影和华夏;拥有国产影片全国发行权的公司也只有41家,相比庞大的电影发行公司总数,这是一个很小的数字。在这种政策环境下,中国发行领域呈现出寡头垄断的格局:中影和华夏因为有进口片的垄断发行权,分别占有39.28%和22.73%的市场份额;保利博纳则依靠对港产片的垄断发行权保持8.846%的市场份额位居第三;业内有名的民营资本华谊兄弟则占有了8.29%的份额。

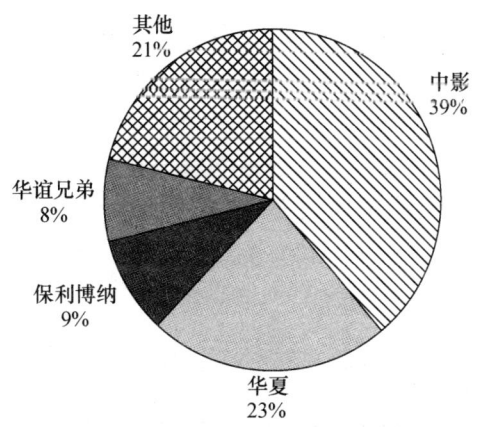

图4-3　2010年发行领域市场格局
数据来源:尹鸿、程文:《2010中国电影产业备忘》,载《电影艺术》2011年第2期。

由于政策限制,近年发行领域基本看不到外资的踪影,但香港发行公司受惠于CEPA,在发行行业占有一席之地。发展较好的中外合资公司中影华纳横店以前曾发行过五部影片且均反响不错,但近两年没有发行新的电影作品。2011年票房排名前五十位的国产电影,有四部电影由港资背景公司——香港美亚和广东省电影公司合资组建的美亚华天下发行。

4.5.2 放映市场

在放映领域，随着政策的放开，尤其是对香港资本的放开，有更多境外资本加入到中国电影院的建设中，港资不仅开设单个影院，而且形成了一些有一定品牌知名度的院线公司。相比港资，其他类型的外资受到了控股比例的限制，只能通过入股已有的内资电影院来进入中国电影终端。在激烈竞争的院线市场，境内企业希望寻找合作方快速扩张而境外资本则希望寻找熟悉本地环境的合作者，两者常常选择合作进入。对于中国的电影院线而言，通过有丰富影院运营经验的外资，可以在短时间提升影院建设和管理水平，同时也有利于全国范围内的院线旗舰的形成。

1. 相关政策

根据《外商投资电影院暂行规定》，外商不得设立独资电影院，不得组建电影院线公司。即使是与境内企业合资，其注册资本也不得高于49%，只有一些试点城市，如北京、上海、广州，中外合资电影院的投资比例可以高过50%达到75%。但是2005年8月份之后又取消了试点城市外资可占股75%的规定。此外，政策还要求外资的合作年限少于30年，这意味着，如果30年后政策不变，外资不得不撤资或者寻找新的合作方。

与此形成鲜明对比的是政策对香港和澳门资本的颇多照顾。从2005年1月1日起，政策就允许香港、澳门资金在内地以合资、合作或独资的形式建设、改造及经营电影院。① 到2006年1月1日之后，香港、澳门资本在多个地点新建或改建多间电影院。②

2. 港资进入状况

政策的优惠促使很多香港企业在内地投资或合资建设影院，2011年票房排名前十的电影院中有4家是港资电影院。另外，很多港资影院已经在内地有较高知名度，如安乐公司所辖的百老汇影院、香港嘉禾娱乐集团建设的嘉禾影城和吴思远控股的UME国际影城集团。

UME影院投资管理公司是最早进入内地的香港电影公司。2002年，UME的第一家影院在北京开业，之后UME在内地开设了11家影院，共有116张银

---

① http://www.sarft.gov.cn/articles/2005/05/08/20070924100619200987.html，《外商投资电影院暂行规定》的补充规定。
② http://www.sarft.gov.cn/articles/2006/02/20/20070924093120170800.html，《外商投资电影院暂行规定》补充规定二。

幕。就影院的国际水准和营销水平而言，UME 是中国影院的佼佼者，全国影院的冠亚军——北京 UME 华星国际影城和重庆江北 UME 国际影城均系该公司投资兴建。

安乐影业投资管理公司是一家香港的主流院线，在香港拥有 45% 的市场份额。11 年前，安乐几乎和 UME 同时进入内地市场，同样在北京开设了自己的第一家内地多厅影城——北京新东安影城。目前，安乐影业在内地有 15 家影院和 96 张银幕。不同于 UME 单品牌经营战略，安乐采用多品牌经营，其所辖百丽宫、AMC 和百老汇分属于七条院线。

3. 境外资本进入状况

由于政府允许外资以参股形式进入放映领域，国外企业更加积极地介入到中国影院建设和升级中来。

表 4-17　2003 年后合资影院发展

时间	外方	中方	备注
2003 年	华纳	中影、横店	借助资本完成从生产、发行到放映、后影院业务以及相关的影视制作加工、影视基地等环节的整合
2003 年	华纳兄弟持股 51%	上海电影集团持股 49%	计划 3 年内，在南京、武汉等 10 个大城市建成 10 家合资多厅电影院
2004 年	华纳兄弟	大连万达集团	华纳万达国际影院成立，由华纳兄弟国际影院公司提供全面的技术服务和管理
2004 年	韩国好丽友集团（37.5% 股份）、美国 LOEWS 公司（37.5% 股份）	新影联院线（占 25% 股份）	多功能影院
2006 年	韩国 CJ 娱乐	中影	多功能影院
2006 年	SHOWBOX	上影	
2006 年	MK PICTURE	东方神龙	
2007 年	日本角川控股集团	香港新华传媒集团	新华角川影业
2007 年	美嘉 Megabox	新影联	MEGABOX（中文名美嘉欢乐影城）是好丽友集团和全球第三大院线公司罗世公司在 1999 年成立于韩国的院线品牌，在两年时间内成长为韩国两大院线集团之一

（续表）

时间	外方	中方	备注
2007年	韩国MK集团	保利博纳	先后在重庆、郑州、深圳等地投资影院
2011年	韩国乐天购物株式会社	银兴院线	与银兴合作投资了4家影城，双方近期还计划在天津投资一家影城

数据来源：尹鸿：2003—2011各年《中国电影产业备忘》，载《电影艺术》2003—2011年各期。

表4-17只是管中窥豹，早在2004年，外资就已经参与改造了100多家电影院。作为投资中国放映领域的先驱，时代华纳在2003年到2005年之间在中国放映市场快速扩张，但是由于2005年政策的重大调整，时代华纳于2005年几乎全线退出放映领域。相反，后来进入的、主要来自韩国和日本的亚太区外资却后来者居上，成为外资进入我国院线的主力。

4. 境外资本进入趋势预测

2011年中国电影院线行业集中度是：

CR4＝前四家电影院线的收入/票房总收入＝2,465,150,000/13,115,000,000＝18.80%

CR8＝前八家电影院线的收入/票房总收入＝3,739,310,000/13,115,000,000＝28.5%

根据贝恩市场结构分类，CR4＜30%、CR8＜40%的市场属于竞争型市场，所以中国电影院线是一个竞争的市场，与以往数据比较，电影放映行业的集中度呈下降趋势，说明院线垄断正在被打破，同时，数据显示出院线的区域集中度很高，跨省院线的竞争程度还不是很激烈，外资进入还有空间。

表4-18　2011年上半年票房收入前10名电影院　　（单位：万元）

序号	影院名称	投资者	票房收入
1	首都华融电影院	北京金融街投资(集团)有限公司和北京华方投资有限公司共同投资，双方均隶属于西城区国资委	3398
2	北京耀莱成龙国际影城	红杉资本、成龙、摩根史坦利	3247
3	深圳嘉禾影城	香港上市，最大股东为伍克波先生	3237
4	重庆UME国际影城（江北）	吴思远（香港）	3232
5	北京UME华星国际影城	吴思远（香港）	2997
6	上海万达国际电影城五角场店	王健林	2878

（续表）

序号	影院名称	投资者	票房收入
7	上海永华电影城	华纳占股49%，永乐控股51%	2778
8	广州飞扬影城正佳店	民企丽声集团（CAV）旗下的文化公司广东西维文化发展有限公司	2718
9	北京万达国际电影城 CBD 店	王健林	2699
10	福州金逸影城	嘉裕集团	2620

资料来源：原国家广电总局网站，http://www.sarft.gov.cn/articles/2011/04/15/20110415164413360516.html。

虽然外资无法组建院线，但可以大规模投资单个影院的建设。如珠江新城广场电影城是由珠江院线与珠江新城的拥有者嘉裕集团合资成立的广州金逸影视投资有限公司和美国华纳兄弟国际影院公司共同投资兴建，而天河正佳广场的电影城也有影业巨头迪斯尼参与投资。在2011年票房排名前十位的电影院中，有一半左右的影院是港资或中外合资。就影院的建设和运营来讲，外资更占优势，因此在政策放开后他们可以很快突围电影的放映终端。

4.6 境外大型电影集团进入中国的战略意图、战略特征、战略效应——以时代华纳为案例

对中国电影市场的发展真正能构成实质性影响的是境外大型电影集团，在很大程度上，把握了境外大型电影集团进入中国的战略意图、战略特征和战略效应，就基本可以把握中国电影市场境外资本的行为规律、行为特征和行为走向及对中国电影市场的未来影响，能为政府评价和优化规制环境、改进监管，提供关键信息。

4.6.1 时代华纳进入中国的战略意图

战略意图决定战略行为，如果是境外大型电影集团，就能进一步预测其对中国传媒市场，进而对中国国家安全会产生怎样的积极影响和潜在风险。

按照战略管理的理论与实践，战略意图决定于企业的使命愿景、业务结构、外部环境、内部资源能力条件。时代华纳的使命和愿景是："我们力求成为最受尊敬的和最为成功的媒体公司——在我们的经营范围内成为领导者；以优质、卓越闻名于世。"时代华纳的业务结构是以影视娱乐为核心辐射多种业务的多元

化业务结构,包括互动服务、互联网接入、有线系统、电影娱乐、电视网络、音乐、出版等[①],涵盖了传统媒体的主要细分市场和爆炸式增长的新媒体市场。因此,时代华纳是要在世界主要传媒细分市场都成为全球领导者,意味着时代华纳必然进入中国众多主要传媒细分市场,并且不会是"小打小闹",而是要在所进入的各个细分市场都达到数一数二的竞争地位,对行业发展发挥引领作用。

从外部环境看,首先,传媒市场具有一个不同于一般工业行业的独特的产业经济特征——"L"形规模经济曲线,即复制一个产品的边际成本极低甚至接近于零,而且在市场所能提供的潜在市场规模内不会出现规模不经济现象,这就决定了传媒企业必定谋求无限扩大销售规模,以挤压竞争对手、获取最大盈利机会。时代华纳进入中国后凭借其强大资源与能力优势,显然能比竞争对手更大程度地挖掘"L"形规模经济效应,直至形成市场垄断。其次,美国的传统媒体市场已经成熟,聚集了一批世界一流传媒企业,竞争高度激烈,市场机会有限,而中国是世界潜在规模最大、增长最快的传媒市场,而中国传媒行业缺乏可与境外大型电影集团抗衡的传媒企业,再加上体制机制对中国众多传媒企业的制约,客观上为时代华纳提供了长期发展的机会。最后,时代华纳拥有强大的资金、品牌、人才、渠道等资源优势,同时经历百余年的成长,在产品研发营销、企业并购、商业模式构建等方面形成丰富经验、知识甚至核心能力。此外,时代华纳已经在中国建立了较好的业务基础,声誉卓著,这些优势都预示着只要政策允许,时代华纳进入中国各个传媒细分市场后都能迅速建立竞争优势,中国就必然是时代华纳的战略性市场。只有政策才是时代华纳进入中国市场的唯一风向标。

以上决定了时代华纳在今后长期必然要继续尽一切可能进入中国市场,必然谋求并能够在所进入的中国传媒各细分市场均建立领先地位甚至垄断性地位、最大程度获取中国市场机会,必然伺机采取进攻型竞争战略和扩张型发展战略。

4.6.2 时代华纳进入中国的战略特征

揭示境外大型电影集团进入中国传媒市场的战略特征,有利于预测境外资本对中国传媒市场的影响,为中国政府优化传媒规制环境和中国传媒企业进行战略决策提供关键信息,从根本上化解潜在的国家安全风险。按照主流战略管理的理论,这里重点考察时代华纳进入中国市场的方式与策略、国际化战略、总

---

① 张金梅、梅明丽:《世界十大传媒集团产业发展报告》,武汉:武汉大学出版社2007年版。

体战略和业务竞争战略,它们是国际化经营和战略管理必须关注的重点。

1. 进入方式:相机选择与多式并举

受中国传媒政策限制,时代华纳在进入阶段上,最先是以节目销售形式进入中国传媒市场。之后,时代华纳开始为中国内地电视台提供与时政新闻关联程度较低的品牌节目。在中国加入 WTO 以后,在电影领域,时代华纳主要通过投资形式,广泛与中国企业合作,成功开拓市场。在电视领域,时代华纳通过收购中国企业和与中国中央电视台合作,进军中国电视市场。在互联网领域,通过主要与联想合资成立企业并兼顾与其他中国网站合作的方式进入和开拓中国互联网市场。

一是节目出口。1992 年以来,CNN 成为首个在中国被许可播送的国际电视频道,并且以节目出口的方式为中国中央电视台提供国际新闻。2003 年 5 月 10 日,时代华纳为中央电视台提供动画系列片《飞天小女警》;2011 年夏天,中国观众开始通过中央电视台付费频道收看华纳兄弟公司的电影。

二是许可合同。2002 年 1 月,中央电视台英语频道 CCTV-9 被允许在时代华纳有线电视系统中播放,作为互换条件,时代华纳旗下的华娱卫视被批准在广东省落地,这使得华娱卫视成为我国政府允许的第一家直接在中国播放节目的境外传媒公司。2004 年,时代华纳 HBO 与央视风云传播有限公司达成协议,每天为央视风云的数字付费频道提供 6 个小时的影视节目,在《第一剧场》栏目中播出。

三是直接投资。从中国进入 WTO 开始,时代华纳便开始广泛进入我国院线市场,先后和上影集团、万达集团等合作,成功开拓我国电影市场。2001 年时代华纳斥资 1 亿美元入主华娱卫视,控股 85%。2004 年,时代华纳更是和中影集团、横店集团合资成立中国首家中外影业公司——中影华纳横店影视有限公司。

2. 进入策略:千方百计突破政策壁垒

时代华纳组合运用了多种策略,比较典型和重要的有以下几种:

一是关系营销。时代华纳主要通过两种方式获得显著效果:(1)《财富》全球论坛。1995 年,时代华纳所属《财富》杂志创办了《财富》全球论坛。该论坛每年在世界上选取一个具有吸引力的城市举行年会,邀请知名跨国公司领袖、著名政治家和经济学家参会,共同探讨全球经济所面临的问题。《财富》论坛极好地为时代华纳创造了与世界各方名流相交的机会,很好地展示了自己作为主办方的风采。《财富》全球论坛迄今共举办了9届,其中3届选择了中国,足见其对中国市场的看重和青睐。1999年在上海举办,主题为"中国未来50年",其董事会受到江泽民主席接见。2001年5月,在中国香港举办,主题为"亚洲新一代",江泽民主席莅临香港。2005年在北京举办,主题为"中国和新的亚洲世纪"。《财富》全球论坛使时代华纳得以与中国高层领导、社会各界实现互动,建立良好关系。(2)影视节目交易会。影视节目交易会是各国电视商了解中国电视产业、进入中国传媒市场的大好机会。每年都有大量电视节目交易在国际性电视节中完成。目前,我国境内举办的国际性电视交易会主要有北京国际电视节、上海国际电视节、四川国际电视节等。自中国加入WTO,我国与国际传媒的接轨愈发密切,时代华纳在我国影视节目交易会上作为参展的外国公司借助电视节平台来宣传自己。时代华纳不但带来最新的影视节目,还带来最新的制作理念、包装概念和制作流程,谋求与中国影视机构开展实质性合作。

二是战略联盟。对外资来讲,传媒行业的政策障碍、政策与经营风险、对本土市场和环境了解的倚重,较其他行业更甚,是战略决策的重要考量因素。时代华纳在中国的发展十分倚重战略联盟,从最初在中国院线市场的合资与合作,到与中影集团和横店集团合作成立中影华纳横店影视公司,到与联想集团的股权类战略联盟和多次与中央电视台的非股权类战略联盟,不仅有效规避了中国传媒领域的敏感地带,而且得以借力实现开拓中国市场。

三是迂回进入。由于政策限制,境外传媒集团不能直接进入中国内地某些细分传媒市场,需要通过借道香港、转换身份以港资名义间接进入中国内地传媒市场,或者以香港为基地,逐步辐射、渗透中国内地市场。2001年,时代华纳旗下的美国有线新闻网CNN在香港地区开设该台全球首个结合电视和互联网的新闻中心。

四是政府谈判。借助中美政府间谈判,时代华纳进一步拓展了进入中国市场的渠道和空间,主要体现在两方面:一是对等落地协议。时代华纳的卫星非新闻类中文文艺节目在我国珠三角落地,我国的CCTV-4则通过时代华纳进入美国的卫星频道。之后,华娱卫视经中国广电总局允许,在广东有线网络播出,作为交换,央视CCTV-9被允许在时代华纳有线电视系统中播放。时代华纳与中国政府的对等落地协议在互补、共赢中展开。一方面,央视在时代华纳的帮助下更快进入美国传媒市场,推动中国传媒业的国际化发展;另一方面,苦于中国政策限制的时代华纳获得进入中国传媒市场的良好渠道。二是中美电影协议。

2012年2月,国家副主席习近平访美期间,中美双方就解决WTO电影相关问题的谅解备忘录达成协议。该协议内容包括:(1)中国将在原来每年引进美国电影配额约20部的基础上增加14部3D或IMAX电影;(2)美方票房分账从原来的13%升至25%;(3)增加中国民营企业发布进口片的机会,打破过去国有企业独大的局面。时代华纳是美国最大的直接受益者之一。

3. 国际化战略:组合实行跨国战略和全面本土化战略

时代华纳视各项业务进入中国的发展进程,在不同发展阶段重点实施不同的国际化战略,总体上讲,时代华纳更加重视和组合使用以下两个战略:

一是同时追求全球整合和中国响应的跨国战略。采用全球一体化和经营当地化的跨国战略指的是在全球激烈竞争的情况下,形成以经验为基础的成本效益和区位效益,转移企业的核心竞争力,同时注意当地市场的特殊需要。时代华纳通过拓展全球市场,整合全球渠道和内容资源,以规模经济效应降低成本。全球整合使时代华纳可以通过占领全球市场,实现全球范围内的资源优化配置,达到效益最大化。同时,时代华纳在中国的经营内容选择了本土化。[①] 全球化思维与本土化操作的融合正是跨国战略的核心,时代华纳全球化与本土化是互相协调和促进的,整合利用全球资源,使用本土人才,制作符合本地消费口味的内容。

二是深度挖掘中国市场机会的全面本土化战略。本土化战略不仅可以适当避开中国政策法律上的限制,而且可以减轻中国受众对国外文化的抵触心理,减轻中国政府对"文化侵略"的担忧。同时,实施本土化战略会促使境外资本了解本土消费者的心理和需求,开发符合中国政治文化和经济发展的传媒产品,可以更快地让本土消费者接受进入的传媒产品,降低进入中国市场的交易成本。时代华纳在内容、渠道、品牌、人力资源、合作伙伴等方面都实施了本土化运作,堪称全面本土化。如在内容方面,CNN针对不同地区开办了多个频道,在我国香港建立一个先进的数字制作中心;在渠道方面,时代华纳与中国中央电视台合作出口自己的节目,以此扩大自己的影响力;在品牌方面,超人童装是DC漫画超级英雄系列童装的一个品牌,时代华纳将超人品牌结合中国地方文化来运营;在人力资源方面,时代华纳中国分公司的高层大都启用中国人;在合作伙伴方面,进入中国影院市场时,华纳与中国本地的上海电影集团、大连万达和广州金逸影

[①] 本土化战略也叫多国战略。

视投资有限公司结成战略联盟,而不是选择外资企业进行合作。

4. **总体战略:打造全面覆盖中国影视娱乐市场的价值网战略**

时代华纳对中国市场实施的是全面进入战略,即各项子业务都积极地进入到中国,同时每项子业务在中国都实行纵向一体化经营。时代华纳已在中国打造四个产业价值链:电影产业价值链、电视产业价值链、网络产业价值链和衍生品产业价值链,它们之间彼此高度关联,构成了价值网。

(1) 电影产业价值链塑造。

2003年7月,经中国政府批准,华纳兄弟影院公司与上海永乐影城共同成立合资影院——永华电影城。2004年1月,华纳兄弟又与万达集团合资在天津共同创建万达国际影院。2005年华纳兄弟与上影集团合资成立南京上影华纳影城。2006年华纳兄弟与广州金逸影视投资公司合资成立北京新中关国际影城。此外,华纳还与深圳国际信托投资公司合资建立5家影院。至此,时代华纳在中国的"华纳院线"初步建立。

在完善院线市场之后,时代华纳紧锣密鼓地开始对电影市场上游环节的开拓。2004年11月,时代华纳与中影集团以及横店集团正式签约,组建中影华纳横店影视有限公司。公司主要业务涉及投资、制作、发行和推广华语电影及电视。中影华纳横店影视有限公司涵盖了外资、中资和民资三种资本形式,这是外资首次进入中国电影制作环节,对中国电影业的发展以至今后电影审查分级等一系列政策产生深远影响。

中国市场的不确定因素比较多。在时代华纳踌躇满志进军中国院线市场之际,中国的相关政策发生重大变化。2005年末颁布的《关于文化领域引入外资的若干意见》明确要求:"中方控股51%以上或中方占有主导地位。"这一变化打乱了华纳兄弟影院在中国的战略布局。最终,华纳兄弟影院决定从中国影院市场退出。

时代华纳自进入中国电影市场之时就在不断构建自己的产业链,从下游的院线放映市场开始,向中上游的制作和发行环节延伸,同时在院线市场进行横向拓展,实现价值增值。

时代华纳进入中国电影市场首先进入的是渠道市场,然后再进入内容市场。时代华纳通过进入电影产业链的放映环节,再实施纵向一体化战略,努力提升产业控制力。时代华纳之所以首先选择进入放映环节,大致有这样几个原因:首先,中国影院市场的潜力巨大,在中国,影院数量不足一直是制约中国电影业发展的一大"瓶颈"。据统计,2003年左右,在美国将近8600人就有一个放映厅,而中国却是12万人才有一个放映厅。但是,作为拥有13亿人口的中国,其市场潜力巨大,曾有人评述中国的影院市场犹如一座未被挖掘的钻石矿,可见在这样鲜明的对比之下,外资被吸引并想方设法地进驻中国就成了自然而然的事情。

其次,中国政府也意识到外资对我国院线市场的推动作用,放宽了政策。从时代华纳进入中国市场到时代华纳不断在中国市场进行战略布局,我们发现,外资始终受到中国政策的各种限制,无法完全放开手脚。同时,我们得出这样一种可能性,即如果政策放开或者放宽对外资投资电影院线的限制,那么一条外资院线将在中国市场瞬间组建。2003年下半年,国家广电总局发布条令开始放宽外资对中国电影放映市场的限制,首次允许外资对国内合资影院控股达51%,并计划在上海、北京等7个试点城市允许外资对合资影院持股达75%。政策下达不久,时代华纳就和万达进行合作,共同建设影院,布局中国院线市场。刚开始时代华纳与万达的合作形式是由万达进行影院的建造,然后以物业出租的形式将影院交由华纳运营管理。中国的政策出现松动后,时代华纳和万达的合作方式立即转为合资,时代华纳参与控股。

最后,从战略需要的角度上看,控制了院线市场就等于控制了渠道、控制了电影产品市场,它直接决定最终什么电影才能与观众见面。这对于外资电影产品在国内的宣传与放映非常有利。由时代华纳制作拍摄的《黑客帝国Ⅲ》在上海上映时,就率先由上海联和院线的一家与华纳合资的电影院进行上映。同时,占领院线市场作为时代华纳进驻中国的关键一步是其在今后更深入地在中国发展的基础,对于其在中国进行电影拍摄、发行和放映等多方面链条的建立起着关键作用。因此,无论从市场环境,还是从政策角度、战略需求上讲,要想控制中国电影产业,就必须首先控制电影院线。

(2) 电视产业价值链塑造。

在上游环节,时代华纳在很早以前就开始向中国出口其电视节目,时代华纳旗下的美国有线新闻网(CNN)在20世纪80年代就已经在北京设站,开始与中国中央电视台合作。中国观众每天在《新闻联播》中看到的国际新闻有很多是由CNN提供的。

2001年,时代华纳斥资1亿元收购华娱卫视八成股权,直接落地广东,正式开始在电视产业下游环节开拓播出渠道。2001年10月,以中央电视台英语频道 CCTV-9 在时代华纳有线电视系统中播放为互换条件，中国广电总局允许华娱在广东有线网络播出。但是，由于经营不善，华娱电视在时代华纳入主之后一直处于亏损状态，并且华娱卫视始终只能在珠三角落地，规模无法扩大。再加上沉重债务问题，时代华纳只能选择出售华娱。2003 年 7 月时代华纳宣布把"华娱电视"64.1% 的股份出售给李嘉诚拥有的 TOM 公司。

2003 年初，时代华纳卡通节目在中央一台播出。2005 年元旦起，时代华纳旗下的"家庭影院"HBO 频道借助中央电视台麾下的央视风云传播公司，在其数字付费频道的《第一剧场》栏目每天播出 6 小时 HBO 的节目，节目可到达全国 78 个城市的付费数字电视用户终端。

2008 年 9 月 22 日，时代华纳旗下 CNN 国际新闻网络宣布，将在亚太区 49 个国家和地区推出全面的手机新闻网页，只要手机支持 WAP 网页并已申请 GPRS/3G 数据服务，就可以简单地在手机浏览器或透过 CNN 移动通讯的网页以短信形式把网址发放到手机登录。

与电影产业价值链塑造所不同的是，时代华纳在中国电视产业价值链的塑造中首先进入内容市场，再进入渠道市场。入主华娱是时代华纳建立渠道市场、推行中国战略的重要步骤。广东省毗邻香港，经济发达，开放程度较高，是中国传媒业开放的前沿地带，因此，广东省率先成为国内外传媒的竞争中心。华娱卫视在珠三角被默许落地，时代华纳便迅速入股华娱卫视，欲借助华娱卫视进入珠三角地区，从而规避了政策风险。不过，由于华娱多数制作人来自香港和新加坡，对中国本土市场不甚了解，在内容和服务上都不及竞争对手，因此，时代华纳决定出售"华娱电视"64.1% 的股份给 TOM 公司，特纳广播只持有余下股份。但是，特纳广播始终对华娱卫视持有"回购权"，即特纳广播可以在交易完成的第 30 个月开始到 2010 年的 7 月 1 日期间，行使一次认购权，回购华娱卫视股份。由此，我们可以看出，出售华娱卫视的股份只是时代华纳的一种策略性调整，华娱卫视对于时代华纳的中国拓展来说仍然非常重要，而这次股权售出不过是管理上的冲突带来的短暂的退出而已。

直接落地的渠道拓展方式是境外大型多元化传媒集团进入我国传媒市场最猛烈的方式，直接获取收视市场份额。这也是利润最高、影响力最大的一种方式。其产生的影响是直接改变我国电视市场结构，加剧竞争。一旦境外传媒集团在国内直接落地，将会直接对我们的传媒产业产生巨大影响。目前，在我国央视处于垄断地位，因此一些进入国内的境外频道先与一些省级频道抢夺市场份额,危及这些省级频道的利益。并且,境外频道非常善于通过规模经济、范围经济效应巩固自身地盘,这无形中又阻碍了境内频道的发展。

(3)网络产业价值链塑造。

早在1999年,美国在线就进驻香港,与中华网合作,共同组建中国互联网公司,并希望以此为据点向中国大陆市场进军。美国在线将香港业务的经营权全部交与该公司处理。但不久互联网泡沫破裂,全球互联网业务严重下滑,中华网也不例外,最终使美国在线放弃了在香港的业务。美国在线进入中国互联网市场的首次尝试以失败告终。

2001年8月,美国在线和联想共同建立联想翱龙(北京)科技有限公司,总投资额约2亿美元,联想和美国在线分别占合资公司51%和49%的股权。

时代华纳和联想集团的合作是基于各自的战略利益。联想集团是中国电脑业的霸主,当时市场占有率达到30%。作为中国最大的电脑供应商,联想集团对互联网的前景十分看好,并于2000年4月创办了FM365网站,计划将其建立成门户网站。但互联网的衰退使这一目标难以达成。而美国在线作为全球最大的互联网服务商,虽拥有先进的网络技术但没有进入中国内地市场的突破口。通过合资,联想可以获得美国在线的技术和管理模式,从电脑制造业向互联网领域扩张,美国在线则可以进入中国内地的互联网市场。不过,美国在线与联想集团的合作项目在经过最初的热闹之后并无太大的实质性进展,三年后因经营不善黯然关闭。

2005年6月20日,华纳兄弟在线与TOM在线有限公司发布联合公告,双方合作通过互联网及无线平台向中国消费者直接提供其内容服务。TOM在线成为华纳兄弟在线在中国的唯一无线平台及互联网合作官方网站。

2006年4月,美国在线借助上海文广新闻传媒集团的中文视频平台向全球观众提供新闻、财经等中文视频资讯服务。

2008年4月,美国在线再度进入中国。这次,美国在线在北京清华科技园成立了一家名为翱龙(北京)科技研发有限公司的研发公司。可惜,好景不长,2009年3月,这家进入中国内地市场不足一年的互联网企业宣布退出中国市场。

目前,时代华纳只在下游的终端环节进行业务操作。尽管时代华纳在中国互联网领域的开拓不算成功,但是从其在中国互联网的战略行动,可以窥见其在中国整个传媒市场的总体战略意图。

（4）衍生品产业价值链塑造。

进入杂志市场。时代华纳早期通过英语学习的名义，用《时代文摘》作为排头兵进入到中国。之后，以版权合作的形式在中国发行《商业周刊》和《财富》中文版。2007年，《财富》中文版发行量达181265份，并成为中国阅读率最高的商业杂志。同时，在对外资商业杂志读者构成特征的统计分析中发现，相比《福布斯》中文版、《哈佛商业评论》中文版、《世界经理人》《商业周刊》中文版这四本杂志，《财富》中文版在高级经理人读者数、高收入人士数、公司决策者数三项指标衡量上都位列第一。可见，《财富》中文版备受中国商界精英人士的青睐。

进入音像市场。2005年2月，美国华纳家庭录音公司正式宣布与中国录音录像出版总社合作组建中录华纳家庭娱乐有限公司，美国华纳占有49%股份，中录总社占有51%股份，总部设在上海。该公司的主要业务是在中国发售华纳出品的DVD/VCD并进行市场运作。中录总社是文化部直属国家级出版发行事业单位，它与时代华纳的合作也成为外资进入中国音像市场的重要标志性事件。

进入影视衍生品市场。2006年3月26日，华纳兄弟在中国的第一家品牌经营店在上海开业，该商店的经营由华纳在中国的合作伙伴和记港陆有限公司负责，和记港陆有限公司是香港和记黄埔集团的子公司之一。和记港陆有限公司执行经理Michelle Chan在新闻发布会上表示公司将陆续在上海的各大商场和购物中心建立华纳兄弟品牌经营店，随后将推广到上海之外的城市北京、广州、深圳等。此外，公司还将在香港和澳门设立连锁分店。中国日益增长的消费能力吸引华纳兄弟不断把电影形象玩偶及其相关商品带进中国。

电影产业价值链、电视产业价值链和网络产业价值链的延伸情形见表4-19。

表4-19　时代华纳价值链延伸中国概况

		电影	电视	网络
进入环节	上游	影视制作	节目提供	网站建设
	下游	院线放映	频道落地	网络平台
进入时间	上游	2004年10月	20世纪80年代以来	2001年
	下游	2003年7月	2001年2月	2005年6月

(续表)

		电影	电视	网络
进入渠道	上游	与上海永乐影城成立合资公司——永华电影城	CNN与央视合作为《新闻联播》提供国际新闻	AOL与中华网合作组建中国互联网公司
		与万达集团合资创建天津华纳万达国际影院	与中央一台合作为其提供卡通节目	AOL时代华纳与联想集团合资成立联想翱龙科技有限公司,为联想旗下的FM365网站提供技术支持
		与上影集团合资成立南京上影华纳影城	HBO与央视风云传播公司合作为数字付费频道的《第一剧场》栏目提供节目	AOL在北京成立子公司推出AOL简体中文网
		与广州金逸影视投资公司合资成立北京新中关国际影城		
	下游	与国有的中国电影集团以及民营的横店集团合资成立中影华纳横店影视公司	收购华娱卫视,取得广东省有线电视网的落地权,随后经广电总局允许在广东有线网络播出	与TOM在线有限公司合作通过互联网及无线平台向中国消费者直接提供其内容服务
进入效果	上游	2005年由于中国政策突变撤出中国院线市场,但在此前时代华纳在中国的影院始终处于市场领先地位	进入中国传媒市场,其卡通节目吸引近4亿中国少年儿童;同时,我国的儿童节目在特纳旗下的卡通频道播出,让世界儿童进一步了解中国的文化和艺术	AOL在与时代华纳合并之前与中华网的合作以及AOL时代华纳与联想合作推出简体中文AOL,均以失败告终
	下游	合资影业公司的成立使时代华纳的业务在中国得到最快速的发展,在中国制造的电影,可以省去中国对海外影片征收的20%的税收	华娱卫视作为其进军中国电视市场的一大手笔,节目覆盖广东、香港、台湾、东南亚以及澳大利亚等地区;2003年7月时代华纳由于华娱卫视经营不善出售华娱卫视部分股权	华纳兄弟在线与TOM在线合作为TOM在线带来更多的无线业务收入以及更大的用户和流量,同时也帮助华纳兄弟在线提升其在中国的品牌知名度与美誉度

5. 业务竞争战略：伺机进攻与卓越性价比

（1）伺机进攻战略。

2001年中国加入WTO，国际传媒巨头们都蠢蠢欲动，在周围守候许久的时代华纳抓住这一巨大机遇，频频在中国进行商业试探并成功开展许多项目。2002年国家广电总局开始实施影院市场的院线制改革，华纳兄弟抓住时机，立即与上影永乐影城进行合作，高调建立上海永乐国际影城，拉开华纳影院进军中国院线市场的序幕。2005年，国家广电总局发布第21号文件，规定中外合资电影院合营中方在注册资本中的投资比例仍不得低于51%，但在北京、广州、武汉、南京等试点城市，外资在注册资本中的比例可达75%。21号文件对华纳是一针强力兴奋剂，华纳立即加快在中国本土的影院建设步伐，不久便在南京建起了中国大陆首家外资控股影院（华纳兄弟占股51%），并公开表示将在未来几年内在全国建立30余家多厅影院，甚至还计划将自己的全球影院建筑设计中心从伦敦搬到上海。时代华纳不仅不放过任何一个机会，而且还积极创造机会，以各种方式与中国市场建立联系。中国不允许外资进入报纸、电台、电视台等媒体以及电影制片厂，但允许外资参与建设和经营电影院，允许中外合资公司制作影视节目，时代华纳正是利用这一线生机成功抢滩中国电影市场。

时代华纳先于其他国际传媒集团进入中国电影院线系统，从而在中国电影市场抢得先机。虽然中国政策的变化导致其后来无奈退出中国影院市场[①]，但是时代华纳的中国扩展之路不会停止，一旦政策有所松动，就会再次进军中国。

（2）卓越性价比战略（或叫"差异化＋低价格"战略）。

时代华纳最先开拓中国院线市场时，以其片源优势和低廉价格迅速赢得一定的市场份额。在影片放映环节，其可以优先选用自己的制片公司制作的影片，保证差异化和高价值的同时，采取低廉的电影票价，迅速赢得院线市场。例如2004年，时代华纳获准在重庆设立影院。在华纳看来，重庆以往的电影票价显然太高，使得一大批潜在消费者不愿走进电影院，于是华纳根据重庆的人均收入确定了一个较低的票价。时代华纳作为全球最大的传媒集团有着资金上的优势和丰富的经营管理经验，其制作和发行的影视作品都具有很强竞争力，这样，在为顾客提供高价值服务的同时，以低价格销售，形成了卓越的性价比，由此迅速赢得市场。华纳在各地均采用此战略，市场都反应热烈，堪称"利器"。

影视产品具有极为显著的规模经济效应，几乎不存在规模不经济，随着其产

[①] 中国政策调整与国家广电总局21号文件发布后时代华纳的快速扩张有关，其快速扩张显示时代华纳很快就能对中国电影市场形成控制，致使中国政府很快又收缩政策。

业价值链的全面建立,其"边际成本"越来越低,这十分有利于实行卓越性价比竞争战略。卓越性价比战略在其他产业较难实现,因为成本领先战略和差异化战略分别强调的基本活动和支持活动不同。要达到低成本,重点就要放在生产和流程工艺上,这样产品就不能频繁改变,也就不能实现差异化;然而要达到差异化,市场营销和新产品研发就是重点,而生产和流程工艺则不是,这样产品成本就必然会上升。但是,传媒产业由于其基本不存在规模不经济的特性,能很好地将降低成本的活动和创造差异性的活动结合在一起。

4.6.3 时代华纳进入给中国带来的积极效应和安全风险

境外媒体集团的进入到底给中国传媒市场,进而会给中国国家安全带来怎样的影响,是评估已有政策绩效和判断是否需要及如何优化政策环境的关键。

1. 时代华纳进入对中国影视业的市场效应

(1) 电影市场:引发深刻变革。

首先是院线市场。2003年7月12日,华纳兄弟国际影院公司与上海永乐影城合资设立"永华影城",总投资2850万元人民币。之后,时代华纳先后和万达集团、上影集团、广州金逸影视投资公司合资在中国建设8家多厅影院,一条"华纳院线"呼之欲出。

中国的电影院一旦与时代华纳合作,票房就节节攀升,如上海永华、万达、南京上影华纳等影城或影院。时代华纳在中国院线市场的成功体现了上文提到的诸多战略和经营策略:第一,采用伺机进攻的竞争战略,在中国政策降低了外资进入中国电影院线的门槛之际,抓住时机,率先进入中国院线市场,占得先机。在中国院线市场影院不足、资金受限、管理混乱的背景下,时代华纳伺机快速进入中国院线市场可以迅速掌控整个市场,形成垄断性力量。第二,时代华纳的参股并不能使永乐在片源上立刻得到改观,但会在人才、资金、管理等方面为永乐打响品牌提供帮助。华纳的加入,改善了永华影城硬件设施,提高了服务水平,使观众不出国门即可享受西方发达国家影院的同等待遇。时代华纳率先采用这种经营模式,改变了中国传统影院的设施和服务,同时也会促使其他影院进行自我提升,把中国影院之间的竞争提高到一个新层次,即从原来单纯的价格竞争上升到注重服务水平的竞争,使得中国影院的竞争格局有了颠覆性的突破。第三,在价格上,卓越性价比战略为其赢得竞争优势,使票房飙升。

其次是电影制作市场。2004年10月,华纳与中影、横店合资成立中国首家中外合资电影娱乐公司——中影华纳横店影视有限公司。新公司的主要业务包括投资、制作、发行和推广华语电影及电视,汇聚全球优秀的导演、演员、制作人。公司成立以来,一直佳作不断,效益显著。开门之作《疯狂的石头》仅以 300 万元的低成本博得 2350 万元的高票房。《爱情呼叫转移》同样以小成本制作取得高收益,虽然票房收益并不高,仅约 1700 万元,但广告收入却达到近 7000 万元。《保持通话》也异常火爆,创下最终票房 4400 万元的佳绩。《保持通话》的制作成本不及好莱坞同类型大片的一个零头,甚至比国内普通喜剧贺岁片还要低,但它所创造的视觉、场面、阵容、戏剧等均达到一流水准,甚至可比拟境外大片。2009 年,《疯狂的赛车》以 1000 万元的投资,突破亿元票房大关,宁浩成为首位跨入亿元俱乐部的青年导演。中影华纳横店影视有限公司已成为行业的风向标,引领并推动中国电影制片领域的发展和进步。

(2) 电视领域:成为市场新标杆。

收购华娱卫视是时代华纳在中国电视市场的大手笔。2001 年 2 月,时代华纳斥资 1 亿元入主华娱卫视,占八成股权。2003 年 7 月,时代华纳将其麾下 64.1% 的股份出售给 TOM 集团。目前,华娱卫视同时隶属于 TOM 集团和时代华纳(TOM 集团占 60%、时代华纳占 40%)。

作为境外媒体,华娱卫视面临央视、各省级卫视、广东地面频道及凤凰、星空等境外频道的竞争,堪称在"夹缝"中求生存。经过几年发展,华娱卫视取得不俗的收视表现。2006 年 CSM[①] 的数据显示,在各境外媒体中,就频道影响力而言,华娱、凤凰、星空名列三甲,知名度不分上下;就收视表现而言,以这三个频道在广东主要城市的收视表现为例:在全天不同时段,华娱、凤凰、星空的收视表现不相上下;而在晚间黄金时段,华娱卫视的收视明显高于凤凰、星空。这也说明经过精心策划的黄金档节目为华娱卫视带来越来越大的收视份额。同时,境外电视逐渐成为观众收看娱乐节目时的首选。在时代华纳和 TOM 集团的合作经营下,华娱卫视虽然落地广东才四年多,但是其收视率已经赶超内地众多电视频道,其"娱乐频道"的品牌更是深入人心。

2. 时代华纳进入对中国传媒业的产业效应

(1) 带动中国电影业经营理念和模式的变革。

时代华纳的进入带来国际一流的传媒市场运作经验,为中国传媒企业提供学习其先进管理模式和市场运作方式的机会和条件,成为中国传媒企业学习的现实教材。华娱卫视在广东落地播出,使广东广电行业与境外电视的交往扩大,

---

① CSM 是央视索福瑞收视率调查公司。

专业交流、合作项目增多,境内电视频道直接感受到华娱电视先进的采制方法和运营模式。

由于长期封闭,我国影视产业与国外市场基本隔离,感受不到来自国际竞争的压力,造成我国影视生产观念陈旧、手段落后、管理机制不健全,制作、发行、放映互相脱节的问题。而时代华纳的进入大大促进了我国影视市场这方面的改观。同时,国内电影业成功借鉴时代华纳影院的经营经验。时代华纳影院具有商场设点、连锁经营、多厅化的共同特征。它们选址在繁华地段的大型商场内,充分利用市场密集的人流;在装潢和管理上,采用统一风格,针对特定人群形成自己的独特吸引力;在放映厅的设置上,采用多厅放映的办法。而境内影院大部分建造时间较长,采用的是独立建筑、单厅放映,放映设备、内部装潢、管理和服务等都远逊于外资影院。目前,境内影院广泛借鉴外资影院经营模式,改造电影院。

(2) 推动中国影视企业提升竞争力。

时代华纳等外资传媒的进入打破了中国影视业垄断经营所造成的资源配置单一、近亲繁殖、活力不强的局面,促进形成竞争性的市场机制,使中国传媒企业在竞争中得到锻炼,从而增强竞争能力和抗风险能力。如华娱卫视进入中国华南地区,由于节目制作水平较高、娱乐性强等原因,很快获得并曾长期处于广东收视市场领先地位。在高度的竞争和生存压力下,广东省内的国内传媒开始挖掘自身优势,壮大自身实力,采取本土化、差异化、资源整合、区域联动等竞争策略,守住了舆论宣传阵地,将外资传媒的消极影响降到最低限度。在广州,1999年境外电视频道总体市场份额达72.5%,2004年10月境内频道以51.5%的市场份额首次在月度超过境外频道,2006年境内电视频道总体市场份额上升至65.1%。[①]

3. 时代华纳进入给中国传媒市场和国家安全带来的风险

与一般的大型跨国集团不同,境外大型电影集团因其经营活动的传媒属性、产品的文化属性和意识形态属性,除了出现一般的经济安全(产业安全)风险外,还会产生政治、社会、文化、信息等安全风险,同时由于传媒行业具有不同于一般工业行业的独特的产业经济特征,更容易出现经济层面的产业安全风险,而产业安全风险是产生政治、社会、文化和信息安全风险的基础。

影视行业具有类似于"L形曲线"的规模经济特征,因为多生产(复制)一个

[①] 申启武:《粤港广播电视传媒竞争与合作的历史考察与现状分析》,载《中国广播电视学刊》2008年第6期。

产品的边际成本几乎为零,生产规模的无限扩张不会带来变动成本和管理成本的快速上升,市场垄断就成为企业的战略目标和战略需求,整个行业容易走向垄断或寡头垄断的市场结构。

影视行业的范围经济特征也十分显著,即由一家影视企业生产多种产品比多家影视企业生产相同类型产品的成本要低,这是由于影视产品的成本构成主要是研发成本和发行成本,而生产(复制)成本极小。一个影视企业一旦拥有了强大的研发(制作)能力和制作能力,通过不断增加新产品类型,就可以在更多种产品上共享这些能力,使成本降低。因此,影视企业都要开展产品多元化经营。此外,电影、电视、音像之间在技术、渠道、设备、品牌、能力等方面均存在较强的相关性,因此,同时开展这些业务的影视企业可以获得来自业务领域之间的范围经济效应。

影视行业的学习经济特征也很明显,影视创新和创意所需的知识与经验的积累十分重要,能使影视企业更有效率地将影视产品研发和制作出来,因此,影视行业的先入者能够享受到更多的学习经济效应。

影视行业提供的是差异化产品,所提供的每一个新产品都应该不同于市场上曾经出现的产品,因为消费者一般不会重复欣赏相同的影视产品。因此,与人们熟知的差异化竞争战略的特征不同,在影视行业,至少在一定范围,差异化程度越高,销售反而越大,而不会像一般工业产品那样缩小。同时,在影视行业,大多数消费者对产品的价格又比较敏感,应实行低价策略。因此,采取"差异化+低价格"的竞争战略,即卓越性价比竞争战略,应是影视行业的基本竞争战略,研发能力、品牌、成本都是关键成功因素。

影视行业的上述经济特征和竞争战略的特征能被境外大型多元化传媒集团充分利用和分享,从而给中国国家安全带来潜在风险。在总体战略上,时代华纳在中国市场采取构建完整价值网的全面进入战略、追求全球整合和地区响应的跨国战略和深度挖掘中国市场机会的全面本土化战略,这些战略的组合使用,有利于时代华纳充分挖掘规模经济效应和范围经济效应。时代华纳在多个细分市场都是境外先入者,这有利于其更多积累在中国市场经营的知识和经验,挖掘学习经济效应。多种经济效应的挖掘有利于时代华纳的成本做到行业领先水平。时代华纳是国际顶级品牌,研发能力强大,加之实行全面本土化战略,完全可以向中国市场提供符合中国消费者需求特点的独特性更强的差异化产品,因此,时代华纳在所进入的各个细分市场都有可能将卓越性价比竞争战略做到极致水平,对竞争对手,尤其是中国影视企业,形成巨大竞争压力。在业务竞争战略上,时代华纳采取的是积极发展和伺机进攻战略,旗下 CNN 成为首个在中国被许可播送的国际电视频道,华娱卫视成为第一家直接在中国播放节目的外资传媒公司,与中资企业合资成立中国首家中外影业公司——中影华纳横店影视有限公司,在国家广电总局发布可允许外资在某些试点城市控股影院项目的 21 号文件后的第一时间,时代华纳即启动了快速扩张步伐,布好短短三年在全国 30 多个城市中建设 40—50 家电影院的计划。此外,时代华纳从事多元化经营,旗下有众多子公司,能够有效形成内部资本市场,有利于时代华纳进行资源的优化配置,从而获得财务经济效应。

以上分析表明,对时代华纳这样的境外大型多元化传媒集团,真正构成其中国市场发展障碍的只有中国的传媒政策,只要政策允许,它们有能力做到所进入市场的领先水平,垄断允许进入的市场空间,不给中国企业发展机会。而且,一旦境外资本垄断了市场,因其面向数量庞大的受众提供不可缺少的精神产品,再加上其世界级品牌地位及遍布全球的传播渠道,就会与中国政府形成双向锁定的关系,对中国政府的行业规制和市场监管带来极大挑战。

4.7 研究结论

1. 进入中国电影市场的境外资本普遍具有宏大发展愿景和强大竞争能力,普遍实施国际化经营战略,加上本国市场已经饱和以及对中国市场作为战略性市场和新兴市场的认知,普遍十分向往中国电影市场。

2. 面对中国电影市场的政策壁垒及其动态变化,境外资本进入中国电影市场的策略特征表现为:积极筹划,政府公关;政策外围,谨慎慢行;东风一到,单刀直入;政策收缩,战略转型。这些行为凸显境外资本十分重视并有能力快速占领中国电影市场和中国政策对境外资本的风向标作用。

3. 境外资本进入中国电影市场的模式可分为直接进入和间接进入,前者包括出口、联合制作(合拍)、成立合资公司三种方式,以前两者居多并构成了中国市场票房领先电影群的主体,后者包括通过资本市场进入(银行中长期信贷市场、证券市场、风险资本市场)和植入广告两种主要方式。

4. 现阶段境外资本进入中国电影市场的主要目的仍是追求资本增值,但是境外传媒集团大多并不看重短期获利,而是更加重视长期盈利性。

5. 在制片领域,境外资本进入的最主要方式是合作拍摄。此外,有成立合资公司、投资持股和植入广告等进入方式,中国电影票房收入的大部分被出口

（到中国）电影或者合拍电影所斩获；在发行领域，由于政策限制，境外资本进入该领域的规模很小，即使以成立合资公司的形式进入了，也由于没有控股权而对发行环节的影响甚微；在放映领域，国家不允许境外资本成立院线公司，但是可以开设电影院，政策对港台资本较宽松，有实力的港资大多独资经营电影院，而其他境外资本选择成立合资公司的形式进入放映环节。

6. 虽然进口配额在不断增加，进口片的票房并没有呈现出正相关的增长趋势。进口电影的票房成绩主要被时代华纳、索尼、派拉蒙、梦工厂、迪斯尼和20世纪福克斯这些世界电影制片巨头所斩获。这些公司通过推出电影续集的方式保证票房收入和降低风险。只要第一部成功，之后的续集就很有可能成为未来的"摇钱树"。这也是值得中国电影企业学习和借鉴的地方。

7. 以成立合资公司形式进入的境外资本还没有在中国电影市场形成较大影响力。

8. 国际主要传媒集团各自的主攻方向各不相同。时代华纳的动作最大，在中国成立了合资电影制作公司，并且一度大举进入电影放映领域，但由于中国政策调整，华纳最终全线退出了放映领域；索尼影业是最早进入中国的好莱坞电影大公司，现阶段主要是通过与中国制片公司合拍影片而拓展业务空间；迪斯尼则关注后电影产业的发展。境外资本虽然对中国市场十分看好，但是由于政策限制，无法大举进入。

9. 以时代华纳为案例的研究表明，境外大型电影集团的发展定位、现行战略、资质条件及其对中国市场的看法决定了其十分向往中国市场，相机组合选择多种方式（节目出口、许可合同、直接投资）进入中国、组合选择多种策略（关系营销、战略联盟、迂回进入、政府谈判）以突破中国政策壁垒，在中国推行的战略是进攻性的，表现为"全面覆盖（打造价值网）+跨国战略或全面本土化"的总体战略和"伺机进攻+卓越性价比"的竞争战略，其进入给中国市场带来了重大的战略利益，同时也带来了严峻挑战。

10. 以时代华纳为案例的研究表明，政策是境外资本进占中国电影市场的唯一障碍，在目前的市场条件下，只要政策障碍消除或者给予内外资同样的政策环境，中国电影市场就会很快被几家境外大型电影集团所控制。

11. 境外资本进入带来了中国电影市场和电影产业的深刻变革，推动了中国电影产业市场化发展和中国电影企业竞争力提升。总体上境外资本没有对中国电影市场形成控制，但这主要依靠的是中国政策的保护，并非主要依靠中国电影企业竞争力的提升。

第5章 境外资本进入中国电视市场

5.1 境外资本进入中国电视市场的动因

5.1.1 境外资本进入中国电视市场的外部动力因素

1. 中国市场的巨大规模与潜力

东道国市场规模与潜力是促使企业由出口、许可转向直接投资的重要变量。中国市场具有巨大的发展潜力是境外资本试图进入中国最直接也是最重要的原因。

中国拥有庞大的受众数量,这是世界上任何一个国家都无法比拟的。13亿多人口,无论怎样细分,都将是一个非常可观的数字。默多克曾说过:"有中国人参与,我们才是名副其实的国际公司。"庞大的节目市场、广告市场和受众数量,吸引境外资本不断涌入。同时,中国庞大的电视信号接收网络体系已初具规模,这在客观上方便了已经或即将进入中国电视市场的境外节目的传输。

随着改革开放不断推进,中国迄今长期是世界上增长最快的经济体,并成为世界上最重要的经济体之一。日益增长的经济规模必然孕育日益增长的文化消费市场,作为中国文化消费市场的重要构成——电视市场也持续逐年快速增长。

根据世界各国的经验,当人均消费超过3000美元时,文化消费会快速增长;接近或超过5000美元时,文化消费会出现井喷。2011年我国人均GDP超过7000美元(图5-1),按照国际标准计算,我国文化消费支出总量应该在4万亿元以上,而目前还不足1万亿元,占GDP的比重还不到3%。因此,我国对文化消费的潜在需求非常巨大。

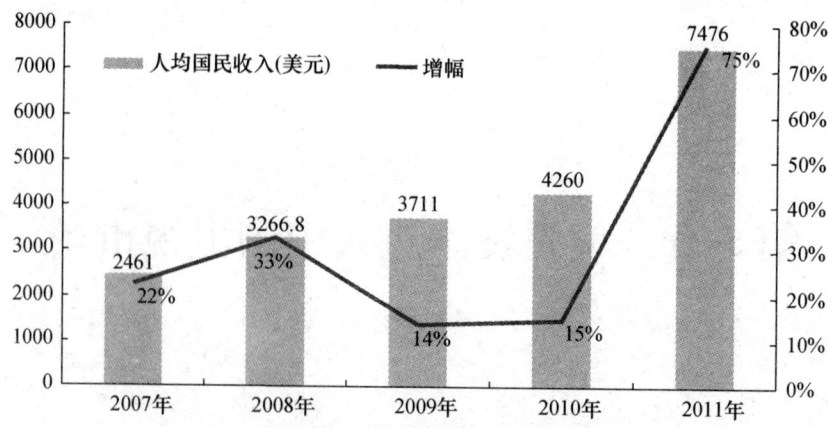

图 5-1 2007—2011 年我国人均国民收入走势

资料来源:作者依据国家统计局历年发布的资料整理。

2. 良好的行业基础

随着我国人民生活水平的提高,拥有电视机、电脑的家庭正在增加。根据国家统计局 2011 年 2 月发布的《2010 年国民经济和社会发展统计公报》,截至 2010 年年底,我国拥有广播电台 227 座,电视台 247 座,广播电视台 2120 座,教育电视台 44 座。在村村通工程的推动下,广播电视覆盖率逐年增长(如图 5-2 所示),2010 年年末电视节目综合人口覆盖率为 97.6%,同比增长 0.4 个百分点。

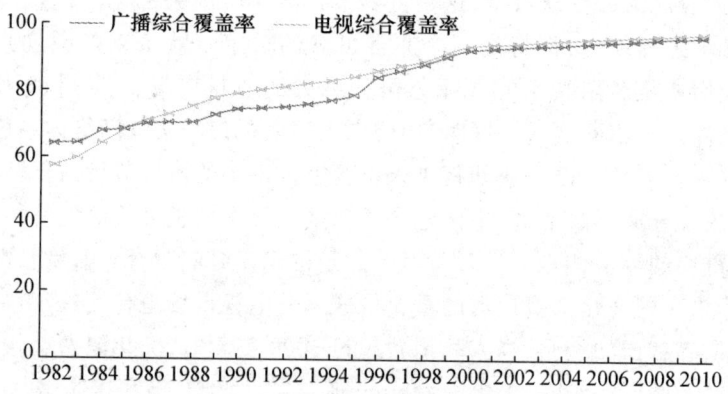

图 5-2 广播电视各年覆盖情况

资料来源:作者根据原国家广播电影电视总局官网和国家统计局 2011 年发布的《2010 年国民经济和社会发展统计公报》披露的数据整理获得。

据国家广播电影电视总局初步统计,2010年全国广播电视行业总收入2238亿元,首次突破2000亿元,比上年增长20.78%。这些都为境外资本进入中国提供了一个广阔的市场。

3. 政策的松动

准入政策的松动,使境外资本进入中国电视市场某些领域的壁垒得以消除或降低。中国加入WTO后,履行了承诺,中国电视行业的一些领域纷纷向外资开放。例如,国家广播电影电视总局(以下简称广电总局)每年都要对境外资本有限度的进入进行审查,从而做出继续允许境外卫视落地和增减频道的决定,目前,在广电总局公布的"2011年度可供国内三星级以上涉外宾馆等单位申请接收的境外卫星电视频道名单"中,被批准的共有31个频道。同时随着我国政府对国际文化交流的重视,全国广播影视系统围绕国家改革开放大局和外交外宣工作部署,发挥广播影视特有优势,多层次多方式推进对外交流与合作,着力增强文化国际影响力。[①] 例如2006年度,国家广电总局分别与古巴、日本、韩国、泰国、牙买加等国的有关政府部门签署了广播电视合作协议。截至2008年,国家广电总局与50多个国家和地区的70多个广播影视机构签署了合作协议。与以往的框架式协议相比,新签订的合作协议内容广泛,注重实效,包括节目交换、合拍、技术交流、人员培训等实质性内容。

总的来说,中国由于经济的持续快速发展、庞大的潜在受众市场、通信技术的飞速发展以及政策松动,近年来成为跨国传媒集团角逐的重要战场。

5.1.2 境外资本进入中国电视市场的内部动力因素

1. 境外资本的发展定位

企业的发展使命和愿景指引其未来发展的方向,从投资我国电视媒体市场的境外资本发展定位可以看出其进军中国市场的必然性。尤其是中国加入WTO后,政府放宽对境外资本进入中国电视市场的限制,境外资本进入中国市场寻求更大发展的意图更加明显,如今这些境外资本差不多都有产品在中国市场落地,而且都希望在中国谋求更大的发展,从而为其成为全球化的跨国传媒集团打下坚实的基础。例如,默多克的梦想是组建一个全球卫星电视网。在英国,它拥有天空电视台(SKYTV)的控股权;在美国,他拥有的福克斯电视台成为传统三大电视网强有力的竞争对手,收视率已经超过美国在线—时代华纳旗下的

---

① 国家广播电影电视总局发展研究中心:《2009年中国广播电影电视发展报告》,新华出版社2009年版,第169—172页。

CNN 成为全美收视率最高的有线电视网。要想实现这一愿景,当然少不了拥有 13 亿人口且经济正在蓬勃发展的中国的参与。

2. 境外资本本国市场的饱和

本国市场的饱和是境外资本向外扩张的直接原因。西方国家的市场经济经过了长期的发展过程,在此过程中,对市场的分割和争夺非常激烈,企业的发展空间和利润也逐渐降低,而追求资本的增殖是资本的本质属性,当国内市场已无法满足其扩张需求时,迫切需要打开国际市场。

3. 境外资本的资质条件

境外资本在资金规模、人才储备、资本运作水平和金融服务体系等方面具备领先世界的明显优势,这为其进入中国提供了不可获取的必要条件。在这些优势中最明显的可能就是其规模优势。欧洲的传媒普遍认为"是规模使美国的大公司可以将成本在国内降低,分摊在国内市场,这样他们便可出口比较便宜的产品到国外;是规模使美国公司可以在全球发行他们的电影,并将其变成一种具有文化意义的事件;是规模使得美国拥有强大的资料库作为后盾支持他们不断开发新的频道。如果欧洲的公司想要和美国竞争,他们最需要的就是上规模。"①

5.2 境外资本进入中国电视市场的领域分布

这里主要从境外资本在电视产业链的各个环节(领域)的分布对其在电视市场的状况进行研究。对于电视媒体,一个完整的产业链主要包括从节目资源配置到传递给受众等一系列环节,见图 5-3 所示。

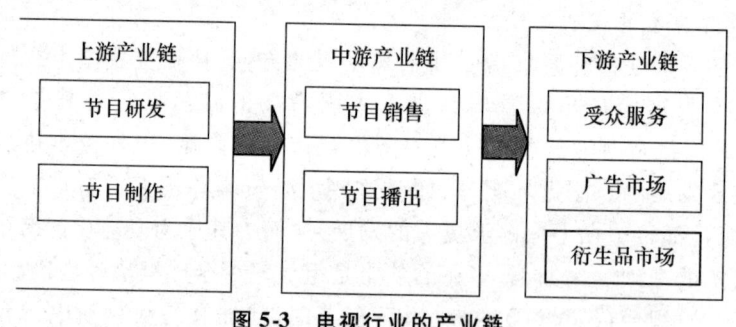

图 5-3 电视行业的产业链

---

① 王英霞:《媒体巨头如何成长》,http://www.Chinabyte.coma20020821。

依据电视产业链结构的特征,这里主要从节目市场、广告市场、播出渠道、衍生品市场以及互联网电视、手机电视等五个主要环节,对境外资本在我国电视产业的状况进行研究。目前,境外资本在中国电视行业各个环节的竞争能力的表现,见表5-1。

表5-1 境外资本在电视产业各环节竞争能力状况

内容	能力	基本情况
节目投资	较强	具有庞大的资金规模
节目研发	强	创新机制进而能力强
节目生产	强	具备强大的生产能力
节目销售与播出	较弱	由于我国政策的限制,没有形成强大的销售体系和播出渠道
衍生品	较好	注重开发下游产品,衍生增值服务

5.2.1 节目市场

境外资本主要通过节目交换、电视剧合拍、节目出口以及签订合作协议等方式进入中国电视节目市场。在引进电视剧方面,国家广电总局每个季度都会批准部分境外影视剧的引进。表5-2列示了国家广电总局从2007—2011年同意引进的境外影视剧数量。

表5-2 2007—2011年同意引进的境外影视剧数量

时间	2007	2008	2009	2010	2011
部数(部)	102	121	106	122	93
集数(集)	1815	2392	2014	1406	1776

通过将引进的电视剧数量与国产电视剧之间进行对比,可以看出境外电视剧在我国电视剧市场的相对比重。图5-4显示,在境外引进剧方面,尽管有少量的变动,但始终保持在一定的范围,今后一段时间,境外影视剧引进数量的占比将不会有太大的变动。

在电视剧合拍方面,每年广电总局都会审批一些与境外机构合作的电视剧。表5-3列示了国家广电总局从2007—2011年同意合拍的电视剧。总体上讲,合拍电视剧部数和集数均未逐年明显增加。

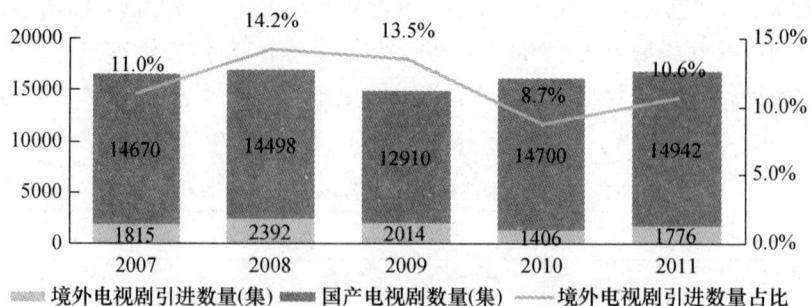

图 5-4　2007—2011 年境外电视剧引进数量占比

表 5-3　2007—2011 年同意合拍的电视剧数量

时间	2007	2008	2009	2010	2011
部数	10	7	13	12	3
集数	390	189	436	325	69

5.2.2　播出渠道市场

在播出渠道方面,境外资本主要是通过境外电视频道落地(这里的"境外电视频道"是指被批准在广东省珠三角地区落地的、跨国传媒集团旗下的电视频道和中国香港及澳门的电视频道),从《广电总局关于 2011 年度三星级以上涉外宾馆等单位可申请接收的境外卫星电视频道范围的通知》来看,目前国家广电总局所批准的频道共有 31 个,其中,美国媒体占 14 个,我国香港地区媒体占 6 个(其中包括凤凰卫视)。从近年来看,境外卫星频道落地的数量基本保持在 31 个,如表 5-4 所示。

表 5-4　2007—2011 年境外频道卫星数量

时间	2007	2008	2009	2010	2011
境外卫星频道数量(个)	31	33	31	31	31

境外资本进入的频道以娱乐性频道为主,涵盖音乐类、体育类、地理类、时尚类,有少量信息类频道(凤凰卫视信息台)和财经频道(彭博财经电视亚太频道、全国广播公司亚太财经频道),少有新闻类频道(目前新闻类频道仅有 CNN)和综合频道(目前有凤凰卫视),见表 5-5。

表 5-5　2011 年境外频道类型分布

频道类型	娱乐	信息	财经	新闻	综合
数量	26	1	2	1	1

从表 5-5 看出,境外频道多为娱乐类频道,时政新闻类频道甚少,这主要是我国对时政新闻类频道的进入实行严格的准入限制,今后很长一段时间,在我国的境外卫星电视频道还将主打娱乐频道。

境外频道在地区分布方面,目前境外频道的落地范围仍很有限,主要是在三星级以上涉外宾馆饭店,专供境外人士办公居住的涉外公寓,级别较高、规模较大的教育、科研、新闻、金融、经贸等确因业务需要的单位以及广东地区。

在境外剧播放时间段上,目前境外引进的电视剧可以在各大省市电视台播放,但在播放时间段上都有所限制。国家广电总局规定:各电视频道每天播出的境外影视剧,不得超过该频道当天影视剧总播出时间的 25%;每天播出的其他境外电视节目,不得超过该频道当天总播出时间的 15%。未经广电总局批准,不得在黄金时段(19:00—22:00)播出境外影视剧。具体的一些规定如表 5-6 所示。

表 5-6　国家广播电影电视总局对节目播出时间的规定

时间	广电总局政策
2004 年 10 月	广电总局要求停播地方方言译制的境外广播电视节目
2006 年 8 月	广电总局下令 9 月 1 日起各级电视台黄金时间不得播出境外动画片
2008 年 2 月	广电总局规定所有频道不得在 17:00—21:00 时段播放境外动画片,日播出境内外动画片比例不低于 7:3
2009 年 3 月	广电总局规定未取得许可证的电影、电视剧、动画片、理论文献影视片,一律不得在互联网上传播;此外,广电总局还对音乐视频 MV、综艺、影视短剧等类别节目及"自拍""热舞""美女""搞笑""原创""拍客"等内容作出限制
2009 年 4 月	广电总局正式宣布将全面禁止没有许可证的海外影视剧在互联网上播放,并将在不久进行强制实施

资料来源:作者根据从原国家广播电影电视总局所得资料整理获得。

5.2.3　广告市场

境外资本进入中国电视广告市场有两种途径,一是以广告代理商身份进入,二是以媒体——广告载体的身份进入,这里指的是后者。对于电视频道来说,广告收入的多寡取决于媒体的定位和影响力,具体来说,它的收视率以及受众人口的特征,直接影响到广告的效果和价值,并且媒体品牌也越来越受到广告主的重视。境外电视频道由于节目内容的新颖性、个性化,对广告主来说具有一定的吸引力,但由于政策的限制,境外电视频道在相当长的时间里只能落地广东,频道覆盖区域范围仍较窄。如凤凰卫视中文台收视率分布集中,仅深圳、广州两市的收视率份额占全体收视份额的近50%,因此境外资本通过进入中国电视传播渠道而进入中国电视广告市场的份额相对来说仍较低。

随着户外媒体在我国的迅速发展,户外媒体广告受到了境外资本的青睐。境外资本纷纷开始进入户外广告市场,例如凤凰卫视在2008年开始通过大型LED(发光二极管)显示屏的高端领域打入户外广告市场。

5.2.4 衍生品市场

传统的电视盈利模式主要是电视收入和广告收入,这种盈利模式不仅收入少,而且对节目资源的利用程度不高。境外资本通常利用其多元化的经营和丰富的节目资源,完成一次生产、多次加工、多功能服务、多载体(渠道)传播,实现对内容的增值。目前众多境外资本纷纷开始将品牌延伸,一方面从单个电视频道延伸至多个频道;另一个方面从电视网络延伸至互联网络、平面媒体及新媒体。凤凰卫视在这方面就做得很成功(图5-5)。境外资本在中国内地市场的发展面临着市场壁垒和政策壁垒,内容增值策略成为突破这一市场壁垒的重要武器和工具,因此将成为境外资本今后发展的重要环节之一。

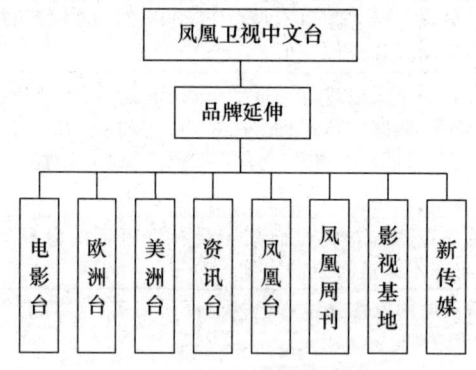

图5-5 凤凰卫视的品牌延伸

资料来源:根据 http://www.ifeng.com/ 上的资料整理绘制。

5.2.5 网络电视市场

网络电视是电视发展的一个重要方向,对电视产业的发展格局产生重大和深刻的影响。由于第 6 章专门研究境外资本进入中国网络视频市场状况,其中包括对网络电视市场的研究,这里不予赘述。

5.3 境外资本进入中国电视市场的行为特征

5.3.1 境外资本进入中国电视市场的方式

境外资本进入中国电视市场的方式因政府制定政策的不同而在各阶段的表现有所不同。随着我国市场的逐步开放,境外资本将以更加灵活多样的方式进入中国电视市场。截至目前,境外资本进入中国电视市场的方式主要包括以下几种(图 5-6)。

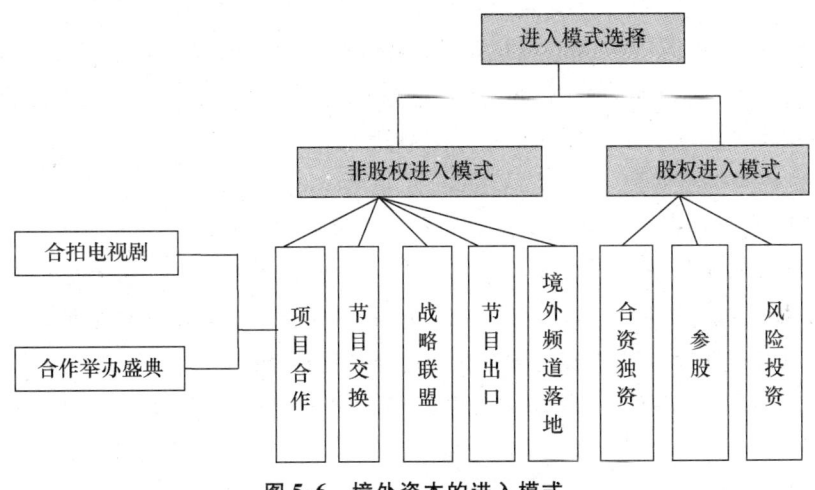

图 5-6 境外资本的进入模式

1. 非股权进入

(1)节目交换。

境外资本在进入初期,受中国传媒政策限制,境外资本多是以节目交换的方式进入中国电视市场,通过与内地电视节目经营机构合作,给中国电视台提供自己品牌的节目,再以中国电视频道的品牌出现在中国观众面前,最后以节目分销的方式进入中国节目市场。在进入中国电视市场的初期,多数境外资本都采用这一方式进入，主要是因为政府针对这一方面的限制较少，境外资本可先通过这一方式打开中国市场，在中国市场站稳脚跟后，再考虑采取进一步的战略行动。例如早在1995年，维亚康姆旗下的MTV全球音乐电视网就与中国电视台进行节目交换，成功进入中国。

目前，多数境外资本依然采取这一方式。例如，尼克儿童频道与中央电视台进行合作，将《猫狗：Cat Dog》《丽莎和他的朋友们》《海绵宝宝》等动画片通过中央电视台引进我国市场。

（2）项目合作。

这是境外资本过去为规避政策风险而较多采用的一种方式。在开放初期，项目合作的方式多种多样，今后项目合作还将继续，并主要集中在影视剧制作和大型活动方面，如电视剧合拍、选美活动、颁奖典礼等。

① 合拍电视剧。

境外资本通过在中国本土寻找合作伙伴，并注入资金进行电视剧的合拍。例如，2008年4月，我国中央电视台（CCTV）和英国广播公司（BBC）联合制作、历时四年拍摄完成的高清电视纪录片《美丽中国》（Wild China）宣布推出，这是第一部表现中国野生动植物和自然人文景观的大型电视纪录片，也被业内人士称为"中英两国联合电视制作的一个里程碑"。

② 合作举办盛典。

与国内机构合作举办盛典是境外资本从最初进入到现在仍一直沿用的合作方式，该合作不仅是境外资本进入中国的一种简便方式，可以绕开政策壁垒，同时也为提高境外机构知名度起到一定作用。MTV每年运作的音乐活动主要包括与CCTV合作的音乐盛典、与南方传媒合作的针对少年儿童的欢乐盛典、与饮料巨头红牛合作的不插电演唱会，以及与诺基亚、MOTO等手机品牌合作的演唱会。

（3）节目出口。

节目出口是境外资本从进入初期至现在仍普遍使用的方式之一。我国政府每年都会对境外影视剧进行审查和审批，对于审查合格的电视剧，可以获批引进（表5-7）。从近几年的引进剧数量来看，尽管有少量的变动，但始终保持在100部左右，约占我国国产电视剧总量的10%左右。今后，我国会继续引进境外电视剧，这也是今后境外资本进入中国电视市场的重要方式之一。

表 5-7 2007—2011 年同意引进的境外影视剧数量

时间	2007	2008	2009	2010	2011
部数(部)	102	121	106	122	93
集数(集)	1815	2392	2014	1406	1776

(4)战略合作。

战略合作是出于长期共赢考虑,建立在共同利益基础上实现深度合作的协议,合作各方以谋求各自利益的最大化为目的。境外资本与中国本土企业在渠道、内容和制作方面各有千秋,通过双方建立合作关系,整合双方优势,从而实现双方各自的目的。境外资本与我国本土企业的战略合作,不仅包括同类型媒介内的合作,如节目制作、电视剧合拍、主持人交流、频道合作等方面,还包括不同类型媒介间的合作,例如 2009 年 12 月,凤凰卫视和南方报业传媒集团在北京钓鱼台签署了未来建立全面战略合作伙伴关系的协议书,今后将在新闻采编、资本运营、品牌建设、新媒体发展以及全球市场开拓等方面展开合作。表 5-8 列示了本土企业与外资签订的战略合作协议。

表 5-8 签订了战略合作协议的境外资本与本土企业(部分)

时间	中方	外资方
2002	湖南广播影视集团	星空传媒
2003	上海文广传媒新闻集团	CNBC 亚太
2005	央视风云	韩国 KBS 电视台
2005	云南电视台	东森电视台
2006	中国移动	新闻集团、凤凰卫视
2008	上海文广传媒新闻集团	SK 电讯(中国)
2009	中央电视台	东森电视台
2009	上海文广新闻集团(SMG)	日本软银集团(Softbank)
2009	优酷	凤凰卫视
2009	南方报业	凤凰卫视
2010	财经资讯	凤凰卫视

(5)境外电视频道落地。

2001 年,中国境外卫星电视合法接收开始进入准入阶段。2001 年 12 月 19

日,默多克新闻集团旗下的星空传媒获得中国政府批准,与中国中央电视台、中国国际电视总公司以及广东有线电视网络公司共同签署协议,于2002年3月通过广东有线电视系统向广东地区播放一个全新的24小时普通话综艺频道。这是中国首次将有线电视网落地权授予一个境外全新频道。自星空卫视成功落地珠江三角洲并取得成功后,华娱卫视、凤凰卫视、香港亚视等境外资本先后获得了合法的落地权。目前,在广电总局公布的"2011年度可供国内三星级以上涉外宾馆等单位申请接收的境外卫星电视频道名单"中,被批准的共有31个频道,见表5-9。

表5-9 经批准2011年度可供国内三星级以上涉外宾馆等单位申请接收的境外卫星电视频道名单

序号	境外卫星电视频道名称	关联主要媒体集团	频道权利拥有者	国家或地区
1	CNN 国际新闻网络	时代华纳集团	特纳广播系统亚太公司	美国
2	HBO	时代华纳集团(非控股)	HBO 太平洋合伙公司 v.o.f.	美国
3	Cinemax	时代华纳集团(非控股)	HBO 太平洋合伙公司 v.o.f.	美国
4	CNBC 财经电视台亚太频道	美国全国广播公司/美国通用电气有限公司	Business News (Asia) LLP	美国
5	MTV 音乐电视台中文频道	维亚康姆有限公司	MTV 亚洲有限公司	美国
6	国家地理亚洲频道	美国新闻集团	国家地理频道网络亚洲有限公司	美国
7	卫视国际电影台	美国新闻集团	Star International Movies Limited	美国
8	〔V〕音乐台	美国新闻集团	Star China Media Limited	美国
9	AXN 动作频道(AXN)	美国索尼影视娱乐公司	AXN Holdings, LLC	美国/新加坡
10	Discovery 探索频道	Discovery 传播控股有限公司	Discovery 亚洲有限公司	美国

（续表）

序号	境外卫星电视频道名称	关联主要媒体集团	频道权利拥有者	国家或地区
11	Diva Universal 频道	美国全国广播公司/美国通用电气有限公司	Sparrowhawk International Channels Limited	美国
12	BBC 世界新闻台	英国广播公司	BBC World Distribution Ltd.	英国
13	NHK 世界收费电视频道	日本放送协会	日本国际广播电视公司	日本
14	凤凰卫视电影台	凤凰卫视控股（开曼群岛）有限公司	凤凰卫视有限公司	香港
15	凤凰卫视中文台	凤凰卫视控股（开曼群岛）有限公司	凤凰卫视有限公司	香港
16	TVB8	香港电视广播公司	TVB Satellite TV Entertainment Limited	香港
17	TVB 星河频道	香港电视广播公司	TVB Satellite TV Entertainment Limited	香港
18	NOW（Network of the World）	香港电讯盈科有限公司	电讯盈科媒体有限公司	香港
19	卫视中文台	奥亚卫视有限公司	澳亚卫视有限公司	澳门
20	法国电视国际 5 台（亚洲）	法国海外广播公司	法国电视国际 5 台公司	日本
21	凤凰卫视信息台	凤凰卫视控股（开曼群岛）有限公司	凤凰卫视有限公司	香港
22	彭博财经电视亚太频道	彭博有限合伙企业	彭博有限合伙企业	美国
23	星空卫视	美国新闻集团	Star China Media Limited	美国
24	欧亚体育台	法国布伊格集团	欧亚体育台有限公司	法国
25	华娱卫视（CETV）	美国时代华纳集团/TOM集团	华娱卫视广播有限公司	美国/香港
26	天映频道	马来西亚环宇电视网	天映电影频道有限公司	马来西亚

（续表）

序号	境外卫星电视频道名称	关联主要媒体集团	频道权利拥有者	国家或地区
27	亚洲新闻台国际	新加坡新传媒集团	MCN国际私人有限公司	新加坡
28	*古巴视野国际频道	古巴视野国际频道	古巴视野国际频道	古巴
29	*韩国KBS世界频道	韩国放送公社	韩国放送公社	韩国
30	俄罗斯环球频道	俄罗斯国家电视广播公司	俄罗斯国家电视广播公司	俄罗斯
31	"今日俄罗斯"频道	俄新社	自治非营利组织"电视新闻"	俄罗斯

资料来源：根据原国家广播电影电视总局披露的资料整理获得。

我国政府在实行对等落地协议时往往选择那些具备与中国广播电视进行互利互惠合作、综合实力强且承诺协助中国广播电视节目在境外落地的境外媒体。美国在线—时代华纳公司的卫星非新闻类中文文艺节目在我国珠江三角洲落地，中国的CCTV-4套节目也通过该公司上了美国的卫星频道。作为MTV广东落地的交换条件，美国维亚康姆公司帮助中央电视台面向海外的英语频道CCTV-9陆续在美国一些城市的酒店落地。2002年，星空卫视在广东地区落地，作为对等条件，星空传媒集团的姊妹公司FOX有线网也安排频道CCTV-4在美国播出。

2．股权进入

（1）合资、独资。

2004年11月，《中外合资、合作广播电视节目制作经营企业管理暂行规定》（以下简称《44号令》）由国家广电总局颁布并实施，标志着我国对境外资本准入政策的放宽。根据《44号令》的规定，外资企业可以入股国内广播电视节目制作经营企业，但中方持股不得少于51%；时政新闻和与新闻有关的节目仍然是境外资本的禁区。《44号令》颁布实施后，境外资本纷纷开始行动，如维亚康姆尼克儿童频道与上海文广合资成立制作公司；索尼影视国际电视公司与中影集团宣布成立华索影视数字公司。《44号令》的颁布被视为中国广电业有史以来最大程度的开放，境外资本更是将《44号令》看做是中国传媒业对外开放的重要信号。

2005年2月,国家广电总局向各省、自治区、直辖市广播影视局(厅)发出《关于实施〈中外合资、合作广播电视节目制作经营企业管理暂行规定〉有关事宜的通知》补充规定,每家外资传媒公司只能在中国建立一家合资公司,再次明确把"频道经营"划为外资企业进入中国的"禁区",外资机构不能选择国内的电视节目播出机构作为合作方,不能参与境内电台、电视台的经营业务,并严禁外资机构假借合作引进境外频道和节目。2009年2月6日,《关于废止〈中外合资、合作广播电视节目制作经营企业管理暂行规定〉的决定》经国家广电总局、商务部审议通过,并予发布,自发布之日起实施。自此之后,境外资本设立和经营广播电视节目制作及播放公司、电影制作公司的大门暂时关闭。

(2) 参股。

境外资本进入中国电视市场的另一种股权进入方式是参股,也就是入股中方影视集团或参与融资。由于政策方面的限制,境外资本不能直接经营中国新闻传播事业。境外资本通过资本运作,以参股方式迂回进入中国电视市场,如美国在线、新闻集团等。新闻集团以参股的方式大力开拓中国内地市场,在电视领域,星空卫视和控股的[V]音乐台(87.5%)、ESPN(50%)、国家地理频道(66.7%)和持股的凤凰卫视(38.52%)以香港作为基地,与大陆三十多个省市的有线电视台合作编播音乐、人文地理和体育节目。

(3) 风险投资。

随着中国电视市场的不断开放,中国电视市场巨大的潜力吸引了不少境外风险投资机构的兴趣,但由于境外投资首先受制于电视方面的法律规定,例如政策不允许境外资本参与频道经营、境外投资只允许投资节目制作,从而使得境外资本无法获得高额回报等诸方面的原因,传统电视行业也只有小规模的境外风险投资进入。

与传统的电视节目制作公司相比,数字媒体是一个新领域,具有更好的商业模式,国内手机电视、数字电视、网络电视等与数字媒体技术相关的传媒企业,由于其高成长性和高回报性,更能得到风险资本的青睐。例如日本软银集团合伙人在对投资中国电视业持谨慎态度的同时,却投资了中国内地不少新媒体公司,如盛大网络、力合数字电视等。2007年1月,数码媒体集团宣布完成新一轮融资,而此次融资的规模超过千万美元。美国雷凯集团投资中国聚众传媒集团,美国高盛公司、英国3i公司、维众(中国)共同投资3000万美元入股分众传媒(中国)控股有限公司,致力于户外电视网络节目的制作与播出。因此,境外风险投资者今后会将更多的资金投入数字电视、网络电视、手机电视等新兴媒体产业中。

5.3.2 境外资本开拓中国电视市场的战略选择

境外资本进入中国电视市场的目的大致都是尽可能占领中国电视市场,谋求集团利益最大化,但在采取的手段上却不尽相同,各有特色。总体上看,境外资本开拓中国电视市场的战略选择呈现的特征是,在公司层面上重视跨国战略和纵向一体化战略,在业务层面上相机采用最优成本供货商战略、差异化战略和合作战略。

1. 先国际化战略再跨国战略,到以跨国战略为主

所谓国际化战略(international strategy)是指在目标国家没有强有力竞争对手,无需考虑成本压力和地区响应压力的全球化战略类型,在全球以比较高的价格销售简单类型和相同的产品,获取丰厚回报。而跨国战略(global strategy)是一种既追求源于全球整合的成本降低又追求源于地区响应的深度挖掘市场机会的战略,是全球(标准化)战略(global standardization strategy)与本土化战略(localization strategy)的统一。

境外大型传媒集团进入中国电视市场,首先采用国际化战略,凭借自己的能够实现跨文化传播、具有全球消费需求的大众文化消费品,成功登陆中国电视市场,并获取良好财务回报,形成品牌效应。"娱乐和音乐"属于无国界的具有普适性的文化消费品,是获取全球整合效应的最佳选择。当境外资本凭借具有全球适应性的大众文化产品敲开中国市场的大门后,会迅速调查研究中国本土大众的文化传统和消费习惯,制作体现中国文化与消费元素的电视产品,就变成了跨国战略。由于传媒产品具有文化属性,产品在其他国家的可复制程度低,加之不同国家具有不同的文化传统和消费习惯,这就要求境外资本在全球化扩张的过程中,推出既有国际品味又符合本土受众接受心理的产品,从而不断拓展中国电视市场。以MTV为例。维亚康姆MTV对中国市场的进入,首先以较高价格、独具特色、为全球年轻消费者喜爱的欧美流行音乐和全球化包装吸引年轻人的眼球,既获取丰厚的财务回报,又形成品牌效应,采用的就是国际化战略。之后迅速针对中国年轻人的音乐消费特点,在本土制作和包装《MTV天籁村》《MTV光荣榜》《MTV超级盛典》《MTV学英语》《MTV明星档案》《MTV互动歌会》六档原创节目,并起用本地主持人,培养了李霞、林海、张铮等一批优秀节目主持人,他们很了解本地观众的品位,同时也了解世界流行乐坛。在这种战略中,既在内部转移使用了来自境外电视传媒集团的独特竞争力,又注意了响应中国消费者消费特点的压力,属于典型的跨国战略。

随着中国经济的发展和影视业的快速进步,境外电视传媒集团开拓中国电视市场的全球化战略类型以跨国战略为主,因为中国电视市场的竞争日益激烈,境外资本在中国电视市场实施国际化战略的机会已大大减少。

2. 纵向一体化战略

纵向一体化又称垂直一体化,它在供、产、销方面实行纵向渗透和扩张,在一个行业价值链中参与许多不同环节的活动。一个企业是否适合或是否需要实施一体化战略,取决于其长期战略目标、企业所在行业中的竞争基础以及这种战略所能产生的竞争优势的大小。进入中国电视市场的境外资本一般都是完成了大融合、大兼并的国际传媒集团,其本身一般是全产业链经营,具备实施纵向一体化的实力,一般在传媒产业链的多个环节拥有资源和能力优势,在中国电视市场实施纵向一体化战略符合境外电视传媒集团的总体战略和长期发展目标。例如,维亚康姆通过节目销售、项目合作进入上游产业链;通过频道落地进入中游产业链;通过音乐原声带的发行,将产业链向下游延伸。总的来看,维亚康姆在中国电视市场的业务覆盖了上、中、下游产业链,并将价值链向新媒体(互联网电视、数字电视、手机电视等)领域延伸,在制作、发行、播放和销售方面都有涉及。

3. 最优成本供货商战略

所谓最优成本供货商战略是指以低成本提供优秀的差异化产品,然后利用成本优势制定比竞争产品更低的价格,通过为买方提供超值的顾客价值来建立竞争优势的战略。最优成本供货商战略,本质上是通过寻求低成本与差异化之间的适度平衡来创造超值的顾客价值,因而它是一个复合战略。[1] 该战略的制定过程实际上是低成本和差异化之间反复试算平衡的过程,同时还要参照竞争对手可比产品的相对地位和相对差异化地位综合考虑加以制定。随着社会阶层的复杂化,传媒市场正在由无差异市场向有差异市场演进,这使得市场细分变为营销的重要前提,也是实现差异化的先决条件。[2] 同时,对境外资本来说,必须充分认识到其自身在适应产业及结构方面所具备的独特强项和弱项,并充分利用自身的优势,积极从各个方面努力削减成本,降低开支,在差异化过程中同时注重成本的开支。凤凰卫视中文台即为典型案例。

凤凰卫视中文台:另类思维赢得主流地位

美国学者托尼·哈里森在《传播技巧》中指出:"所谓传播媒介的定位,是指

---

[1] 杨锡怀等:《企业战略管理:理论与案例》,北京:高等教育出版社2004年版,第195—196页。
[2] 朱春阳:《传媒营销管理》,广东:南方日报出版社2004年版。

一个传播媒介的特点在受众心目中的总体反映。它包括传媒的地位、报道质量、受众的类型以及该传媒有别于其他传媒的特质或价值。"

由此,不难理解凤凰卫视中文台的成功。当内地观众纷纷抱怨电视台千篇一律、毫无特色时,凤凰卫视中文台有着明显与内地媒体迥然不同的特质。凤凰的节目是"京、港、台"融合的风格,恰是这种不同的风格,尤其是与央视一贯正统风格的差异,让内地人看着新鲜。在新闻报道上,它经常选择央视囿于传统报道管理和新闻政策限制而不能报道的重大事件。用央视一位制片人的话说,央视越不能报什么,凤凰就报什么;越不能采访谁,凤凰就采访谁。①

凤凰的另类还在于节目的新颖。《有报天天读》开创读报先河,而且读报的是一位考核普通话就不能在内地电视台上岗的"糟老头";《时事开讲》开创了"剪刀＋口水"的新闻评论风潮;《锵锵三人行》将电台式谈话节目搬上电视、推向内地;《娱乐串串秀》对娱乐新闻进行个人式的调侃解读。这些另类选择给观众留下了凤凰敢于创新的深刻印象。凤凰的品牌塑造也是一条另类之路。打造名主持、名记者、名评论员的"三名主义"为电视台的品牌拓展提供了一条新思路。

所有的另类之上,凤凰卫视宣扬的是"泛中华"的概念,这是它与别的华语台相比最大的另类之处。这种风格四不像,但每个华人都能找到一种能够寄托的东西,这就是凤凰卫视创造的魅力。

凤凰卫视不仅在差异化方面取得了很大的成功,在成本领先方面也独树一帜。很多人都认为,"凤凰"的高明之处在于成功地实现了低投入高产出。"凤凰"的自办节目,基本上是这样一种模式:"剪刀"＋"口水",无论是娱乐、新闻节目还是财经类节目,都是这个套路。新闻节目要么靠前期采集的内容取胜,要么靠后期的"解码"增值(前者需要的投入显然比后者要多得多)。这个"解码"无非是做两个事情:一是在眼花缭乱纷纷扰扰的新闻信息中,帮助受众挑出最重要的信息来;二是帮助受众了解相关新闻信息的因果关系、台前幕后关系,甚至可以做点预测、评论。"凤凰"拿这一点做足了文章,而成本只发生在演播室和编辑房里。至于"凤凰"其他上榜节目《锵锵三人行》《鲁豫有约》等,属于谈话节目,谈话节目是公认的低成本节目。"凤凰"的财经节目,如《财经线上》和《论衡财经》,也没有像内地的一样,动辄到处设演播室,多地直播,而是请一些专家往演播室一坐,就轻松搞定。

---

① 禹建强:《媒介战略管理案例分析》,北京:华夏出版社2004年版,第57页。

从案例可以看出,在电视行业,成本领先者也不能无视差异化战略,如果产品不被市场认可,再低的成本也是浪费。"凤凰"的成功是两种战略叠加、共同作用的结果,即在低成本的投入下,提供给观众另类的选择。这是"凤凰"脱颖而出的关键。

4. 差异化战略

差异化战略是指企业向顾客提供的产品和服务在行业范围内独具特色,这种特色可以给产品带来额外的加价。如果一个企业的产品和服务的溢出价值超过其因独特性所增加的成本,那么,拥有这种差异化的企业将取得竞争优势。[①]

MTV 差异化优势

维亚康姆 MTV 节目的产品差异化特点十分明显,汇聚流行音乐的最新唱片和前沿资讯,为了拉近和全球歌迷的距离,举办 MTV 美国音乐录影带大奖、MTV 亚洲音乐大奖等大型盛典,这些大奖被誉为音乐界的奥斯卡。MTV 中国音乐频道自成立之初就独家引进这些国际化的音乐内容资源,打造出了《MTV 天籁村》《MTV 光荣榜》《MTV 超级盛典》《MTV 明星档案》四档王牌节目,其差异化优势无人能敌。

MTV 为加强自身的差异化优势,独创了"音乐活动营销"模式,借助音乐特色资源策划大型音乐活动,增加和终端观众的接触和互动,一方面提升品牌知名度与忠诚度,另一方面带动商业企业的广告合作,其中以和中央电视台合作的每年一届的"CCTV-MTV 音乐盛典"最负盛名。"CCTV-MTV 音乐盛典"一方面依托 CCTV 国家电视台的权威平台和影响力,另一方面发挥 MTV 在国际国内的音乐专业资源和盛典运作经验,自 2000 年来,连续举办了 11 届,可谓中国流行音乐界最大的音乐盛事。

5. 合作战略

战略联盟是一种合作战略,是两个或者更多的企业在保持独立性的基础上为了达到一定的目的和获得最大的竞争优势,通过战略组合它们的资源而组成的联合体,其实质是一种契约性质的商业合作伙伴关系。[②] 境外资本在进入中国电视市场时,纷纷采取这一战略。2002 年 12 月新闻集团全资子公司星空传媒与中国最活跃的地方广电媒体——湖南广播影视集团正式签署一项框架性协议,双方自愿结成战略合作伙伴关系。这个框架性协议的目的,在于为中国这个世界上发展最快的媒体市场制作出更多更好的电视节目。虽然此次签署的只是

[①] 金占明:《战略管理》,北京:清华大学出版社 2010 年版,第 199 页。
[②] 肖海林:《企业战略管理》,北京:中国人民大学出版社 2008 年版,第 284—285 页。

框架性协议,但星空传媒是获准与中国电视传媒合作的首个国外媒体,也是我国第一次允许外资影视机构与中国影视机构进行全面合作的国外媒体。星空传媒集团董事长兼 CEO 默多克表示:"这项协议的签订深化和加强了我们在中国的发展。能与中国最活跃和最富创新精神的湖南广电集团结为合作伙伴,我们感到非常振奋。"湖南省广播电视局局长、湖南广播影视集团董事长魏文彬强调:"与星空传媒集团结盟,是我们走向世界的关键一步。"①2003 年 4 月,上海文广新闻传媒集团与 CNBC 亚太宣布结成战略合作伙伴关系,CNBC 与文广传媒旗下第一财经共同制作一系列合作节目,并推出了"道琼斯第一财经中国 600 指数"。CNBC 财经电视还与第一财经频道合作举办每年一度的"中国最佳商业领袖奖"评选,该评选已成为中国的"商界奥斯卡"。七年多来,双方的合作领域由财经节目制作延展到各个产业链的互补,各自提升了自身的传播影响力和专业化程度。2005 年 5 月 11 日,央视风云和韩国 KBS 电视台签署了战略合作协议,随着双方合作的进一步开展,央视风云将会把 KBS 高质量的韩国电视剧带给中国观众。

5.3.3 境外资本进入中国电视市场的行为特征——基于重要事件的考察

1. 2005 年的青海卫视事件

青海卫视是我国一家省级电视台,在全国上星卫视中属于弱势个体。不过,青海卫视拥有全国落地、覆盖亿万观众的强大频道资源,深深吸引了传媒大亨默多克。2004 年底,新闻集团、团中央网络影视中心等几家单位共同出资组建了一家合资公司,负责青海卫视的广告经营,并在频道中引进新闻集团旗下星空传媒制作的节目。星空卫视借助青海卫视间接实现了节目的全国落地。由于按照我国的政策,星空卫视只能获得有限落地权,因此,新闻集团与青海卫视合作的目的就在于借壳落地。2005 年初,改版后的青海卫视大量播放来自星空卫视的节目,青海卫视就此成为星空卫视的翻版。这一次,星空卫视的步伐显然迈得有点快,2005 年 8 月,新闻集团与青海卫视的合作夭折,新闻集团黯然撤出青海卫视。星空传媒这次的举动过于明目张胆,触碰了我国政策的底线,最终黯然退场。这一事件的发生部分原因可以归结为我国监管政策制定中的弊端,从而给予境外资本可乘之机,打"擦边球",实际是进行非法投资。

2. 2007 年的东盟卫视事件

2007 年 7 月,东盟卫视(一家在香港注册成立的公司,简称"东盟卫视")未

---

① 资料来源:http://www.jrj.com.cn/NewsRead/Detail.asp? NewsID=89293。

经国家广电总局批准,设立了南宁代表处,并擅自进行频道推介,电视节目和广告招商,招聘电视类从业人员,制作所谓《走进东盟》系列电视片等电视业务活动。针对"东盟卫视"以上行为,广西壮族自治区广电局也只是根据《境外机构设立驻华广播电视办事机构管理规定》(国家广播电影电视总局令第28号)第十八条规定,依法向东盟卫视集团发展有限公司发出了《责令改正通知书》,责令其立即撤销未经批准设立的东盟卫视集团发展有限公司南宁代表处。同时,责令其未经批准,不得在广西辖区内开展广播电视类业务活动(含采访、编播、制作节目、频道推介、广播电视节目和广告招商等)。

从以上两个事件可以看出,政府对境外资本的监管还存在着漏洞,同时可以看出境外资本急于进占中国电视市场的战略意图,以及针对中国政府监管漏洞的侥幸心理。

3. 2008年的维亚康姆高层变动

维亚康姆旗下的MTV国际公司从2008年7月9日起,委任王海为MTV中国首席运营官。王海将会驻任北京,负责MTV中国业务,负责继续发展MTV国际公司在市场上长期建立的位置,寻找新的生意机会及扩展在中国市场的长久关系。据一位接近维亚康姆的新媒体人士透露:"维亚康姆希望能通过传统电视频道与新媒体的结合,开拓一种新商业模式。"[①]

"柔和变动"的思路由此浮出水面:与李亦非公关业务出身不同,维亚康姆急需一位通晓传统媒体、新媒体及资本运作的新舵手,而其新使命即:通过传统电视频道与新媒体的结合,开辟新商业模式。"内容为王"与国内新媒体渠道的迅速发展,正是维亚康姆中国新故事开始的逻辑起点,也是新闻集团虽不再增加对电视品牌的本土投资,却不意味着其将放弃中国市场的原因。

从这一事件可以看出,整合传统电视与新媒体,将成为境外资本在中国市场发展的一种新的商业模式。

4. 2010年的CMC收购星空传媒中国事件

2010年8月9日,华人文化产业投资基金(CHINA MEDIA CAPITAL,CMC)与新闻集团(News Corporation)宣布,新闻集团已正式签署协议,华人文化产业投资基金投资控股原属新闻集团全资拥有的星空卫视普通话频道、星空国际频道、Channel[V]音乐频道,以及星空华语电影片库(Fortune Star)业务,双方将以此展开合作,共谋发展。此次对新闻集团的四项业务并购,是该基金的第一个投

---

① 资料来源:http://www.enet.com.cn/elady/itrw/cxhd/200807/20080701347103_1.shtml。

资项目。这是新闻集团迄今为止在中国市场上作出的最大调整。在新闻集团看来,中国市场有两大特征,一是巨大的市场发展前景,二是严格的媒介监管。

从CMC收购星空传媒的事件看出,中国政府对传统电视市场的监管依然比较严格,但中国巨大的市场前景依然强烈吸引着境外资本。

从上述事件可以总结出,境外资本在中国电视市场的行为主要表现为以下特征:

(1)由于我国政府对境外资本进入电视业的严格监管,境外资本在进入方式上主要采取迂回进入策略,有些企业为了扩大在华业务,甚至打"政治擦边球",进行一些非法投资,但最终受到我国政府部门的处罚。这对完善我国对境外资本进入电视市场的监管起到了很好的警示作用。

(2)随着新媒体在我国的迅速发展,加之对境外资本进入传统电视业的严格监管,境外资本纷纷转战新媒体,拓展新的播出渠道,并与传统电视进行整合,将丰富的内容通过多渠道传递给受众。

(3)政策是境外资本进入中国电视市场的主要壁垒,但中国电视巨大的市场前景依然吸引着境外资本,境外资本仍没放弃对电视产业的投资,今后随着"三网融合"在我国的普及,境外资本对电视产业的投资将会加大。

5.3.4 境外资本进入中国电视市场的效应

1. 境外资本进入对中国电视市场的正面效应

国际战略管理大师迈克尔·波特提出,影响一国产业竞争优势的因素包括四大方面:一是该国在某些产业上的要素禀赋条件,其中,人力资源方面被波特视为"高级要素";二是该国在某一产业上的需求条件,即具有国际化视野、口味苛刻、富有创新追求的消费需求将促进这一产业的大发展;三是该国相关产业和支柱产业的竞争程度;四是该国的企业竞争策略、公司治理结构与竞争力水平,也就是说,国内企业间的激烈竞争将使企业更具国际竞争力。适度开放,引进外资,促进我国电视行业的发展,提高我国电视业在世界范围内的竞争力,这也有利于我国本土企业的境外扩张。总的来说,境外资本的进入对我国电视产业的发展具有以下正面影响:

第一,外资的进入缓解了我国电视业资金不足的燃眉之急,为我国本土企业注入强劲的发展动力,推动其产品研发和业务拓展。例如华谊兄弟为解决发展所需资金先后进行了多轮私募,引入了TOM集团、雅虎中国、分众传媒等传媒集团和金融投资机构,以"股权融资+股权回购"的方式引进资本,从而解决了华谊兄弟发展过程中的资金不足问题。由于我国本土民营传媒企业起步晚、资金匮乏,通过与境外资本的合作,为本土企业注入资金,从而使得民营企业获得更快速的发展;另一方面还带来了宝贵的管理经验、融资渠道、商业模式、合作伙伴乃至资本运作理念等等,这些境外资本中所隐含的无形资本对提升本土传媒企业的竞争力有着重要影响。

第二,境外资本的进入,推动了电视产业的市场化进程。由于地区分割、行业分割和媒体分割往往给媒体铸就了无形的保护伞,传媒企业往往失去改革的动力,甚至拒绝开放市场和引入竞争机制。而境外资本有条件的进入,恰恰可以加剧中国国内电视媒体的竞争,迫使其改革与发展,或通过跨地区联合,或自主进行改革,最终加快步入市场化的进程。例如我国目前民营电视制作机构已达1000多家,集中度较低,竞争比较激烈,市场化程度较高,中国本土媒体与境外资本为争取市场份额,在建立合作关系的基础上展开激烈的竞争,已成当今中国电视市场的常态。同时外资媒体先进的技术、精彩的节目内容、科学的管理方法被带到中国电视市场,有利于打破原有电视行业的市场垄断并形成有效竞争机制,促进中国电视媒体市场的进一步规范与成熟。

第三,丰富了国内电视媒体市场,满足消费者的多元化需求。具有广泛的传播渠道(传统电视、数字电视、网络电视等)但内容缺乏是当前国内电视媒体市场的现状,境外资本的进入无疑可以丰富电视媒体市场,提供更多视角、更广领域的资讯和内容,满足消费者对内容多元化的渴求。近年来,我国每年都会引进一定数量的境外电视剧,这不仅解决了我国节目内容缺乏的现状,也丰富了我国节目市场,满足了消费者的多样化需求。

第四,推动境内企业和境内节目打入境外市场。境外资本在融资、投资、海外发行等方面都有很强的优势,国内企业可以通过与境外资本建立战略合作关系,并通过境外资本强大的渠道和销售网络,把自己的产品打入国外,从而加速国内企业的国际化进程。近年来,我国电视剧开始进入到欧、美、韩等国家和地区。情感剧《燃烧的玫瑰》在韩国卖出了史无前例的高价并登陆 MBC 黄金档,成为首部登陆韩国主流电视台的中国当代剧。前不久,中国和加拿大合拍、杨亚洲执导的连续剧《蝴蝶》在加拿大 OMNI 电视台首播,不列颠哥伦比亚省、阿尔伯塔省和安大略省的居民比中国观众更早地看到了这部由倪萍、刘威主演的电视剧,故事反映了加拿大的多元社会和华人移民生活。目前,新版《红楼梦》《三国》《西游记》等荧屏巨制进军海外市场的前景也十分乐观。

2. 境外资本进入对中国电视市场的负面效应

境外资本的进入在给电视业注入生机与活力的同时,也加重了本土企业的危机感和紧迫感,带来了一些负面效应。

从经济层面来说,境外资本的进入,加大了中国电视业的规模化竞争,电视市场"强者越强,弱者越弱"的马太效应将更加凸显,这将导致电视市场进入的资金门槛迅速提升,形成市场进入的"壁垒"——资金壁垒。近年来,这种状况在境内电视市场的发展中已经初见端倪。随着我国电视业对民营资本的开放,民营资本纷纷进入电视制作市场,但由于缺乏资金和技术,像光线传媒、华视传媒等真正发展壮大起来的民营企业很少,境外资本也多数选择与实力较强的民营企业合作,强强合作,从而导致马太效应凸显,同时境外资本进入中国电视市场,将会采取长期且大投入的战略,这将大大提高电视行业的进入壁垒,从而对中国本土电视企业产生巨大的影响,在很大程度上遏制中国本土资金不足的电视传媒企业的发展壮大。

其次,从文化层面来说,对国家文化安全构成潜在威胁。中国作为世界上最大且增长最快的传媒市场,吸引着众多境外资本的进入,由于我国是社会主义意识形态的国家,国家文化安全及主导意识形态无疑会受到境外资本的负面影响。因此,我们应高度关注境外资本的进入可能带来的一些负面影响和违规行为。

总的来说,境外资本进入中国电视市场的利大于弊,为我国电视市场带来了生机与活力,对促进我国电视产业的健康发展起到了推动作用。

5.4 境外大型电视集团进入中国市场的动态演变与启示:以迪斯尼、新闻集团和维亚康姆为案例

迪斯尼、新闻集团和维亚康姆进入中国电视市场的行为轨迹分别见表5-10、表5-11和表5-12。

表5-10 迪斯尼在中国的发展轨迹

日期	事件	方式
1978	迪斯尼进入中国,从20世纪80年代开始向央视提供每晚30分钟的动画节目《米老鼠和唐老鸭》。后来由于知识产权纠纷,迪斯尼自动退出中国市场。	节目提供
1994	迪斯尼控股的ESPN以NBA、英超、意甲等世界著名体育比赛转播资源和低价的费用与上海有线电视合作,此后,陆续与全国三十多家电视台展开合作。	节目提供

(续表)

日期	事件	方式
2001	迪斯尼互联网集团与海虹控股合作,由海虹独家经营迪斯尼中文网站及迪斯尼收费游戏频道"迪斯尼小旋风"并全权负责该网站及收费频道在中国的所有业务,迪斯尼集团则负责向海虹提供境外广告客户及赞助商资源。	控股合作
2002	"迪斯尼中国"网站开通。	
2001	在香港推出"传动迪斯尼"业务,表示将以香港作为该迪斯尼公司的亚太区创作及发展中心,并以此为基础,发展中国市场。	
2002	迪斯尼与香港电视广播公司合作推出《周六迪斯尼》节目。	合作制作节目
2002	迪斯尼公司亚太区总监尼尔曼声称,迪斯尼公司正在与香港新城电台和商业电台商谈,希望能与其中一家达成协议,在香港成立首家迪斯尼亚洲台。	合作成立电台
2004	迪斯尼彻底与老伙计海虹控股公司划清界限,搜狐获得新的网络授权,成为迪斯尼在中国内地的唯一互联网合作伙伴。	
2005	与中影集团、仙涛集团合作拍摄《宝葫芦的秘密》。	
2009	投资250亿元的上海迪斯尼乐园项目获国家批准。	迪斯尼主题乐园

表 5-11　新闻集团在中国的发展轨迹

日期	事件	方式
1985	默多克首次访华,向中央电视台赠送了50部20世纪福克斯电影公司拍摄的影片,包括《音乐之声》《巴顿将军》等。	节目赠送
1993	默多克出资5.25亿美元从李嘉诚家族购买了卫星电视台STAR TV的股份,后于1995年购入其他股份。	购买股份,兼并媒体
1994	与天津广播电视局组建了天津金大陆公司,展开频道包装和节目制作业务。新闻集团通过丰果公司注资2000万美元,提供拍摄、制作设备,占有6%的股份。	合作成立制片公司
1999	成立新闻集团北京代表处。	
1999	新闻集团投资400多万美元,帮助中国的《人民日报》创立了网络在线版。	
2000	默多克向中华创业投资。	投资

(续表)

日期	事件	方式
2000	新闻集团注资 4 亿美元给在纳斯达克上市的公司网易,占网易股份的 10%。	投资
2001	新闻集团与高盛组成投资集团,共同向中国网通注资 3.25 亿美元,占网通 12% 的股份。	投资
2002	新闻集团的子公司 NDS 集团在中国成立第一家独立分公司——NDS 科技(北京)股份有限公司,向国家级有线电视网提供数字有线电视的前端、接收、机顶盒和互动式节目指南软件等全套系统。	技术提供
2001	中国国家广电总局正式批准新闻集团持股 38% 的凤凰卫视中文台进入广东珠江三角洲地区有线网络。	落地权
2001	STAR 宣布,它的一个全新的综艺频道已获中国政府批准在广东地区落地。这是中国首次将有线电视网落地权授予一个境外全新频道。	落地权
2002	STAR 集团宣布,将其获准在中国南方落地的新的综艺频道命名为"星空卫视",同时将 STAR Group Limited 的中文名称定为"星空传媒集团"。3 月 28 日,星空卫视通过广东有线电视网正式开播。	
2001	星空传媒集团和湖南广播影视集团结成战略联盟,约定今后在节目拍摄、世界性发行以及节目交流等方面进行广泛合作。	结成同盟
2003	新闻集团与央视达成一项协议,新闻集团旗下的 NDS 集团,它所开发的接受系统已通过中央电视台中央卫星电视传播中心的最终验收测试,开始传送该中心的数字加密电视节目信号至全国有线电视网络中的各省级和地区及有线电视前端。	技术合作
2004	新闻集团全资子公司星空传媒集团设立了境外传媒机构在内地的首家独资广告公司——星空传媒(中国)有限公司,新闻集团和星空集团中国区总裁戴杰明亲自出任这家新公司的董事长。	独资广告公司
2005	新闻集团与青海卫视商定合作事宜,新闻集团不仅将向青海卫视提供众多节目制作内容,还将投资 2000 万介入青海卫视的广告经营。新闻集团与团中央网络影视中心等准备共同出资组建一家合资广告公司,全盘负责青海卫视的广播运营。	提供节目,经营电视台广告

(续表)

日期	事件	方式
2006	新闻集团表示,如果找到合适的合资公司,最早将在本财年启动Myspace中国网站。	
2008	广电总局正式宣布,批准ESPN、STAR Sports两个境外卫星电视频道在2007年度内继续供国内三星级以上涉外宾馆等单位申请接受。	
2011	华人文化产业投资基金与新闻集团联合宣布,双方已正式签署协议,CMC将控股新闻集团原本全资拥有的星空卫视普通话频道、星空国际频道、Channel[V]音乐频道,以及星空华语电视片库业务。	

表5-12 维亚康姆在中国的发展轨迹

日期	事件	方式
1995	成立北京办事处。	
1995	MTV获得了在中国500万户三星级以上酒店和涉外小区的落地权。	节目提供,落地权
1999	开始与中央电视台联合举办一年一度的CCTV-MTV音乐盛典。第二年这一活动的收视率达到了7.8%,即受众达到了1亿。	合作举办节目
2002	与唐龙国际传媒合作,将尼克国际儿童频道中的《尼克知识乐园》引进中国。	节目提供
2003	尼克儿童频道与上海声像出版社合作,由上海声像独家在中国发行旗下的儿童连续剧《少女心路》《柯南和科尔》和《史哥特表哥》的DVD和VCD制品。	合作发行
2003	MTV正式在广东省有线电视网落地,MTV24小时播出的音乐电视节目跟广东的100万个家庭见面。	落地权
2003	尼克国际儿童频道与中国中央电视台青少年频道展开全方位、大规模的合作。	合作提供节目
2005	中央电视台青少年频道与尼克国际儿童频道合作计划共同举办"孩子的选择"大型电视晚会。	合作举办电视晚会
2004	MTV全球音乐电视网旗下的尼克少儿频道与央视CCTV正式达成合作协议,动画连续剧《猫狗》于3月17日开始在央视少儿频道全面播出。	合作提供节目

（续表）

日期	事件	方式
2004	维亚康姆和清华同方签署《战略伙伴关系意向书》,双方拓展在数字电视方面的合作,于2005年第一季度开始运营。	数字电视合作
2004	与上海文广传媒集团签署协议,合资组建一家电视节目制作公司,这是首家中外合资媒体节目公司。文广集团在合资公司持有51%的股权。	合资成立电视节目制作公司
2005	维亚康姆户外传媒广告(北京)有限公司宣布正式进入中国户外广告市场。	

从表5-10、表5-11和表5-12可以看出,迪斯尼上世纪70年代即已进入中国、新闻集团在上世纪80年代中期进入中国,维亚康姆则于上世纪90年代中期进入中国,三家集团进入中国的动态演变呈以下共同特点:(1) 在进入中国的早期都是以提供节目的出口这一低风险与低收益方式进入,之后逐步出现合作进入和投资进入等风险与收益均较高的进入方式;(2) 在发展的不同时期,进入方式不局限于某种特定的方式,而是组合采取不同的进入方式,但以合作方式居多;(3) 偏好于与中国品牌电视媒体特别是中央电视台合作;(4) 进入中国电视产业链的领域不断拓展,已进入多个细分领域,近年来向网络电视、数字电视等代表电视产业发展方向的新兴领域拓展。以上特点反映这些集团谋求在中国的长期发展。上海迪斯尼乐园落户上海,表明境外大型电视集团十分重视中国市场,在确保没有政策风险的条件下愿意在中国采取重大的投资动作。由上述特点判断,中国电视市场的规制环境是这些境外大型电视集团进行战略决策的唯一风向标。

5.5 境外资本进入中国电视市场的发展趋势

5.5.1 境外资本进入中国电视市场的发展趋势:基于过去的考察

这里主要是基于上文对境外资本的现状和行为特征的揭示,对境外资本过去的一些趋势是否继续延续进行探讨。

1. 进入方式:政策仍是重点考量因素

境外资本在进入中国电视行业时,无论是在节目制作、节目播出、影视剧方面都需遵守中国政府政策,即使个别企业想打"政策擦边球",最终也会受到广电总局的警告和处罚。今后,境外资本在进入时,仍需考虑中国政府颁布的政策,或者说政府制定的规制与监管政策很大程度上决定了境外资本进入中国市场的步伐和行为。WTO中我国对外开放的承诺中规定,我国广播电视并不完全对外开放,今后很长一段时间,我国政府对电视业的监管政策不会有太大变动,主要还是在资本进入、市场覆盖和内容标准方面的限制,因此,政策对境外资本来说仍是主要进入壁垒,会是境外资本重点考量因素。

2. 营销策略:通过活动营销加强企业品牌建设

传统电视单凭收视率带动广告销售的盈利空间越来越小,加之境外卫星频道落地范围受限,因此对境外资本来说,继续通过活动营销制造轰动效应,从而扩大品牌影响力将是未来重要的营销策略之一。通过活动营销可以扩大和终端观众的互动,加深观众对品牌的体验,同时还可整合广告资源,吸引广告投资。因此,活动营销将越来越成为境外资本与本土企业合作双赢的不错选择。

3. 战略市场:从传统电视转入网络电视

网络电视是文化信息产业中电视与互联网结合的产物,代表着整个文化信息产业未来的发展方向,未来将走向广播电视网、互联网和电信网的深度"三网融合"。网络电视一方面改变了互联网免费提供内容的模式,另一方面也改变了传统的电视收看模式,为电视节目的传输开辟了一条新渠道,带来了全新的电视节目收看方式,从而大大增加了观众的自主性选择。随着互联网等新媒体的发展,传统媒体开始纷纷拓展新媒体领域,媒体间的融合越来越频繁,跨媒体之间的合作越来越多,由于对传统电视业的监管较严格,而网络等平台进入的门槛却相对较低,今后,境外资本将纷纷把重心转移到开拓新的播出渠道,继续它们的迂回战术,从相对容易进入的媒介、监管相对较宽松的渠道渗入,从而逐步进入中国广电市场。2010年我国试点实行了"不对称进入"格局,广电获得了先期发展权,传统广电媒体正积极推进与新媒体的融合发展。从这一政策来看,我国政府对网络电视的发展是鼓励和支持的,这为境外资本进入互联网电视市场提供了契机。

4. 经营策略:内容与渠道并重

媒体行业中"内容为王"已被广泛认可,境外资本在进入中国市场时,都纷纷采取了这一经营策略。这一方面,最典型的就是维亚康姆集团在中国市场上采取的"内容为王"策略。在如今激烈的市场竞争中,只有拥有被认可、受欢迎的优秀内容才能吸引大量受众。但是,也并不是说有了内容就能称霸。适当的传播方式和传播渠道是将内容传递给最终用户的重要一环。如上文所列举的维亚康姆集团,希望能通过传统电视频道与新媒体的结合,开拓一种新商业模式,从之前注重内容到现在内容与渠道并重。随着技术的发展,发行渠道在媒体产业链中的地位越来越重要。境外资本要想在中国立足,除了要提供受众丰富的节目内容外,还要注重传播渠道的建立,将最新最好的节目以最快捷、最方便的传播渠道呈现在受众面前。因此,通过与国内机构的合作,进行内容与渠道的融合,不失为境外资本今后在中国电视市场扩张的一种可行的策略。

5. 业务组合的战略选择:谋求一体化经营

一体化战略包括横向和纵向两种向度。横向一体化指传媒集团进行跨媒体扩张,实现规模的扩大;纵向一体化是向价值链上下游扩展。跨国传媒公司大多在横向上横跨广播、影视、报刊、出版、网络等多种媒体,纵向上拥有内容制作、传播网络、技术开发等部门。有效的一体化战略能够建立业务关联,达到资源共享,实现协同效应,最终会降低成本,提高效益。

境外大型传媒集团在管理、制作等方面有着丰富的经验,并在广播、电视、出版、网络各个方面都有所涉足,故境外大型传媒集团应充分利用其在各个方面的资源,整合各方资源,从集团整体考虑,让资源在各个平台上得以充分利用。通过实施一体化战略,让资源利用最大化,从而达到效益最大化。在横向上,由于大型传媒集团在电视、广播、网络、报纸、杂志等方面都有涉及,并具有相关的配套服务与设施,今后,境外大型传媒集团将更好地将这些媒介进行融合,并积极利用相关的配套服务,更好为电视业的发展提供服务,从而达到整体利益最大化。因此,今后一体化的经营将是大型传媒集团的又一大发展趋势。

5.5.2 境外资本进入中国电视市场的发展趋势:基于未来的预测

1. 电视行业分析

按照产业经济学中的 S(市场结构) – C(企业战略行为) – P(企业绩效)理论,企业的战略行为直接决定于企业所在行业的市场结构(市场环境)。因此,通过分析中国电视行业的环境,可以预测境外资本会有怎样的战略行为。

迈克尔·波特(M. E. Porter)在其经典著作《竞争战略》中提出了一种结构化的产业环境分析方法——竞争五力模型(图5-7)。根据波特的观点,一个行业的竞争环境和吸引力,主要由五种基本的竞争力量决定:潜在的行业进入者、替代品的竞争、购买者讨价还价的能力、供应商讨价还价的能力以及现有竞争者之间的竞争。电视产业环境中同样存在着这五种力量,这五种力量共同作用决定了电视产业竞争的性质和程度,它们是形成电视企业在行业内某一竞争领域内竞争战略的基础。

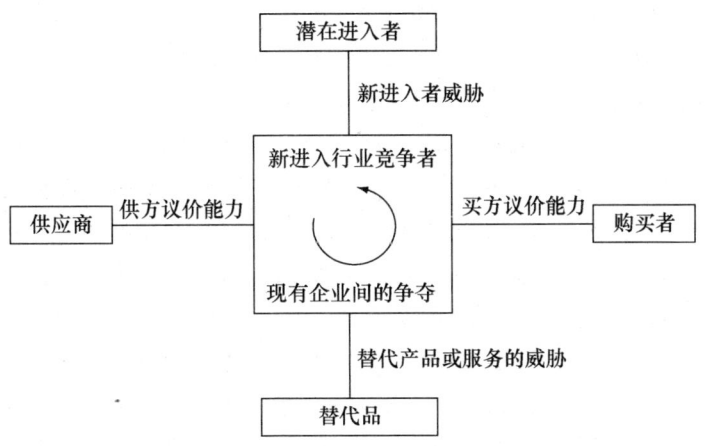

图 5-7　波特的竞争五力分析模型①

（1）潜在进入者的威胁。

一般而言,当某个媒介产业具有较高的投资回报时,就会吸引很多的潜在加入者,因为资金都向高收益的行业流动。潜在加入者是否会真的采取行动进入到该媒介产业中去,取决于其对产业进入壁垒的认识。

① 政策壁垒。中国政府对境外资本进入电视市场制定了较为严格的限制政策。改革开放以来,尤其是加入 WTO 后,政府颁布了一系列文件,对境外资本进入中国电视媒体市场进行了一系列的规制与监管,主要包括外资主体资质审查、境外资本进入规模、产权比重、进入速度、结构比例、传播内容标准等,这些政策的制定使得境外资本在进入时不得不慎重考虑政策的影响。

② 资金壁垒。电视行业在进入初期需要投入大量的资金,并且对电视行业的投资是一个长期的过程,因此只有拥有足够财力的大型公司才有资格进入这一产业。电视业竞争需要的大量投资构成了一种有力的进入壁垒。

③ 规模经济性。规模经济是指由于生产规模的扩大,企业的单位成本下降的现象,不同行业存在不同的规模经济性。传统工业企业的规模经济曲线呈"U"字形,产量超过一个适度规模以后,平均成本和边际成本开始上升,产生规模不经济。而电视媒体传送的是信息产品,信息产品具有高固定成本和低边际成本的特点,信息产品随着销量的增加,平均成本逐步降低,边际成本趋向于零,

---

① 迈克尔·波特:《竞争战略》,陈小悦译,北京:华夏出版社 2005 年版,第 4 页。

一个已开发信息产品的理论产量可以无穷大,其规模经济曲线呈"L"形。电视行业规模经济的存在使得进入者要以大规模生产并承担现有企业强烈的抵制风险,若选择小规模生产,成本方面的劣势就不可避免。但是要新进入者一开始就大规模生产,风险又太大。电视行业的"L"形规模经济特征对一般潜在进入者构成强有力的进入壁垒,但对大型境外电视集团的壁垒效应则大为减弱。

④ 转换成本。所谓转换成本,是指当消费者从一个产品的提供者转向另一个提供者时所产生的一次性成本。这种成本不仅仅是经济上的,也是时间、精力和情感上的,它是构成企业竞争壁垒的重要因素。目前,我国本土传媒企业受体制和机制因素的制约,电视节目创新力还不强,节目从节目形态到时段编排,都存在着"千台一面"、互相克隆的现象,节目同质化现象很严重。就目前来看,境内绝大多数电视台还没有形成对广大电视观众的转换成本,这为境外大型电视集团提供了机会。比如,凤凰卫视在境内允许落地的地方,很快就"粘"住了大批电视观众。

⑤ 渠道壁垒。由于政策因素,境外资本主要通过境外卫星频道落地、与电视台合作等方式进入播放渠道,并且在这方面的政策限制较为严格。今后,随着新媒体的迅速发展,境外资本可以通过新媒体拓展新的播出渠道,但仍需遵守相关政策法规。但整体来说,与本土企业相比,境外资本在播放渠道方面受到很大的限制。

⑥ 产品差异。目前中国各电视台竞争较激烈,节目内容同质化严重,只有极少数电视台形成了一定的品牌忠诚,总体上讲,境内电视产品的差异状况基本不构成进入壁垒,这对境外资本构成机会。

总的来说,在这些阻止新进入者威胁的壁垒中,能够对境外资本形成一定限制的只是分销渠道和政策。与我国传媒业相比,境外资本在资金实力、规模经济、议价能力以及产品差异化能力等方面都拥有明显的优势。

(2) 替代品竞争。

消费习性的改变、产品功能的改良或者技术的突破,都会引发替代品的出现。电视媒体也会与其他产业处于竞争的状态,产品的可替代程度越高,这种竞争就越激烈。近年来,电视节目的可替代产品日益丰富。人们的休闲方式越来越多,不看电视节目,可以上网、看电影、逛街、唱KTV等等。随着互联网的普及、以移动通信为基础的第五代媒体的快速崛起、视频网站的兴起和网络视听资源的丰富,很多年轻人开始淡漠对传统接触形式的热衷,转而选择从互联网上获取信息,传统的电视媒体受到了一定挑战。同时户外电视广告的兴起,对传统电视广告形成了巨大冲击,大量的广告主将电视广告的预算转向户外,成为极具价值的可替代产品。对电视媒体企业来说,如何制定有效的新媒体战略,将挑战转化为机遇是传统电视媒体必须面对的重要课题。

境外资本在媒介融合、完善产业链方面有着丰富的经验,因此,在面对替代品竞争方面较本土传媒企业具有优势。

(3) 购买者的议价能力。

对电视媒体来说,其客户主要包括观众、电视台和广告主。购买者的议价能力主要受以下因素的影响:电视产品对于客户的重要性、客户的购买规模占电视产品供应的比重、电视产品的同质化程度、客户转换成本等。

① 电视观众现今能够收看的电视频道越来越多,随着各地有线电视数字化转换的推进,观众可选择接收的频道数量将进一步增加。目前,我国本土大部分节目内容的同质化程度仍然较高,观众的转换成本和忠诚度较低。境外节目,相对来说,产品差异化程度高,节目内容新颖、独特,对某些受众具有较强的吸引力,例如华娱卫视主打娱乐产品,与其他电视台形成区隔,从而吸引了大量受众,但由于其覆盖范围较窄,频道主要分布在广东地区及三星级以上的涉外宾馆,节目到达受众的渠道少,这对境外资本的议价能力会产生一定影响。

② 境外节目还可以节目交换和销售的形式将其节目提供给各省市地方台。例如 MTV 以节目交换的形式将其主打节目《MTV 天籁村》《MTV 学英语》《MTV 光荣榜》和《MTV 明星档案》提供给全国 38 家省市地方台。一方面,对国有电视台来说,由于其具有强大的实力和政府的支持,覆盖范围广,因此,境外资本为了能够将节目传递到受众面前,通常以节目交换或低价销售给国有电视台,因此,针对国有电视台,境外资本的议价能力相对较低;另一方面,在与民营电视台的合作中,由于民营电视台起步晚、基础差、覆盖范围也有限制,自制节目质量不是很高,很需要具有差异化、独特新颖的节目来提高其收视率,这样,对境外资本来说,其议价能力往往就比较高。

③ 另一方面,在媒介企业发展的产业链上,广告是重要的一环。如果电视媒体的覆盖范围和受众对于广告主来说具有价值,那么电视媒体将具有较强的议价能力。同时,当电视媒体的品牌知名度高并形成差异化的时候,也会提升电视媒体的议价能力。例如,MTV 以其庞大的收视群及对年轻一代的行为感召力吸引了众多的广告主,尤其是那些同样以年轻人作为目标消费群的品牌。境外电视频道由于节目内容的新颖性、个性化,对广告主来说具有一定的吸引力,但由于政策的限制,境外卫星频道在相当长的时间里只能落地广东,频道覆盖范围

窄,对其广告份额也会产生一定影响。

从以上分析可看出,如果中国对境外资本的规制放松,将有利于降低购买者对境外大型电视集团的议价能力,从而决定购买者对境内、境外资本不同议价能力的因素实际是中国政府的政策。

(4) 供应商的议价能力。

电视媒体的供应方主要包括节目、技术、信息、咨询、资本等广义上的所有生产要素的供应者。供应方产业的市场状况以及他们所提供的产品的重要性是决定供应双方竞争力量强弱的重要因素。对境外电视集团来说,其供应商主要就是一些节目内容提供商,同时,其自身也是节目内容提供商,由于其具有遍及全球的传播网络,从而可以降低内容提供商的议价能力,并同时降低自己的平均成本。

目前,我国电视节目制作业的进入壁垒较低,市场开放程度较高,所有制结构多元化,民营资本占有较高比例,制作业内的竞争比较激烈。但是,电视媒体控制着电视剧资源和播出平台,所有权单一,区域性垄断特征明显,因此,从总体上看,电视剧播出机构和制作机构之间的竞争地位并不对称。数量众多的节目制作公司在面对电视媒体时缺乏议价能力,在合作中处于相对不利的地位。电视媒体对制作公司的影响力较强,在决定交易方式、交易价格等方面处于有利地位。这对境外资本来说,是一个很好的契机。境外资本可以为我国电视节目制作机构以合作的形式提供资金、技术支持,并通过合作制作出高质量的电视节目,提高其在合作中的地位,从而迂回进入我国电视市场。

(5) 现有企业间的竞争。

现有行业内竞争对手是企业所面临的最直接和最主要的压力来源。这些竞争者根据自己的一整套规划,运用各种手段,力图在电视市场上占据有利地位和争夺更多的市场份额。对于境外资本来说,现有的企业竞争者主要包括:

① 境外其他媒体。境外资本进入中国市场,首先面临的就是其他境外媒体,它们都具有丰富的管理经验、技术和人才,但在战略的选择上会有所不同,侧重点也有所不同。

② 国有媒体。国有媒体由于具备强大的资金实力以及政府政策的支持,对于境外资本来说,属于强大的竞争对手。

③ 本土传媒企业。2005年4月国务院颁发了《国务院关于非公有资本进入文化产业的若干决定》,专门对非公有资本进入广播影视领域作出明确规定。目前在电影、电视剧、动画片的创作生产领域,民营资本投资投产的比重正在迅

速增加,涌现出一批颇具影响与规模的民营影视企业,如北京英氏影视艺术公司、海润影视制作公司、新画面影业公司、保利华亿传媒、三辰卡通企业集团、光线传媒公司等,民营企业已经成为影视产业发展的一支具有生机与活力的重要力量。民营资本的发展壮大,无疑会对境外资本在中国电视行业的发展产生阻碍。

总体来说,境外资本在应对这五种基本竞争力量时,主要受渠道和政策的限制,而先进的管理经验和技术、强大的创新和研发能力是其较本土企业来说所具备的竞争优势,但由于渠道和政策的限制,这些优势并不能完全得以发挥,因此,对境外资本来说,如何拓展其播出渠道、在中国电视市场最大限度地发挥其竞争优势,是其今后所面临的战略性难题。

2. 境外资本未来进入中国电视市场的SWOT状况

境外资本在中国电视市场的优势(S)、劣势(W)、机会(O)和威胁(T)如表5-14所示。

表5-14 境外资本进入中国电视市场的SWOT状况

优势(Strength)	劣势(Weakness)
• 资本规模 • 经营管理 • 丰富的节目资源 • 完善的产业链 • 品牌资产 • 核心竞争力 • 人力资源优势 • 规模经济优势	• 传媒政策与制度上的限制 • 难以迅速适应本土文化 • 渠道上的劣势
机会(Opportunities)	威胁(Treats)
• 逐步放开的外资准入 • 市场广阔,潜力巨大	• 准入政策存在变数 • 发展壮大的中国本土企业 • 来自新媒体的挑战

(1)境外资本的优势。

境外资本在中国电视市场主要有以下几方面的优势:

第一,资本规模优势。境外资本进入中国,最突出、最直观的优势莫过于其巨大的资本规模。以新闻集团为例,默多克所创建的新闻集团是当今世界上规模最大、国际化程度最高的综合性传媒公司之一,净资产超过400亿美元,集团经营的核心业务涵盖电影和电视节目的制作和发行、无线电视、卫星电视和有线电视广播、报纸、杂志、书籍出版以及数字广播、加密和收视管理系统开发。

　　第二，经营管理优势。进入中国的境外资本，大多是国际上知名的大型传媒集团，经过数十年甚至是上百年的经营，已具有强烈的市场竞争意识，同时积累了丰富的经营管理经验，这为境外资本进入中国电视市场奠定了坚实基础。

　　第三，丰富的节目资源和完善的产业链。跨国传媒集团通过多年的并购，旗下已经聚集了大量的影视内容生产公司，如维亚康姆集团的哥伦比亚广播公司CBS、MTV全球电视网、Nickelodeon儿童频道、派拉蒙电影公司以及新闻集团的福克斯公司、卫星电视和有线电视网。这些内容生产公司都拥有强大的生产能力，并且积累了大量的影视节目。同时由于其节目风格的灵活多变，与国内节目的刻板模仿相比，对用户来说具有很大吸引力。

　　除了生产能力较强之外，其完善的产业链有利于挖掘不同业务之间的协同效应，从而更大程度地实现成本的降低。同时，从当前境外大型传媒集团的经营实践看，其子公司一般都包括影视音像连锁店、电影院、广告公司等，有完整的链条完成内容产品的二次乃至多次售卖。由于电视节目产品的规模经济曲线呈"L"形，多次售卖只会使单位产品的成本不断降低，也有利于进一步强化成本优势。

　　第四，品牌资产与核心能力优势。境外资本，尤其是像新闻集团、维亚康姆这样的大型国际传媒集团，由于其品牌已经深入人心，在国际上具有较高的知名度，因此，在进入中国市场时，能很容易地被受众认知并接受，同时境外大型电视集团具有长期发展的历史，在长期的学习、创新和投资中形成了核心能力，这为它们成功打入中国电视市场并建立持续竞争优势提供了保障。

　　第五，人力资源优势。电视媒体对人才的要求非常高。境外资本在资本规模、管理能力、品牌资产方面的明显优势使其对高素质人才更具有吸引力，从而更容易形成人才优势。

　　第六，规模经济优势。规模经济优势是大的企业或跨国公司的一个独特优势，同时它也是跨国传媒集团的优势之一。境外大型电视集团在生产方式上采取的是专业化、分工化、程序化、标准化的规模生产方式，同时具有在资本筹措、建立大规模销售渠道等方面的非生产性规模经济优势。大型境外电视集团一般实施全球化经营，面向全球销售产品、在全球范围内转移独特竞争力和共享资源与能力，其产品的生产规模一般较高，在固定成本高、变动成本低的电视节目制作行业，尽管境外资本制作的电视节目的固定成本远高于境内电视节目制作机构，仍能够建立成本优势。

（2）境外资本的劣势。

主要表现在以下几方面：

第一，境外资本在中国经营的劣势首先来自于政府传媒政策与制度上的限制。由于传媒具有经济和政治双重属性，虽然在加入 WTO 后承诺传媒业对外开放，但是其开放是有限度的。虽然境外资本有较强的资源和能力，但是中国特殊的国情、本土纷繁复杂的外部环境，加上严格的政策限制，使得境外资本的优势难以发挥。

第二，渠道上的劣势。健全而有效的市场网络是境外资本国际扩张的基础。但由于我国电视业的政策限制，卫星传输的节目只能有限落地，从而迫使其只能选择与中国的传播平台进行合作，或者通过公关获得在内地的有限落地权，并且影响了其传播内容的品牌效应和渠道效应的发挥。

第三，难以迅速适应中国本土文化。境外资本虽然市场化程度高、发展完善、发展体系和制度完备，但这并不意味着它们在进行国际扩张时能够每战必胜，特别是针对中国这样具有特殊国情的目标市场。由于审美观点、价值标准和消费偏好不尽相同，境外资本在刚进入中国市场时，需要一段时间来适应本地市场，可能会在短期内相对处于劣势。

（3）境外资本面临的机遇。

主要有：

第一，中国传媒市场广阔且仍在逐步扩大的市场规模。巨大的人口基数，迅速发展的国民经济，造就了我国广阔且仍在逐步扩大的传媒市场。毫无疑问，以盈利为目的的境外资本进军中国电视市场，最看重的就是中国传媒市场的容量及发展潜力，这也是境外资本进军中国最大的机遇。

第二，逐步放开的外资准入。随着经济全球化的不断深入，传媒全球化也已成为一种发展趋势，尽管由于传媒业的特殊性质，我国对外资涉足传媒业仍有较为严格的准入限制，但是我国传媒业发展的大趋势是逐步放开外资准入限制，例如 2011 年发布的《文化产业振兴规划》中提到了降低准入门槛，此举为境外资本进军中国也提供了历史机遇。

（4）境外资本面临的威胁。

主要有：

第一，存在变数的外资准入政策。存在变数的外资传媒准入政策是境外资本进军中国所面临的最主要威胁与障碍。我国政府在监管政策制定方面存在着不稳定性和反复性，而且可能会随着市场的变化而产生新的政策，而新政策又可能与旧政策相违背。这些都为境外资本在中国的发展带来一定阻碍。

第二，逐步发展、壮大的中国本土传媒。随着中国经济的快速成长和近年来我国电视业的改革，我国本土电视企业逐渐走上了规模化、产业化的道路。近年来，我国政府开始鼓励民营资本的进入和业外资本与媒介的融合，我国本土传媒已具备了一定的实力，这对境外资本未来在中国的发展形成了一定的威胁。

第三，来自新媒体快速崛起的挑战。随着网络信息技术和移动通信技术的发展，特别是电话网、有线电视网、互联网"三网合一"技术的发展，互联网由于具备高速、互动等特点将逐步成为新闻、信息、娱乐的主流传播媒介。在这一大趋势下，电视这一传统媒介将会受到挑战。

3. 境外资本在中国电视市场未来发展趋势的预测

依据前面的分析，可以对境外资本今后在中国电视市场的发展趋势作出如下预测：

（1）政策的限制是境外资本进入中国电视市场的主要壁垒，今后很长一段时间将依然如此，即使是进入监管程度相对较低的互联网电视、数字电视等新兴媒介。但由于境外资本全球化扩张的意图，加之中国传媒市场的巨大发展潜力，境外资本今后将会继续投资中国电视媒体，对传统电视的投资比例将有所减少（原因主要是传统电视严格的准入政策），投资的方向将主要集中在数字电视、网络电视等新媒体，尤其是境外资本中的业外资本，其重点投资对象将是影视传媒产业领域中的战略性项目、高增长项目、高盈利项目以及具有IPO潜力的公司，包括电影电视剧和音像制品的策划、制作与发行企业、国内数字电视、网络电视、手机电视、动漫卡通节目制作等新媒体。

（2）今后政府在传统电视的核心领域（如节目播出渠道）开放程度仍会很有限，因此境外资本在传统电视进入环节上仍将集中在节目制作以及下游产业链环节上。境外资本的优势主要体现在规模经济、丰富的节目内容和生产制作技术以及管理经验和市场运作经验上，但由于我国制度和渠道上的限制，这些优势并不能够完全得以发挥。渠道成为境外资本能否在我国电视市场站稳脚跟的决定性因素，因此，今后境外资本会更多地注重渠道的开发，拓展互联网电视、手机电视，同时加强与各电视台之间的合作，并提高在合作中的地位。由于电视节目具有显著的规模经济效应，近年来电视业表现出强者愈强、弱者愈弱的马太效应，加之境外资本在节目制作上经验丰富，合拍电视剧和节目出口将成为其重要的进入方式；战略联盟式的合作由于其相对松散与灵活的特点，在电视业中也将会成为中外合作的重要方式。在数字电视、网络电视等新媒体方面，境外资本中的业外资本的投资比重将加大,业内资本也将纷纷从传统电视的投资转移至对数字电视、手机电视等新兴媒介的投资。随着我国民营企业的不断壮大,民营资本海外上市将会成为一种趋势,境外资本可以通过购买其股票从而达到进入中国市场的目的;另一方面,随着我国传媒企业股份制改革,传媒企业市场化运作将是今后的一大发展趋势,因此,今后境外资本通过QFII(合格境外投资者)方式投资在国内上市的传媒企业也是趋势之一。另外,风险投资、私募也将是今后境外资本进行投资的重要方式。

(3) 在进入中国电视市场的战略选择方面,境外资本通过这些年在中国经营的经验积累,今后将并不仅仅限于实行某一种战略,而是实行多种战略的组合,以期在中国电视市场获得更大发展机会。随着消费者需求的多样化,消费者更加追求节目的新颖性、个性化,为吸引受众的眼球、提高收视率,差异化战略将成为境外资本今后的一大重要战略。在策略方面,一方面是注重品牌建设,利用各种营销活动来提高品牌知名度,从而增加境外资本节目和广告销售中的话语权,同时注重品牌的延伸,主要分为两大类:一是线性延伸,指利用母品牌,在原产品大类中推出新的产品;二是大类延伸,利用母品牌,从原产品进入另一个不同类别的产品。品牌延伸成功的主要因素有品牌自身足够强大,品牌延伸力足以涵盖新产品、把握好新旧品牌之间的关联度,而境外资本在这些方面都具备条件,通过品牌的延伸,不仅会在中国站稳脚跟,同时获得更大的发展空间。另一方面,由于中国电视业具有很高的政策壁垒,尤其是对境外资本,因此,今后将注重迂回进入的策略,首先通过门户网站、周刊来推广其品牌,然后以网站为平台开放相关衍生产品,从而达到宣传企业品牌的目的,待时机成熟后,大举进入中国电视市场。最后由于电视业所具有的特殊属性,政府制定的政策仍然是决定境外资本赢利的重要因素,因此,境外资本将会采取多种政府公关策略,从而为其进入电视市场消除障碍。

(4) 电视剧与音像图书出版业、旅游业、服装业、电影业、玩具业、会展业、影视拍摄制作基地的运营等诸多行业都具有很好的产业延展性。据统计,电视剧对其相关的产业的拉动值是1:10。在国外发达的电视市场,电视节目衍生产品市场开发的收入几乎占到总收入的50%。我国电视衍生品市场具有巨大的发展前景,境外资本具备完整的产业链以及实行多元化经营的经验,加之我国对下游产业链的监管严格程度较核心领域(如播放渠道)低,因此,境外资本在我国传统电视领域将会向下游衍生品市场(主要包括录像带、VCD、音乐、因特网产品、演出市场、影视俱乐部、展会产业、大型奖项、节目经营、商品授权等)延伸,这样不仅可整合现有资源,充分利用境外资本丰富的节目资源和多元化经营能力,而且拓展了其盈利模式。在数字电视、网络电视等新媒体方面,由于我国对网络运营市场的严格监管,因此今后在数字电视、互联网电视方面的投资将主要集中在以下两个方向:一是将继续为境内企业提供高清节目;二是将通过独资的数字电视设备制造公司、数字电视工程技术公司参与数字平台的建设(政府在这方面鼓励外商进行投资),同时由于我国具有数量庞大的数字电视用户,这种投资将成为境外资本进入数字电视的重要方式之一。当然,也可以数字电视媒体管理咨询公司的方式,向国内数字电视频道运营商提供管理咨询,从而变相参与到中国数字电视的发展中。

(5) 境外资本今后对我国电视市场的影响将主要表现为以下几个方面:

① 在市场行为方面,首先为我国企业进军海外市场奠定基础(一方面由于境外资本的进入为我国带来了先进的管理经验和技术;一方面我国境内企业通过媒介融合、集团化等改革,无论在资金规模,还是技术、管理经验方面将会有很大的提升,国际竞争力大大提升)。其次是促进我国电视节目辛迪加①的形成。随着我国三网融合的发展,以及数字电视、网络电视的普及,对节目的需求是"海量"的,节目辛迪加的形成,不仅能够有效促进我国电视节目质量的提升,还能够满足我国对节目内容的需求,增加节目的价值。最后是有利于提升我国电视剧的质量。目前我国电视剧生产总量与播出总量存在供大于求的关系,但另一方面,我国精品电视剧出现供不应求的局面,境外资本今后通过与民营资本之间建立合作关系,为其带来资金和技术,从而提升我国电视剧的质量,提高精品电视剧的数量。

② 在合作方式上,将会主要有互补性(双方各自利用对方的优势)、垄断性(与一些资源被政府部门或专业性组织所垄断的企业合作)以及竞争性(把与自己相互竞争的资源进行整合)的合作方式,这些合作方式不仅表现在电视媒介内,还表现在不同类型媒介之间,如电视媒体与网络、报业、手机等媒介间的合作,互相利用对方的优势,从而达到各自的目的和利益。例如战略融合②就是趋势之一。

③ 在电视市场结构方面,一方面,境外资本的进入将打破我国电视市场的

---

① 是一个节目分销系统,节目分销商把同一个新节目或旧节目的播出权分别卖给不同的电视台,以"一稿多投"的办法来扩大节目影响,增加节目价值。

② 战略融合即所有权不同的媒介之间进行的互动、合作,以期实现资源共享、优势互补,如分属不同媒介集团的报社、电视台、网站之间进行合作,相互推介内容与共享一些新闻资源。

垄断格局,降低电视行业的集中度;另一方面,为了获得规模经济效应,电视媒体将不断扩大企业规模、提高经营绩效,这将导致电视产业集中度越来越高,从而导致电视行业垄断的市场结构。从总体来看,随着境外资本的进入,电视市场将呈现出竞争和垄断双双被强化的态势,垄断和竞争共生,最终演化成一种超出经典理论视野的市场结构——竞争性垄断,即市场的开放度越高竞争就越激烈,技术创新的速度也就越快,所形成的行业垄断性就越强,集中度也就越高;而垄断性越强,集中度越高,市场竞争反而越激烈。[1]

5.6 研究结论

1. 境外资本十分向往中国电视市场,不断创新形式与策略甚至愿意冒一定政策风险进占中国电视市场。

2. 境外资本已不同程度地进入中国电视产业的主要细分市场,包括节目市场、播出渠道市场、广告市场、衍生品市场,以及新兴电视媒介市场。

3. 境外资本进入方式主要包括节目提供、节目交换、项目合作、战略合作、境外电视频道落地、合资独资、风险投资、并购等方式,以合作方式居多,2007年后,后三者不再发生。

4. 境外资本开拓中国电视市场的战略选择呈现的特征是,在公司层面上重视跨国战略和纵向一体化战略,在业务层面上相机采用最优成本供货商战略、差异化战略和合作战略。

5. 境外资本进入中国电视市场的战略意图和行为特征:一是针对中国电视行业的政策壁垒,在进入上多采取迂回策略,有的甚至打"政治擦边球";二是由于传统电视市场的政策壁垒更高,境外资本纷纷转战网络电视、数字电视等新兴电视媒介;三是尽管我国对境外资本有着严格的监管,但巨大的市场发展潜力仍吸引其不断进入并谋求长期发展。

6. 境外资本进入中国的发展趋势,从对过去的考察看呈现以下主要趋势:一是进入方式上继续把政策作为重要考量因素,主要仍是非股权形式,例如内容交易、渠道合作、品牌授权、协议代理等,而数字电视、网络电视等新兴电视媒介将更受风险资本的青睐,投资进入会较普遍;二是进入领域上从进入传统电视为主转为进入网络电视为主;三是更加注重品牌的建设,通过多种营销活动来塑造

---

[1] 李怀、高良谋:《新经济的冲击与竞争性垄断市场结构的出现》,载《经济研究》2001年第10期。

境外资本的品牌;四是经营策略上内容与渠道并重;五是业务组合的战略选择上,谋求纵向一体化经营。基于未来的预测,将呈现以下发展趋势:一是我国巨大的市场发展潜力仍吸引着境外资本的进入;二是在传统电视市场,进入重点领域将继续是上游的节目市场和下游的广告市场与衍生品市场,尤其是衍生品市场(包括录像带、VCD、音乐、因特网产品、演出市场、影视俱乐部、展会产业、大型奖项、节目经营、商品授权等);三是在传统电视市场和新兴电视媒介市场,将以后者为投资重点。除非国家政策有重大调整,对传统电视的投资总体上将会减少至少不会明显增加。

7. 境外资本未来对中国电视市场的影响:在市场行为方面,首先为我国企业进军海外市场奠定基础,其次促进我国电视节目辛迪加的形成,最后提升我国电视剧市场的质量;在市场合作上,主要有互补性合作、垄断性合作以及竞争性合作;在允许进入的地区,境外电视机构凭借差异化战略或最优成本供货商战略均建立了市场领先地位,促进了内资电视企业的改革、创新;在电视市场结构的演变上,推动中国电视市场的某些细分市场向竞争性垄断的市场结构演变。

8. 境外大型电视集团进入中国的特点:组合采取多种方式进入;谋求进入中国电视产业链广泛领域;近年以网络电视、数字电视等代表电视产业发展方向的新兴领域拓展为进入重点;在确保没有政策风险的条件下愿意在中国采取重大的投资动作,中国电视市场的规制环境是这些境外大型电视集团进行战略决策的唯一风向标。

第6章 境外资本进入中国网络视频市场

网络视频是一种以网络为载体,通过视频形式来进行个人、公共或者商业行为的信息交流方式。2006年被公认为中国网络视频发展的元年,在这一年视频节目取代音频节目成为网络播客的主流。2009年12月28日中国网络电视台正式上线,标志着中国网络视频行业的市场格局出现广电、电信、互联网"三足鼎立"的局面。其中广电队,有中国网络电视台(CNTV)、湖南广电、浙江广电、新华社网络视频专线、上海文广等;电信队,如中国电信2002年5月在广东试点的"互联星空",另外有优度宽频、IPTV(交互式网络电视)、九州在线等;互联网队可以细分为五类:① 视频分享类,用户可以上传视频并彼此分享,即所谓的 UGC(用户生成内容)模式,如土豆、优酷、酷6等;② P2P 网络电视类即流媒体类,如 PPStream、PPlive、悠视网等;③ 视频搜索类,如百度视频,但是纯粹的搜索运营商已不多见;④ 视频点播或直播类,在定位上与视频分享类网站有所区分,提供的内容通常以正版为主,例如第一视频、激动网等;⑤ 门户类,如新浪、搜狐、网易、腾讯等。

不同类型的网络视频企业具有各自的优势和劣势。互联网队的视频网站是三大类别中目前数量最多、发展成熟度最高的一支队伍。与其他两类相比,互联网队的网络视频企业不论在灵活度方面、风险资金的获取方面还是对新技术的掌握、了解网民的不同需求等方面都显示出更大的优势,但在政策和版权上处于劣势。广电队(主要是网络电视台)在政策(牌照获取)、丰富的内容资源(精品、正版)方面占有绝对优势,但在带宽和视频软件技术的建设方面远逊于互联网队类视频网站。而电信队的电信运营商的优势主要体现为技术基础设施(如网络铺设、渠道建设、终端等)和雄厚的资金,但在视频技术和内容资源上的劣势表现尤为明显。

表6-1 广电、电信和互联网三大类别网络视频的优劣势对比

	广电队	电信队	互联网队
优势	政策、版权内容	技术基础设施、自有资金和整合营销能力	视频软件技术、用户资源、资本组合能力、对市场变化的感知能力和创新动力、运营和管理
劣势	视频软件技术和营销能力相对较差、融资口径较窄	内容实力较差、专业内容人才缺乏	硬件、版权、政策、专业人才实力较弱，综合风险较大

6.1 境外资本进入中国网络视频市场的状况及趋势

6.1.1 境外资本进入中国网络视频市场的方式及趋势

随着中国网络视频业的发展，境外资本在选择进入中国网络视频市场的方式方面，其表现形式及侧重点也有所不同。整体上看，境外资本进入中国网络视频市场的模式主要可归纳为两大类，即投资进入模式和合同进入模式。截至目前，境外资本的品牌节目主要通过内容版权授权和战略合作的合同模式进入中国网络视频市场，极少采用出口进入模式。投资进入模式主要为间接投资形式，表现形式为风险投资或私募股权投资、购买境外上市中国公司股票；合同进入模式主要体现为以下几种形式：可变利益实体（VIE）、战略合作、内容版权授权、硬件外围渗透，如表6-2。

表6-2 境外资本进入中国网络视频市场的方式

进入模式	具体表现形式	备注
投资进入	风险投资或私募股权投资、购买境外上市中国公司股票	间接投资
合同进入	可变利益实体、战略合作、内容版权授权、硬件外围渗透	

1. 投资进入模式

（1）风险投资（VC）或私募股权投资（PE）。

风险投资（Venture Capital，简称 VC）又称创业投资，其投资对象是新兴的、快速发展的、具有巨大发展潜力的高新技术企业，以资本增值方式实现盈利，投资期限长，回报率要求高。

私募股权投资(Private Equity,简称 PE)是一种权益资本,它通过私募形式筹集资金,向非上市企业进行投资。私募股权投资也指为成熟期企业提供融资事件,尤其指为首次公开发行前的企业、企业收购和重组提供融资的事件。

一直以来,国家政策对网络视频行业都有严格的限制,无论是国家发展和改革委员会、商务部在 2007 年 1 月 30 日发布的《外商投资产业指导目录(2007 年修订)》,还是在 2011 年 12 月 24 日发布并且在 2012 年 1 月 30 日最新实施的《外商投资产业指导目录(2011 年修订)》中都有明确规定,"网络视听节目服务"为禁止外商投资的产业。这里的外商投资指的是外商直接投资,即国际直接投资,就是指外国企业、经济组织或个人(包括海外华侨、港澳台同胞以及我国在境外注册成立的企业)按照我国有关政策、法规,用实物、现汇、技术等在我国境内开办建立外商独资企业、与我国境内的企业或经济组织共同出资成立中外合资经营企业、合作经营企业或合作开发资源的投资(包括外商投资收益的再投资),以及经政府有关部门批准的项目投资总额内企业从境外借入的资金。这一政策规定,意味着目前境外资本不可能采用直接投资的方式进入中国网络视频市场,而只能采用间接投资的方式。而这里所指的境外风险投资是境外风险投资机构在中国设立中国投资机构,再由在中国设立的中国投资机构对中国网络视频企业进行的投资,所以境外风险投资不属于上文所指的外商投资而属于国外间接投资。境外私募股权投资亦是如此,属于国外间接投资的一种。又因为网络视频行业前期需要大量的资金投入,所以我国网络视频企业主要是互联网队的企业从一开始就得到国外风险资本或私募股权投资的青睐,并普遍采用此种方式进入中国市场。其中,境外资本在中国网络视频市场的风险投资和私募股权投资情况见附录 6-1。

由附录 6-1 可以归纳出境外 VC 或者 PE 投资中国网络视频企业案例走势(表 6-3)和平均单笔投资金额走势(图 6-1)。

表 6-3 境外 VC 或 PE 每年投资中国网络视频企业案例个数一览

时间	2005 年	2006 年	2007 年	2008 年	2009 年	2010 年	2011 年	2012 年
单位(起)	9	8	10	6	2	2	3	1

由此可知,网络视频企业主要指互联网队的网络视频企业在 2005 年至 2008 年是境外 VC 或者 PE 追捧的对象;虽然在最近四年稍显没落,但从 2007 年开始,平均单笔投资金额开始大幅增长,2011 年已经超过 1 亿美元。归其原因主

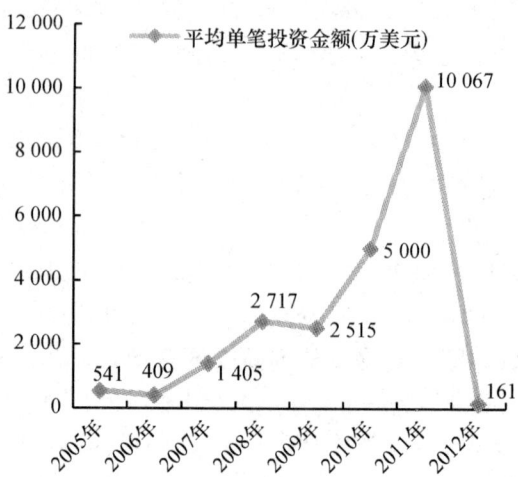

图 6-1　境外 VC 或 PE 投资中国网络视频企业平均单笔投资金额走势
（单位：万美元）

要有以下几个方面：第一，中国网络视频市场近年来经历了蓬勃发展和快速整合，规模小、管理差的视频网站纷纷倒闭或被收购；第二，2009年9月15日，广电总局下发《广电总局关于互联网视听节目服务许可证管理有关问题的通知》，通知要求坚决关闭无证播出的视频网站，受此影响境外资本投资热度大打折扣；第三，从2007年开始，整个中国网络视频行业已经进入资本角逐的时代，投资大多是中国网络视频企业的 C 轮①或者 C 轮以上的融资。

由于风险投资或私募股权的目的主要是为了以资本增值方式获利或出售持股获利，所以以此种方式进入中国网络视频市场的境外资本虽然拥有中国网络视频企业的部分股权，但一般并不参与企业的具体运营。

（2）购买境外上市中国公司股票。

随着我国网络视频企业的竞争愈演愈烈，我国网络视频企业为扩大融资、加速发展、提高竞争力，选择直接上市、借壳上市（表6-4）或者借助母公司作为境外上市公司的融资渠道，从境外资本市场获取资金（表6-5）。中国网络视频企业或其母公司在境外上市，吸引了境外资金的关注，为境外资本进入中国网络视频市场提供了新的渠道。

---

① C 轮融资，即第三轮融资，是处于扩张期的企业融资。

表 6-4　中国主流网络视频企业境外上市情况一览

企业	上市时间	上市地点	备注
优酷	2010.12	美国	2012 年 3 月,优酷与土豆通过换股进行合并,2012 年 8 月合并成功,土豆退市,目前在美国上市的主体为优酷土豆股份有限公司
土豆	2011.8	美国	
酷6	2005.6	美国	
第一视频	2006.9	香港	借壳上市
新华网络电视台	2011.12	香港	借壳进业控股上市

资料来源:作者根据投资潮(www.investide.cn)和 i 美股(www.imeigu.com)公开披露的信息整理获得。

表 6-5　中国主流网络视频企业的母公司境外上市情况一览

企业	成立时间	母公司	母公司上市地点及时间
新浪视频	2009.3	新浪网	美国(2000.4)
搜狐视频	2009.2	搜狐网	美国(2000.7)
腾讯视频	2011.4	腾讯网	香港(2004.6)
爱奇艺	2010.4	百度	美国(2005.8)

资料来源:作者根据投资潮(www.investide.cn)和 i 美股(www.imeigu.com)公开披露的信息整理获得。

2. 合同进入模式

(1)可变利益实体(VIE)。

可变利益实体(Variable Interest Entities,即 VIE),国内常被称为"协议控制",或者"合同控制"。VIE 结构是指离岸公司①在不改变公司股权结构的情况下,通过设立外商独资企业,并与内资企业签订一系列协议来取得内资企业的实际经营管理权,而此时的内资企业即为可变利益实体。也可以将 VIE 模式在公司结构上分为境内和境外两部分。境外部分系在海外注册设立的控股公司及其子公司即属于离岸公司,境外部分及境内部分中具有股权所属关系的子公司在法律上属于境内外资企业(一般为 100% 控股,即为外商独资企业),不具备开展新闻网站、网络视听节目服务、互联网上网服务营业场所、互联网文化经营(音

---

① 离岸公司(Offshore Company)就是泛指在离岸法区内成立的有限责任公司或股份有限公司。当地政府对这类公司没有任何税收,只收取少量的年度管理费,同时,所有的国际大银行都承认这类公司,为其设立银行账号及财务运作提供方便。具有高度的保密性、减免税务负担、无外汇管制三大特点。其主要目的是曲线规避外资限制进入行业进行境内经营,开展跨境并购,进行资本运作或出于税收筹划、全球贸易合作等考虑。原文引自张诗伟:《离岸公司法》,北京:法律出版社 2004 年版,第 12 页。

乐除外)的资格;而境内部分的可变利益实体是由我国公民注册成立的内资公司,具备在国内从事互联网业务资格。境内外资独资互联网企业(下面所指公司结构的第二层)在我国网络视频市场的业务全部通过可变利益实体来运营,并通过合约①安排获得 VIE 的实际经营控制权。在 VIE 结构下,一方面,境外资本绕开了我国《外商投资产业指导目录》对于限制类和禁止类行业外资准入规定的政策壁垒;另一方面,内资公司即可变利益实体通过其壳公司外资公司很简单地实现了境外间接融资或者上市,缓解了其大量的资本需求与国内资本市场发展滞后的矛盾。

以土豆网为例,其公司结构分为三层(图6-2):

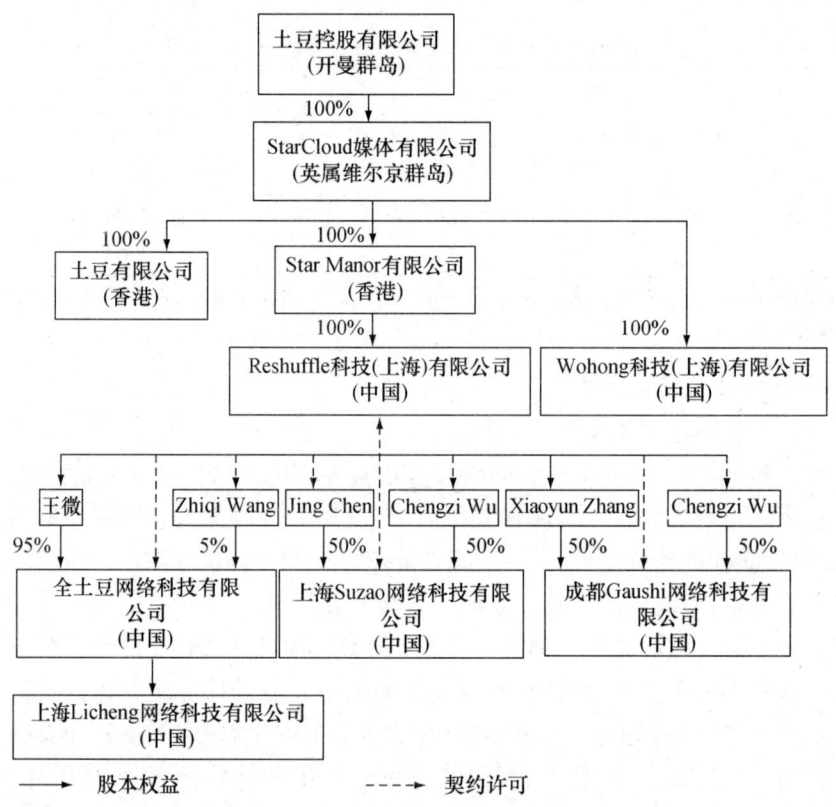

图6-2 土豆网公司结构及股权结构

---

① 合约包括贷款协议、股权抵押协议、代理协议、排他性收购选择权协议和经济利益转移协议(服务协议)等。

第一层,离岸注册设立的母公司即离岸公司。土豆公司于2005年4月在开曼群岛离岸设立土豆控股有限公司并100%控制在英属维尔京群岛设立的Starcloud媒体有限公司,这两个公司在法律上属于外国公司,无权在中国境内从事增值电信业务和网络传播视听节目业务。

第二层,在境内设立全资子公司即境内外商独资企业。土豆拥有100%控股的子公司有四家:土豆有限公司(香港)、Star Manor有限公司(香港)、Reshuffle科技(上海)有限公司(中国)、Wohong科技(上海)有限公司(中国)。根据我国当前法律的规定,这些全资子公司同样属于外资企业,不具备在中国经营增值电信业务和网络传播视听节目业务。

第三层,在国内注册设立VIE。土豆在境内设立了4个VIE来开展增值电信、网络传播视听等业务,它们分别是:全土豆网络科技有限公司、上海Suzao网络科技有限公司、成都Gaishi网络科技有限公司和上海Licheng网络科技有限公司。这四家公司均是经营土豆核心业务的实体企业,其股权基本由土豆管理层或者员工等自然人所持有。通过合约协议安排,第二层的公司向VIE提供无息贷款作为注册资本,并享有后者的实际控制权和收益权。

如表6-6所示,目前,我国境外上市的网络视频企业或者旗下拥有网络视频公司的海外上市门户网站几乎全部采用VIE组织形式。在VIE模式下,境外资本通过持股甚至控股境内外商独资互联网公司的海外部分,间接地控制境内外商独资公司在国内设立的VIE,从而控制境内VIE互联网业务的开展,巧妙地绕开规制壁垒,使法律法规形同虚设。

表6-6　境外上市的中国网络视频公司或其母公司境内VIE一览

企业	注册地	境内VIE
优酷网	开曼群岛	北京1 Verge信息科技有限公司
		北京Jiaheyi广告有限公司
土豆网	开曼群岛	全土豆网络科技有限公司
		上海Suzao网络科技有限公司
		成都Gaishi网络科技有限公司
		上海Licheng网络科技有限公司

(续表)

企业	注册地	境内 VIE
新浪（新浪视频是其旗下公司）	开曼群岛	北京新浪互联网信息服务有限公司
		广东新浪互联网信息服务有限公司
		广州媒体通信技术公司
		北京乡村之星文化发展有限责任公司
		深圳旺兴技术有限责任公司
		北京新浪永恒广告有限责任公司
百度（爱奇艺是其旗下公司）	开曼群岛	百度网络科技公司
腾讯（腾讯视频是其旗下公司）	开曼群岛	深圳腾讯计算机系统有限公司

资料来源：作者根据美国证券交易所披露的 2012 年上市公司年报整理获得。

　　境外资本选择 VIE 模式进入中国网络视频市场不但具有普遍性特征还具有明显的阶段性特征。在 2008 年之前，此种模式被境外资本普遍采用，而随着 2008 年 1 月 31 日起实施"广电总局、信产部 56 号令"后，只有国有独资或国有控股单位才能从事互联网视听节目服务，这在把中国民营资本拒之门外的同时也使境外资本不可能再在中国找到合法的代理人即新的 VIE。

　　（2）战略合作。

　　战略合作是出于长期共赢考虑，建立在共同利益基础上，实现深度的合作。所谓战略，就是要从整体出发，考虑相互之间的利益，使整体的利益最大化。合作协议，只是一个简单的在部分区域合作的协定。合作仍是追求自身利益的最大化，但不一定是整体的利益最大化。境外资本与中国网络视频企业在渠道、内容、制作和技术方面各有千秋，通过双方建立战略合作关系，整合双方各自优势，从而达到共赢的目的。例如，2011 年 11 月，搜狐视频与 MSN 中国正式达成战略合作伙伴关系。搜狐视频将负责 MSN 中文网视频业务的内容和运营，围绕视频的内容、产品和营销，针对白领用户提供定制化服务等，从而进行全方位的战略合作。此次合作，结合搜狐视频和 MSN 中国在各自领域的强大优势，将双方的平台及产品进行全面整合，最大限度地为中国互联网用户提供全方位的视频服务，帮助用户实现随时随地的观看、分享、全面互联的数字化娱乐生活。中国主流网络视频企业与外资企业在不同方面签订或达成的战略合作协议（部分），见附录6-2。

由附录6-2可知,境外资本与中国网络视频公司的战略合作主要集中在2010年之后,虽然这两年的发展速度比较快但整体来说并不普遍,未来还存在很大的发展合作的空间。这与中国网络视频行业的发展密切相关。近两年,网络视频行业经历了一系列深刻的变化:几家大型视频企业出现并购及跨行业合作,行业整合进入新阶段;移动端及 OTT TV① 业务为视频企业抢夺的热点,为多屏时代埋下伏笔;视频内容方面,网台联动程度加深,从过去的单向同步和衍生节目,到2012年向电视台输出节目,实现资源反哺,网络视频公司不再只是渠道,开始向产业链上游拓展;内容同质化现象也得以改变,各家企业的视频侧重点各有不同,吸引不同属性及习惯的用户。这不但为境外资本与中国网络视频企业的战略合作创造了可能性,而且还将在合作领域方面为境外资本提供更多、更广的选择。

(3) 内容版权授权。

在传统电视业,中国对境外剧在播出渠道和播放时间段上一直有严格的限制。在播出渠道方面,境外剧主要通过数量有限、在境内特定地区(如广东省)和空间(如星级酒店)落地的境外频道获得播放,而在境内机构兴办、面向社会主流观众的主流电视台则严格受限。在播放时段上,目前境外引进的电视剧虽可以在各大省级电视台播放,但在播放时段上有所限制。国家广播电影电视总局规定:各电视频道每天播出的境外影视剧,不得超过该频道当天影视剧总播出时间的25%;每天播出的其他境外电视节目,不得超过该频道当天总播出时间的15%。未经广电总局批准,不得在黄金时段(19:00—22:00)播出境外影视剧。具体的部分规定如表5-6所示。

网络视频的传播方式打破了时间和空间的限制,用户能够在任意时间和空间观看自己喜欢的电视节目和电影,从而打破了传统媒体中存在的对境外影视剧播出时间和播出渠道的限制。内容不足一直是阻碍中国网络视频业发展的短板,虽然国家广电总局在2009年4月正式宣布将全面禁止没有许可证的境外影视剧在互联网上播放,规范了网络视频播放境外影视剧的内容选择,但中国的网络视频企业仍热衷于购买境外影视剧的版权。所以,从中国网络视频发展的初期到现在,内容版权授权方式一直被境外资本普遍采用。

---

① OTT TV 是"Over The Top TV"的缩写,是指基于开放互联网的视频服务,终端可以是电视机、电脑、机顶盒、PAD、智能手机等等。

表 6-7 中国网络视频企业取得境外影视等节目版权授权情况（部分）

企业	时间	内容购入
芒果 TV	2011.11	与韩国 SBS 签下《XMAN》《家族诞生》《情书》第一季、第二季、第三季、《人气歌谣》等热门综艺节目的独家版权
	不详	与 KBS、TVB 合作
东方宽频	2006	斥巨资购得并成功运作德国世界杯中国大陆地区独家宽带以及无线转播、直播版权
百视通	从 2006 年开始	向 NBA、英超、西甲购买赛事直播权
		向华纳兄弟、派拉蒙影业、环球、索尼采购影视剧，采用保底+分账，设包月点播业务
		向 BBC 采购节目，实行分账
		向 DISCOVERY 采购纪录片，采用保底+分账
九州梦网	从 2006 年开始	与 VIACOM、MTV 亚洲、SONYBMG、香港亚洲电视（ATV）、香港无线台（TVB）逐步达成版权合作
优酷网	2011.6	迪斯尼电影推广频道落户优酷
PPStream	2012.5	购买了 TVB 和星空卫视等香港影视剧的版权
激动网	2011.7	获得二十世纪福斯（FOX）和索尼影视电视（SPT）经典大片外和新片的网络播放许可授权
	2012.5	购买英国 ITV 达成合作，购买近 1000 小时的精品内容独家新媒体版权，包括经典片库以及新剧、新片
新浪视频	2010.1	享 NBA 赛事直播版权
搜狐视频	2009.12	推出搜狐华纳电影专区，提供免费在线点播
	2010.6	与韩国三大电视台韩国首尔电视台（SBS）、韩国国家电视台（KBS）、韩国文化广播电视台（MBC）签下未来三年全部热播韩剧，以及近 10 年经典剧目，成为中国最大正版韩剧视频播放平台
	2011.9	采购美国 20 世纪 FOX 正版影片的网络播放权
	2011.12	采购狮门影业近 300 部集影视剧版权

资料来源：作者对查阅截至 2012 年 5 月中国网络视频企业官网及网络搜寻所获资料整理获得。

中国网络视频企业与境外影视机构达成版权授权协议,一方面会加速中国"网络院线"付费模式的成长成熟。中国用户虽然没有网上付费观看视频的习惯,但多家网络视频企业正在尝试培养用户付费观看的消费行为,推出付费频道。视频网站一般采取较温和的方式,比如以较低的价格,逐步培养用户付费观看,一旦未来用户养成付费习惯,此种业务模式的市场规模将十分庞大。中国网络视频企业引进大量的境外影视剧无疑会加速"网络院线"付费模式的发展。另一方面,这将为中国网民带来更多精良的大片和影视剧内容。

(4)硬件外围渗透。

目前,根据国家广电总局对互联网电视行业制定的牌照准入制和管理规范条例,只允许国产品牌的网络电视进入市场销售。国产电视品牌只要和国内持有运营牌照的企业签订合作协议,国产互联网电视机就可以使用和收看互联网上的影视内容作品,而外资电视品牌没有获得这样的许可,外资互联网电视在中国的发展遭遇了监管瓶颈。

广电队网络视频企业的代表中国网络电视台(CNTV)于2009年12月28日正式上线,随后,新华社、湖南广电、上海文广、凤凰卫视及众多省级广电机构也纷纷开办了自己的网络电视台。2010年3月,国家广电总局已正式向CNTV(中国网络电视台)颁发了第一张互联网电视集成业务牌照。截至2012年底,我国获得互联网电视集成业务牌照的企业只有七家(表6-8)

表6-8 中国互联网电视集成业务牌照企业名单

企业名称	发放牌照时间
中国网络电视台(CNTV)	2010.3
华数数字电视传媒集团(华数传媒)	2010.3
百视通	2010.7
南方广播影视传媒集团(南方传媒)	2011.3
中央人民广播电台	2011.3
中国国际广播电台	2011.6
湖南电视台	2011.7

资料来源:作者通过对原国家广播电影电视总局披露信息收集整理获得。

三星、夏普、索尼、LG等外资彩电品牌都摩拳擦掌,拭目以待。它们相继与网络电视内容牌照运营商合作(表6-9),一旦中国政策取消对境外互联网电视的限制,就会进军中国市场。

表6-9 进入中国网络视频(互联网电视)市场的境外企业

时间	中方	境外资本	合作内容
2010.6	CNTV	三星	在互联网电视领域签订战略合作协议
2010.11	华数传媒	LG	达成战略合作共识,共同开发国内智能电视市场
2011.3	华数传媒	索尼	华数为索尼互联网电视提供内容和服务
2011.3	百视通	夏普	夏普与百视通合作,联合打造互联网电视内容
2011.6	百视通	三星	签署战略合作协议,双方将共同搭建智能化平台
2012.3	湖南电视台	三星	三星与芒果TV达成互联网电视业务战略合作
2012.8	CNTV	LG	CNTV旗下子公司未来电视有限公司与LG在智能技术设备和视频资源方面达成战略合作

资料来源:作者对查阅截至2012年8月中国网络视频企业官网及网络搜寻所获资料整理获得。

不难预测,随着中国网络视频行业的发展,将会给境外资本提供更多的进入空间和机遇,但考虑到"网络视听服务"为禁止外商投资的产业,境外资本将更多选择合同的方式进入中国网络视频市场。

6.1.2 境外资本进占中国网络视频市场的战略选择及趋势

网络视频行业属于新媒体行业,境外资本进入中国网络视频市场的目的大致都是尽可能占领中国的新媒体市场,从其发展壮大中分一杯羹,谋求利益最大化。我们发现,境外资本进占中国网络视频市场的战略选择,在公司层国际化战略方面主要采用全球战略,跨国战略和国际本土化战略尚体现不明显;在业务竞争战略方面,迄今主要是资本实力的比拼,市场竞争暂且不需要借重特定类型的竞争战略,尚未体现出明显的战略类型;在业务发展的战略选择上较多采用合作战略。归其原因,主要有两点:第一,一直以来,中国政府都对境外资本进入中国网络视频行业实施严厉的外资准入政策,"网络视听节目服务"为禁止外商投资的产业,外商不允许直接投资该产业。第二,与中国网络视频行业的整个发展阶段有关。从2006年中国网络视频发展的元年截止到现在,中国网络视频行业虽然取得了空前迅速的发展,但目前仍处于快速发展阶段,产业发展仍不成熟,产业竞争表现为资本层面的低层次竞争,同质化现象严重。

虽然该产业为禁止外商直接投资的产业,但是境外资本还是通过VIE形式,绕过中国政策壁垒,间接进入该产业。因此,本节对境外资本将采取什么样的战略及其是否能够将该战略做到更高水平进行预测。

1. 截至当前的战略

（1）全球战略。

全球战略常常是境外资本打开海外市场大门的首把钥匙和开拓海外市场的惯用做法。境外资本要进入目标国家市场，首先要生产能够实现跨文化传播、具有国际化特征的大众文化消费品，在消费品的选择上，"娱乐和音乐"这种无国界的具有普适性的文化消费品就成为境外资本最佳选择。

目前，包括华纳、梦工厂、派拉蒙、二十世纪福克斯、迪斯尼、NBC环球、狮门影业及索尼在内的全部好莱坞主流电影公司均已凭借其独具特色的影视内容，通过在中国网络视频门户网站上建立电影专区的方式吸引年轻人的眼球。一方面，为境外资本赢得了市场份额；另一方面，为境外资本带来了额外的利润。

（2）合作战略。

目前合作战略是境外资本进入中国网络视频市场较多采用的一种战略。

2012年11月，优酷网与索尼影视达成战略合作协议，将在五年内陆续引进索尼影视经典大片及每年上映新片，获享300多部影片播出权，至此，优酷土豆集团已与包括华纳、梦工厂、派拉蒙、二十世纪福克斯、迪斯尼、NBC环球、狮门影业及索尼在内的全部好莱坞主流电影公司达成战略合作。这也创下国内视频网站最大规模纪录，将有力地推进优酷付费计划。预计到2012年年底，其付费平台上将拥有超过3000部电影。据了解，新版优酷电影好莱坞专区也将于近期上线。

爱奇艺一直是宝洁大中华区重要的新媒体战略合作伙伴。宝洁旗下的SK-II、海飞丝、碧浪、佳洁士等众多品牌均在爱奇艺上进行了广告投放或整合营销推广，其中佳洁士与爱奇艺联合打造的大型美食真人秀节目《吃货掌门人》也正式上线。2012年，爱奇艺与玉兰油品牌在微电影领域合作，双方将在微电影制作推广、大型活动等多方面展开深度战略合作，这无疑将进一步打破传统广告投放思路，建立起一整套更为精准且更具用户吸引力的品牌营销方案。

2. 在位外资网络视频企业未来战略选择的预测

这里首先运用经典的行业环境分析工具——迈克尔·波特的五力模型对中国网络视频行业的行业环境进行分析，并预测中国网络视频企业[①]未来战略的选择趋势，其次对在位外资网络视频企业与在位内资网络视频企业进行优劣势

---

① 这里的中国网络视频企业包括外资网络视频企业和内资网络视频企业。

比较分析并预测两类企业会有怎样不同的战略选择。

（1）中国网络视频的行业环境分析。

根据波特的观点,一个行业所处的竞争环境,不只是在原有竞争对手与其他行业之间的关系,而是存在着五种基本的竞争力量:潜在的行业进入者、替代品的竞争、购买者讨价还价的能力、供应商讨价还价的能力以及现有竞争者之间的竞争。这五种力量共同作用,决定整个产业的竞争强度和利润水平,并影响企业的战略选择。

① 潜在进入者的威胁。

进入障碍和预期现有企业对进入者的反应直接决定这一行业潜在进入者威胁的大小。某一个产业面临潜在进入者威胁的大小取决于两点:一是当前的进入壁垒（如规模经济性、所需的资金、政府政策、产品差异化、转换成本、进入分销渠道等）；二是当前竞争者若预见到潜在进入者的进入行动,它们如何作出应对。

中国网络视频产业对潜在进入者来说最大的吸引力是其发展规模。但目前阶段,几乎全球所有的网络视频企业都在模仿美国 Hulu 或 YouTube 的商业模式,唯一的区别是模仿侧重点有所不同,网络视频行业产品同质化现象比较严重,中国也不例外。行业竞争主要体现在资本角逐上,因此新进入者必须要拥有雄厚的财务实力用于竞争和培养用户的观看习惯。2008 年 1 月 31 日起实施"广电总局、信产部 56 号令",为潜在进入者设置了新的政策壁垒。目前,现有网络视频企业之间竞争白热化和渐趋深度合作的走向,都使其对潜在进入者持不欢迎,抑或抵触的态度。

因此,目前中国网络视频产业的外部潜在进入者威胁并不严重。而对目前现存互联网队的网络视频企业来说,最大的潜在进入者威胁来自广电队网络视频企业的规模扩张。

② 替代品的竞争。

替代品是指那些与本行业产品具有相同或相似功能的产品。分析替代品的竞争要关注两点:一是替代品的盈利能力；二是消费者（购买者）的转换成本。一个产业的产品与其他产业产品的可替代程度越高,则竞争就越激烈。

中国网络视频行业内容产品的替代品主要有传统影视节目内容等。在替代品获利能力方面,中国网络视频产品（主要指自制剧和微电影）虽然与传统影视节目内容之间还存在一定差距,但这在消费者的消费选择过程之中却并无多大权重。网络视频产品在同替代品竞争时,在便捷性、互动性和个性化方面存在很大优势。因此,对于网络视频行业,来自替代品的竞争既不在于替代品本身也不在于购买者的转换成本。但与其他一般行业不同的是,作为替代品生产经营企业的传统影视媒体,若采取向网络平台化方向拓展的经营策略,则将对现有网络视频企业网络平台运营商造成较大影响。

③ 购买者的议价能力。

网络视频产品的购买者主要指广告主和网民。广告主的购买行为直接影响网络视频行业的整体盈利水平;网民的购买行为直接影响视频网站的点击量、流量以及网站品牌影响力。其中广告主的议价能力是中国网络视频产业来自买方的主要压力。由于广告主对网络视频产品质量比较敏感,所以鉴于 UGC 视频产品的种种版权纠纷让其在投放广告时谨小慎微。但随着中国网络视频企业都在提高其视频内容质量和正版内容的推出,其将提高自身对广告主的议价能力。根据 2012 年 7 月发布的《第 30 次中国互联网发展状况统计报告》,网络视频是互联网用户最常使用的互联网应用之一,使用率达到 62.1%。然而,网络视频广告在所有互联网广告中的比重仅为 5.4%。同时目前国家政策也有利于网络视频广告向主流化趋势的发展。根据 2012 年中国国际金融公司发布的《中国网络视频行业深度报告——后并购时代:竞争继续》,中央电视台及四大卫星频道 2012 年的插播广告收入约为 30 亿元,但随着国家广电总局"限广令"的正式实施,禁止在电视剧中插播广告,网络视频广告将极有可能成为最大的受益者。因此,可以预计尚未充分开发的中国网络视频广告市场在未来几年仍将持续保持强劲的增长势头,进而提高网络视频企业对购买方的议价能力。

④ 供应商的议价能力。

在某个产业的企业看来,供应商的议价能力体现在如下两方面:一是威胁涨价;二是威胁降低购买者所购产品和服务的质量。影响供应商议价能力的因素有:买卖双方的行业集中程度;供应品有没有其他替代产品;本行业对于供应者的重要性;供应品对本行业生产重要性;供应商前向一体化的可能性;本行业内企业后向一体化的可能性等。[①]

传统影视制作公司是中国网络视频行业的主要供应商,其集中程度并不高;中国网络视频行业特别是互联网队的网络视频企业虽然正渐趋向深度合作发展,但目前仍处于白热化的竞争状态,所以导致其内部关联度不高。因此,就集中度而言双方都未形成垄断性议价优势。中国网络视频公司的正版产品大多来

---

① 迈克尔·波特:《竞争战略》,陈小悦译,北京:华夏出版社 2012 年版,第 25—26 页。

自传统影视媒体,几乎无替代品;版权分销商的出现客观上让内容制作商拥有前向一体化的可能。因此,网络视频企业在议价能力上显然处于绝对弱势。正是基于这种压力,网络视频企业正在向产业链的上游延伸即后向一体化,如腾讯、搜狐、爱奇艺这3家成立合作组织,共享版权,以此来提高网络视频企业的议价能力。

⑤ 现有企业间的竞争。

现有行业内竞争对手是企业所面临的最直接和最主要的压力来源。2006年是中国网络视频业发展的元年,随后几年内,行业内竞争惨烈,从最初的几百家经过优胜劣汰后仅存不足20家并呈现势均力敌态势。目前,仅存的不足20家网络视频企业的盈利模式雷同,产品差异化程度不足,致使行业内用户转换成本较低,呈现出在狭窄空间的针锋相对态势。但是,随着广电队和电信队的网络视频企业以其特有优势加入激战,必然对中国网络视频行业的未来格局产生深远影响。

(2) 中国网络视频企业的未来战略选择。

由上述分析可知,中国网络视频行业当前竞争重点在于来自供销两端买卖双方的议价能力过大的威胁,而不是外部进入者威胁和替代品威胁。为了提高整个网络视频行业的竞争力和企业自身的竞争优势,中国网络视频企业将选择后向一体化战略以降低影视内容供应商的议价能力,将突出"差异化+低价格"战略以降低网民的议价能力进而降低广告主的议价能力,同时通过深化多维资源整合战略和多元化营销战略解决其他相关重要战略性问题。

① 后向一体化战略。

后向一体化是指企业通过收购或兼并若干供应商,拥有和控制其供应系统,实行供产一体化。通常在供货成本太高或供货方不可靠或不能保证供应时,企业一般采用此种战略。

中国网络视频产品版权的不集中和版权分销商的出现,致使中国网络视频企业在同上游产品供应商议价时处于绝对被动状态,上游产品供应商过强的讨价还价能力已经严重制约该行业的发展。在全球网络视频产业正版趋势不可逆转的大背景下,后向一体化战略是中国网络视频行业的一种必然选择。例如,作为国家正规军广电队的中国网络电视台,它虽然对央视所属节目拥有产销一条龙式的天然后向一体化优势,但也不放弃打造自身的后向一体化内容制作体系。它为了提升内容原创制作能力,以及视频内容加工能力等,已启动手机视频和网络视频两大生产基地建设,并计划使视频生产能力达到平均1000小时/

天。近两年,各大主流网络视频企业均已推出网络自制剧战略规划。

②"差异化+低价格"战略。

首先,网络视频行业将通过产品和服务的差异化赢得市场。理由:一是网络视频行业目前只经历不到10年的发展,总体一直处于快速成长状态,竞争相对不激烈,以往的竞争不需要通过产品和服务的差异化就会赢得众多消费者,但是随着网络视频行业逐步进入成熟阶段,竞争将更趋激烈,现已进入激烈竞争状态,消费者的议价能力将会进一步提升,此时能否提供与竞争对手不同又符合消费者需求的产品和服务将是决定竞争成败的关键。因此,行业中的企业谁能将差异化做得更好,谁就能胜出,谁能在差异化方面具有能力优势,谁就能获取持续竞争优势;二是目前网络视频行业产品和服务的同质化比较严重,并不表明同质化就是此行业固有的经济特征,同质化的形成与产业的生命周期和行业的另一个经济特征——巨大的资本规模需求有关,在此阶段具有雄厚资本实力的企业即可胜出,而暂时不需要借重产品和服务的差异化;三是网络视频企业通过品牌的定位战略、后向一体化战略、与境内外影视企业的合作战略、价值链活动的独特安排以及持续的创新,是有可能持续提供差异化产品和服务的。因此,在未来,持续追求产品和服务的差异化将成为竞争战略的重点。

其次,网络视频行业必须继续实施低价格策略。尽管网络视频行业要更加重视产品和服务的差异化,但是与波特提出的差异化战略显著不同的是,网络视频企业必须实施低价格甚至免费策略,而不是一般工业行业普遍存在的对应于差异化战略的高价格策略。实施低价格策略的理由:一是网络视频行业独特的规模经济特征。与一般工业的"U"形规模经济特征不同,网络视频行业的规模经济曲线呈"L"形,网络视频的销售量增加并不会带来总成本成比例的增加,却可以使产品平均成本持续下降,而且这种趋势不会出现逆转,出现规模不经济。因此,网络视频企业成本的高低直接取决于销售量。在网络视频行业,成本的降低是扩大销售的结果,而不是扩大销售的原因。二是网民的议价能力和网络视频行业的商业模式。网民的议价能力较高,导致网络视频企业必须实施低价;网络视频行业的商业模式是通过对网民实施增值服务来盈利,没有大规模的用户增值服务就会失去市场基础,而扩展和"粘住"网民的关键之一是产品和服务的价格。

因此,在网络视频行业,将来的趋势将是通过产品和服务的差异化和低价格扩大消费者规模和降低成本,再通过为消费者提供增值服务来实现盈利。

③ 多维资源整合战略。

针对目前中国网络视频行业的发展阶段来看,中国网络视频企业特别是单个互联网队的网络视频企业若单独实施后向一体化战略的难度较大,但是以整合资源形式参与后向一体化,或者是通过类似资源整合或资本联合等手段同供应商进行议价是它们目前可选择的不错途径。主要体现在以下两点。第一,行业内的强强联合。2012年4月,腾讯、搜狐、爱奇艺三家视频网站宣布组建"视频内容合作组织"(VCC, Video Content Cooperation),对影视剧采取联合采购、联合播出的方式,成为继优酷和土豆合并后第二大影视剧版权采购阵营,意味着视频内容出现"圆桌议价"的局面。三家结盟可实现资源互通、平台合作,对于整个行业而言,版权市场走向议价阶段,有助于消解行业内的恶性竞争,减小视频企业的版权成本压力。第二,传统媒介与网络媒介之间的整合。在三网融合的趋势下,传统媒介与网络媒介将形成相互依存的关系,它们相互融合、互为补充。通过整合,网络媒介获得了大量正版影视剧作品、综艺节目及新闻资讯等,弥补了其内容先天不足的短板;而传统媒介也借此赢得了海量用户资源和视频网站原生态的平台优势。不同媒介平台之间的多维资源整合战略,不仅只是平台换内容的单一层面,正如有学者归纳:不同媒介融合至少有五个层面,即包括业务融合、平台融合、技术融合、经营融合、组织融合等[①]。例如,酷6网与广东卫视珠江频道以及广东卫视达成战略合作,双方将在联合进行节目制作、落地推广、品牌互动等多个方面展开多维、深入的合作。

④ 多元化营销战略。

中国网络视频行业当前的主要盈利来源是广告收入和版权分销收入,盈利模式比较单一,早已对较高的版权投入成本和带宽成本难堪重负。因此,中国网络视频企业不但需要节流以降低成本,而且还要在开源方面寻找出路,这就需要实施多元化营销战略。

所谓多元化营销战略,首先,挖掘发展潜力较大的网络视频广告市场。存在以下两种途径:一是规范网络视频产品内容,使其正版化,减少甚至杜绝版权纠纷,吸引广告商的投入;二是创新网络视频广告的播出形式,不再拘泥于以前以插片为主的广告形式,可以逐步采取前、中、后插片等交叉多样化的广告形式,抑或可以利用网络的互动性特点向视频互动广告的多元方向拓展。其次,通过跨界营销,拓宽营销渠道,实现多方共赢。近年,在营销界跨界概念极为流行,可乐

---

① 文静:《从拍客看网络视频与电视的另类融合》,载《东南传播》2010年第8期。

与音乐、房地产与奢侈品等一些看似风马牛不相及的产品通过跨界方式实现了营销的双赢,产生了强强联合的品牌协同效应。① 中国网络视频企业可以通过实施跨界营销,来打破行业内传统单一的营销模式,拓宽该行业的营销渠道和盈利途径,也有利于加强自身品牌建设,最终实现多方共赢。

(3) 在位外资网络视频企业与在位内资网络视频企业的优劣势比较分析。

① 外资网络视频企业在整个中国主流网络视频企业中的分布概况。

表6-10 中国主流网络视频企业概况一览

企业名称	成立时间	市场份额 (2011年第四季度)	企业背景
优酷网	2005	21.8%	境外资本的VIE
土豆网	2005	13.7%	境外资本的VIE
爱奇艺	2010	6.9%	境外资本的VIE
乐视网	2004	5.8%	内资企业
酷6网	2006	不详	盛大子公司,实质沦为境外资本的VIE
56网	2005	不详	人人子公司,实质沦为境外资本的VIE
激动网	2005	不详	内资企业
搜狐视频	2009	13.3%	其母公司境外上市
新浪视频	2009	2.9%	境外资本的VIE
腾讯视频	2011	不详	境外资本的VIE
PPTV	2004	6.5%	软银中国占有较大股份
迅雷看看	2009	6.0%	境外资本的VIE
PPS	2004	不详	接受境外风投和私募股权投资
悠视网	2003	不详	接受境外风投和私募股权投资
凤凰视频	1998	5.2%	境外资本的VIE
CNTV	2009	不详	电视台的延伸,内资企业
芒果TV	2009	不详	电视台的延伸,内资企业
东方宽频	2004	不详	电视台的延伸,其母公司为台湾所属、台湾所控、台湾所管的控股企业集团公司

不详:所占市场份额一般不足2%。

资料来源:根据艾瑞咨询、中金公司研究部、i美股等机构披露的信息整理获得。

---

① 吴来安:《中国动漫产业国际化发展的战略路径探讨》,载《国际新闻界》2010年第7期。

结合表 6-10 和图 6-3 可知,除广电队的国家正规军和互联网队的乐视网和搜狐视频外,中国主流的网络视频企业在资本层面已基本被境外资本控制。与其说这是中国主流网络视频企业之间的竞争,倒不如说,这是国家正规军广电队与包含境外资本的中国互联网队企业之间的角逐。

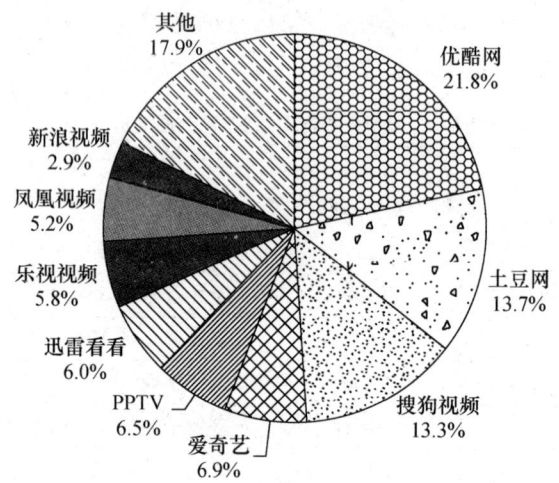

图 6-3　2011 年第四季度中国网络视频市场收入份额
资料来源:中国国际金融有限公司研究部:《中国网络视频行业深度报告》,2012。

② 广电队企业与境外资本控制的互联网队企业的优劣势比较分析

中国广电队网络视频企业优势主要集中在版权内容、资金技术和政策上面。广电队的网络视频企业背靠广播电视传统媒体,具有丰富的内容并在资金技术方面得到其大力支持。因此,广电队视频网站几乎不存在内容版权上的纠纷。2008 年 1 月 31 日实施的《广电总局、信产部 56 号令》更是鼓励国有资本进入网络视频行业,在业务牌照取得方面占有优势。但中国广电队网络视频企业的劣势也表现明显,主要体现在:内容照搬;运行机制活力、互动性、营销能力均相对较差。广电队仰仗传统媒体原有节目内容,仅仅进行粗略的划分,没有在内容上更多创新,网络平台更多是作为传统媒体的一种播出渠道,并没有充分体现网络媒体的特点。广电队的网络视频企业背靠国家和原电视台,具有雄厚的资金,但缺乏市场运行机制的有力引导,没有竞争机制,因而导致其创新动力不足、对社会资源的整合能力缺乏、营销能力较差。

被境外资本控制的互联网队的网络企业的主要优势体现在以下几点:在应对市场变化方面具有较强的感知能力和创新动力;对企业的运营和管理较为灵

活;不但资本实力雄厚而且具有较强的资本组合能力。我们可以从其高管团队人员的背景中窥知一二。优酷网 CEO 古永锵曾获得斯坦福大学 MBA 学位,后在跨国公司任职,1999 年加盟搜狐后先后担任首席财务官和首席运营官。土豆 CEO 王微同样有着取得国外 MBA 学位,并在跨国公司担任高管的经历。因此,较之广电队管理团队,互联网队高管团队,在公司治理方面具有应对市场变化的经营和管理经验,并且擅长资本运作。然而,被境外资本控制的互联网队的网络视频企业的劣势也是显而易见的,主要表现在内容版权、专业媒体人员和政策方面。内容一直是其最大的短板,这也正是推动其实施后向一体化战略的强大动力,但目前后向一体化所需的专业媒体技术管理人员实力又较弱。以上两方面劣势都是可以通过与传统媒体进行多维资源整合来得以弥补的,但其最大的劣势是国家对 VIE 模式尚不确定的监管政策。被境外资本控制的互联网队网络视频企业基本上都是通过 VIE 模式的"协议控制"实现的。虽然目前针对 VIE 模式,国家相关部门一直持默许态度,但是这并不意味着没有政策风险,比如在涉及国家金融安全的行业,已经开始对 VIE 模式排斥。在 2011 年,中国人民银行开始发放并且只对内资企业发放第三方人民币支付牌照。当支付宝申请该牌照时,央行曾要求其说明是否有外资成分的"协议控制",若存在境外资本"协议控制",则不能授予此牌照。

综上分析可知,在不考虑国家对"网络视听服务"产业 VIE 模式监管风险的情况下,与国家正规军的广电队网络视频企业相比,有外资成分的互联网队网络视频企业在实施"差异化+低价格"战略方面将处于明显优势,能将其做到更高水平;而在实施后向一体化战略方面,虽然动力比较大,但由于目前自身在专业媒体人力方面较弱,故在采取后向一体化的同时更多结合多维资源整合战略和多元化营销战略。

3. 潜在境外资本进入中国网络视频市场的战略预测

这里首先揭示网络视频行业的产业经济特征,再结合上文对网络视频行业的五力模型分析的结果,揭示未来中国网络视频行业的关键成功因素。接着分析境外资本在这些关键成功因素上的 SWOT 状况,结合中国网络视频行业的未来发展趋势,最后提出境外资本进入中国网络视频市场的战略选择。

(1) 基于产业经济特征的中国网络视频行业关键成功因素分析。

① 市场规模——巨大的市场潜力。

中国网络视频行业具有巨大的市场潜力,主要体现在三点:网民规模持续扩大、网络视频广告规模持续增长、网上付费观看业务模式的市场规模有望扩大。

第一,网民规模持续扩大。

自2000年互联网浪潮来袭,我国网民规模持续扩大。据中国互联网络信息中心(CNNIC)发布的《第30次中国互联网络发展状况统计报告》显示,截至2012年6月底,中国网民规模达到5.38亿,互联网普及率达到39.9%(图6-4)。2012年上半年网民增量为2450万,普及率提升1.6个百分点。2012年3月,国家发改委等七部门研究制定了《关于下一代互联网"十二五"发展建设的意见》,提出"十二五"期间,我国互联网普及率达到45%以上。随着我国网络基础设施的不断完善和中西部开发战略的逐渐推进,网络视频市场在这些地区必将迎来快速增长。

2012年上半年,除即时通信用户继续维持较高的增长速度、保持领先地位外,网络视频以及网上支付、网络购物等电子商务类应用的用户规模也增幅明显,并且这几类在手机端的运用也迅速发展。

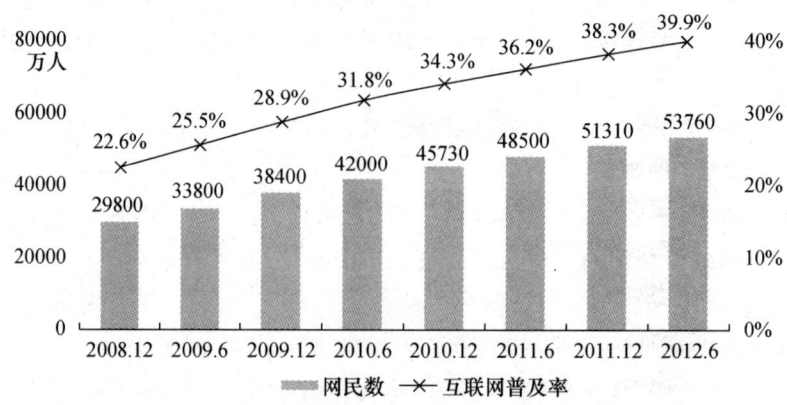

图6-4 中国网民规模和互联网普及率(截至2012.6)

截至2012年6月底,中国网络视频用户规模增至3.50亿,半年内用户增量接近2500万人,在网民中的使用率由上年底的63.4%提升至65.1%。推动网络视频用户规模快速增长的原因是视频网站内容的丰富以及网络环境的优化。主要体现在内容建设上:一方面视频企业强化台网联动,比如同步播出、造势共赢、互换资源、扩大影响力等,同时加大网络自制剧的投入;另一方面,由于网络视频平台相对宽松的内容管理政策,使境外影视、综艺节目,以及网络自制节目在取材等方面突破了传统电视媒体的限制,能够在网络平台上播放,从而使网络视频企业获得独特的优势。

第二,网络视频广告规模持续增长。

根据《第 30 次中国互联网络发展状况统计报告》显示,网络视频作为互联网用户最常使用的应用之一,使用率达到 65.1%。而由图 6-5 可知,网络视频广告仅占互联网广告的 5.4%。国家广电总局 2011 年 11 月 25 日发布并于 2012 年 1 月 1 日实施的"限广令"也为网络视频行业提供了良好的机遇。广告主在传统媒体上受到广告长度、类型和播放时间的限制,因此会选择网络视频作为新兴的营销渠道。所以,可以预计在这个尚未充分开发的网络视频市场,网络广告市场规模在未来几年将持续保持较快增长(图 6-6)。

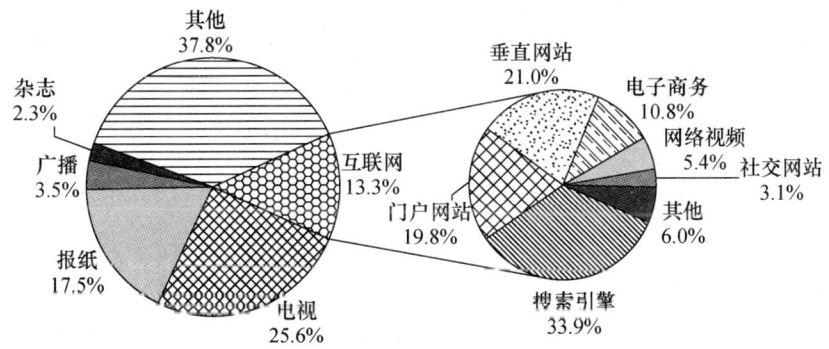

图 6-5 中国广告市场细分(2010)
资料来源:作者根据艾瑞咨询和中金公司研究部披露资料整理获得。

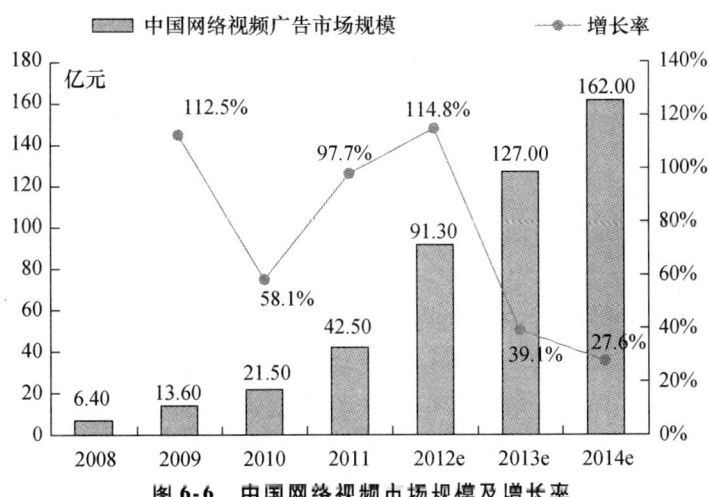

图 6-6 中国网络视频市场规模及增长率
资料来源:作者根据艾瑞咨询和中金公司研究部披露资料整理获得。

表 6-11 主要网络视频企业服务内容及收费状况

	优酷网	土豆网	爱奇艺	乐视网	酷 6 网	新浪视频	搜狐视频	腾讯视频	PPS	PPTV
是否提供高清视频服务	√	√	√	√	√	√	√	√	√	√
收费方式	多数内容为免费 VIP: ￥20/月 ￥5/每部电影	多数内容为免费,特定电影 ￥5/每部电影	多数内容为免费 VIP: ￥9.8/月 ￥5/每部电影	￥30/月 ￥2/每部电影	多数内容为免费 VIP: ￥30/月（仅限于美国电影）	全免费	多数内容为免费 VIP: ￥10/月 ￥5—￥10/每部电影	全免费	多数内容为免费 VIP: ￥10/月	多数内容为免费 VIP: ￥10/月

资料来源：作者根据艾瑞咨询和中金公司研究部披露资料整理获得。

第三,网上付费观看业务模式市场规模有望扩大。

前文已分析指出,在经历了单一依靠资本实力使大量网络视频企业淘汰出局后,网络视频企业将会普遍实施"差异化+低价格"竞争战略。由于网络的长尾效应,即使实施极低的收费价格,在资本竞争中胜出的网络视频企业也能获得丰厚的回报。虽然目前中国用户网上付费观看视频的习惯尚不明显,但是一旦未来用户养成付费习惯,市场规模将十分庞大。同时,随着行业内付费观看模式的普遍采用,也有望提升整个行业的盈利水平,使"差异化"更有可能持续实现,从而使网络视频行业展现出良好的发展前景。

② 规模经济性。

规模经济指成本随生产规模的扩大而降低的现象,这一特征通常是由高固定成本、低边际成本的成本结构所决定的。目前,中国网络视频服务提供商主要应用两种技术:一种是基于网页的流媒体技术(如优酷网、土豆网、爱奇艺等),另一种则是P2P客户端下载技术(如PPS、PPlive、悠视网等)。前者是被大部分主流网络视频网站采用的技术。而基于网页的流媒体技术通常需要高带宽支持,从而导致很高的带宽成本;通过P2P技术,当更多用户加入网络时将形成一个数据传输矩阵,加快传输速度,从而突破带宽瓶颈。同时,由于网络视频服务提供商在内容上的先天不足,也导致其需要花费高成本去购买内容。因此,不同于普通行业,网络视频服务提供商提供的是信息服务,在生产过程中无需投入原材料,但需要大量的网络设备投入和内容购买投入。因此,网络服务提供商的固定成本由设备仪器固定投入和保障运转的相关成本两部分组成,可变成本为全部用户每使用一次网络服务所产生的运营成本的加总。

传统工业企业的成本曲线呈"U"形,即产量超过一个适度规模以后,平均成本开始回升,这时再增加产量就会产生规模不经济。而网络视频传送的是信息产品,具有高固定成本和低边际成本的特点。伴随信息产品销量的增加,平均成本逐步降低,边际成本趋向于零,一个信息产品的产量在理论上可以达到无穷大,成本曲线呈现"L"形。可见,网络视频服务提供商的成本特征是:初始成本高、固定成本大、可变成本相对较小。因此,无论是网络视频行业基于广告收入的盈利模式或是基于网络付费观看的盈利模式,只有当网络视频的用户量达到相当规模的时候才会产生效益,这就是网络视频业的规模经济特征。

③ 产品创新。

以往中国网络视频行业的竞争主要体现在资本层面,竞相购买版权内容,导致行业内同质化现象严重,技术与产品尚不构成竞争成败的决定因素,企业可以不关注视频内容制作问题。当行业走过资本层面的竞争而进入实施"差异化＋低价格"竞争战略的发展阶段，网络视频企业就要实施后向一体化战略进入视频内容制作领域以提供差异化的视频内容，能否持续不断地提供差异化的视频内容就成为决定成败的关键，因此，网络视频行业将会呈现产品生命周期不断缩短的发展态势，研发能力将会成为关键成功因素。

④ 市场集中度。

市场集中度是对整个行业的市场结构集中程度的测量指标，它用来衡量企业的数量和相对规模的差异，是市场势力的重要量化指标。市场集中度是决定市场结构最基本、最重要的因素，集中体现了市场的竞争程度和垄断程度，经常使用的集中度计量指标有行业集中率（CRn）、赫尔芬达尔—赫希曼指数（Herfin-dahl-HirschmanIndex，缩写：HHI）等。由艾瑞咨询、中金公司研究部统计得出在2011年第四季度排名前四的网络视频企业及所占份额分别为：优酷网（21.8%）、土豆网（13.7%）、搜狐视频（13.3%）、PPS（7.6%），由此可得中国网络视频行业集中度率 CR4＝21.8%＋13.7%＋13.3%＋7.6%＝56.4%；市场份额排名前十的网络视频企业中，最高占22%左右，最低为3%左右，而大部分集中在5%—8%之间；市场份额排名在十之后的网络视频企业所占市场份额都极小，不足2%。因此可以分析出我国网络视频市场呈现竞争和垄断相互强化的态势，这种态势逐渐衍生出"竞争性垄断"这一新的市场结构。[①] 一方面，网络视频市场的竞争性加强。随着电信网、广播电视网和互联网"三网融合"进程的推进，使得垄断程度较高的纵向市场结构向竞争性更强的横向市场结构转化。另一方面，网络视频市场的垄断趋势加强。2012年，网络视频行业经过收购、合并、淘汰等惨烈竞争，市场份额更加集中。这种"竞争性垄断"的市场结构使未来我国的网络视频市场呈现出开放程度越高，竞争性越强，创新速度越快，垄断程度越强，竞争反而越激烈的特点。

⑤ 进入壁垒。

进入壁垒是企业进入一个产业必须要克服的障碍，通常与垄断力量相联系。芝加哥大学经济学家施蒂格勒指出，进入壁垒可以理解为打算进入某一产业的企业而非已有企业所必须承担的一种额外的生产成本。进入壁垒的高低，既反映了市场内已有企业优势的大小，也反映了新进入企业所遇障碍的大小。可以说，进入壁垒的高低是影响该行业市场垄断和竞争关系的一个重要因素，同时也是对

---

① 李怀、高良谋：《新经济的冲击与竞争性垄断市场结构的出现》，载《经济研究》2001年第10期。

市场结构的直接反映。目前我国网络视频市场的进入壁垒主要体现在以下几点：

第一，必要资本量壁垒。必要资本量是企业进入新市场时必须投入的资本，必要资本量越大，壁垒作用越明显。如前所述，网络视频行业前期需要大量的资本投入，使得此行业天然地具有必要资本量壁垒，这对民营企业的进入限制尤为明显，但对于资本实力雄厚的境外传媒集团和风险投资机构则是有利的，它们可利用既有资本优势，窥探中国网络视频行业的未来发展前景，灵活采用多种方式进入我国这一新兴市场。

第二，产品差异壁垒。产品差异化的意思是，产业当前的企业拥有一定的品牌识别度和客户忠诚度，这二者来源于过去的广告、客户服务、产品特色，或者干脆就是先入为主。因为产品具有差异，新进入者被迫大大破费，才有可能克服既有客户的忠诚，这就设置了进入壁垒。[①] 目前，我国网络视频企业的差异化壁垒主要源于先进入企业的先入为主，由于用户习惯而体现出的品牌识别度。以往中国网络视频行业的竞争主要体现在资本层面，购买版权内容，行业内同质化现象比较严重，在客户服务、产品特色等方面并未有明显差异。从2010年艾瑞的数据可以看出，当时中国有2.4亿在线视频用户，大家似乎已经习惯了在土豆、优酷上看视频，这大概来源于当年的VOD点播网站的用户习惯承接。但其实还有一大群"顽固"的用户，他们认为"看视频就得用播放器"。这对潜在进入者通过新设或者成立合资公司的方式进入设置了障碍，此时潜在进入者更倾向于通过并购、战略投资、战略合作等方式绕过先入为主企业因用户习惯而形成的差异化壁垒进入网络视频市场，并且不会显著增加市场供给。

第三，规模经济壁垒。根据规模经济要求，新进入企业必须至少具有与原有企业一样的规模经济产量或市场销售份额才能与原有企业匹敌。对于网络视频行业，新设网络视频企业在初期不但需要投入大量的技术和带宽成本而且还需大量的版权购入，前期需大量"烧钱"，只有在用户量达到很大规模时才能实现规模经济，这对潜在进入者通过新设或成立合资公司的方式进入构成有力障碍。

第四，法律和行政规制壁垒。对于网络视频服务提供商，2004年10月11日起实施的《互联网等信息网络传播视听节目管理办法》[②]（广电总局39号令）规定了"外商独资、中外合资、中外合作机构，不得从事信息网络传播视听节目业务"。自2008年1月31日起施行的《互联网视听节目服务管理规定》[③]（广电

---

① 迈克尔·波特：《竞争战略》，陈小悦译，北京：华夏出版社2012年版，第9页。
② 下文简称"广电总局39号令"。
③ 下文简称"广电总局、信产部56号令"。

总局、信产部56号令)的第七条、第八条进一步规定,要求"具备法人资格,为国有独资或国有控股单位,且在申请之日前三年内无违法违规记录"。2008年,中国网络视频市场正处于春秋诸国林立的起步阶段,根本无法与总部设在境外的网络视频企业如YouTube竞争,并且其也不会遵守我国的网络审查制度。所以,对于中国政府来说,"广电总局、信产部56号令"再次强调了政府对互联网严格管理以及保护民族网络视频业的态度。因此,监管部门在网络传播视听节目服务的外资准入上的限制程度较之其他行业要严格很多,这为境外资本的进入设置了法律和行政规制壁垒。

通过上述分析,不难看出,网络视频行业存在必要资本量壁垒,这为具有雄厚资本实力、较强风险把握能力的境外资本提供了进入机会。当这些先入企业形成了较高的市场占有率、建立了产品差异化壁垒、规模效益壁垒时,潜在进入者采取内部创业方式进入就更难,通常会采用并购或战略合作等方式进入。

结合上述对中国网络视频行业的波特五力模型分析和以产业经济特征为理论依据的分析可知,决定该行业关键的成功因素是雄厚的资本实力、丰富的节目内容资源、较强的研发能力。而要想具备较强的研发能力必须要有与之匹配的经营管理优势、人力资源优势。

(2)潜在境外资本进入中国网络视频市场的SWOT状况。

境外资本未来进入中国网络视频市场的优势、劣势、机会和威胁如表6-12所示。

表6-12 境外资本进入中国网络视频行业的SWOT分析

优势(Strength)	劣势(Weakness)
① 资本规模	① 准入政策的限制
② 经营管理	② 较难迅速适应本土文化
③ 丰富的节目资源和完善的产业链	
④ 人力资源	
⑤ 资本运作	
机会(Opportunities)	威胁(Treats)
① 拥有巨大规模和发展潜力的网络视频市场	① 政策监管变化的不确定性
② 外资准入政策监管的漏洞	② 本土广电队国家正规军的加入和发展
③ 中国金融市场发展滞后,融资渠道难	

① 境外资本的优势。

境外资本在中国网络视频市场主要有以下几方面的优势：

第一，资本规模。谋求进入中国传媒市场的境外资本主要是迪斯尼、新闻集团、时代华纳等大型跨国传媒集团和红杉资本、软银集团等财务资本集团,它们都具有雄厚的资本实力，能够为网络视频企业持续地提供资本支持、直至建立领先的或稳定的市场竞争地位。即便面对国家支持的广电队，它们也具备资本优势。

第二，经营管理。国际上知名的大型传媒集团，经过数十年甚至是数百年的经营，具有强烈的市场竞争意识，积累了丰富的经营管理经验，形成了多方面的核心能力和强势品牌。

第三，丰富的节目资源和完善的产业链。跨国传媒集团通过多年的并购，旗下已经聚集了大量的影视内容生产公司，如维亚康姆集团的哥伦比亚广播公司CBS、MTV全球电视网、Nickelodeon儿童频道、派拉蒙电影公司；新闻集团的福克斯公司、卫星电视和有线电视网。这些内容生产公司都拥有强大的内容生产能力，并且积累了大量的影视节目。同时由于其节目风格的灵活多变，与国内节目的刻板模仿相比，对用户来说具有很大的吸引力。而目前中国网络视频行业对内容需求量大并且同质化严重，正好为境外资本提供了用武之地。

第四，人力资源。网络视频行业对人才的要求将会越来越高，境外资本以其资本规模、管理能力、品牌资产方面的明显优势，更容易汇聚高素质、创新型人才，为赢得市场竞争提供坚实的人才保障。

第五，资本运作。境外PE/VC在国际资本市场上运行已久，已经形成成熟、高效的资本运作机制和强大的资本运作能力，这有利于接受其投资的企业利用国际和国内两个资本市场，整合使用国内外市场资源，突破发展瓶颈，建立竞争优势，降低经营风险。

② 境外资本的劣势。

第一，准入政策上的劣势。由于传媒具有经济和政治双重属性，虽然中国承诺在加入WTO后传媒业要扩大对外开放，但是其开放是有限度的。一直以来"网络视听服务"都为禁止外商投资的产业。

第二，较难迅速适应本土文化。不同经济文化背景导致产生不尽相同的审美标准、价值观和消费偏好，境外资本在刚进入中国市场时，需要一段时间来了解和适应本地市场，可能会在短期内相对处于劣势。

③ 境外资本的机遇。

第一,中国拥有巨大规模和发展潜力的网络视频市场。巨大的人口基数,迅速发展的国民经济,造就了我国广阔且仍在逐步扩大的传媒市场。毫无疑问,以盈利为目的的境外资本进军中国网络视频市场,最看重的就是我国网络视频市场的网民规模、网络视频广告规模、网络视频行业的潜在盈利水平,这也是境外资本进军中国最大的机遇。

第二,外资准入政策监管的漏洞。一直以来,虽然"网络视听服务"被列为禁止外商投资的产业,但并未对进入网络视频节目制作市场有明确的监管规定。随着中国网络视频行业的后向一体化战略和"差异化+低价格"战略的实施,势必为境外资本进入中国网络视频市场提供了新的空间和机遇。

第三,中国金融市场发展滞后,融资渠道难。目前,中国金融市场发展不够成熟,融资难,对于尚未实现盈利的中小互联网高新技术企业和非国有企业更难。对于具有高成长性的互联网等高新技术企业来讲,国内A股上市条件过于苛刻,创业板和中小板市场财务门槛过高,都很难达到上市的条件。在中国,信用体系不健全,民间借贷市场不活跃,因此也不可能通过民间资本市场获得大量所需的资金。但是,网络视频行业前期又需要大量的资金投入,这种矛盾给境外资本提供了机遇。

④ 境外资本的威胁。

第一,政策监管变化的不确定性。迄今,国家总体上对境外资本通过VIE模式进入中国传媒市场一直持默许态度。但近年来,国家已先行对境外资本借助VIE模式进入中国金融行业进行严密监控。因此,不排除中国政府改变针对境外资本VIE模式的政策环境的可能性。

第二,本土广电国家正规军的加入和发展。以国家正规军"广电队"为代表的网络视频企业进军网络视频行业,这对境外资本未来在中国的发展形成一定的威胁。

综合上面的分析,可以总结归纳出表6-13。

表6-13 中国网络视频市场情况概览

行业成功关键因素	雄厚的资本实力、丰富的节目内容资源、较强的研发能力;而要想具备较强研发能力必须要有与之匹配的经营管理优势、人力资源优势
行业未来战略趋势	后向一体化战略、"差异化+低价格"战略、多维资源整合战略、多元化营销战略

（续表）

中国网络视频企业实施上述战略的主要劣势	研发能力较弱、专业人力实力较弱
境外资本的主要优势	资本规模；经营管理；丰富的节目资源和完善的产业链；人力资源；资本运作
境外资本的主要机遇	巨大的市场规模和发展潜力；准入政策监管的漏洞（未对准入节目制作市场有明确的法律监管规定）

（3）境外资本进入中国网络视频市场的战略预测。

① 相机采用全球战略、跨国战略和本土化战略，逐步重视跨国战略和本土化战略。

"内容为王"早已成为行业共识。目前，中国网络视频行业的发展仍不成熟，渠道价值尚未完全建立，平台黏性和盈利能力在很大程度上仍依赖于视频内容的价值。几乎所有的主流网络视频企业都在试图使自身内容多样化。该行业的关键成功因素之一也是要具备丰富的节目内容资源。虽然广电总局在2009年4月正式宣布将全面禁止没有许可证的海外影视剧在互联网上播放，规范了网络视频播放境外影视剧的内容选择，但中国的网络视频企业仍热衷于购买境外影视剧的版权。而境外资本为了达到规模经济效益，会向全世界的市场推广其标准化的产品。因此，境外资本，只要被允许，将源源不断地将其影视作品推向中国市场，以网络视频播放平台这一新的渠道与中国观众见面。

由前文分析可知，中国网络视频行业为了提高其行业竞争力和自身竞争优势，将采取后向一体化战略和"差异化＋低价格"战略，这为境外资本进入中国网络视频市场提供了广泛的空间和机遇，尤其是在网络视频的节目制作市场。境外资本为了能够更好地满足中国网民的需求，迅速扩大在中国的市场份额，仅仅依靠全球战略是远远不够的，势必会逐步重视针对中国市场的本土化战略和跨国战略。传媒产品本就具有文化属性，不同国家具有不同的文化传统和消费习惯，加之网络媒体的受众更是具有日益丰富的多样化需求，所以，境外资本在全球化扩张的过程中，要想有效打开中国市场并在中国市场上占有一席之地，推出的产品既要有国际品味又能让中国本土受众接受，即带有国际化和本土化的双重元素。

② 广泛使用合作战略。

经过前文分析可知，中国网络视频行业为了提高其竞争优势，实施后向一体化战略和"差异化＋低价格"战略势在必行。但目前中国网络视频行业在实施上述战略时,研发能力欠佳,人力资源实力较弱。而境外资本在这两方面都具有优势,并且中国政府对境外资本进入中国网络视频市场的上游产业链的节目制作市场没有明确的监管政策,这给境外资本在进入中国网络视频市场的节目内容制作领域提供了机遇。搜狐视频首开跨国生产自制剧的先河,投资一千万元与韩国电影公司合作。2012年3月9日,搜狐视频宣布,旗下首款与韩国团队合作拍摄的自制剧《秘密天使》即将杀青,该剧投资高达数千万元,这是国内视频自制剧中迄今为止首部全面跨国合作的巨制之作。《秘密天使》是首次由中国投资、韩国班底来完成拍摄制作的纯韩剧。搜狐视频此举不仅使网络剧进一步摆脱山寨、低端形象,并且在国际化道路上迈出了实质性的关键一步。目前,搜狐视频除了与韩国KBS电视台商谈合作外,与美国FOX电视台的自制剧合作也在进行中。

境外资本为了加强自身品牌建设,将与中国网络视频企业在微电影方面进一步展开全面深入的合作。微电影具有与商业联姻的先天基因,它神奇地把"广告"变成了"内容",把品牌、产品通过故事和流动影像来包装、传达,在国外称为视频营销,已经发展得相当成熟。微电影在互联网上找到了很好的传播土壤,在改变人们对电影的认识的同时,也改变了视频网站、企业的营销理念。

③ 直接采用"差异化 + 低价格"战略。

网络视频行业的竞争战略正在从单纯依靠资本的比拼转变为"差异化 + 低价格"战略,未来准备进入中国网络视频市场的境外资本除非能够更有效地实施"差异化 + 低价格"战略,否则,将放弃进入。因此,未来进入中国网络视频市场的境外资本一开始就会选择"差异化 + 低价格"战略。

6.2 境外资本进入中国网络视频市场的影响

6.2.1 网络视频对中国影视市场整体发展格局的影响

2010年1月13日国务院常务会议上通过的一项重大决策,使得业内期盼了近十年的"三网融合"终于从理想走进现实。"三网融合"要求符合条件的广播电视企业可以经营增值电信业务和部分基础电信业务、互联网业务;符合条件的电信企业可以从事部分广播电视节目生产制作和传输,鼓励广电企业和电信企业加强合作,优势互补、共同发展。即"三网融合"不是基于三个网络的融合,而是基于内容和业务的融合。随着"三网融合"的推进,网络视频行业对中国影视市场的发展产生越来越大的影响。我国网络视频的产业链如图6-8所示。

第6章 境外资本进入中国网络视频市场

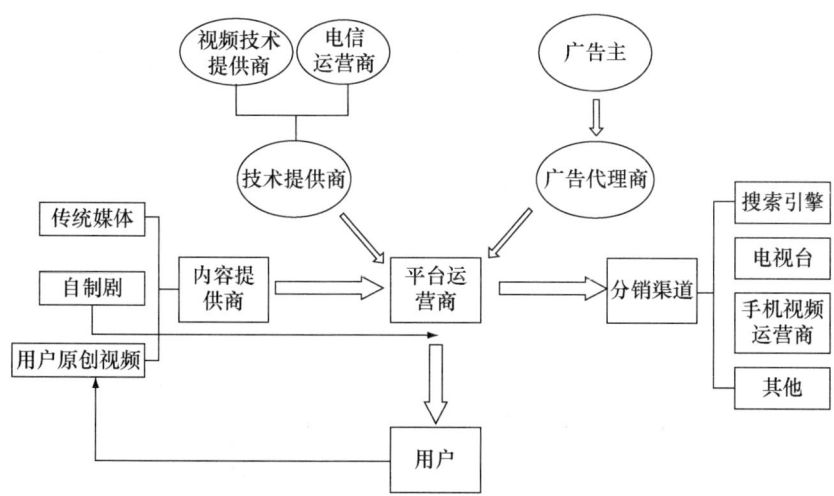

图 6-8 中国网络视频产业链

资料来源:作者根据艾瑞咨询、中国互联网络信息中心和中金公司研究部披露资料整理获得。

从图 6-8 可知,网络视频行业主要涉及三个主题,内容提供商、平台运营商和分销渠道。其中内容提供商是指向平台运营商提供视频内容的企业(或个人),包括传统媒体(电视台与影视制作公司、专业的视频制作公司等)、平台运营商的自制剧和 UGC 内容;平台运营商是指上述各种类型的视频网站;分销渠道主要指搜索引擎、电视台、手机视频运营商等。网络视频行业的外围主体包括视频技术提供商和电信运营商为主的技术提供商和广告主、广告代理商。

带宽和版权一直是网络视频公司不得不面对的难题之一,由于用户一般更倾向于消费长视频,因此为了视频播放效果,必然要花重金购买带宽;同时近几年来,网络版权价格暴涨也使得版权成本增长快速。

另外,政府对网络视频产业管理体系的规范化以及消费需求结构的多元化将驱动中国网络视频市场竞争格局向追求规模和追求差异化两个方向发展。①为了能够达到差异化的目的,不但要提供专业化的行业服务,而且最重要的是"内容",同时为了应对居高不下的版权价格,网络视频平台运营商开始向产业链上游渗透,加大内容制作的投入。

---

① 艾瑞咨询:《牌照改变行业规则,视频网站将两极分化》,2008-07-03,http://tech.qq.com/a/20080703/000005.htm。

229

在2009年12月中国网络电视台开通的第二天,中国电视剧制作中心有限责任公司(其前身为中央电视台中国电视剧制作中心)就正式宣布挂牌成立。该新公司的主营业务不再仅仅局限于单一的电视剧制作方面,还将构建完整的策划、制作、发行销售的业务链,同时涵盖电视剧、动画、纪录片、电影等内容的制作发行。在发行上,新公司的产品除了面向电视,还将覆盖移动终端、互联网等多种媒体。以广电队为代表的国企正规军大举进入中国网络视频业,这一方面给网络视频企业带来了对于国进民退的忧虑,另一方面也必将无形中加快"内容为王"时代的到来。

1. 网络视频对中国电视产业发展格局的影响

中国网络视频以往主要集中于"播放"环节,充当了"管道"。近两年以来,视频的自制内容开始向电视台输送,网络视频和电视台之间的关系已从1.0进化到3.0,网络视频进入视听产业主流话语圈,与历来处于强势地位的电视台开始构建对等的合作互动关系,可谓之视频"反哺"电视台。中国网络视频企业告别了单一的"管道化"角色,开始向产业链上游拓展。其主要表现在以下几个方面:

(1)视频企业普遍进入内容制作市场。

互联网队的网络视频企业在版权纠纷不断和政府监管政策加强的条件下,开始逐步由用户生成内容向正版内容转型,其标志是网络自制内容的兴起。

表6-14 中国主流网络视频企业视频内容组成

企业	视频内容组成
优酷	用户原创视频+影视剧+自制剧
土豆	用户原创视频+影视剧+自制剧
爱奇艺	影视剧+自制剧
乐视网	点播视频+影视剧+自制剧
酷6网	用户原创视频+影视剧+自制剧
56网	用户原创视频+影视剧+自制剧
搜狐视频	用户原创视频+影视剧+电视直播+自制剧
新浪视频	用户原创视频+影视剧+电视直播+自制剧
腾讯视频	用户原创视频+影视剧+电视直播+自制剧
PPTV	影视剧+电视直播+自制剧
PPS	用户原创视频+影视剧+电视直播+自制剧
迅雷看看	影视剧

（续表）

企业	视频内容组成
悠视网	影视剧+电视直播
凤凰视频	凤凰卫视内容+电视直播+用户原创视频
CNTV	CCTV内容+电视直播+用户原创内容
芒果TV	湖南卫视内容+电视直播+影视剧

资料来源：中金公司研究部：《中国网络视频行业深度报告》，2012年。

表6-15　2012年中国在线视频企业自制战略推出情况

媒体	自制频道	自制内容
优酷	优酷出品、优酷自制综艺	《美好2012》系列、《晓说》等
土豆网	土豆映像	《土豆最音乐》《爱啊哎呀，我愿意》等
爱奇艺	奇艺出品	《浪漫满车》《美食美课》等
搜狐视频	搜狐出品、微栏目等	《屌丝男士》《向上吧！少年》等
腾讯视频	腾讯出品	《中国茶馆》《杯中话风云》等
乐视网	乐视制造	《女人帮·妞儿》《我为校花狂》等
凤凰视频	凤凰出品	《楚汉群英会》《伦敦下午茶》等
酷6		《星声报到》等
PPTV		《擒爱记》《囧人的幸福生活》等
PPS	PPS出品	《无懈可击》等
56	56出品	《微播江湖》《音乐下午茶》等

资料来源：艾瑞咨询 www.iresearch.com.cn。

由表6-14可知，中国大部分主流网络视频企业都开始向产业链的上游内容提供者发展，涉足自制剧。网络自制剧与一般电视剧相比，其特点主要体现为周期短、风险低、赚钱快。其盈利点主要是植入广告所得，还有少部分来自版权及相关产品销售等渠道的收益。例如，《欢迎爱光临》在播出后不到两个月就实现了盈利，除了来自植入广告的收入外，该部剧在向11个国家和地区的电视台售出播映权的收入也极为可观。与自制剧同步推出的衍生品如小说、DVD、写真集，销量也不错。由于网络自制剧的制作具有周期短而灵活的优势，所以其内容更贴近当前热点，在时长上未来也可以将现有45分钟/集剪成10分钟/集，方便在手机、iPad等移动媒体上播放，符合年轻人的看片习惯。所以，与动辄制作发行回本需要半年到一年的传统电视剧相比，网络自制剧的市场潜力可观。

（2）由单向输送到双向合作：网台联动1.0演进到3.0。

网络视频和电视台是不同的媒介,但传播的都是视听内容。随着视频的运营实力、受众影响力逐步提高,两者之间的关系已从1.0进化到3.0。近两年尤为引人瞩目的是,网络视频开始进入视听产业主流话语圈,与历来处于强势地位的电视台开始构建对等的合作互动关系,形成价值互补和视频"反哺"电视台的格局。

① 网台合作1.0：同步播出,造势共赢。

网络视频发展初期更多地被作为电视等传统视听媒介的补充形式。电视台凭借视频网站,充分满足用户随时随地观看的需求,并获得内容影响力的提升,反过来促进收视率。对于视频企业来说,拿到电视剧的独播版权,可以在一定程度上克服内容同质化瓶颈,进而吸引受众。这一阶段最突出的现象就是电视剧的"热播剧效应",在视频行业体现得十分明显。以2011年为例,2月份《宫》、8月份《新还珠格格》、9月份《步步惊心》和10月份《倾世皇妃》都带来收视的小高峰。

② 网台合作2.0：内容与营销的优势互补。

随着视频用户增长、运营的逐步推进,电视台、广告主、用户和版权方开始愈加重视网络视频,尤其是电视台。网络视频具有随时随地传播、不受观看地点和时段束缚制约的特点,借助网络视频电视台可以扩大自身节目和内容的覆盖面与影响力,有效延长传播生命周期。同时,电视台可以与网络视频开展整合营销,提升品牌广告的曝光频次,强化营销效果。例如迅雷看看携手山东卫视,为独家冠名赞助商带来网台联动的整合营销。PPTV与湖南卫视合作"快女真人秀",吸引2.3亿用户,取得10亿浏览量。人人网、56网与浙江卫视合作创立节目《爽食行天下》,每周三晚在浙江卫视播出。

③ 网台合作3.0：视频"反哺"电视台。

过去一般是视频公司从电视台购买内容,在视频网站或客户端播放,两者之间的关系是单向输送,网络视频的自制剧输送到电视台仅偶有发生。近两年以来,视频的自制内容向电视台输送开始大量发生。优酷携手国内顶级十大卫视、十大唱片机构共同开启优酷牛人年度音乐巨献《我是传奇》。这档选拔"牛人"的节目为电视台输送了大量才艺人才,实现了6期综艺节目上线34天总播放量破1亿,创造了互联网自制综艺的一个纪录。此外,优酷的自制节目《晓说》也被众多电视台争抢。

（3）网络视频行业进军互联网电视行业。

在中国,互联网电视受到"集成+内容"双重政策的监管,产业化道路艰难,尚不具备完善的产业链和健康的盈利模式,还仅仅只是电视的一个功能性市场。

在2011年年末之前,国家广电总局对中国互联网电视行业持严厉监管态度,出台有牌照准入制和管理规范条例,致使整个产业在迎合大势的情况下采取保守的发展策略,并未呈现快速增长。而自从2011年年末,《持有互联网电视牌照机构运营管理要求》的颁布,标志着国家广电总局开始鼓励并引导互联网电视产业的发展。该文件具体明确了互联网电视的准入条件,在保证运营可管可控的前提下,为有条件的企业提供了更广阔的市场空间。

2012年,网络视频平台运营商乐视网正式宣布与中国网络电视台进行战略合作,与此同时,网络电视PPTV也宣布与华数传媒进行战略合作,这标志着网络视频开始正式进军中国互联网电视行业。随着互联网电视行业的政策转变和其市场的规范化,其发展趋势不可逆转。网络视频企业不但可以凭借其海量、丰富的内容资源优势径直渗透到互联网电视行业,还可以通过资源互补和深度整合来丰富互联网电视行业的产业链。所以,网络视频的进军,不仅将催生其自身业务的新增长点,也将同时推动整个互联网电视行业的发展。

2. 网络视频对中国电影产业发展格局的影响

随着移动新媒体技术的发展和网络视频业务的壮大,网络视频的发展对中国传统电影业的影响主要体现在两方面:电影作品内容和电影发行模式。

(1)对电影作品内容的影响。

伴随着网络视频平台竞争的推动、微时代电影受众的需求以及广告营销新阵地的需要,出现了一种新的电影表现形式,即微电影。微电影是指专门运用在各种新媒体平台上播放、适合在移动状态和短时休闲状态下观看、具有完整策划和系统制作体系支持的具有完整故事情节的"微(超短)时(30—300秒)放映"、"微(超短)周期制作(1—7天或数周)"和"微(超小)规模投资(几千—数千/万元每部)"的视频("类"电影)短片,内容融合了时尚潮流、公益教育、幽默搞怪、商业定制等主题,可以单独成篇,也可系列成剧。总体来说,网络视频大环境中的电影作品将趋向于通俗与高雅、大众与边缘、娱乐与宣传、本土化与国际化互动并存的发展局面,尊重了大众各方面的精神文化诉求。

(2)对电影发行模式的影响。

网络视频给中国电影作品创造了更加广阔、便捷的发行空间和传播渠道,中国电影作品的内容也趋向于多元化发展。以往每年国内影视传媒艺术公司拍摄制作出来的电影多达几百部,但是最终搬上荧幕与观众见面的还不到一半,很多影视作品拍摄出来之后由于国内排片档期、流通渠道有限等问题无法上映。网络视频业的发展为这些影视作品提供了一个与观众见面的平台,海纳百川地接受了众多不能够搬上大荧幕的电影作品,丰富了大众的欣赏内容,也能够满足观众对不同题材、形式、风格、文化背景的电影作品的需求。

随着互联网的普及和网络视频用户的飞速增长,电影制片方、发行方纷纷开始寻求通过互联网提供的便捷快速渠道进行新片的宣传与放映。主要表现为以下几种模式:通过网络进行电影宣传与营销;建立"电影+网吧"模式院线;网上正版免费观看;网上付费观看或者下载。

6.2.2 境外资本进入对中国网络视频市场的影响

1. 境外资本进入对中国网络视频市场已经产生的影响

(1) 已经产生的正面影响。

① 解决了行业发展的融资瓶颈,为行业发展提供强劲动力。

网络视频的前期投入巨大。网络视频行业前期投入成本主要集中在带宽和内容购买成本。为了保证用户体验,视频网站必须要在全国布点服务器,把服务器布到离用户最近的地方;为了争取用户,视频网站还要比拼引进影视剧的速度和数量。而版权价格居高不下,需要大量的资金投入,在2011年,单集版权价格一度涨至200多万元,一部30集的电视剧总价达6000万元。在这个资金需求极大的行业里,大的视频网站融资额都在1亿美元以上,而且一个融资周期只有10个月,有时甚至要缩短到6个月。虽然目前的盈利并不是很好,但外资普遍看好网络视频在中国的发展前景,因此吸引了越来越多的境外资金,规模在不断扩大,而且呈现出快速增长的势头。2004年到2011年间,风投、私募每年向中国互联网视频企业注入的资金数额分别为350万美元、5685.58万美元、2920万美元、1.41亿美元、1.58亿美元、8478.26万美元、2.07亿美元和3.38亿美元。其中,优酷网、土豆网、酷6网和乐视网这四家已经上市的企业吸引的资金则达到4.51亿美元,另外的5.67亿美元则分散在其他非寡头视频网站上面。这不但缓解了初创期的网络视频企业的资金需求也为扩张期的企业做了上市之前的财务准备,推动IPO进程,使其在更广阔的资本市场上筹集企业发展所需的资金。

② 推动整个行业的市场化进程。

目前,我国广电队和电信队的网络视频企业大部分还没有真正完全地走向市场,而被外资控制的主要互联网队的网络视频公司虽然目前商业模式不够清晰,但在视频软件技术、用户资源、资本组合能力、对市场变化的感知能力和创新动力、运营和管理等方面都占有绝对优势。我国传统媒体大部分受到国家政策的保护,使其很容易失去改革的动力。一方面,境外资本进入会加剧中国国内网络视频业的竞争,增强了网络视频业改革和发展的动力;另一方面,有助于我国网络视频业走向世界,更好地向世界普及中国的文化价值观。通过"引进来"达到"走出去"的目的,推动整个行业的国际化进程。例如,酷6传媒在2012年1月与YouTube达成战略合作,酷6传媒海外用户通过YouTube提供的一个新频道浏览国内的原创视频。酷6网通过与视频网站YouTube的合作,拓展其在海外市场的内容供应服务,并计划组建一个新团队经营这一新渠道,以扩大境外用户群,提高境外市场营业收入。

③ 丰富了国内节目市场的内容,满足消费者多元化的需求。

网络视频给电影电视等作品创造了更加广阔、便捷的发行空间和传播渠道。虽然目前广电队的网络电视台将其电视节目搬到了互联网上,但是渠道丰富而内容缺乏是当前网络视频市场的现实状况。境外资本的进入无疑可以丰富网络视频市场,提供更多视角、更广领域的资讯和内容,满足消费者对内容多元化的渴求。例如,具有外资背景的网络视频公司优酷、土豆、酷6、新浪视频、搜狐视频都已经与境外多家好莱坞主流电影公司或者电视台在电影大片或者品牌节目的播出权方面达成协议或者形成战略合作,甚至直接在其主页开通好莱坞专区,使中国网民可以随时观看经典大片和最新影视剧。

(2) 已经产生的负面影响。

境外资本的进入,一方面加速了中国网络视频行业的市场集中;另一方面也加大了整个行业的垄断风险。2006年是中国网络视频业发展的元年,随后几年内,行业内竞争惨烈,从最初的几百家经过优胜劣汰后仅存不足20家。在这仅存的不足20家中,主流的互联网队有14家,这14家中仅乐视网为纯内资企业,9家为境外资本的VIE,搜狐视频的母公司搜狐网在境外上市,其余三家都有境外风险投资或者私募股权投资。中国的民族资本在面对该行业巨大的带宽成本和内容成本的双重压力下,要么已经被淘汰出局,要么转做社区等其他某一个细分市场,被挤出主流市场。

2. 对境外资本进入对中国网络视频市场的影响预测

(1) 提高行业的整体竞争力。

中国网络视频行业的发展仍很不成熟,同质化现象严重。网络视频行业未来将继续实施多维资源整合、多元化营销、后向一体化、"差异化+低价格"等战略。凭借资源与能力优势,境外资本的进入能使这些战略获得更有效的实施,从而提高整个行业相对于传统影视业的竞争力。

（2）造成国民财富外流。

中国互联网队的网络视频企业基本上已被外资控制，要么通过VIE形式，要么境外上市，要么接受境外风险投资或者私募股权投资。因而导致不论是在投资机会方面还是利润流向方面，都基本上被境外投资者所占有，国民参与相对较少。虽然目前中国网络视频行业基本上还未实现盈利，但一旦实现盈利，财富外流将表现得很明显。

（3）降低中国政府针对境外资本在传统影视内容市场方面的规制与监管效应，并衍生出新的市场规范问题。

境外资本将通过网络视频逐步向传统电视、互联网电视、移动媒体等媒介及电子商务等领域渗透。传统媒介与网络媒介之间的多维资源整合战略，不仅是平台换内容，还包括业务融合、平台融合、技术融合、经营融合、组织融合等方面的融合。

在传统媒体领域，目前广播电影电视节目制作属于限制外商投资目录，仅限于合作。针对网络视频行业的网络节目制作项目，目前对外资并未有明确的监管政策。因此，随着中国网络视频行业后向一体化战略和"差异化＋低价格"战略的实施，境外资本势必与网络视频企业合作进行网络节目制作。这将使中国针对境外资本进入中国节目制作市场的法律、法规与政策的效果大打折扣，甚至名存实亡。

在互联网电视领域，网络视频企业可以为其提供丰富的内容，充分发挥自身在内容储备方面的优势。例如，2012年，乐视网与中国网络电视台达成战略合作，共同发展互联网电视业务。随着3G网络覆盖范围的扩大和信号质量的提升，以及智能手机使用率进一步提升，主流视频网站的移动视频应用已成为使用频率最高的手机应用之一。移动视频服务未来的竞争优势将会体现在是否能为手机用户提供差异化和优质的内容，从而也可进一步增强视频网站与手机运营商之间的合作关系。近两年来出现了网络视频与电子商务结合的趋势，为网络视频拓展了新的市场发展空间，也为电商开辟了一个新的市场推广途径，并有助于直接提升电商平台的商业价值和用户黏性。例如，天猫（淘宝商城）的月度增值服务套餐中的一项新增服务即是通过简短视频展示商品，淘宝商城和视频服务提供商按一定比例进行收入分成。因此，境外资本通过进入网络视频行业，间接实现对传统影视、互联网电视、移动媒体等媒介及电子商务等领域的渗透，从而产生新的市场规范问题，有待中国政府研究解决。

6.2.3 网络视频对境外资本进入中国传统影视市场的影响

境外资本进军中国传统影视市场的道路在国家政策限制的影响下显得蜿蜒曲折,自上世纪90年代初境外资本开始进入中国传统影视行业以来,一直是各方关注的焦点,电影电视领域也成为境外资本进入比较广泛的传媒领域。随着近几年网络视频在中国异军突起,对传统电影电视领域产生了巨大冲击,不仅改变了传统电影电视作品的内容题材、发行模式、传播渠道、观众群体,也对境外资本进入中国影视行业的各个方面产生了很大影响。

1. 使境外资本进入中国的市场方式出现新的特征

表6-16是对境外资本进入中国电影、电视和网络视频市场的所有方式的总结归纳,其中,可变利益实体、内容版权授权属于新的合同进入方式,境外资本大量采取风险投资和私募股权投资形式进入。表6-16还显示,境外资本进入中国传媒内容市场的方式十分丰富多样。

表6-16 境外资本进入中国传统影视市场和网络视频市场方式概览

	进入方式	备注
传统电影领域	出口、国际联合制作、合资公司、资本市场、植入广告	制作领域
	基本上无外资进入仅中影和华夏拥有影片发行权	发行领域
	参股	放映领域
传统电视领域	节目交换、节目出口、电视剧合拍、战略合作	节目研发与节目制作领域
	境外频道落地	节目销售、节目播出领域
	合资、独资、参股、风险投资	
网络视频市场	风险投资/私募股权、购买境外上市公司股票	间接投资进入
	可变利益实体、战略合作、内容版权授权、硬件外围渗透	合同进入模式

资料来源:作者总结归纳。

2. 使境外资本成功绕开传统政策壁垒,间接全方位地进入中国传统影视市场

境外资本在中国传统影视业产业链的各个环节都有或多或少的介入,只是在产业链的不同环节,由于中国对其的政策监管程度不同,进入的程度也有所不

同,有些环节,比如电影发行环节,进入较少甚至几无进入。网络视频的快速发展,使这一现状发生很大变化,境外资本获得前所未有的发展机会。

境外资本进入网络视频行业,在网络视频行业产业链的上游授权提供丰富的影视内容,在营销广告方面合作参与微电影的制作、发行、播出等;在中游产业链上投资网络视频平台运营商。同时,平台运营商开拓了境外资本的播出渠道。随着我国"三网融合"的推进和网络视频行业竞争加剧,平台运营商正在与我国传统媒体进行全方位的整合,使得境外资本通过控制我国网络视频行业的平台运营商的方式间接向我国传统影视媒体市场渗透。

3. 使跨国传媒集团进入中国市场的影视节目数量大幅增长

跨国传媒集团进入中国电影市场的情况总体情形是:在制片领域,境外传媒集团大部分通过合拍片的形式进入中国电影市场,只有时代华纳一家公司真正意义上地在中国成立了合资影视制作公司。索尼旗下的哥伦比亚与新闻集团在中国电影业的发展战略相似,主要参与合拍电影。索尼影业旗下的哥伦比亚(亚洲)制作中心先是在全球成功发行了华语电影《卧虎藏龙》,后来又与华谊先后合作拍摄了《大腕》《寻枪》《天地英雄》《手机》《可可西里》《功夫》6 部影片。新闻集团与中国电影企业合拍过《全城热恋》《雪花秘扇》和《刀见笑》等多部电影。2007 年迪斯尼参与合拍动画/真人故事片《宝葫芦的秘密》,标志着其进军中国市场的开始。在发行领域,由于政策上的管制,跨国传媒集团尚无法直接进入。在放映领域,几大传媒集团通过组建合资电影院、加盟院线的方式进入中国电影产业,也是其在电影制作、发行和放映三环节中动作最明显、进入程度最深的环节。从 2002 年进军中国以来,华纳兄弟与国内知名的院线合作,截至 2005 年底,时代华纳在中国已经合资经营了 8 家电影院,拥有 67 个影厅,是当时中国排名第一的多厅影院发展商。

跨国传媒集团进入中国电视市场的形式更是多样。受中国政策的限制,跨国传媒集团进入中国电视市场的早期主要是以节目销售、节目制作、电视节目落地、兼并收购等方式进入中国市场。1996 年,澳大利亚 Seven 电视台的分公司 Waverley 国际公司向中国有线电视网提供了共约 500 个小时的纪录片、教育片和儿童片。2003 年,尼克儿童频道的节目《挑战小勇士》《猫狗:Cat Dog》和《丽莎和她的朋友们:Wild Thornberrys》等栏目开始通过中央电视台青少儿频道在中国内地播出。1997 年,澳大利亚南星制造社与中央电视台联合制造了 52 集的《神奇山谷》节目。1995 年,美国维亚康姆电视集团旗下电视台 MTV 获得了在中国三星级以上酒店和涉外小区的落地权。2003 年 MTV 正式在广东省落地。2002年星空传媒集团的全新24小时包括娱乐、音乐和影视剧等内容在内的综艺频道"星空卫视"在中国南方落地。1995年,星空传媒收购了卫星电视台STAR TV。2001年,新闻集团通过收购38%的凤凰卫视中文台的股权进入广东珠江三角洲地区有线网络。

然而,随着中国网络视频行业的发展,这些境外传媒巨头开始寻求在中国内地市场发展战略的转型。新闻集团总裁默多克在2006年表示,新闻集团正在加速完成从传统媒体公司向大型数字媒体公司的转变。这些传媒集团在世界范围内的转型也同样渗透到了中国市场,其中很大一部分就涉及互联网方面的业务,重点推广视频服务和社区网站。虽然境外传媒集团目前不允许在中国建立或者引进自己的视频或者社区网站,但仍旧可以通过互联网为其影视节目的传播开拓播出渠道。2006年开始,维亚康姆旗下的MTV电视台通过百度视频与中国的网民见面;2011年6月,优酷网与迪斯尼达成战略合作关系,迪斯尼电影推广频道落户优酷;2012年开始,星空卫视旗下的音乐电视台Channel v也通过与酷6合作,开拓中国网络视频播出渠道。境外影视集团通过与中国网络视频企业合作,原来无法进入中国的影视节目得以在新的传播渠道与中国消费者见面。

4. 为境外资本在中国寻找合作伙伴提供了新天地,从而更加便利地进入中国

在传统影视行业中,境外资本和跨国传媒集团在中国的合作伙伴不仅包含中央电视台这样的电视节目制作和发行方,也有电影娱乐传媒公司、广告公司、电影院线、运营方,可以说是全方位多角度地寻找合作伙伴和机会。在内容制作方面,境外传媒集团会通过与中国国内电视台合作制作电视节目,或者交换频道落地权,也会通过与境内电影公司合作共同出资拍摄电影等等。在放映发行方面,境外传媒集团可以选择与中国的电视台进行节目交换,也可以合资在多个城市建立电影院线,香港传媒还获得了电影DVD在内地的分销权。

而随着网络视频行业的发展,百视通、芒果TV、东方宽频等隶属于中国"广电系"、属于广电队,兼有新媒体内容提供商和运营商两个角色的网络视频企业,九州梦网等电信队的网络视频企业,PPstream、PPlive等纯粹的新媒体网络运营商,都将可能成为境外资本进入中国市场新的合作伙伴。网络视频的普及可以说为境外资本在中国影视领域合作伙伴的选择开辟了一片新天地,特别是目前在影视剧作品传播、播出方面给境外资本合作增添了无数种新的选择。由于政策限制,虽然当前的合作方式相对较少,但随着网络视频行业的进一步发展和政策放开,其合作必将更加深入,形式也会更加多样化。

6.3 研究结论

1. 在境外资本进入方式方面。目前主要为投资进入和合同进入。其中,投资进入的主要表现形式为风险投资或私募股权投资和购买境外上市中国公司股票,均属于间接投资;合同进入的具体表现形式有协议控制(VIE)、战略合作、内容版权授权和硬件外围渗透。但随着中国网络视频行业发展,将会给境外资本提供更多的进入空间和机遇,但考虑到"网络视听服务"为禁止外商投资的产业,境外资本将加大以合同的方式(可变利益实体除外)进入中国网络视频市场。

2. 境外资本的战略选择方面。境外资本截至当前的战略,在公司层国际化战略方面主要采用全球战略,而跨国战略和国际本土化战略尚体现不明显;在业务竞争战略方面,迄今主要是资本实力的比拼,市场竞争暂且不需要借重特定类型的竞争战略,尚未体现出明显的战略类型;在业务发展的战略选择上较多采用合作战略。目前具有外资股份的网络视频企业将加大力度实施后向一体化战略和"差异化+低价格"竞争战略并结合实施多维资源整合战略和多元化营销战略。潜在境外资本进入中国网络视频市场的战略为:相机采用全球战略、跨国战略和本土化战略,逐步重视跨国战略和本土化战略;广泛使用合作战略;直接采用"差异化+低价格"战略。

3. 在境外资本进入对中国传媒市场的影响方面。境外资本的进入已经产生如下影响:突破了行业发展的融资瓶颈,为行业发展提供强劲动力;推动整个行业的市场化进程;丰富了国内节目市场的内容,满足消费者多元化的需求;加大了整个行业的垄断风险。未来将要产生的影响是:提高行业整体竞争力;造成国民财富外流;降低中国政府针对境外资本在传统影视内容市场方面的规制与监管效应,并衍生出新的市场规范问题。

4. 在新兴网络视频市场的出现对境外资本进入中国传媒市场的影响方面,主要有以下体现:使境外资本进入中国市场出现新的特征;使境外资本成功绕开传统政策壁垒,间接全方位地进入中国影视市场,在中国未来影视总体市场上占据更大份额;使跨国传媒集团进入中国市场的影视节目数量大幅增长,对中国文化产生更大影响;为境外资本在中国寻找合作伙伴提供了新天地,从而更加便利地进入中国。

第 7 章 境外资本进入中国网络媒体市场

进入 21 世纪,网络媒体异军突起,迅速改变世界传媒格局,公共话语权得到最大程度释放。"网络推手""网络水军""网络暴力"等制造的网络舆情波诡云谲,"网络问政""网络监督""网络审判"等掀起的舆论风暴汹涌澎湃,舆论引导和社会管理难度陡然提升。中国网络媒体的巨大市场和潜力使外资纷至沓来,资本属性叠加网络特性使外资进入给我国文化和意识形态安全带来重大挑战,谷歌"退出中国事件"、美国"棱镜门"事件、网络战和网络自由常常成为外交话题,有报告认为外资实际已控制中国网络业等,昭示我国政府优化网络媒体市场外资监管的紧迫性、极端重要性和挑战性。这需要对境外资本进入我国网络媒体市场的状况、趋势和影响进行准确揭示和把握。

这一章首先系统分析境外资本进入中国网络媒体的环境特征,其次以中国盈利排名前 50 的网络媒体企业为样本对境外资本在中国领先网络媒体企业群的进入状况、投资偏好等进行揭示,再次对境外资本进入中国整个网络媒体的状况、战略与策略、趋势和影响逐一展开研究。

7.1 境外资本进入中国网络媒体市场的动因

7.1.1 网络媒体的界定及特征

1. 网络媒体的概念与分类

对于网络媒体的概念解释有狭义和广义之分。

从狭义上说,网络媒体即网络新闻媒体,是"据中国有关法律法规建立,并经国家有关部门批准、授权或承认,在国际互联网上依法从事新闻信息的选择、编辑、评述、登载和链接等服务的专业网站,以互联网为介质构筑传播平台来报道新近发生的足以吸引大多数人共同兴趣的新闻"①。

从广义上说,网络媒体是指整个互联网。1998年5月召开的联合国新闻委员会年会上,时任联合国秘书长的安南首次提出,"应利用最先进的第四媒体——互联网,加强新闻传播工作"②。本书使用广义的网络媒体概念,对境外资本进入中国互联网产业这一现象进行研究。根据中国互联网络信息中心的分类,网络媒体可以按照应用属性的不同分为4个大类,18个小类,详见表7-1:

表7-1 网络媒体分类

信息获取	搜索引擎、网络新闻
商务交易	网上购物、团购、旅行预订、网上支付、网上银行
交流沟通	即时通信、博客、个人空间、微博、电子邮件、社交网络
网上娱乐	网络游戏、网络文学、网上炒股、网络视频、网络音乐

资料来源:作者根据中国互联网络信息中心历次《中国互联网络发展状况统计报告》整理获得。

2. 网络媒体的特征

(1) 网络媒体业属于文化产业。

根据联合国教科文组织给出的界定,文化产业是指"按照工业标准生产、再生产、储存以及分配文化产品和服务的一系列活动"③,包括新闻服务、出版发行、广播、电视、电影、网络文化服务以及文化休闲等领域。网络媒体业作为文化产业的一个重要分支,承载着传播知识、文化、价值观念和生活方式的功能。

(2) 网络媒体业以电信业为载体。

网络媒体以电信网络为存在的载体,在行业分类上也多作为电信业的分支。按照现今国际上通行的分类方法,电信业务可分为基础电信业务和增值电信业务两类。其中,增值电信业务是利用公共网络基础设施提供的电信与信息服务的业务,注重多样性信息传输方式的提供,如互联网信息服务、电子邮件、语音信箱和数据交换服务等。④

---

① 邵华泽:《坚持正确舆论导向,承担严肃社会责任》,载《中华新闻报》2003年10月10日。
② 引用自1998年《联合国新闻委员会年会公报》。
③ 引用自2004年世界教科文组织在蒙特利尔会议上的定义。
④ 引述自中华人民共和国国务院令(第291号),《中华人民共和国电信条例》,2000。

(3) 网络媒体的特有优势。

互联网作为一种新兴的媒体形式,不仅具备传统媒体拥有的优势和长处,还具有鲜明的自身特征:在传播信息上具有海量性、在受众范围上具有广泛性、在传播速度上具有快捷性、在传播形式上具有交互性和开放性,这些特有优势使得网络媒体在世界范围内迅速发展起来。

7.1.2 网络媒体宏观环境

这里采用经典的PEST分析模型对中国网络传媒所处的宏观环境进行分析。

1. 政治法律环境

政治环境是指影响企业经营活动的政治制度和政府态度等,法律环境是指当局制定的法律法规等。

(1) 政治环境。

加入WTO以来,国家对境外资本进入网络媒体行业的政策限制逐步放宽,对网络媒体细分行业的标准制定、市场准入、财税政策等方面的规定日趋明朗。另外,国家"十二五"阶段重点扶持文化产业发展,文化部《"十二五"时期文化产业倍增计划》中提到,将利用多层次资本市场,推动优质文化企业利用公开发行股票上市融资,扩大文化产业直接融资规模,并培育30家上市文化企业。[①] 国家政策的支持为我国网络媒体产业的发展奠定了良好基础。

(2) 法律环境。

网络媒体内容的监管方面,相关管理章程、法律法规和自律性公约逐步细化,包括《互联网等信息网络传播视听节目管理办法》《互联网视听节目服务管理规定》《信息网络传播权保护条例》《互联网信息服务管理办法》《中国互联网视听节目服务自律公约》《手机媒体自律公约》等。

网络媒体载体的监管方面,网络媒体以电信业为载体,对网络媒体外资准入的相关规定一般在《电信条例》《外商投资电信企业管理规定》等电信业相关管理规章和法律法规中有所提及,并没有专门立法,而对通过VIEs方式进行的投资与并购也是"睁一只眼,闭一只眼",法律规制的默许为境外资本的涌入提供了条件。

2. 经济环境

经济环境主要包括一个国家的产业布局、经济走势和市场机制等。近年来,

---

① 中华人民共和国文化部(文产发〔2012〕7号),《"十二五"时期文化产业倍增计划》。

我国一直保持着较高的经济增长速度,在受金融危机所累的世界经济形势下一枝独秀。GDP的持续高速增长为网络媒体的发展提供了良好的增长依托和增长预期。同时,居民可支配收入每年均呈较高增长速度(图7-1),收入的增长则为网民进行网络媒体应用业务的购买和使用提供财力支持。

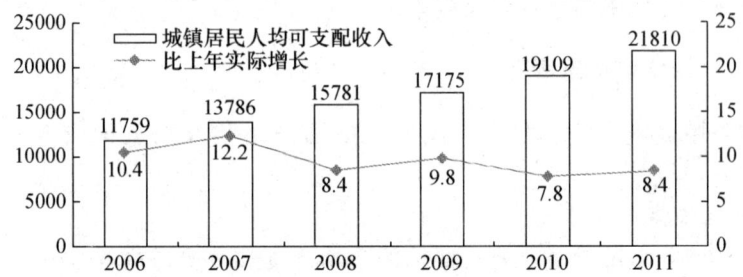

图7-1　2006—2011年中国城镇居民人均可支配收入

资料来源:国家统计局:《中华人民共和国2011年国民经济和社会发展统计公报》,2012年。

3. 社会文化环境

社会文化环境是指企业所在社会的文化传统和价值观念等因素,这些因素会影响受众对其目标、活动以及经济体本身的认可程度。

(1) 网络人口。

我国网络人口在总规模呈现跨越发展的同时,在结构上出现了两大新特征:

一是互联网向低学历者覆盖。2010年,我国网民中初中学历人群增加明显,高中、大专和本科及以上学历网民人数均有不同程度的下降。截至2012年底网民中小学及以下人群占比提升至10.9%。[①]

二是互联网向农村地区覆盖。截至2012年12月底,我国网民中农村人口占比为27.6%,规模达到1.56亿,比上年底增加约1960万人。[②] 农户自发上网的意识明显增强,农村市场得到初步开发。

(2) 文化环境。

文化环境呈如下特征:

一是社会文化的开放度、包容性不断增强。网络媒体提供了多样的信息传播渠道,人们在获取信息的同时能自由发表观点,开放、包容的网络文化成为社会文化的一部分,反过来对网络媒体的发展起到强大的推动作用。

---

① 引用自CNNIC:《第31次中国互联网络发展状况统计报告》,2013年。
② 同上。

二是消费文化与媒体形成良好互动。以明星代言现象为例,媒体通过发布明星代言广告,在满足公众好奇心的同时也对公众的消费心理和消费方式产生潜移默化的影响。这种消费文化与网络媒体的对接和互动融合无疑为网络媒体的发展提供了良好的社会文化温床。

4. 技术环境

网络媒体本身就是伴随计算机网络技术的成熟而出现的,计算机网络技术的进步不但会降低网络媒体的运行成本,提升其服务效率和质量,甚至能催生全新的业务领域。在中国,一方面,P2P 传输技术、宽带信息网络技术和无线传感器网络技术等互联网核心技术在国家政策扶持下长足发展;另一方面,从事网络技术研发和测试的技术人才大量涌现,这为中国网络媒体的跨越式发展提供了有力的技术支持。

7.1.3 网络媒体行业环境

这里以产业经济特征理论为依据,从市场规模、市场成长性、规模经济性、技术产品变革以及进入壁垒等方面对中国网络传媒市场的行业环境进行剖析。

1. 巨大的市场规模

从网民人数看,据中国互联网络信息中心发布的《第31次中国互联网络发展状况统计报告》称,截至 2012 年 12 月底,中国网民规模达到 5.64 亿,全年新增网民 5090 万。[①]

从行业产值看,根据清华大学媒介经营与管理研究中心发布的《2012 中国传媒产业发展报告》中的最新数据显示:2011 年中国传媒产业的总产值为 6379 亿元,互联网业务规模达到传媒产业总体市场的 42%,几乎占据了传媒产业的半壁江山,发展势头强劲。[②]

从网络媒体基础资源看,截至 2012 年 12 月底,我国 IPv4 地址数量为 3.31 亿,拥有 IPv6 地址 12535 块,域名总数 1341 万个,网站总数 268 万个。[③]

从网络媒体应用状况看,网络媒体应用内部结构变化较为显著——我国网络媒体应用的中心正从信息传播、娱乐消费向电子商务等新兴应用方式扩散。

---

① 引用自 CNNIC:《第 31 次中国互联网络发展状况统计报告》,2013 年。
② 清华大学媒介经营与管理研究中心:《2012 中国传媒产业发展报告》,北京:中国社会科学出版社 2012 年版。
③ 引用自 CNNIC:《第 31 次中国互联网络发展状况统计报告》,2013 年。

表 7-2　2012 年网络媒体各类应用使用率

应用	用户规模（万人）	使用率	应用	用户规模（万人）	使用率
即时通信	46775	82.9%	社交网站	27505	48.8%
搜索引擎	45110	80.8%	网络文学	23344	41.4%
网络音乐	43586	77.3%	网络购物	24202	42.9%
网络新闻	36687	71.5%	网上支付	22065	39.1%
网络视频	37183	65.9	网上银行	22148	39.3%
网络游戏	33569	59.5%	论坛/BBS	14925	26.5%
博客/空间	37299	66.1%	团购	8327	14.8%
微博	30861	54.7%	旅行预订	11167	19.8%
电子邮件	25080	44.5%	网络炒股	3423	6.1%

资料来源：CNNIC：《第 31 次中国互联网络发展状况统计报告》，2013 年。

2. 市场成长性——巨大的市场潜力

2012 年，我国互联网普及率达到 42.1%。我国内地 32 个省市自治区中，低于这一水平的省市共有 20 个，大部分为中西部地区不发达省份。随着我国网络基础设施的不断完善和中西部开发战略的逐渐推进，网络传媒市场在这些地区必将迎来快速增长。

3. 独特和显著的规模经济性

规模经济性是指成本随生产规模的扩大而降低的现象，这一特征通常是由高固定成本、低边际成本的成本结构所决定的。不同于一般工业行业，网络运营商提供的是信息服务，在生产过程中无需投入原材料，但需要大量的网络设备投入。因此，网络运营商的固定成本由设备仪器固定投入和保障运转的相关成本两部分组成，可变成本为全部用户每使用一次网络服务所产生的运营成本的加总。

传统工业企业的成本曲线呈"U"形，即产量超过一个适度规模以后，平均成本开始回升，这时再增加产量就会产生规模不经济。而网络传媒传送的是信息产品，具有高固定成本和低边际成本的特点。伴随信息产品销量的增加，平均成本逐步降低，边际成本趋向于零，一个信息产品的产量在理论上可以达到无穷大，成本曲线呈现"L"形。可见，网络媒体运营商的成本特征是：初始成本高、固定成本大、可变成本相对较小、业务量可无限扩张。因此，只有当网络媒体的用户量达到相当规模的时候才会产生效益,这就是网络传媒业的规模经济性。

4. 技术产品变革

中国网络媒体市场是当今世界上最为活跃的市场之一,网络技术的持续发展使得新产品层出不穷,其中一些是国内企业自主研发的产品,另一些则是对外来产品消化、吸收、再创新的成果。以 2011 中国互联网创新产品评选[1]的获奖产品为例,在即时通信领域有"微信",在网络英语学习领域有"易改"[2],在电子商务领域有"心愿网"[3]等等,这些都是国人立足于中国市场研发的新产品,网络技术产品变革的加快已经成为一种重要趋势。

5. 进入壁垒

进入壁垒是企业进入一个产业必须要克服的障碍,通常与垄断力量相联系。目前,我国网络传媒市场呈现出竞争和垄断相互强化的态势,这种态势逐渐衍生出"竞争性垄断"这一新的市场结构。[4] 一方面,网络媒体市场的竞争性加强。数字技术的发展推动电信网、广播电视网和互联网的"三网融合",使得垄断程度较高的纵向市场结构向竞争性更强的横向市场结构转化。同时,这种融合不断催生出新的业务类型和新的行业细分,在市场容量迅速增长的背景下,网络媒体市场的竞争将不断加强。另一方面,网络传媒市场的垄断趋势加强。规模的增长和传播渠道的拓展使得在技术、内容、资本和渠道等方面具有优势的市场竞争者迅速崛起,市场逐步趋于集中。这种"竞争性垄断"的市场结构使未来我国的网络传媒市场呈现出开放程度越高,竞争性越强,创新速度越快,垄断程度越强,竞争反而越激烈的特点。具体而言,我国网络传媒市场的进入壁垒主要包括以下几个方面:

(1) 必要资本量壁垒。

必要资本量是企业进入新市场时必须投入的资本,必要资本量越大,壁垒作用越明显。网络媒体行业的前期高投入使得此行业天然地具有必要资本量壁垒,这对民营企业的进入限制尤为明显,但对于资本实力雄厚的境外传媒集团和风险投资则是有利的,它们可利用既有资本优势,灵活采用多种方式进入我国这一新兴市场。

---

[1] 2011 中国互联网创新产品评选由《商业价值》杂志、极客公园、宝马 MINI 联合举办。
[2] 易改:基于云计算的英语写作辅助软件,可以进行英语文本的纠错和润色。
[3] 心愿网:一家反向电子商务网站,鼓励用户自主发布心愿信息,召唤有相同需求的朋友一起实现集体心愿。
[4] 李怀、高良谋:《新经济的冲击与竞争性垄断市场结构的出现》,载《经济研究》2001 年第 10 期。

(2) 差异化壁垒。

产品差异是指产业内不同企业提供的产品和服务在消费者眼中的差异程度,当由产品差别形成的成本对新厂商更高时,产品差别便成为进入壁垒。我国网络媒体市场竞争者之间的相互模仿现象明显,产品和服务不管在形式还是内容上的差异性正逐渐减小,差异化壁垒对新进企业和潜在进入企业的壁垒作用较小。

(3) 规模经济壁垒。

根据规模经济要求,新进入企业必须至少具有与原有企业一样的规模经济产量或市场销售份额才能与原有企业竞争。从网络媒体产业的规模经济性可以看出,新设网络媒体企业在初期固定成本投入巨大,必须实现规模经济方能实现效益,这对业外资本(包含境外资本)通过新设或成立合资公司的方式进入设置了有力障碍。但是,企业还是可以通过并购、持股等资本运作方式绕过规模经济壁垒,进入网络媒体市场,并且不会显著增加市场供给,从而不会造成价格明显波动。

(4) 绝对成本优势壁垒。

绝对成本优势是指产业内既有企业在任一产量水平下的成本较之新进入者都要低的现象,这种优势通常来源于新工艺的掌握、销售渠道的控制以及技术人才的保有等。目前,某些大型国内网络媒体企业已掌握了某些重要优势,例如京东等 B2C 电子商务服务商获得了一些优质上游供应商,但这些优势尚不能转化为各细分行业的绝对成本壁垒。

(5) 法律和行政规制壁垒。

基于传媒业的双重属性,监管部门在网络媒体的外资准入上的限制程度较之其他行业要严格很多,这为境外资本的进入设置了法律和行政规制壁垒。

通过行业分析,不难发现,网络媒体细分行业存在必要资本量壁垒,这为具有雄厚资本实力、对风险把握能力较强的境外资本提供了进入机会。当这些先入企业形成了较高的市场占有率、建立了产品差异化壁垒、规模效益壁垒和绝对成本优势时,潜在进入者采取内部创业方式进入就更难,通常会采用并购或合作的方式进入,这同样取决于投资者的资本实力,而这对境外资本是有利的,所以进入中国网络市场的产业资本和财务资本大多是实力雄厚的境外机构。这样发展的结局是:网络媒体市场最终为境外资本所控制。

7.1.4 境外资本的 SWOT 状况

鉴于资本类型不同,其战略目标和行为就会不同,在此将境外资本分为产业资本和财务资本两类展开分析。

1. 境外产业资本的 SWOT 状况

进入中国网络媒体市场的境外产业资本主要包括国际互联网巨头(Google、微软等)和跨国传媒集团(新闻集团、贝塔斯曼、迪斯尼等)。

表 7-3　境外产业资本进入中国网络传媒市场 SWOT 状况

	优势(Strength)	劣势(Weakness)
内部资源、能力	资本规模	难以迅速认识并了解本土文化
	经营管理	难以迅速摆脱原有思维模式和管理经验的束缚
	人力资源	
	品牌资产	
	机会(Opportunities)	威胁(Treats)
外部因素	逐步放开的外资准入	政策限制严格且变数重重
	市场广阔,潜力巨大	发展壮大的中国本土网络传媒

(1) 优势。

① 资本规模优势。以跨国传媒集团为代表的境外产业资本具有很强的盈利能力和融资能力,其资本规模非国内一般企业所能匹敌。以美国为例,排名前三位的传媒集团——时代华纳、迪斯尼和新闻集团均在全球企业 500 强之列,其用于开拓国际市场的资本能量巨大。

② 经营管理优势。进入中国的互联网巨头和传媒集团,均是经过多年市场竞争、优胜劣汰而形成的知名企业,积累了丰富的经营管理经验和市场开拓经验,市场观念深入企业的各个层面,形成了比较完善的业务结构。传媒巨擘在各业务领域都处于世界领先地位,由此产生的协同效应是其具备的核心竞争优势。

③ 品牌资产优势。品牌是市场的边界。进军我国的跨国集团所具有的品牌优势远非国内传媒企业所能企及。例如,2008 年美国《商业周刊》评选的品牌价值排行榜中,迪斯尼以 292.51 亿美元名列世界第 9 位。目前,国内网络传媒产业还没有自己知名的国际品牌。

④ 人力资源优势。网络媒体从本质上讲,具备相当强的信息产业的性质,对人才的要求非常高。境外资本在资本规模、管理能力、品牌资产方面的明显优势使其对高素质人才更具有吸引力,从而更容易形成人才优势。

(2) 劣势。

境外产业资本进入中国,相对于中国本土网络媒体而言,最大的劣势也正在于对本土化的贯彻与执行的困难。

① 难以迅速认识并了解本土文化。当前,世界网络传媒市场正在经历着深刻的变化:一方面,传媒国际化如火如荼;另一方面,媒体区域化和地缘化正在加强。传媒集团进入一个新市场,尽管具备很强的管理和运营能力,但要真正适应并融入一种新文化仍需较长时间。

② 难以迅速摆脱原有思维模式和管理经验的束缚。外资在与当地网络媒体企业进行融合的过程中,往往难以迅速摆脱原有思维模式和管理经验的束缚。在日常管理实践中,企业内部的中外双方常常由于理念的分歧产生冲突,降低企业效率和竞争力。

(3) 机会。

① 中国网络媒体市场广阔,发展潜力巨大。以盈利为目的的境外资本进军中国,最看重的就是中国网络传媒市场的容量及发展潜力,这也是外资传媒进军中国最大的机遇。

② 逐步放开的外资准入。随着中国加入WTO,我国网络传媒业加快了对外开放的步伐,国家对外资进入增值电信业务的规定从禁止进入到现在的至多控股50%,是一个巨大的政策放宽,这为境外产业资本的进入提供了契机。

(4) 威胁。

① 外资准入政策限制严格且变数重重。根据《外商投资产业指导名录》(2011年)的说明,外资需通过合资形式经营增值电信业务,且出资比例不能超过50%,同时禁止经营新闻网站和网络视听节目服务。不仅如此,2011年《商务部实施外国投资者并购境内企业安全审查制度的规定》的出台预示着境外资本并购将受到更加严格的审查。

② 逐步发展壮大的中国本土网络传媒。一方面,在境外资本的严峻挑战下,中国网络传媒市场的"游戏规则"正在逐步建立健全,国内网络媒体集团化进程在加快。另一方面,中国企业的"消化、吸收、再创新"能力不容忽视,境外资本的管理和运作经验给我国网络媒体企业带来了宝贵的现实教材,中国网络媒体企业的"后发优势"将得到体现。

2. 境外财务资本的SWOT状况

进入中国网络媒体市场的境外财务资本主要包括境外风险资金VC、私募股权基金PE和QFII,对于财务资本的SWOT分析如表7-4所示:

表 7-4 境外财务资本进入中国网络传媒市场 SWOT 状况

	优势(Strength)	劣势(Weakness)
内部资源、能力	充足的资本	资本运作方式的不适用性
	完善的金融服务体系	
	成熟的资本运作和风险退出机制	
	机会(Opportunities)	威胁(Treats)
外部因素	中国资本市场发展滞后	政策限制严格且存在潜在变数
	较高的投资收益预期	发展壮大的中国本土 PE/VC

(1) 优势。

① 资本充足。目前,全球 8000 多家风投公司的 90% 集中于美、英、法、日、德等发达国家。在这些国家,风险投资公司的资本来源渠道顺畅,除政府或金融机构出资外,还有充足的民间富余资金,这是境外资本进行海外投资的重要前提。

② 完善的金融服务体系。风险投资过程运作复杂,需要各类中介机构的辅助。发达国家已经建立起类型众多的高素质中介机构,如资产评估机构、资信评估机构、科技项目评估机构和高科技企业认证机构等,这是境外资本进行海外投资的重要保障。

③ 成熟的资本运作和退出机制。境外财务资本在国际资本市场上浸淫已久,已经形成成熟的资本运作和风险退出机制,这有效地提高了境外资本的投资效率,降低了投资风险。

(2) 劣势。

境外财务资本的劣势主要体现为资本运作方式的不适用性,造成这种不适用性的原因是我国外资管制以及金融市场法律规制具有特殊性,其对外资 PE/VC 的信息披露、申请资质和资本结构都有着不同于其他国家的规定。这使得境外财务资本在国际金融市场上惯用的资本操作手段不能直接复制于我国市场,在进入的时候通常要花费大量的时间对运作安排甚至是财报数据等作出相应调整,以符合我国规定。

(3) 机会。

① 中国网络媒体的市场规模庞大,发展潜力巨大,有着良好的投资收益预期,这是逐利的境外财务资本最显著、最直接的机会所在。

② 中国金融市场发展滞后,传统渠道融资难,主要表现为:由于回款风险较大,我国商业银行通常不愿为互联网企业发放贷款;由于我国证券交易所对上市企业的盈利能力等条件要求苛刻,负债经营的众多互联网企业无法通过境内上

市筹集资金;由于不符合发债条件,互联网企业无法发行债券进行融资;民间借贷市场尚不活跃,且经常受到社会各界的诟病。总之,目前我国的中小企业在国内融资困难重重,中国互联网企业只能向海外资金寻求帮助,这为境外财务资本的注入提供了良机。

(4)威胁。

① 政策限制严格且存在潜在变数,前面已有分析,不再赘述。

② 中国本土PE/VC逐步发展壮大,使得中国互联网企业再融资渠道上有了新的选择,对境外财务资本的进入提出了挑战。

ChinaVenture(投资中国)统计数据显示,2009年中国创投市场中资投资案例数量进一步上升,中资投资案例数量占总量的比例升至62.4%;中资投资金额同比也明显上升,占投资总额比例已达25.2%。中资投资案例数量的显著上升,较好地反映出中资机构的快速发展。①

EZCapital统计数据显示,2010年中国创投市场新募集基金156支,比2009年增加了61支;新募集基金规模为1877.37亿元人民币,增加了11.91%,人民币基金成为募集基金的主力。②

7.1.5 境外资本进入中国网络传媒市场的动因

基于前面对我国网络媒体市场的现状及宏观、中观、微观战略环境分析,这里从主、客观两方面探讨境外资本进入中国网络传媒市场的缘由。

1. 境外资本进入中国网络传媒市场的客观原因

境外资本进入中国网络媒体市场的客观原因,包括两点:

(1)巨大的市场潜力。

从前文行业分析可以看出,中国网络媒体市场规模庞大且成长性很强。我国已是世界上网民数量最大的国家,然而我国互联网的用户普及率却低于世界平均水平,巨大的市场潜力孕育着巨大的投资价值。据《传媒蓝皮书·2013年中国传媒发展报告》预测,中国传媒产业2013年将持续保持高于GDP的增速,预计2013年总体产业规模将超过8800亿元。

(2)中国网络媒体企业的诉求。

近年来,中国网络媒体企业纷纷向境外创投及私募基金示好,寻求国际资本的注入,究其原因有二。一方面,我国金融市场发展滞后,风险资本缺位,加之当

---

① ChinaVenture:《2009年中国创业投资市场分析报告》,2009年。
② EZCapital:《2010年中国创业投资年度报告》,2010年。

前的法律对外商或外商投资企业从事电信增值服务业的限制或禁止,造成了网络媒体企业融资需求与融资难的现实之间的矛盾。另一方面,境外资本所带来的不仅仅是项目研发、推广必需的启动资金,还带来了更为宝贵的管理知识、融资途径、营销渠道、合作伙伴乃至资本运作理念等等,从而在一定程度上增大了企业的成功概率。

近年来,随着深圳市创新投资集团有限公司、清科创业投资集团等国内优秀创业投资企业和私募基金的兴起,中国网络媒体企业的境内融资渠道得以拓宽,但外资在投资量上仍然占据绝对优势。

表7-5 2009年中国创投市场中外资投资规模比较

资本类型	案例数量	投资金额 (US $M)	平均单笔投资 金额(US $M)
中资	267	949.44	3.56
外资	151	2730.31	18.08
合资	10	86.9394	8.69

资料来源:ChinaVenture 投中集团:《2009年中国创业投资市场统计分析报告》,2009年。

2. 境外资本进入中国网络传媒市场的主观原因

近年来,境外资本竞相进入中国网络媒体市场,主观原因有四:

(1)境外资本的逐利本质。

网络媒体行业是高增长行业,自然地为境外资本竞相角逐。以红杉资本为例,美国红杉基金是闻名全球的创业投资基金,曾投资过 Yahoo、Google、苹果、甲骨文等众多知名企业。2006年,红杉以1150万美元注资 YouTube,持有后者近30%股份,而后 Google 公司以16.5亿美元收购 YouTube,红杉获利4.8亿美元退出,投资回报率高达40倍。如此丰厚的利润回报使得境外资本的投资欲望空前高涨。

(2)境外资本的发展定位。

企业的发展使命和愿景指引其未来发展的方向和战略选择,从投资我国网络传媒市场的境外资本发展定位可以看出其进军中国市场的必然性。以迪斯尼为例,迪斯尼的使命是在世界范围内成为集主题公园、影视娱乐、动漫周边产品以及网络传媒于一身的行业领头企业,在现有基础上进一步扩大企业影响力和品牌知名度,成为全球娱乐业的领军者,这就决定迪斯尼必定进军中国网络媒体市场并力争建立市场领先地位。而作为网络投资回报最高的公司之一,日本软银集团的愿景是在亚洲发展移动网络,在亚洲打造类似于谷歌在美国取得的成功。传媒集团和风投机构想要在亚洲乃至世界网络媒体市场攻城略地,就无法避开中国这个世界上最大的市场。

（3）境外资本的资质条件。

境外资本在资金规模、人才储备、资本运作水平和金融服务体系等方面具备领先世界的明显优势，这为其进入中国并建立竞争优势提供了不可或缺的条件。

（4）境外资本母国的政治动因。

从各国资本对外投资的长期实践可以看出，某些跨国集团的经济行为暗藏着其所在国的政治动因，美国国务卿希拉里（Hillary Rodham Clinton）就曾公开表示，要把互联网视作美国在海外长期"推进民主"的重要工具。[①] 以 Google 为例，其用于国会游说的支出呈几何级数增长，从 2003 年的 8 万美元激增至 2011 年的 300 万美元——谷歌与美国政府的利益勾连显而易见。英国《卫报》分析说，谷歌挑战中国在某种程度上是"充当美国政府的代理人"[②]，西方国家的政治意图需要引起监管当局的格外警惕与重视。

7.2 境外资本在中国领先网络媒体群中的进入状况与投资偏好

选取 2011 年我国盈利排名前 50 的网络媒体企业为样本，对这 50 家企业的股权结构等数据进行收集和整合，得附录 7-1。

由附录 7-1 可直观看出，2011 年我国互联网盈利排名前 50 家企业中，至少有 41 家企业存在境外资本的直接介入。从资本层面来说，我国优秀互联网企业逐渐受外资控制的确是一个不争的事实。

不少民族资本逐渐被境外资本挤出，多家企业中境外资本甚至为相对控股股东。排在榜首的腾讯就是一个典型例子，从最初的民族企业，逐渐演变成实质上由外资控制的企业（表 7-6）。

表 7-6　腾讯股权结构变动表

时间	创业初	2002.06	2003.08	IPO 后	2003.12	2005.12	2006.12	2011.12
马化腾及团队	60%	46.3%	50%	14.43%	13.74%	13.14%	13.10%	10.31%
MIH	0	46.5%	50%	37.50%	35.71%	35.62%	35.64%	34.33%

数据来源：作者根据腾讯网站、港交所等披露的资料整理获得。

---

① 引自《美国国务卿希拉里·克林顿就国际互联网自由问题发表讲话全文》，2011 年。
② 丰帆等：《谷歌退出，巨头的又一次撒娇》，载《东北之窗》2011 年第 Z1 期。

7.2.1 境外资本来源的地缘分布

由于不同国家和地区在经济环境和政策监管等方面有所差异,因而不同国别和地区的境外资本在投资偏好上也存在源于国家或地区属性的差异。由于意识形态、文化价值观、对中国的态度、经济军事实力等的差异,不同国家和地区能够对我国造成的潜在影响和威胁也不尽相同。基于这两点主要原因,我们对已进入 2011 年我国互联网产业盈利排名前 50 家企业的境外资本进行地缘分布的统计分析。为方便研究,对附录 7-1 进行归纳整理,得到更加直观的附录 7-2。

由附录 7-2 可直观看出,2011 年中国互联网产业盈利前 50 强企业中,参与投资的境外资本共有 43 家,其中美国 52 家,澳大利亚 4 家,英国 3 家,来自日本、法国、加拿大、德国和新加坡各 2 家,韩国、瑞典、南非和俄罗斯分别只有 1 家。

1. 境外资本的国籍统计分析

针对 2011 年中国互联网企业盈利前五十强,把任一境外资本在某一家企业中的占股行为,视作是一次单独的外资进入行为。经统计,共有这样大大小小的外资进入行为 110 个。依据境外资本的进入资本占被进入企业的注册资本比例以及境外资本的所属国家这两个维度,对这些外资进入行为进行了分类归纳和统计,见表 7-7。

表 7-7 针对 2011 年中国互联网企业盈利前 50 强中境外资本的国籍统计分析

国家\占股比例	[0%, 10%]	[10%, 20%]	[20%, 30%]	[30%, 40%]	[40%, 50%]	[50%, 100%]	未知	总计
美国	56	13	5	2	0	1	4	83
英国	4	1	0	0	0	0	0	5
日本	0	0	1	2	1	0	0	4
澳大利亚	1	0	0	1	1	1	0	4
加拿大	1	3	0	0	0	0	0	4
法国	2	1	0	0	0	0	0	3
德国	3	0	0	0	0	0	0	3
新加坡	1	1	0	0	0	0	0	2
瑞典	0	1	0	0	0	0	0	1
南非	0	0	0	1	0	0	0	1
韩国	1	0	0	0	0	0	0	1
俄罗斯	0	0	0	0	0	0	1	1
总计	69	20	6	6	2	2	5	110

数据来源:根据附录 7-1 整理获得。

表 7-7 显示，我国 2011 年互联网产业盈利排名居前 50 名的企业中，参股的境外资本分别来自美国、加拿大、俄罗斯、英国、法国、德国、瑞典、澳大利亚、日本、韩国、新加坡和南非，共 12 个不同国家。其中，美国、英国、法国、德国、加拿大同属于北大西洋公约组织的成员国。北约是美国和北美地区、西欧的主要发达国家共同建立的国际集团组织。北约联盟有着源于西方历史文化传统的共同价值观。这种观念的重要组成部分有：以个人主义为基础的国家观，以成本和收益为尺度的经济原则，还有以法律为规范的制度观，与我国的传统文化观念差异极大。[①]

来自美国的境外资本占多数，约占 74.11%。境外资本主要来源地中有四分之三属美国的同盟国，包括加拿大、法国、德国、瑞典、澳大利亚、日本、韩国、新加坡等八个国家（图 7-2）。

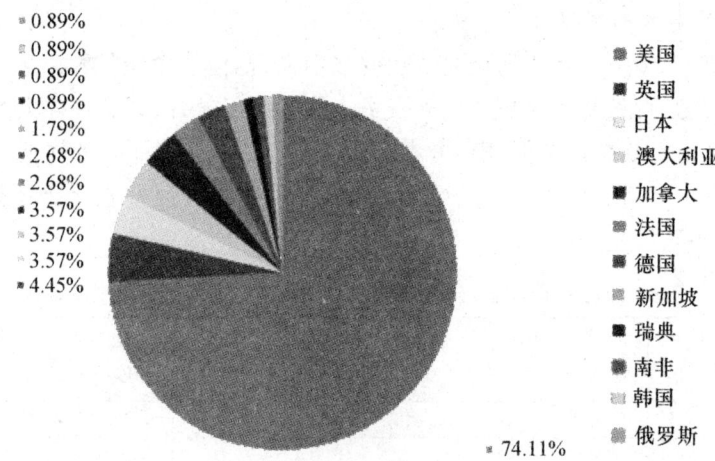

图 7-2　2011 年中国互联网产业盈利前 50 家企业中境外资本投资行为频数的地缘分布

2. 不同国籍境外资本的投资偏好分析

美国：来自美国的境外投资，其占股比例主要集中于 0% 至 20% 这个区段，其中过半集中于 0% 至 10% 的区段。由此可见，来自美国的境外资本普遍偏好于小比例的分散投资。

---

① 曹展明、侯蕾：《国家、利益、制度：对北约价值观念的一种解读》，载《南京政治学院学报》2008 年第 2 期。

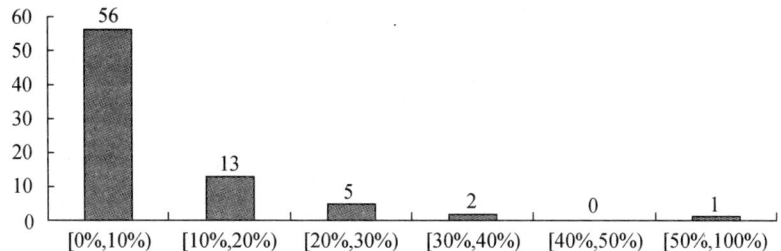

图 7-3　美国的境外资本对 2011 年中国互联网产业盈利
前 50 家企业的投资状况

英国：来自英国的境外投资，其占股比例主要集中于 0% 至 20% 这个区段，其中有 80% 境外资本的占股比例集中于 0% 至 10% 区段。由此可见，来自英国的境外资本也偏好于小比例的分散投资。

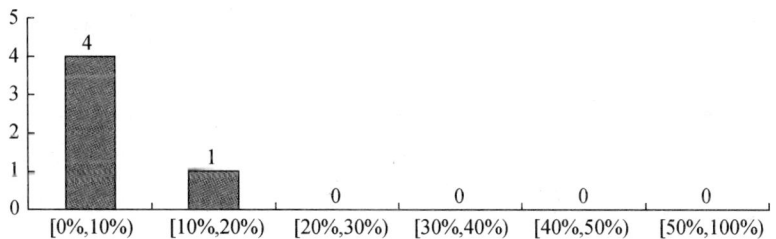

图 7-4　来自英国的境外资本对 2011 年中国互联网产业盈利
前 50 家企业的投资状况

日本：来自日本的境外投资，其占股比例集中于 20% 至 50% 这个区段。来自日本的境外资本明显偏好大比例、有一定集中性的深度投资。

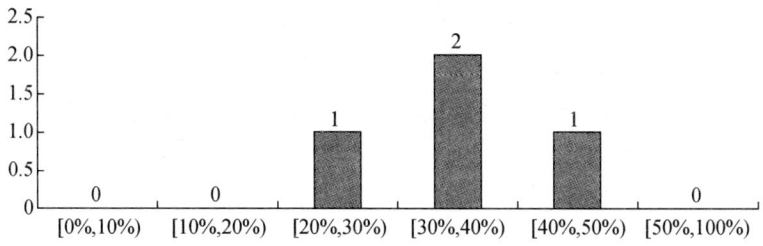

图 7-5　来自日本的境外资本对 2011 年中国互联网产业盈利
前 50 家企业的投资状况

澳大利亚：来自澳大利亚的投资，其占股比例主要集中于30%至100%这个区段。来自澳大利亚的境外资本大多偏好于大比例、有一定集中性的深度投资。

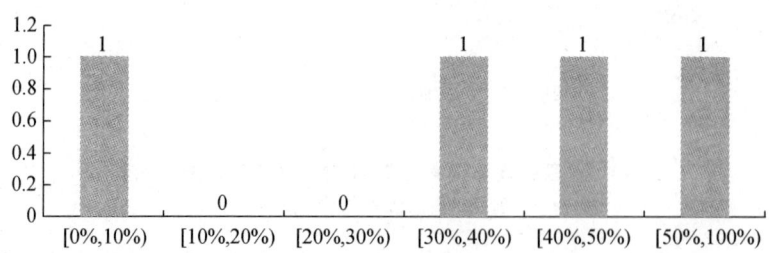

图7-6　来自澳大利亚的境外资本对2011年中国互联网产业盈利前50家企业的投资状况

加拿大：来自加拿大的投资，其占股比例均低于20%，主要集中于10%至20%这个区段。来自加拿大的境外资本大多偏好于小比例的分散投资。

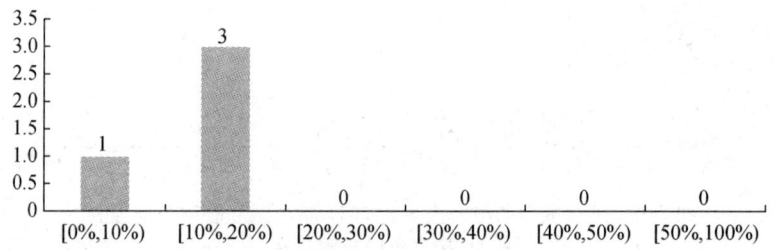

图7-7　来自加拿大的境外资本对2011年中国互联网产业盈利前50家企业的投资状况

来自法国和德国的境外投资的占股比例全部在0%至20%这个区段内，主要集中于0%至10%。来自法国和德国的境外资本更偏好于小比例的分散投资。其他各国的外资进入行为太少，无法总结出一定的偏好。

上述基于国家属性的投资偏好是通过境外资本的行为规律总结所得，不仅取决于投资机构的决策偏好，也与投资机构的资金实力、所属国家的政策等因素相关。

7.2.2　境外资本的投资偏好

从偏好可知行为，从行为可知影响，反过来，不仅从行为规律可知偏好，而且从战略定位和价值观可知偏好。为进一步研究境外资本的投资偏好，首先要知道进入中国互联网产业的境外资本主要来自哪些投资者,才能通过他们的行为特征和战略定位归纳出他们的偏好。本部分通过境外资本投资广度和投资深度的统计排名,筛选出较有影响力的外资机构,从而着重对他们进行研究。

（1）境外投资机构的投资广度。

根据附录7-1,统计排名得出外资机构投资于中国盈利前50家互联网企业中公司的数目最多的10家机构,旨在从投资广度的角度对外资机构进行分析,如表7-8所示。

表7-8 投资机构投资频数前10名

排名	公司名称	投资公司数量	国家
1	Fidelity Management & Research(FMR)	7	美国
1	International Data Group Inc	7	美国
2	Renaissance Technologies LLC	4	美国
3	Sequoia Capital	3	美国
3	Morgan Stanley	3	美国
3	Price(T.ROWE) Associates Inc	3	美国
3	CRCM L.P.	3	美国
3	Doll Capital Management	3	美国
3	Orbis Investment Management Limited	3	加拿大
3	Soft Bank Group	3	日本

数据来源:根据附录7-1整理获得。

以下是对这10家投资机构作的简要分析,投资我国盈利前50家互联网企业的前十大外资机构基本特点归纳如表7-9所示。

表7-9 投资前50家互联网企业的十大外资机构身份及投资特点归纳

境外资本名称	投资网站类型	投资理念及偏好	典型投资项目
FMR(美国)	媒体、门户、房地产、金融等行业	• 只要投资对象持续发展、具有投资价值,就可以无限期地持续投资; • 追求尽早进入、每轮追加、长期持有; • 投资阶段分布在种子期、成长期、扩张期、成熟期等各个发展阶段。	阿里巴巴、亚信科技等25个项目

（续表）

境外资本名称	投资网站类型	投资理念及偏好	典型投资项目
IDG（美国）	搜索、游戏、媒体、金融行业等	• 偏好股东结构简单、处于起步期的创新型企业； • 投资资金量较小、投资项目数量多、类型丰富； • 相对于盈利模式，更注重团队素质和成长性； • 中期介入项目投资较喜欢占大头。	搜狐、腾讯、百度、搜房、当当、8848、3721、易趣、金蝶、奇虎360等近300个项目
红杉资本（美国）	游戏、购物、电子科技、生活等行业	• 公司所处的市场够大； • 是行业中的领先企业，团队执行力强； • 有独特的、高成长性的商业模式。	高德地图、麦考林、斯凯网络、奇虎360、诺亚财富等
软银（日本）	购物、社交、媒体、游戏等行业	• 不追求快速盈利，谨慎保守，一般在发现有潜力的投资对象后，经过充分观察、考验才做投资决策； • 偏好长期性投资； • 偏好投资处于种子、成长和扩张期的企业。	阿里巴巴、雅虎、淘宝、完美时空、盛大网络、58同城、神州数码、分众传媒、PPLive等
摩根斯坦利（美国）	门户网站、购物网站、媒体网站等	• 对业绩优秀的企业做长期直接投资； • 倾向于投资扩张期或成熟期的行业内领先企业。	搜狐、携程等
DCM（美国）	交易网站和人力网站	公司理念：快速、精准、趋势、价值；多投资于处于起步阶段的高成长性公司	前程无忧、当当网
贝塔斯曼（德国）	新媒体、教育及业务流程外包服务领域	现阶段关注对企业早期及成长期的投资。	易车网、凤凰新媒体、豆瓣网、蘑菇街、新力传媒等
ORBIS控股公司（美国）	门户网站	• 偏好长期投资； • 偏好行业内领先企业。	网易、盛大、新浪

（续表）

境外资本名称	投资网站类型	投资理念及偏好	典型投资项目
CRCM（美国法拉龙下属基金）	网络视频、网络广告、户外媒体行业、网站汽车行业、房地产	• 偏好投资发展期、成熟期公司； • 持股比例较小，无意取得控股权。	分众传媒、艺龙旅行网、畅游网、第九城市等
文艺复兴科技公司（美国）	游戏、电信、旅行和生活等行业	• 擅长短线操作； • 根据投资对象在二级市场上的走势决定投资量。	空中网、巨人网络、掌上灵通、第九城市等

注：排名根据附录7-1中的数据确定。

富达集团（Fidelity Management & Research，FMR）

服务北美的富达管理研究公司（Fideilty Management and Research LLC）和处理全球业务的富达国际（Fidelity International Limited）是富达旗下两家互相独立但关系密切的公司，此外还有富达风投（Fidelity ventures）作为整个集团的风险投资部门存在。在中国盈利前50家网络企业中，富达投资了7家，是所有投资机构中投资最多的企业。从投资的网络公司排名看，主要是10名和40名左右的公司；从投资比例看，FMR在每家公司的持股比例大多在7%左右；从控股状况的角度来看，FMR公司对新浪有相对控股权，而对其他六家公司仅表现为参股。股权分散是新浪的最大特点，单一最大股东持股不超过10%。根据附录7-2，从进入的细分行业看，FMR投资于门户、网络游戏运营及开发以及旅行服务类。

美国国际数据集团（International Data Group Inc，IDG）

在中国盈利前50的互联网企业中，IDG投资了7家，与FMR并列第一。从其投资企业的排名来看，主要集中在40名左右的公司；从投资的比例看，IDG投资的比例多聚集在15%左右，也有投资比例较大的情况出现；从控股状况的角度看，除了在金融界中，IDG处于相对控股的状况外，IDG在其他所进入的盈利前50家互联网企业中均表现为参股；从投资的行业来看，IDG投资于数据服务类、门户、游戏、媒体等。

文艺复兴科技公司（Renaissance Technologies LLC）

主张通过量化投资获得最大化收益。该公司在中国盈利前50的互联网企业中投资了4家。从其投资的网络公司排名来看，集中于30名左右；从投资的比例来看，投资比例都不大，多居于3%左右；从控股状况的角度看，文艺复兴科技公司在参与投资的互联网盈利前50企业中都只是参股;从投资的行业分布来看,文艺复兴科技公司投资于游戏、电信、旅行和生活等行业。

红杉资本(Sequoia Capital)

该公司在中国盈利前50的互联网企业中投资3家。从其投资的网络公司排名来看,有排名靠前的公司,也有排名在后的公司,总体来说参差不齐;从投资的比例来看,红杉资本投资的比例一般都比较高,比如对麦考林的投资高达62.8%;从控股状况的角度看,红杉资本在投资的过程中有一定程度的控股倾向,其中对麦考林处于绝对控股地位;从投资的行业来看,红杉资本投资于游戏、购物、电子科技、生活等行业。

摩根斯坦利(Morgan Stanley)

该公司是美国著名的风投公司,在很多行业区域上都颇有名气。该公司在中国盈利前50的互联网企业中投资了3家;从其投资的网络公司排名看,较分散,其中两家处于前10,还有一家在40之后;从投资的比例来看,投资比例偏少,最多仅持有9.54%;从控股状况的角度来看,摩根斯坦利仅参股,无控股倾向;从投资的行业来看,摩根斯坦利投资的行业有门户网站、购物网站、媒体网站等。

Price(T. ROWE) Associates Inc

该公司是家有着一定历史积淀的投资公司,1937年在巴尔的摩首创,Twitter获得过T. Rowe Price近一亿美元投资。该公司在中国盈利前50的互联网企业中投资了3家;从其投资的网络公司排名看,排名较分散,其中一家处于第11,还有两家靠后在40左右;从投资的比例来看,投资比例偏少,均在10%以下;从控股状况的角度来看,仅仅参股;从投资的行业来看,投资的行业有门户网站、社交、旅游服务等。

CRCM L. P.

该公司在中国盈利前50的互联网企业中投资了3家。从投资的网络公司看,该公司多投资于排名较后的公司;从投资的比例看,该公司投资的比例一般比较少,最高的是10.5%;从控股状况的角度看,CRCM并没有控股权,只参股;从投资的行业看,CRCM多投资于生活平台网站。

DCM

该公司是美国风险投资机构中的老大哥,于1999年首次进入我国,参与投资的企业有十多家,包括猫扑和前程无忧。DCM在中国前50家企业中投资了3家。从投资的网络公司来看,多投资于排名在中间或者偏后的网络公司;从投资的比例看,DCM 投资的比例最高为 17.5%,其余两家中均为 7% 左右;从控股状况的角度看,DCM 只有参股;从投资的行业来看,DCM 主要投资于交易网站和人力资源网站。

控股公司(ORBIS)

该公司在中国前 50 家网络公司中投资了 3 家。从其投资的网络公司来看,排名都很靠前,是我们很熟悉的网易、新浪和盛大;从投资的比例来看,集中在 10% 左右;从控股状况的角度看,ORBIS 控股公司被投资方的控股权都没有掌握在 ORBIS 手中,只是参股;从投资的行业来看,ORBIS 投资主要集中于门户网站。

软件银行集团(Softbank)

软件银行集团,简称软银。它是日本的企业,也是该榜单中唯一比较靠前的非美籍企业。该公司在中国前 50 家网络公司中投资了 3 家,从其投资的网络公司看,有比较靠前的阿里巴巴和完美时空,也有比较靠后的人人网;从投资的比例来看,软银投资的比例一般比较大,在 30% 左右;从控股状况的角度看,软银在完美时空和人人中为绝对控股,在阿里巴巴中仅是参股;从投资的行业来看,软银投资于购物、社交、媒体、游戏等行业。

以上 10 家外资机构中,除了投资频数为 3 的红杉资本和软银,其他机构均未表现出明显的控股偏好。投资频数排名前 10 的外资机构在细分领域选择上很分散,体现不出对互联网细分行业的具体偏好,说明境外大型资本机构对中国网络媒体细分市场是撒网式进入。

(2)境外投资机构的投资深度。

根据附录 7-1 的资料,我们对盈利前 50 互联网企业中不同排名的网络公司授予不同的权重,并结合投资机构对各投资对象出资比例的大小,粗略估计出各投资机构在我国互联网市场上的投资深度,旨在筛选出对我国互联网市场较有影响的前十大境外机构投资者。

计算公式:投资深度值 = $\sum$ 投资比例 $* 100 * (m+n)$;其中 m 的取值由被投资互联网企业 2011 年的盈利排名决定,1—10 名取 5,11—20 名取 4,21—30 名取 3,31—40 名取 2,41—50 名取 1;n 的取值由外资机构在互联网企业中占股比例的排名决定,第一大股东取 3,第二大股东取 2,第三大股东取 1,其他取 0 值。

按照投资者在中国盈利前 50 家互联网企业中所占资本力量总和的大小,可筛选出投资规模最大的前十位投资者,分别是日本的软银、美国的红杉资本、澳大利亚的澳洲电讯、美国的 IDG、美国的雅虎、日本的 Recruit CO. LTD、南非的 MIH、美国的 DFJ ePlanet、澳大利亚的 SEEK 和加拿大的 ORBIS 控股公司。

以下将针对表 7-10，对这 10 家投资机构作简要分析：

① 仅依据表 7-10 的统计结果来看，红杉资本、软银以及 DFJ ePlanet 的投资风格比较相近。

红杉资本的主要投资对象有作为电子商务平台的麦考林和大众点评，以及作为手机应用软件平台的斯凯网络。红杉资本最早于 2006 年 4 月进入大众点评网，涉及资金仅有 200 万美元，后又分别于 2007 年 9 月和 2011 年 4 月进行追加投资，第二次投资额度不明，第三次涉及资金 1 亿美元。于 2008 年 2 月进入麦网，涉及资金 8000 万美元，当时占股 60%。最早进入斯凯网络为 2007 年 7 月，是第二大股东。

软银集团的主要投资对象有做电子商务的阿里巴巴，做网游的完美时空和社交网络人人。软银最早于 2000 年 1 月进入阿里巴巴，涉及资金 2000 万美元，后又于 2004 年 3 月追加投资 8200 万美元，是阿里巴巴的第三大股东。软银是人人网的相对控股者，于 2008 年 4 月进入千橡互动，涉及资金 3.84 亿美元。对于完美时空，软银与池宇峰持股比例相当，两者并列第一大股东。

DFJ ePlanet，全球领先的创业投资基金，向百度投入了较大规模的资本，为其绝对控股股东，最早入驻百度为 2000 年 9 月。此外在空中网居第二大股东。该公司深刻理解企业管理发展战略，拥有覆盖全球的关系网络和行业知识，能够帮助企业提升竞争力。

红杉资本、软银和 DFJ ePlanet，这三个资本雄厚的集团针对中国盈利前 50 家互联网企业选择了相对集中的投资策略，即选取少数（2—3 个）投资对象，分别向每个投资对象投入较大规模的资金，多以成为投资对象的绝对控股股东或者相对控股股东为目的，通过参与公司重大决策而对企业管理产生较大影响力。

② IDG、ORBIS Holdings Ltd 在中国盈利前 50 家互联网企业中的投资行为较活跃，采取了分散化的投资方式，即向多个公司分散投资，在每个公司中持较少股份。就目前来看，并不追求公司的控股权，参与公司治理的积极性较低。

③ Recruit CO. LTD、SEEK、澳洲电讯、雅虎和 MIH 在中国盈利前 50 家互联网企业中仅选择了一个投资对象，并在被选企业中扮演控股的角色，参与公司治理的积极性高。

日本 Recruit 现已发展成为日本最大的资讯媒介提供商。该公司是前程无忧的相对控股者。2006 年 4 月以约 11 亿美元向 51Job 股东收购 15% 的股份，并

表 7-10 投资机构投资影响力前 10 名

排名	机构名称	1—10	11—20	21—30	31—40	41—50	投资深度值
1	Soft Bank Group	29.3 * (5+1)	31.02 * (4+3)	0	34.2 * (2+3)	0	563.94
2	Sequoia Capital	0	62.80 * (4+3)	28 * 3	0	7.5 * 1	531.1
3	Telstra	0	54.3 * (4+3)	0	0	0	380.1
4	IDG	4.6 * 5	5.5 * 4 + 13.6 * 4	0	14.83 * (2+2)	9.2 * 1 + 12.5 * (1+2) + 31 * (1+3)	329.42
5	Yahoo! Inc.	39.00 * (5+3)	0	0	0	0	312
6	Recruit CO.LTD	0	41.20 * (4+3)	0	0	0	288.4
7	MIH China	34.33 * (5+3)	0	0	0	0	274.64
8	DFJ ePlanet	25.80 * (5+3)	0	8.6 * (3+2)	0	0	249.4
9	SEEK	0	0	40 * (3+3)	0	0	240
10	ORBIS Holdings Ltd	12.27 * (5+3) + 11.30 * (5+2)	6.42 * 4	0	0	0	202.94

获得在未来三年内再收购 25% 股份的权利。2011 年 5 月,作为战略投资者注资 58 同城,双方在业务上进行全面合作。

SEEK 公司,澳大利亚在线招聘巨头,是智联招聘的相对控股者,对智联招聘属战略投资,于 2006 年 9 月投入 2000 万美元,涉及股权 25%,后又于 2008 年 7 月投入 4500 万美元,涉及股权 15%。

澳洲电讯,即澳大利亚电信,是世界上盈利状况最好的电信公司之一,是澳大利亚的领先全业务电讯运营商。澳大利亚电讯目前重要的海外投资有:CSL,香港最盈利、全亚洲最先开展 MMS 业务的移动运营商;REACH,亚洲最大的提供语音、IPLC 及 IP 数据综合服务的国际电信运营商;Telstra Clear,新西兰第二大全业务电信运营商。该公司是搜房网的第一大股东,涉及资金 4.33 亿美元。

MIH 是 Naspers 的全资子公司。Naspers 在南非拥有 60 多家报刊。它持有非洲、巴西、中国和波兰及匈牙利等国家发行商、电子商务网站和数字广播电台的股份。其旗下还拥有我国北青传媒的股权。MIH 是腾讯的最大股东,持股比例为 35%,于 2001 年进入腾讯。

(3) 境外投资机构投资偏好的统计。

通过对外资机构投资广度和深度的分析,由附录 7-1 共得出 16 家外资机构进入盈利 50 强。这里对这 16 家外资机构进行偏好的统计分析,如表 7-11 所示。

表 7-11　外资机构投资偏好

境外资本名称	机构总部	机构性质(实业或投资)	主营业务	投资领域	投资类型(财务性或战略性投资)选择偏好	投资比例选择偏好(控股、参股)
IDG	美国	实业公司	信息技术出版、研究、会展、风险投资	零售、传统能源、传统制造、医疗设备、健康管理、餐饮业、无线增值、广告服务、无线广告、软件服务、户外媒体、电子支付、电子商务、行业网站、网络服务、网络社区	财务投资	偏好参股
软银	日本	实业公司	电信和网络,综合性的风险投资	IT 产业的投资,包括电信和网络(网络社区、网络视频、行业网站、电子商务)	战略投资	偏好控股

（续表）

境外资本名称	机构总部	机构性质（实业或投资）	主营业务	投资领域	投资类型（财务性或战略性投资）选择偏好	投资比例选择偏好（控股、参股）
红杉资本	美国	投资公司	基金管理	投资领域十分宽广，与传媒相关的有：数字电视、网络社区、网络视频、影视制作、动漫动画、无线广告、户外媒体、网络游戏、网络交友、传统媒体、搜索引擎、综合门户、网络广告、行业网站、电子商务 电视购物	不明显	偏好控股
ORBIS	加拿大	投资公司	基金管理	金融服务、综合门户、行业网站	不明显，侧重财务	偏好参股
富达	美国	投资公司	金融服务，专业基金公司	食品饮料、终端设备、中信技术、汽车行业、酒店、网络服务、软件服务、电子商务	财务投资	参股
Renaissance Technologies LLC	美国	投资公司	对冲基金	网络游戏运营及开发、数据服务类	财务投资	参股
澳洲电讯	澳大利亚	实业公司	电信运营	移动运营、电信运营、门户网站	不明显，侧重战略投资	偏好控股
摩根斯坦利	美国	投资公司	投资银行	传统制造、家居建材、食品饮料、化学工业、零售、房地产、旅游业、创业投资、金融服务、保险、能源服务、酒店、软件服务、农林牧渔、生物技术、电子商务	财务投资	参股
雅虎	美国	实业公司	综合门户、搜索引擎、电邮、新闻	电子商务	战略投资	偏好控股

267

（续表）

境外资本名称	机构总部	机构性质（实业或投资）	主营业务	投资领域	投资类型（财务性或战略性投资）选择偏好	投资比例选择偏好（控股、参股）
T. Rowe Price	美国	投资公司	共同基金管理，投资咨询	百货、零售、交通运输、网络服务、网络社区	财务投资	参股
Recruit Co., Ltd	日本	实业公司	人才综合服务与信息服务	人力资源服务网	战略投资	偏好控股
CRCM	美国	—	—	—	侧重财务投资	偏好参股
MIH	南非	实业公司	电视、技术、互联网平台	互联网行业（网络服务、网络广告、广告代理）	战略投资	偏好控股
DCM	美国	投资公司	风险投资	医疗服务、汽车行业、家居建材、培训辅导、传统制造、IT服务、电子支付、无线增值、网络社区、硬件、网络服务、电子商务、行业网站、网络视频、传统媒体、网络招聘、手机游戏、网络游戏	财务投资	偏好参股
DFJ ePlanet	美国	投资公司	风险投资，创业投资基金	互联网（软件服务、网络服务、IT服务、广告代理、搜索引擎、网络广告、网络视频）、无线（户外媒体、无线增值、无线广告）、科技设备、医疗设备、生物科技	不明显，侧重战略投资	偏好控股
SEEK	澳大利亚	实业公司	网络招聘	网络招聘	战略投资	控股

资料来源：作者根据投资潮官网 http://www.investide.cn/ 披露的资料整理获得。

按照投资的目的，可以把境外资本划分成两个大的类别，一是产业资本，二是财务资本。产业资本的进入全部属于战略性投资，而财务资本的进入大部分但不完全属于财务性投资。

以上16家外资机构中,以战略投资为主或者侧重于战略投资的有7家,其中6家为实业型公司。因此,可得出一个结论,以实业公司为背景的境外资本更偏好于战略性投资,倾向于控股。实业企业以战略投资的方式进入我国互联网产业,通常的目的是为其全局发展的战略性服务,参加公司治理的兴趣浓厚,对被投资公司施加的影响和控制力度较大。

除此之外,像红杉资本和德丰杰这样的资金巨头,虽无明显证据说明其投资偏好的战略性或财务性,但是,由于它们对控股的偏好和长期性投资的偏爱,仍然不能排除其侧重战略性投资的可能。

7.2.3 境外资本的入住对象、投资绩效及其影响

表7-9表明,境外投资机构投资特点呈现分化趋势:在投资时间上存在长期持股和短线持股两大偏好,对所投资对象存在初创型和成熟型两类偏好,其中,投资初创型企业的投资机构普遍看重投资对象的人员素质、成长性、商业模式,偏好成熟型企业的投资机构则看重投资对象在行业中的领先地位,而共同之处是这些机构会根据企业发展情况选择是否追加投资、长期持股。

具备优秀团队、高成长性、高盈利性商业模式的初创型企业更有可能发展为行业内的佼佼者,为投资者带来更高的经营和上市回报,而处于行业内领先地位的成熟型企业则能为投资机构带来持续、稳定的收入。因此,外资机构选择的投资对象一般为行业内的领先者或具有成为领先企业潜力的初创型企业。

从各机构投入资本的存续期、退出方式及资本回报率来看(表7-12),境外资本在企业中的存续时间从2—3年到10年以上不等,在这一过程中,通过特殊架构(VIE),被境外资本控制的境内企业源源不断地向境外控制公司输送经营利润,而通过推动互联网企业海外上市实现最终退出时,境外资本机构还能够获得于投资额数倍的退出回报,从资本进入到退出,境外投资机构能够享受经营利润与退出回报双重收益。

表7-12 境外资本存续及退出特点

境外资本名称	资本存续期	成功投资案例的进入及退出方式	已公布的投资回报率
FMR	在行业内存续期相对较长,最长11—13年	阿里巴巴:并购进入、并购退出	参与阿里巴巴项目的投资机构投资回报在10—71倍之间

（续表）

境外资本名称	资本存续期	成功投资案例的进入及退出方式	已公布的投资回报率
IDG	根据项目情况而定,最长10年	百度:并购进入、纳斯达克上市后尚未退出	投资百度:回报约为100倍;投资奇虎360:回报约为50倍;投资金蝶:回报约为10倍
红杉资本	根据项目情况而定	奇虎360、诺亚财富:纽交所上市后尚未退出	投资奇虎360:回报约为41倍;投资诺亚财富:回报约为36倍
软银	在行业内投资存续期较长	投资阿里巴巴:并购进入、香港上市后尚未退出	阿里巴巴上市投资回报达到71倍
摩根斯坦利	在行业内投资存续期较长	投资搜狐、携程等:通过并购进入,尚未退出	不详
DCM	根据项目情况而定,存续期较长	当当网:美国纳斯达克上市,并购退出	参与投资当当的投资机构:回报最高超过30倍
贝塔斯曼	依据项目情况而定,存续期较短	凤凰新媒体:美国纽交所上市后,转让部分股权	投资凤凰新媒体:转让部分上市回报为3.29倍
ORBIS控股公司	存续期较长	新浪:公开市场减持	清仓价值1.96亿元的新浪股票,套现2亿美元
CRCM	存续期较短	并购进入,短到中期持有	不详
文艺复兴科技公司	存续期短	并购进入,短到中期持有	回报率极高

资料来源:作者经网络研究所得,涉及网站包括投资潮 http://www.investide.cn/、创业邦 http://www.cyzone.cn/、投资界 http://www.pedaily.cn/等。

从风险投资机构自身性质来看,追逐具有高风险的超额回报是其根本目的,而十大风险投资机构的投资偏好和退出情况充分体现了境外资本的逐利目的。

从外资控股带来的影响看,境外资本注入为企业和产业发展带来多方面的影响。由于逐利是境外资本投资互联网行业的根本目的,但高额的回报与资本退出之前企业的发展状况息息相关,因此,在资本存续期间,风险投资机构除了为企业提供资金支持,还会介入公司管理事务,使企业朝着有利于最大化其投资回报的方向发展,在这一过程中,资本意志对企业管理层的干预往往造成创业团队内部冲突、影响企业发展稳定性。主营母婴用品的红孩子网站在境外风投资本入驻后,主创人员发展意图与资本意志冲突,最终导致核心团队成员陆续离开公司就是一个典型的例子。

与此同时,通过强制性合同而流入机构投资者的服务费用、管理费用等数额十分巨大;中国互联网企业国内运营的收益有很大一部分可以说是被境外资本以特殊形式占有,而这一部分被境外投资机构获取的利润可能不会全部作为技术革新的支持性资金重新投入企业,而会被机构用于扩大投资面或被合伙人瓜分,对于互联网企业来说,以高速技术更新满足变动的市场需求是发展的关键,因此企业巨额利润的流出对长期发展不利。

此外,企业盲目境外上市成本高、风险大。资本急于通过上市退出的逐利心态与创始人通过上市融资扩大经营的实干心态是互相矛盾的,因此资本以逐利为目的的短视性发展逻辑也就与企业追求可持续发展的逻辑背道而驰。巨额资金注入,企业被过度包装,创始人很难冷静地审视企业实际发展状况并对境外上市保持理性。企业在羽翼未丰之时就在资本推动下勉强境外上市,其后果是毁灭性的:由于经营状况只能勉强满足境外上市条件,难以负担高昂的维持挂牌费用,资本通过上市退出后,企业就陷入经营困境,遭受投资者广泛质疑,不得不考虑退市,而成功退出的境外资本不再对企业承担任何责任,上市后的经营风险全部转嫁给企业。以麦考林上市为例,上市前红杉资本在麦考林董事会中占总股本高达75.9%,投资人完全主导了企业的发展,上市一个月后麦考林原股东套现超过1.29亿美元,相当于公司上市融资额,这一资本主导的"圈钱"行为引起美国资本市场广泛关注,其后麦考林被指控报告虚假、信息披露有误,陷入诉讼和经营不利双重困境中,面临退市。这类事例不仅使企业蒙受损失、陷入发展困境,还严重损害了中国概念股在境外资本市场的声誉。

综上,境外资本控制我国互联网行业从企业和产业层面带来了巨大影响,互联网企业创始人必须警惕境外资本以逐利为目的主导企业的发展,境外资本控制互联网行业带来的影响也应引起国家相关部门的重视。

7.3 境外资本进入中国网络媒体市场的状况及趋势

从上一节的分析可知,境外资本进入中国网络媒体市场是二者之间双向选择的结果,具有客观必然性。本节则从境外资本的进入行为入手,研究其进入方式、规模、地区选择和行业分布,并预测未来发展趋势。

7.3.1 境外资本进入中国网络媒体市场的方式

对于进入中国网络媒体市场的境外资本,根据其进入目的的不同可以划分为两类:产业资本和财务资本。

表 7-13　投资于中国网络媒体市场的境外资本类型

外资分类	进入目的	典型代表
产业资本	进行业务拓展获得营业收入	MSN、EA、游戏贝塔斯曼等
财务资本	出售或上市以获取投资收益	红杉、IDG、启明创投、老虎基金等

1. 进入方式类型

通过对 2005 年到 2011 年外资进入网络媒体市场的事件[①]分析,外资进入方式可归纳为以下五种类型:

表 7-14　境外资本进入中国网络媒体市场的方式

进入方式	主体
投资持股中国互联网企业	外资 VC/PE/QFII
并购中国互联网企业	国际互联网巨头/国际传媒集团/外资 PE
战略合资	国际互联网巨头/国际传媒集团
品牌合作	国际互联网巨头/国际传媒集团
购买境外上市中国互联网企业股票	主要是境外普通股股民

(1) 投资持股中国互联网企业。

境外资本投资中国互联网企业的形式有三种:风险投资、私募股权投资和 QFII。

风险投资 VC(Venture Capital)又称创业投资,其投资对象是高风险项目或企业,以资本增值方式实现盈利,投资期限长,回报率要求高。VC 投资也指为处于初创、发展和扩张期的企业提供融资的事件。

私募股权投资 PE(Private Equity Investment)是一种权益资本,它通过私募形式筹集资金,向非上市企业进行投资。PE 投资也指为成熟期企业提供融资的事件,尤指为首次公开发行前的企业、企业收购、重组提供融资的事件。

---

① 见附录 7-3。

QFII 是 Qualified Foreign Institutional Investors(合格境外投资者)的简称,QFII 制度是一种允许国外专业投资机构到境内投资的资格认定制度,它允许获准的境外投资机构把一定额度的外汇资金汇入并兑换为我国货币,通过严格监督管理的专门账户投资于我国证券市场。① 与 VC 和 PE 不同的是,QFII 采取在公开证券市场上直接购买上市公司股票的形式进行投资。在对境内上市的全部 10 家互联网企业的股权结构进行分析后,发现网盛科技(股票代码:300113)于 2010 年引入 QFII——淡马锡富敦投资有限公司的投资,后者持有前者 0.36% 的股份,共计 279910 股。QFII 投资持股的进入方式尚属罕见,这与中国优质互联网公司纷纷境外上市不无关系。

外资 VC、PE 和 QFII 的投资目的主要在于获取投资收益,属于财务投资性质。这些境外资本熟谙资本运作之道,它们资本充足、运作灵活,专门瞄准高风险、高回报的行业进行投资,根据已公开数据及已披露案例统计,从 2005 年到 2011 年的十年间,已披露的境外 VC/PE 投资中国网络媒体企业案例 271 起,公布数据 226 起,投资总额达 32.85 亿美元。②

(2)并购中国互联网企业。

并购是兼并与收购的统称,收购是指一个公司通过产权交易取得其他公司一定程度控制权的经济行为。兼并是指通过产权交易,把其他企业并入本企业中,并使后者失去法人实体地位的经济行为。二者的主要区别在于目标企业是否失去法人地位。

采取并购形式的境外资本以产业资本为主,主体是传媒集团、网络公司巨头甚至是其他产业的跨国公司。境外产业资本进入中国网络媒体市场的目的通常是为了拓宽国际市场,完善业务结构,获得分销渠道,取得经营收入,属于战略性投资。

基于这样的目的,外资通常寻找业务结构、营销渠道和组织架构较为完善的国内互联网企业,推动对其收购,入主公司管理层,影响甚至控制公司决策权,开展公司业务的管理运营,以取得业务协同、市场协同甚至财务协同效应。因此,选择合适的目标公司进行并购是境外产业资本进入中国网络媒体市场的首要选择。

以国际网络游戏巨头美国艺电(简称 EA)为例。2007 年 5 月 21 日,第九城

---

① 许敏、刘珂:《对 QFII 制度下证券信息不对称问题的法律思考》,载《法制与社会》2009 年第 10 期。

② 见附录 7-3。

市和美国艺电联合宣布双方已就股权投资达成协议,EA斥资1.67亿美元收购第九城市约15%的普通股股份。同时,将第九城市作为在中国大陆独家代理运营EA Sports FIFA Online的游戏运营商,以此进入中国网络媒体市场,开展业务经营。EA亚太区网络事业部总裁Hubert Larenaudie表示:"这是EA在中国网络业务战略中迈出的一个重要步伐"[1]。

表7-15　2000—2009年外资并购中国互联网企业案例

收购方	被收购方	所在行业	收购股权比例	金额（万美元）	年份
维塔士	胜有声	网络游戏	100%	非公开	2009
Monster	中华英才网	网络招聘	55%	17400	2008
澳洲电讯	泡泡网	资讯门户	55%	非公开	2008
澳洲电讯	皓辰传媒	资讯门户	55%	非公开	2008
CNET	我爱打折网	电子商务	非公开	900	2008
复星国际	分众传媒	网络广告	26.14%	27980	2008
EA	第九城市	网络游戏	15%	16700	2007
Recruit	前程无忧	网络招聘	15%	10920	2005
CNET	蜂鸟网	资讯门户	100%	1600	2005
亚马逊	卓越网	电子商务	100%	7500	2004
日本乐天	携程网	网络旅游	21.6%	10300	2004
CNET	中关村在线	资讯门户	100%	1600	2004
雅虎	3721	资讯门户	100%	12000	2003
eBay	易趣	电子商务	100%	18000	2003
Tom.com	163.com	电子邮箱	100%	4800	2000

资料来源:根据投资中国、清科数据库和网络公开数据整理获得。

目前,外资通过并购方式进入的公开案例较少,这一方面是因为受到并购程序、我国法律和资金筹措等因素的制约,跨国并购案件的成功率比其他三种方式都要低很多;另一方面是由于外资并购中涉及很多非上市的中小互联网企业,而

---

[1] 佚名:《EA宣布斥资1.67亿美元收购上海九城约15%股权》,http://news.duowan.com/0710/57699228142.html。

非上市公司没有进行并购信息披露的义务。

（3）战略合资。

战略合资方式是指境外资本与在我国境内注册设立的公司（一般是经营互联网业务的公司）共同出资成立新的公司，继而以新公司的名义在中国开展互联网业务，采用这种进入方式的境外资本多为境外互联网公司。例如，2005年5月，微软与上海联盟投资有限公司各出资50%，合资成立上海MSN网络通讯技术有限公司，主要负责运营微软提供的各项在线服务和软件产品，包括微软旗下MSN、Windows Live和Bing几大品牌。

另外，我国法律对外资进入某些互联网细分行业的形式进行了限制，如国土资源部于2011年颁行的《外国的组织或者个人来华测绘管理暂行办法》规定：外国组织或者个人来华从事互联网地图服务活动的，必须依法设立合资企业。目前，外资通过合资方式进入的案例比较有限，所占比重较小。

（4）品牌合作。

品牌合作不涉及股权交易，多体现为授权经营或许可经营。例如，迪斯尼于2001年与中国海虹控股协议共同开发中国互联网市场，海虹控股独家经营迪斯尼的中文网站及网上收费频道BLAST。同时，迪斯尼授权海虹控股在中国境内独家经营其中文网站及收费频道的所有网络广告业务。

在品牌合作方式中，境外资本更多地体现为无形资本的注入，其为实体资本的注入奠定了良好的基础。这种模式出现于中国网络媒体市场发展的早期，是境外资本进入中国网络媒体市场的试水之路，近年来已很少被使用。

（5）购买境外上市中国互联网企业公开发行股票。

境外机构投资者购买境外上市中国互联网企业的行为属于前文所讲的投资持股和并购方式，因此，此处提及的购买境外上市中国互联网企业公开发行股票的行为特指国外普通股股民通过持有境外上市互联网公司股票进入中国网络媒体市场的行为。但需要指出的是，公众股东持股在上市互联网企业中的控制力很低，以新浪2009年财报公布数据为例，第一大股东的持股6.9%，董事会及高管的持股7.1%，没有控股股东，公众股东持股不到4%。

根据上述分析可得出以下结论：

第一，境外VC、PE和QFII的投资属于财务性投资，其投资范围已经覆盖网络媒体各个细分行业。

第二，境外传媒集团和互联网巨头的并购属于战略性投资。当前，通过这种方式进入的境外资本多存在于网络游戏、网络旅游、电子商务和资讯门户这几个细分行业。

第三，采用合资与合作方式进入中国的境外资本较少，尤其是采取品牌合作进入方式进入的案例集中出现于中国网络媒体市场的开放早期，是一种试探性的方式，不涉及资本运作，现在已经很少使用。

第四，五种方式以投资持股方式比重最大，覆盖细分行业最广，是境外资本进入的最主要方式。

表7-16　2007—2009年不同外资进入方式案例数比较

	投资持股	并购	战略合资	品牌合作
2009年	40	1	2	0
2008年	33	5	1	0
2007年	37	1	0	0

资料来源：作者根据投资中国、清科数据库和网络公开数据整理获得。

同时需要指出的是，外资在我国互联网企业中的持股比例是受到严格限制的，正是由于存在这样的政策障碍，使得境外资本力图通过其他方式绕过进入中国市场的障碍，这时，可变利益实体(VIEs)充当了重要介质。

7.3.2　境外资本进入中国网络媒体市场的规模

1. 投资规模现状

投资案例数方面，2005年到2011年的7年间，境外资本持续投资中国互联网企业，7年间已披露并公布数据的案例总数为226起，境外资本成为投资中国互联网企业的主力，以2007年为例，根据投资中国的统计数据，在中国网络媒体投资市场上，境外资本占比86.54%，远超过中资的13.46%。

投资金额方面，7年间境外资本投入合计328495万美元，尤以2008年和2011年为多，出现短期内峰值，并且每年都保持着较高的单笔平均金额投资。

表7-17　2005—2011年境外资本投资中国互联网企业案例数　　　（单位：起）

年份	2005	2006	2007	2008	2009	2010	2011	合计
已公开	25	28	30	31	37	33	42	226
未公开	7	5	7	2	3	13	8	45
案例总数	32	33	37	33	40	46	50	271

表7-18　2005—2011年境外资本投资中国互联网企业各年金额　　（单位：万美元）

年份	2005	2006	2007	2008	2009	2010	2011	合计
金额数	24330	54410	42250	82275	60840	64390	129190	328495

2．投资规模发展趋势

通过图7-8可以明显地看出，从2005年到2011年，境外资本投资中国互联网企业总案例数呈稳步增长态势，2008年出现小幅下挫，但结合图7-9的投资数额分析，2008年出现投资数额小高峰。所以总体上来看无论从投资案例数还是投资金额方面，近七年来，境外资本投资中国互联网企业呈绝对上升趋势。

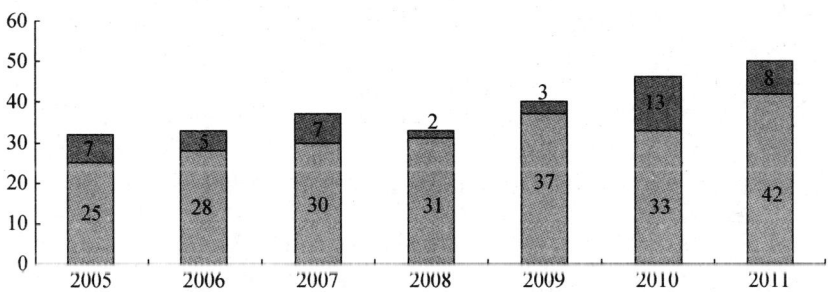

图7-8　境外资本投资中国互联网企业案例数走势（单位：起）

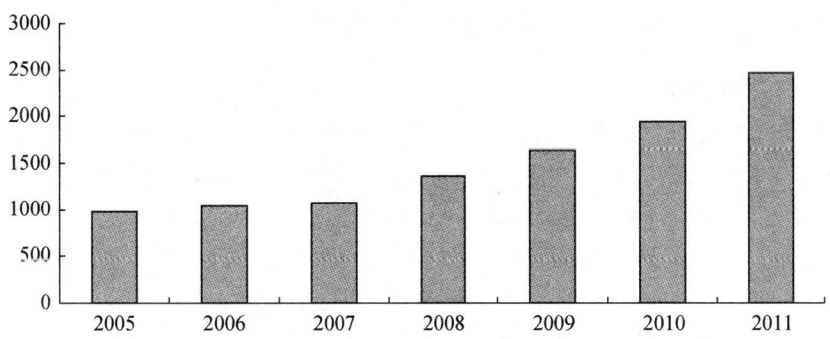

图7-9　境外资本投资中国互联网企业金额走势（单位：万美元）

究其原因主要是：其一，中国受金融危机影响相对较小，外资纷纷撤出境外项目转投中国互联网企业。其二，外资投资中国互联网企业的手段业已模式化，操作风险大大降低。其三，中国网络媒体市场前景十分广阔，这是外资看好中国的首要原因。其四，中国互联网企业概念股通过海外上市会获取很高的收益率，这在近几年新浪、百度、360等成功海外上市的案例中已经得到证实。

观察图 7-10 可以看出,外资进入金额在 2006、2008 和 2011 年尤其庞大,均超过相邻两年的数值。通过对各年投资案例的查证发现,上述三年中国网络媒体市场均有几笔重大投资出现,拉高了当年的总金额水平。这其中包括 2006 年澳洲电讯 25400 万美元投资搜房网,2008 年日本软银 40000 美元投资人人网和 2011 年 IDG 等 23000 万美元投资凡客诚品等。

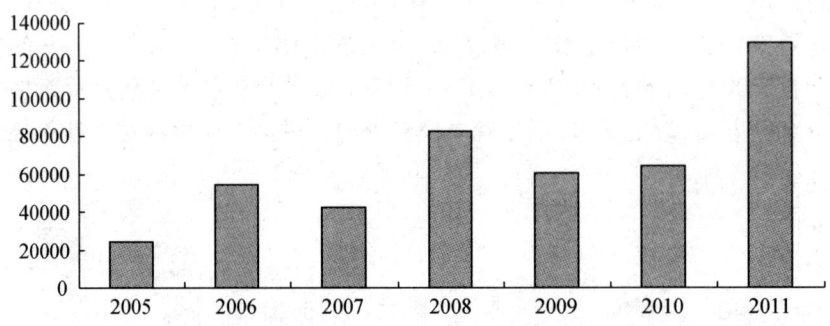

图 7-10　境外资本投资中国互联网企业单笔平均金额走势(万美元)

综上所述,2005 年至今,境外资本通过投资中国互联网媒体企业持续进入中国网络媒体市场,无论在案例数、投资金额还是每笔金额方面,上升态势均很明显,由此推断,在今后几年外资投入仍会保持较高增长水平。

7.3.3　境外资本进入中国网络媒体市场的地区分布

1. 地区分布现状

境外资本进入我国网络媒体市场,在地区上呈现出明显的聚集性,对 2005 到 2011 年相关数据的统计显示,7 年间投资于北京地区的案例数高达 120 起,占总案例数的 53%;排在第二位的是上海,占总数的 30%;接下来是广东省,总数为 23 起,集中于广州和深圳;济南、杭州、成都、重庆、南京、天津等城市亦有分布,但是寥寥无几,其他城市总体占比为 7%。这主要是由于北、上、广是我国网络媒体企业 ICP 集中注册地。究其原因,运用迈克尔·波特的钻石模型分析如下:

第一,生产要素。由于互联网企业不同于生产制造类企业,甚至不同于一般服务业,其存在和发展不受地理空间、运输成本、自然资源等初级生产要素的限制,却对信息、通讯、基础设施、高技术人才、研究机构等高级生产要素有着较高的依存度,而北、上、广正是我国高级生产要素的富集地区。

第二,内部需求。互联网在全国得到迅速普及,尤其是在北、上、广,三地均是人口和企业密集的城市,经济发展和人民生活对互联网的需求高涨。

第三,相关行业。与互联网产业相关的 IT 业、研究咨询机构、银行和投资机构同样大量存在于北、上、广三地,这便形成了良好的产业集群效应。

第四,政府作用。三地政府部门陆续出台了一系列互联网产业振兴发展政策,对互联网企业在税收补贴、专项资金和知识产权保护等方面作出政策倾斜,扶植互联网产业发展。

表 7-19　境外资本进入中国网络媒体市场城市分布

	2005 年	2006 年	2007 年	2008 年	2009 年	2010 年	2011 年	合计
北京	15	21	12	15	19	18	20	120
上海	5	6	10	11	15	11	9	67
广州	1	0	3	2	1	1	5	13
深圳	2	1	2	1	1	1	2	10
其他	2	0	3	2	1	2	6	16

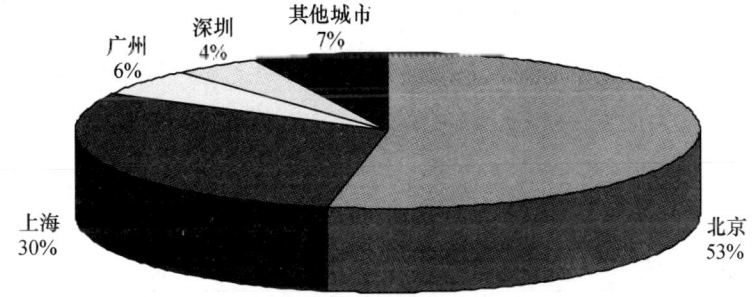

图 7-11　境外资本进入中国网络媒体市场城市分布比例

2. 地区分布趋势

从发展轨迹上来看,从 2005 年到 2011 年,各年的地区分布情况并无明显差别,以北、上、广为代表的"增长极"牢牢占据历年的前三名。并且,根据学者向志强的研究,我国网络媒体"增长极的整体效应仍为极化效应大于扩散效应,对周边地区的推动作用并未展现出来"。① 因此,在可以预见的数年内,北京、上海和广东仍然是网络媒体企业注册和设立的首选地区,自然也是境外资本进行投资的密集地区。

---

① 向志强:《中国传媒产业区域非均衡发展的增长极分析》,载《媒介经营与管理》2010 年第 7 期。

7.3.4 境外资本进入中国网络媒体市场的行业分布

一般而言,互联网行业作为一级行业,分为电子商务、网络游戏、网络社区、网络视频、网络广告、网络服务、资讯门户、网络交友、搜索引擎、旅游预定、网络音乐、在线支付和网络教育12个二级行业,境外资本进入这12个二级行业的现状和趋势存在明显差异。

1. 行业分布现状

根据统计分析得出,在近七年里,接受境外资本投入的中国互联网企业,在行业分布上呈明显的聚集性。按照案例计数,排在前五位的是电子商务、网络游戏、社区交友、网络视频和网络广告,尤以前三者最为突出,占总数的一半以上,是境外资本所青睐和热衷的行业。

表 7-20 境外资本投资中国互联网企业案例的行业分布

	2005年	2006年	2007年	2008年	2009年	2010年	2011年	合计
电子商务	2	2	5	9	11	16	22	67
网络游戏	2	2	4	5	12	5	2	32
社区交友	5	9	5	3	3	2	5	32
网络视频	4	4	4	3	2	1	1	19
网络广告	2	3	3	1	2	3	4	18
网络服务	3	3	2	3	0	3	2	15
资讯门户	2	2	3	2	3	0	2	15
搜索引擎	2	1	3	0	1	0	1	8
旅游预定	0	0	0	2	1	2	3	8
网络音乐	2	1	0	2	0	0	0	5
在线支付	1	1	1	1	1	0	0	5
网络教育	0	0	0	0	1	0	1	2

表 7-21 境外资本投资中国互联网企业案例行业分布比例(排名前5的行业)

	2005年	2006年	2007年	2008年	2009年	2010年	2011年
电子商务	8.00%	7.14%	16.67%	29.03%	29.73%	48.48%	52.38%
网络游戏	8.00%	7.14%	13.33%	16.13%	32.43%	15.15%	4.76%
社区交友	20.00%	32.14%	16.67%	9.68%	8.11%	6.06%	11.90%
网络视频	16.00%	14.29%	13.33%	9.68%	5.41%	3.03%	2.38%
网络广告	8.00%	10.71%	10.00%	3.23%	5.41%	9.09%	9.52%

2. 行业分布趋势

电子商务行业接受境外资本投入的案例逐年增长,在各年总案例中的占比平稳提升(如图 7-12 所示),尤其是最近三年上升态势尤其明显。究其原因:一是由于我国电子商务行业发展预期良好,据艾瑞咨询最新统计数据显示,2011年中国电子商务市场整体交易规模达到 7 万亿元,同比增长 46.4%。预计未来 3—5 年,中国电子商务市场仍将维持稳定的增长态势,平均增速超过 35%,2015年达到 26.5 万亿元。① 二是由于电子商务行业不断涌现出新的盈利模式,如电子商务外包服务提供商、"轻"仓储模式的电商企业、社交化电子商务企业和移动电子商务企业;以及新的垂直行业,如 O2O(线下商务与互联网之间的电子商务)、BMC(企业、中间监管与消费者之间的电子商务)、ABC(代理商、商家与消费者之间的电子商务)等。三是由于中国电子商务概念股近年来赴海外上市效果良好,使得境外投资获得很高的收益率,吸收资本投入的能力进一步得到提升。

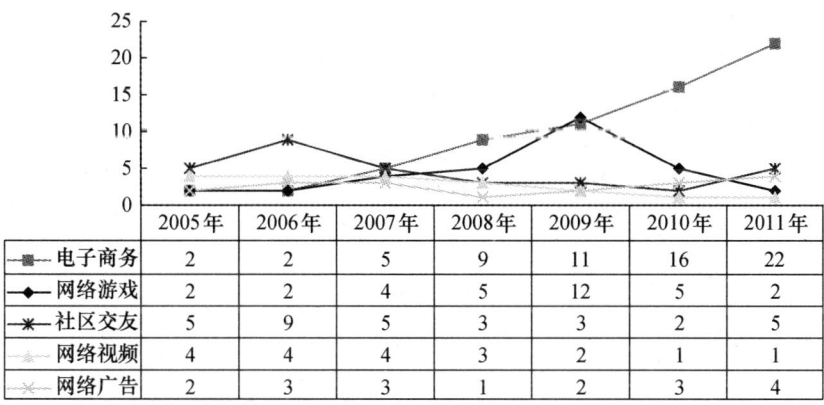

图 7-12 境外资本投资中国互联网企业案例的行业分布走势(排名前 5 的行业)

网络游戏、社区交友、资讯门户和网络广告类互联网企业走势持续稳定,在各年的外资投资案例中均有所涉及,增长速度虽不如电子商务网站,但已然是境外资本稳定投放的行业选择。

网络视频类网站在 2005 到 2008 年是外资追捧的对象,但在最近三年稍显没落,这是由于:一来,网络视频市场近年来经历了快速整合,规模小、管理差的视频网站纷纷倒闭或被收购;二来,2009 年 9 月 15 日,广电总局下发《广电总局关于互联网视听节目服务许可证管理有关问题的通知》,通知要求坚决关闭无

---

① 引自光明网:http://tech.gmw.cn/2012-01/16/content_3395107.htm。

证播出的视频网站,受此影响,外资投资热度大打折扣。

综上所述,预计在未来几年,电子商务依然是境外资本投资的主要行业,但伴随电子商务市场的快速整合以及行业壁垒的逐渐形成,投资增速会慢慢平复。网络游戏、社区交友、资讯门户和网络广告类网站则不会有太大起色,但仍然是境外资本投入的稳定选择。

通过上述分析,可以对未来几年境外资本进入中国网络媒体市场的进入行为的变化趋势作出预测:

第一,在进入方式的选择上,境外财务资本以投资中国互联网企业的方式为主,境外产业资本以并购、合资方式为主,逐步减少甚至摒弃品牌合作方式的使用。

第二,在进入规模上,投资案例数和投资金额继续稳步提升,大额投资出现的频次增多,从而将拉高单笔平均投资数额水平。

第三,在进入地区上,仍以北京、上海和广东为实施集中投资的地区选择,集群现象会更加显著,只有当"增长极"的"扩散效应"超过"极化效应"时才会出现其他理想的投资地区,甚至发展成为新的"增长极"。

第四,在进入行业上,电子商务行业仍然会保持着较高的外资投入份额,但增速逐步放缓,抽出的境外资本则预计流向旅游预订和网络教育等新兴领域。网络游戏和社区交友行业则会接收一定数额和频次的外资稳定投入,目前还看不出投资高速增长的迹象。

7.4 境外资本绕开中国网络媒体市场准入壁垒的创新形式——协议控制(VIE)

7.4.1 协议控制(VIE)产生的动因、实现机制和普遍性

境外资本在通过投资、并购、合资以及合作方式进入中国网络媒体市场时都需要有一个或几个可称之为"交易对手"的目标企业或合作企业,这个"交易对手"通常是在中国市场上经营的互联网企业——通常称其为中国互联网企业或我国互联网企业,并认为两者并无二致。而实际上两者之间存在着很大差别,需要对其做出明确的区分。

(1) 我国互联网企业。

在中华人民共和国境内依法注册成立、经营互联网业务的、由中华人民共和

国国民所有的互联网企业属于我国互联网企业。①

（2）境内外资互联网企业。

在海外注册成立，在中华人民共和国境内依法设立子公司、附属子公司或可变利益实体，由子公司、附属子公司或可变利益实体经营我国境内互联网及相关业务的企业在法律上是外资企业，属于中国境内的外资互联网企业。②

（3）中国互联网企业。

境内外资互联网企业与我国互联网企业合称为中国互联网企业。

需要指出的是，境内上市的互联网企业除网盛公司、焦点科技外，其余全部是在境外注册设立；境外上市的互联网企业（包括网易、新浪、百度、阿里巴巴、腾讯、金山等）则全部都是在境外注册设立，其注册地详见表7-22。因此可以得知：存在于我国网络媒体市场的主要互联网企业在法律上几乎全部存在属于"中国境内的外资互联网企业"。

同时，我国法律对外资从事电信增值业务有限制或禁止，外商或外商投资企业在我国经营增值电信业务受到限制，根据《外商投资产业指导名录2011》的说明，在经营增值电信业务的公司中，外资比例不超过50%，同时禁止外商或外商投资企业经营新闻网站和网络视听节目服务。那这些在境外注册的外商独资企业是如何在中国境内开展互联网业务的呢？换言之，境外资本又是如何通过控股甚至兼并方式进入中国网络媒体市场的呢？

（4）可变利益实体。

可变利益实体（VIEs）是为母体企业所拥有的实际或潜在的经济来源，此经济来源以合法经营的公司、企业或者投资的形式存在，但母体企业并未在此经济来源中持有股份，而是通过签订各种协议的方式进行实际控制。所谓VIEs结构，业内又称"新浪模式"，是指境外注册的上市公司、拟上市公司及其全资子公司与境内持有相关业务牌照、有权经营相关业务的实体相分离，前者通过一系列的契约协议享有后者收益权和控制权的制度安排。

中国互联网企业在公司结构上分为境内和境外两部分，境外部分系在海外注册设立的控股公司及其子公司，境内部分为控股公司的子公司、合资公司以及可变利益实体。境外部分及境内部分中具有股权所属关系的子公司在法律上属于境内外资企业，不具备开展增值电信业务的资格；境内部分的可变利益实体是由我国公民注册成立的内资公司，具备在国内从事互联网业务的资格。境内外

---

① 荆林波、王雪峰：《外资对我国互联网业市场影响的研究》，载《财贸经济》2009年第5期。
② 同上。

资互联网企业在我国网络媒体市场的业务全部通过可变利益实体来运营,并通过合约安排①获得VIEs的实际经营控制权。

通过这种方式,这些境外设立的互联网公司能够绕开我国法律规制障碍,实现两个目的:一来能够获得境外资本超过持股比例法定上限的投资与并购,推动海外上市;二来可以利用VIEs持有的增值电信业务经营牌照和内资的企业资质去经营限制开展甚至禁止开展的增值电信业务。

以VIEs模式的鼻祖新浪为例,其公司结构分为三层:

第一层,离岸注册设立母公司(壳公司)。新浪公司于2000年于开曼群岛离岸设立sina.com,这在法律上属于外资公司,无权在中国境内从事增值电信业务。

第二层,在境外设立实质全资子公司。当前新浪拥有100%控股的子公司6家——Beijing SINA information Technology Co. Ltd;Star-Village.com(Beijing)Internet Technology Limited;Beijing New Media information Technology Co. Ltd;Beijing SINA Internet Technology Service Co. Ltd;Sina.com(China)Technology Co. Ltd;Fayco Network Technology Development(Shenzhen)Co. Ltd。据我国当前法律规定,这些全资子公司同样属于外资企业,不具备在中国经营互联网业务的资格。

第三层,在国内注册设立VIEs。新浪境内设立了6个VIEs来开展网络广告、信息门户、移动增值等业务,它们分别是:北京新浪互联网信息服务有限公司、广东新浪互联网信息服务公司、广州媒体通信技术公司、北京乡村之星文化发展有限责任公司、深圳旺兴技术有限责任公司和北京新浪永恒广告有限责任公司。这6家公司均是经营新浪核心业务的实体企业,其股权基本由新浪管理层或员工等自然人所持有。通过协议安排,第二层的公司向VIEs提供无息贷款作为注册资本,并享有后者的实际控制权和收益权。

表7-22收录了15家海外上市的我国主要互联网公司的境内VIEs,这15家互联网公司分布于10个细分行业,在各自的细分行业中占据领先地位,具有很强的代表性。在7.2中分析的盈利50强企业中,只有焦点科技的注册地址位于中国内地,其余企业的控制企业均在境外注册(表7-23)。

---

① 合约包括贷款协议、股权抵押协议、代理协议、排他性收购选择权协议和经济利益转移协议(服务协议)等。

表 7-22　境外上市的中国主要互联网公司境内 VIEs 一览

品牌名称	行业类型	注册地	境内 VIEs
新浪	综合门户	开曼群岛	北京新浪互联网信息服务有限公司
			广东新浪互联网信息服务有限公司
			广州媒体通信技术公司
			北京乡村之星文化发展有限责任公司
			深圳旺兴技术有限责任公司
			北京新浪永恒广告有限责任公司
网易	综合门户	美国特拉华州	广州网易互动娱乐有限公司
			广州网易电脑系统有限公司
			北京广易通广告有限公司
百度	搜索引擎	开曼群岛	百度网络科技公司
腾讯	即时通讯	开曼群岛	深圳腾讯计算机系统有限公司
阿里巴巴	电子商务	维尔京群岛	浙江阿里巴巴电子商务有限公司
当当网	电子商务	开曼群岛	北京当当科文电子商务有限公司
			无锡当当科文电子商务有限公司
巨人网络	网络游戏	开曼群岛	上海征途网络科技有限公司
盛大游戏	网络游戏	开曼群岛	上海数龙科技有限公司
			南京数龙科技有限公司
			成都锦天科技有限公司
			成都星漫科技有限公司
优酷网	网络视频	开曼群岛	北京 1 Verge 信息科技有限公司
			北京 Jiaheyi 广告有限公司
土豆网	网络视频	开曼群岛	Quan toodou 网络科技有限公司
			上海 Suzao 网络科技有限公司
			成都 Gaishi 网络科技有限公司
			上海 Licheng 网络科技有限公司

(续表)

品牌名称	行业类型	注册地	境内 VIEs
网秦	软件服务	开曼群岛	北京网秦科技有限公司
			福州网秦移动科技信息有限公司
奇虎360	软件服务	开曼群岛	北京奇虎科技有限公司
			上海奇泰网络科技有限公司
世纪佳缘	婚恋交友	开曼群岛	上海花千树信息技术有限公司
			北京花千树信息技术有限公司
			上海世纪佳缘婚恋服务有限公司
			北京世纪佳缘婚恋服务有限公司
人人网	社区交友	开曼群岛	北京千橡网景科技发展有限公司
			上海千橡畅达互联网信息科技发展有限公司
			北京糯米网科技发展有限公司
前程无忧	网络招聘	开曼群岛	武汉美好前程广告有限公司
			上海前锦网络信息技术有限公司

资料来源：作者根据美国证券交易所披露的2010年上市公司年报整理获得。

表7-23 前五十家互联网企业注册及上市地点

公司排名	公司名称	出资公司（境外拥有实际控制权的企业）注册地点	上市地点
1	腾讯	英属开曼群岛	香港联交所
2	百度	英属开曼群岛	美国纳斯达克
3	网易	英属开曼群岛	美国纳斯达克
4	阿里巴巴	英属开曼群岛	香港联交所
5	盛大	英属开曼群岛	美国纳斯达克
6	搜狐	美国德拉华洲	美国纳斯达克
7	卓越亚马逊	英属开曼群岛	美国纳斯达克
8	分众传媒	英属开曼群岛	美国纳斯达克
9	携程网	英属开曼群岛	美国纳斯达克
10	新浪网	英属开曼群岛	美国纳斯达克
11	完美时空	英属开曼群岛	美国纳斯达克

(续表)

公司排名	公司名称	出资公司(境外拥有实际控制权的企业)注册地点	上市地点
12	当当网	英属开曼群岛	美国纳斯达克
13	畅游	英属开曼群岛	美国纳斯达克
14	搜房网	英属开曼群岛	美国纽交所
15	巨人网络	英属开曼群岛	美国纽交所
16	环球瓷源	英属开曼群岛	美国纳斯达克
17	麦考林	英属开曼群岛	美国纳斯达克
18	中房信	英属开曼群岛	美国纳斯达克
19	前程无忧	英属开曼群岛	美国纳斯达克
20	智联招聘	英属开曼群岛	尚未上市
23	空中网	英属开曼群岛	美国纳斯达克
25	金山软件	英属开曼群岛	香港联交所
26	TOM在线	英属开曼群岛	香港联交所
29	斯凯网络	英属开曼群岛	美国纳斯达克
31	网龙	英属开曼群岛	香港联交所
32	凤凰新媒体	英属开曼群岛	美国纽交所
33	世纪互联	英属维尔京群岛	美国纳斯达克
35	人人	英属开曼群岛	美国纳斯达克
36	艺龙旅行网	英属开曼群岛	美国纳斯达克
37	掌上灵通	英属开曼群岛	美国纳斯达克
38	易车网	英属开曼群岛	美国纽交所
39	蓝汛通信	英属开曼群岛	美国纳斯达克
40	土豆网	英属开曼群岛	美国纳斯达克
42	金融界	英属开曼群岛	香港联交所
43	优酷网	英属开曼群岛	美国纽交所
44	第九城市	英属开曼群岛	美国纳斯达克
45	奇虎	英属开曼群岛	美国纽交所
46	焦点科技	中国	中国大陆深交所
47	淘米网	英属开曼群岛	美国纽交所
49	世纪佳缘	英属开曼群岛	美国纳斯达克

资料来源：作者查阅相关公司网站、美国证交所、香港联交所等渠道披露的资料整理获得。

目前,我国海外上市的互联网公司几乎全部采用 VIEs 的组织形式,"海外设立,VIEs 控制"已成为我国互联网行业内的普遍做法。在 VIEs 框架下,境外资本可以持股甚至控股境内外资互联网公司的海外部分,继而通过该互联网公司在国内设立的 VIEs 公司进入中国网络媒体市场,控制其互联网业务的开展,巧妙地绕开规制壁垒,使法律法规形同虚设,此过程如图 7-13 所示。

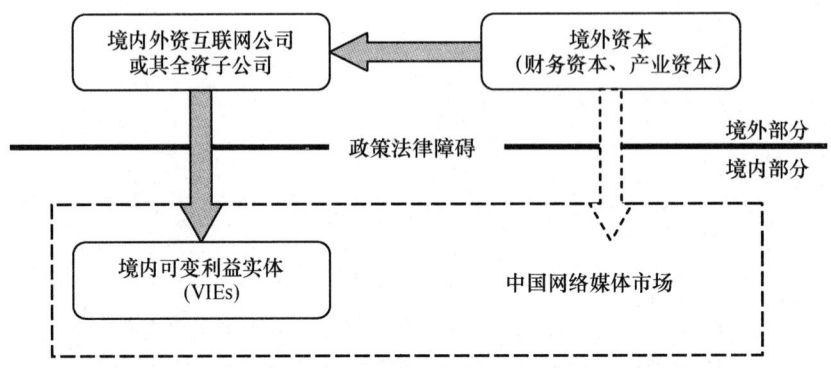

图 7-13　境外资本通过 VIEs 进入中国网络媒体市场示意图

通过对 2005 年到 2011 年已公布的境外资本投资中国互联网企业的数据搜集和查证,整理得到附录 7-3:《2005—2011 年境外资本投资中国互联网企业一览》[1]。数据主要来自清科数据库(Zdatabase)[2]、投资中国数据库(CVsource)[3]、中国风险投资研究院历年的《中国风险投资年鉴》以及网络公开数据。本节的分析主要基于附录 7-3。

7.4.2　协议控制结构的维系

在协议控制结构中境外投资机构主要通过多种协议将境内纯内资公司的运营利润转到外资公司名下,实现利益的转出。常见的协议类型包括贷款协议、股权抵押协议、代理协议、排他性收购选择权协议以及经济利益转移协议等,对这些协议的内容及所起作用如下:

(1) 贷款协议。此类协议中,境外投资机构承诺为合约股东(通常为企业的中国籍创始人)提供无息贷款;对贷款的用途有严格限制,规定创始人只能用贷

---

[1] 考虑到资本运作的隐秘性、公开数据的真实性和汇率变动等因素,附录 7-3 必然存在案例上的不足和金额上的偏差,故本表数据仅用于趋势分析。

[2] 清科数据网址:http://www.zero2ipogroup.com。

[3] 投资中国网址:http://chinaventure.com.cn。

款来设立境内被控制公司或对被控制公司注资。除非公司在贷款期内提出书面要求，否则创始人不用偿还贷款；贷款的收回时间完全由境外合资母公司决定。如出现合约股东辞职一类的意外情况，由母公司按照排他收购选择权协议规定的程序和价格处理其遗留股权。

这一协议为企业创始人提供资金，用于在境内设立实际运营业务的实体公司，也即离岸—在岸模式中的境内被控制公司，通过签订这一协议，境外投资机构得以搭建起特殊架构模式中可带来实际运营利润的部分。

（2）股权抵押协议。该协议规定，企业创始人必须将其拥有的境内被控制公司的股权100%抵押给合资母公司的境内子公司，以保证创始人履行贷款协议和排他性收购选择权协议。

这一协议制约创始人通过转让境内控制公司控股权获取利益，进一步保证了创始人无法利用境外资本提供的无息贷款谋取利益、损害境外资本的权益。

（3）代理协议。该协议规定，合约股东必须无条件授予母公司制定人员在被控制公司中的股东代理权，该指定人员能够行使创始人在被控制公司中的全部股东权益，包括在股东大会中的投票权、管理层的任命、股权的转移、资本的变动、公司改制、权益清算等，创始人必须全力协助指定代理人履行责任。创始人如需处理与被控制公司股权相关的事项、分配股息、作出任免董事或高管的事项，必须经合资母公司或被控制公司书面同意，而事实上被控制公司作出任何决议又必须由合资母公司事先同意。

这一协议使得创始人的全部股东权益受控于合资母公司，无法在被控制公司中独立处理与公司重大决策相关的任何事务，可以说是剥夺了创始人对实际运营公司的管理与控制权。

（4）排他性收购选择权协议。该协议规定，合资母公司可依据自身需要，在法律允许的条件下强制性收购创始人对被控制公司的股权。收购无时间限制，合资母公司只需提前三十天书面通知创始人即将行使收购权，到期强制执行。创始人需尽力完成审批和过户程序，在三十天内履行股权转让协议。

该协议保证了创始人因故退出时其在被控制公司中的全部股权最终均归属于合资母公司，避免创始人将涉及境外资本利益的财产转出，保障了境外投资机构的权益。

（5）经济利益转移协议。这一协议规定，被控制公司被强制性地接受合资母公司的境内全资子公司及其附属公司提供的各类服务（包括管理咨询和技术支持等）并定期向合约母公司支付服务报酬，合资母公司或其境内子公司是服务费用的唯一接收方，离岸母公司或其子公司未给出终止协议的书面性通知的情况下，协议到期自动续期。

这一协议是实现境外投资机构将境内被控制公司的经营成果转入境外母公司的子公司或附属公司，并最终流入境外合资母公司的关键，正是借助这一协议，境外投资机构得以在资本存续期持续从企业的经营中获取利益。

从以上实例不难看出，纯内资公司管理者基本不具有任何自主运作资金、任免人员、执行独立管理决策的权限，非但如此，管理者随时可能被辞退、更换，所拥有的纯内资公司股权也随时有可能被无条件回购，在这些强制性协议的规定下，纯内资公司可以说完全是境外壳公司从境内获利的工具。虽然互联网企业的真正创始人也是境外母公司的股东之一，但个人意志难免受到资本意志的冲击，更何况风投机构提供的本来就是资金与管理支持的一揽子服务，因此，企业的发展势必受到境外资本的影响。

7.4.3　协议控制模式的潜在风险和影响

我国互联网企业采取特殊架构模式极为普遍，而这一模式会为企业乃至互联网产业带来诸多风险。

从企业架构稳定性来看，政策变动、人员离职等意外状况都可能造成控制链中断。支付宝事件后，政府针对协议控制模式监管逐渐收紧[①]，随时可能对特殊架构的企业采取相应处理，从企业发展和抵御风险角度来看，以投机为目的的投资者在政策变动、经济环境波动时，随时可能抽资回本后离去，企业不得不重新调整架构、导致元气大伤。2010年在国内上市的263网络曾经就搭建过协议控制架构，但由于2006年的政策变动，紧急拆除了原有架构，重新筹备境内上市，浪费了大量的时间成本和资金成本。因此，特殊架构靠合同维系的脆弱性使企业面临资金链断裂、融资计划失败等风险。

从我国法律政策的权威性角度看，境外资本想方设法通过特殊架构规避政策、实现逐利目的已经演变成行业共识，相关法规起不到应有的作用，国家制定政策的初衷难以实现，这一现状伤害了我国政策的权威性，危害国家威信，减损国家对违法行为的约束力。长此以往，将会导致公民对社会法律规制有效性的质疑，实质是一种损害中国国家主权的行为。

---

① 商务部2011年9月1日开始实施的《商务部实施外国投资者并购境内企业安全审查制度的规定》，首次将协议控制纳入监管范围。规定称应从交易的实质内容和实际影响来判断是否属于并购安全审查的范围。

从境内资本市场发展来看,利用特殊架构模式能更方便地实现境外上市,优质上市资源的流逝一方面使境内投资者丧失了投资国产高新科技企业的大好机会,另一方面也使我国资本市场丧失了扩大容量、提升市场活跃度的成长机会。

从社会舆论受冲击和信息安全风险角度看,境外资本通过特殊架构模式间接控制的 ICP 类企业,其网站是网民接触国内外时事以及各类信息资讯的重要窗口,在网民日常生活中扮演着重要角色,在网络舆论相对自由的背景下,境外资本介入带来的西方价值观会对网民生活方式产生潜移默化的影响;同时,网站可能被别有用心的境外政治组织利用,成为扰乱社会治安、煽动民众从事不法活动的平台;此外,境外资本控制的互联网企业可能会泄露国家和个人用户信息,尤其是社交类互联网企业掌握着大量实名认证的个人用户信息,一旦被境外不法分子利用以实现特殊目的,后果堪忧。

7.5 境外资本进入中国网络媒体市场的战略与策略

承前所述,对于两种不同目的的资本类型需要分开探讨其战略与策略。针对国际互联网巨头和传媒集团,我们着重分析其战略行为;针对境外 VC 和 PE,我们着重分析其投资策略选择。

7.5.1 境外产业资本进入中国网络媒体市场的战略

境外产业资本开拓中国网络媒体市场的战略选择尽管表现多样,但呈现以下趋势:在国际化战略方面日益注重本土化战略,在公司层战略方面倾向于选择多元化经营战略和一体化经营战略,在业务竞争战略方面普遍选择的是不同于经典竞争战略理论的"差异化+低价格"战略。

1. 本土化战略

目前来看,外资网络媒体企业一般通过以下途径实施本土化战略:

(1) 内容本土化。

产品和服务的内容是网络媒体企业竞争力的核心组成部分,实现内容本土化是其吸引本土用户、增强用户黏性的前提。受我国传统价值观念影响,我国消费者对文化产品的接纳有其独特的取舍和偏好,境外资本要开拓这片文化底蕴浓厚的市场,必须在产品内容上采取本土化战略。

以美国著名电子商务公司亚马逊为例,2004 年亚马逊全资收购中国电子商务网站卓越网,现在已是网上购物领域的领先者,其本土化战略体现在公司发展的各个角落。首先,亚马逊为了提升本土用户认知度,将原有网站更名为"卓越—亚马逊";其次,根据中国网民的喜好,对页面进行调整,添加了首页搜索、顶级分类和个性化推荐;再次,亚马逊甚至适应中国消费者对购物发票的严苛要求,添加了专门的发票服务板块,其在内容本土化方面的功力可见一斑。

(2)人员本土化。

境外资本在中国网络媒体市场实行人员本土化能为其带来两大明显益处。一方面,人员本土化有利于塑造外资传媒的国际化形象,获取我国网络用户的信任与支持,为其在中国的发展奠定基础;另一方面,本地员工和管理层队伍能够较好地理解中国市场的运行规则以及中国消费者的心理需求,能够促进企业文化与中国本土文化的融合,同时避免因文化差异而造成的经营管理损失。

国际互联网和传媒集团通常在中国设立大中华区事业部,其管理层、执行层人员甚至品牌代言人多从当地挑选。以 MySpace 为例,它是新闻集团旗下著名社交网站,2005 年进入中国前斥资构建中国团队,并邀请王啸坤、郑钧等国内知名歌手担任其代言人。

(3)经营运作本土化。

与本土网络媒体企业建立互惠的合作关系是境外资本经营运作本土化的重要手段。美国网络媒体巨头 Google 公司为开辟中国市场,也在尝试本土化战略。前 CEO 李开复曾透露:"美国总部给了很大的放权,但放权最大的限度是公司的价值观不可以改变,尽管经营的模式到中国已经改变,代理商制度是美国没有的。但没有任何一个公司随便什么事都可以做的,这样会脱轨。但如果你认为你做的产品是可行的,可以用其他方式营销市场,这是一个最大宽度的放权。"[①]在市场运行中,采取分片代理制,不同代理商享有不同的产品代理价格折扣,这种代理商制度是在中国市场特有的,能够有效提升市场占有率。

2. 多元化经营战略

多元化经营战略是境外传媒集团和互联网巨头普遍使用的战略类型,表现为产品服务的多元化、市场的多元化和投资区域的多元化等。

网络传媒市场存在着技术更新快、客户需求多样、前期投资额大的特点,这

---

① 王刚:《Google 的本土化与百度的国际化》,载《经济导刊》2006 年第 10 期。

些问题蕴藏着多重风险。境外资本通常采取多元化战略以分散经营风险,追求管理、营销和生产上的协同效应。其中,境外产业资本多采取产品服务多元化战略。以雅虎(Yahoo)为例,雅虎在中国网络媒体市场的经营范围覆盖电子商务、门户、搜索、网络实名、电子邮件、即时通讯、在线拍卖业务、网络实名服务、媒介与广告销售、无线业务与移动应用等诸多领域,具体产品和服务包括搜索门户"一搜"、雅虎电邮、通讯工具"雅虎通"等。

3. 一体化战略

跨国产业资本在进入某目标市场之后,常常会采用并购同业企业的做法来开拓市场。一体化战略在一定条件下有利于提高经营效率,实现规模经济,提升控制力或获得某种程度的垄断。

由上文对我国网络媒体市场的竞争结构分析可以看出,目前,该市场正处于垄断和竞争都十分明显的时期,如果不尽快增强自身能力,很可能会面对被淘汰出局的境地。境外资本可以通过横向、纵向以及混合收购,达到业务、市场和财务上的协同效应,提升核心竞争优势。

以2009年维塔士收购胜有声为例,维塔士是法国著名网络游戏巨头,胜有声是我国网络音乐领域的新星企业,其电子音乐技术团队闻名业内。维塔士为了完善自身在网络游戏领域的生产能力,对胜有声进行了100%股权的收购,使后者专门为其进行网络游戏中音乐版块的开发与测试。

4. "差异化+低价格"战略

所谓差异化战略就是企业为使产品和服务与竞争对手有明显区别而采取的一种战略,其核心是取得某种对顾客有价值的独特性。在视频行业激烈竞争的2010年,凤凰网坚持其受众差异化策略,没有盲目地在内容版权方面与其他网站竞争,而是以凤凰的高端品牌和稀缺内容作为一个决定性因素来竞争。凤凰网的特色就是它不是一个纯粹的垂直视频网站,而是有大量的图文资讯内容,有大量的WEB2.0服务,很多视频内容都是利用和WEB1.0及WEB2.0组合传播的方式,并且把不同的视频内容重新编辑组织到一起,让用户在观看视频之余还能获得附加服务,从而满足网民的差异化需求。

波特的竞争战略理论认为,差异化战略可以建立起防御阵地对付五种竞争力量(客户、供应商、在位竞争者、潜在竞争者和替代竞争者),但这一战略与提高市场份额两者不可兼顾,一般行业的差异化战略是与高成本、高价格相联系的。然而,由于网络媒体的规模经济性呈现"L"形特征,当信息产品随着销量增加,平均成本会逐步降低,边际成本趋向于零,这一特殊的经济特征就决定了该行业必须以"低价格"扩大销售且销售规模越大越好。另一方面,从现实状况看,我国网络传媒企业的价格战正在不断上演:先是各种提供免费视频服务的传媒网络以不断个性化的服务模式丰富着大众的娱乐生活,其中就包括前文提及的凤凰网等企业;再有高朋网、拉手网等团购网站,以"秒杀、抢购、返利、超低价"为噱头,以低价刺激顾客需求;更有B2C网站企业不断进行低价抢滩,京东商城"疯抢红6月",卓越亚马逊"6月杀价王、让利千万"的旗号;还有分众传媒等经营广告代理投放业务的网络传媒企业推出几乎零利润的广告价格定位。种种迹象表明境外资本进入中国市场采用的是"差异化+低价格"战略,这与波特的低成本战略和差异化战略的思想存在差异,是由网络传媒独特的行业特点以及网络受众的价格敏感所共同决定的。

在实际操作中,境外互联网和传媒集团并非单一地采取某一种战略,而是采用众多战略的组合,因此要视具体情形而论。

7.5.2 境外财务资本进入中国网络媒体市场的投资策略

境外VC和PE的存在形式在不同国家有不同的规定,通常以公司制、有限合伙制、信托基金等形式出现,这些境外资本通常很少涉足互联网公司实际业务的开展,所以应该着重分析其投资策略。

1. 投资方式趋于多家联合

多家联合的投资方式是指由一家VC或PE主导,数家VC或PE跟随,共同出资进行投资,其目的是多家共担风险并且分享投资经验和研究数据,是近年来多被使用的投资方式。具体而言有两种不同组合:

(1) 外资联合。以2011年4月豆瓣网融资为例,出资方为贝塔斯曼亚洲发展基金、挚信资本和红杉中国三家外资风投联合。

(2) 内外联合。以2011年4月聚尚网融资为例,出资方为清科创投(中国)和IDG联合。

2. 投资具有明显的战略性

战略性投资是指对企业未来产生长期影响的资本支出,具有规模大、周期长、基于企业发展的长期目标、分阶段等特征,影响企业前途和命运的投资。[①] 近年来境外VC和PE在战略性投资上的比重越来越大,首先表现为每笔投资的平均投资额变大,如表7-24所示:

[①] 苏力:《战略性投资决策的实物期权分析》,载《集团经济研究》2004年第5期。

表 7-24　2005—2011 年境外资本投资中国互联网企业各年单笔平均金额

（单位：万美元）

年份	2005	2006	2007	2008	2009	2010	2011
金额	973.20	1036.07	1075.00	1363.71	1644.32	1951.21	2469.54

近年来，境外财务资本对我国互联网公司的投资有阶段性的特征，体现出战略性投资意图。纵观境外 VC 和 PE 在我国网络媒体市场的投资情况可以发现，境外财务资本对同一家互联网公司采取阶段性追加的方式，不断增持其股权。表 7-25 显示了电子商务类、网络视频类、网络游戏类、网络服务类以及网络社区类这五个重要细分行业中的代表企业接受分阶段投资的情况。

表 7-25　境外财务资本分阶段投资中国网络媒体企业情况　（单位：万美元）

企业	投资时间	投资方	投资金额 USD(M)
京东商城	2010.01	老虎基金	7500
	2009.01	今日资本/雄牛资本	2100
	2007.08	今日资本	1000
	2007.04	今日资本	1000
优酷网	2008.06	贝恩资本/法拉龙资本	3000
	2007.11	法拉龙资本/Sutter Hill/贝恩资本	3700
	2006.12	成为基金/法拉龙资本/Sutter Hill	1200
	2005.11	成为基金/法拉龙资本	300
巨人网络	2007.11	渣打直投	2500
	2005.08	海纳亚洲/复星集团	10000
奇虎360	2007.11	IDG/红杉中国/红点投资等	2500
	2006.03	IDG 资本/红杉中国/鼎晖/经纬	2000
博客网	2005.11	IDG 资本/纪源资本/ePlanet	1000
	2005.09	赛富基金/纪源资本/BVP	1000

3．投资目标企业趋于初创期和扩张期

初创期（Start-up）：企业拥有尚未投入生产和应用的初级产品和服务，实施粗略的经营计划，其管理团队尚不完整，处于几乎没有用户和市场收入的状态。

扩张期（Expansion stage）：企业的生产、销售和服务体系已经完善，实施大规模生产、销售，具备稳定的盈利模式和大量且稳定的收入，并开始考虑上市。

企业所处的这两个发展时期的共同特点有二：一是都需要大量的资金投入；二是都具有较高的风险系数，初创期企业具有盈利能力的风险，扩张期的企业具有上市破发和规模负效益的风险。以2010年为例，根据China Venture的统计数据，A轮[①]和C轮[②]投资总和占当年我国风投总投资量的70%，说明风险投资投入的重点已经变成处于初创期和扩张期的企业。

4. 通过VIEs进入已成主流

由于中国互联网企业具有"海外注册，植根中国"的特色，境外财务资本可以直接投资不受我国法律约束的中国互联网公司的海外部分，从而绕开国家设置的法律规制障碍，并通过互联网公司的国内VIEs进入网络媒体市场。这俨然已是中国网络媒体行业的惯例，通过VIEs进入中国网络媒体市场已经成为境外财务资本的主流方式选择。

5. 海外上市是主要退出方式

境外财务资本的退出方式通常有四种：IPO（首次公开募股）、寻求被收购、目标公司股权回购、申请破产保护。当前，推动目标公司进行IPO已经成为境外财务资本最主流的退出方式。

表7-26　中国上市互联网公司（截至2011年12月）

上市企业	交易所	所属行业	募资金额亿元	上市时间
土豆网	美国	网络视频	USD 1.70	2011-8-17
淘米网	美国	网络游戏	USD 0.65	2011-6-9
上海钢联	深圳	电子商务	RMB 2.30	2011-6-8
凤凰媒体	美国	资讯门户	USD 1.40	2011-5-12
世纪佳缘	美国	网络社区	USD 0.78	2011-5-11
网秦公司	美国	网络服务	USD 0.89	2011-5-5
人人公司	美国	社区交友	USD 7.40	2011-5-4
世纪互联	美国	网络服务	USD 1.90	2011-4-22
奇虎360	美国	网络服务	USD 1.80	2011-3-30
腾邦国际	深圳	网络旅游	RMB 6.60	2011-2-15

---

① A轮融资：企业在接受天使投资之后的第一轮融资，是处于初创期的企业融资。
② C轮融资：第三轮融资，是处于扩张期的企业融资。

（续表）

上市企业	交易所	所属行业	募资金额亿元	上市时间
斯凯网络	美国	网络服务	USD 0.58	2010-12-12
优酷	美国	网络视频	USD 2.00	2010-12-8
当当网	美国	电子商务	USD 2.70	2010-12-8
易车网	美国	电子商务	USD 1.30	2010-11-17
麦考林	美国	电子商务	USD 1.30	2010-10-26
蓝汛科技	美国	网络服务	USD 0.84	2010-10-1
搜房网	美国	资讯门户	USD 1.20	2010-9-17
二六三	深圳	网络服务	RMB 7.80	2010-9-8
顺网科技	深圳	网络游戏	RMB 6.40	2010-8-27
酷6传媒	美国	网络视频	USD 0.24	2010-8-17
乐视网	深圳	网络视频	RMB 7.30	2010-8-12
东方财富	深圳	资讯门户	RMB 14.20	2010-3-19
35互联	深圳	网络服务	RMB 4.59	2010-2-11
中青宝网	深圳	网络游戏	RMB 7.50	2010-2-11
焦点科技	深圳	电子商务	RMB 12.30	2009-12-9
旅程天下	美国	网络旅游	非公开	2009-10-27
房产信息	美国	网络服务	USD 2.20	2009-10-16
盛大游戏	美国	网络游戏	USD 10.40	2009-9-25
畅游网	美国	网络游戏	USD 1.20	2009-4-2
A8音乐	香港	网络音乐	HKD 1.73	2008-6-12
太平洋网络	香港	资讯门户	HKD 9.40	2007-12-18
阿里巴巴	香港	电子商务	HKD 116.00	2007-11-6
网龙	香港	网络游戏	HKD 12.69	2007-11-2
巨人网络	美国	网络游戏	USD 8.99	2007-11-1
金山	香港	网络服务	HKD 6.26	2007-10-9
完美时空	美国	网络游戏	USD 1.90	2007-7-26

（续表）

上市企业	交易所	所属行业	募资金额亿元	上市时间
橡果国际	美国	电子商务	USD 1.20	2007-5-3
生意宝	深圳	电子商务	RMB 2.10	2006-12-15
百度	美国	网络服务	USD 1.09	2005-8-5
金融界	美国	行业网站	USD 0.81	2004-10-15
第九城市	美国	网络游戏	USD 1.03	2004-12-15
九城集团	美国	电子商务	USD 1.06	2004-12-4
艺龙旅行网	美国	网络旅游	USD 0.62	2004-10-28
前程无忧	美国	网上招聘	USD 0.74	2004-9-30
腾讯	香港	网络服务	HKD 15.50	2004-6-16
盛大	美国	网络服务	USD 1.50	2004-5-13
tom	美/港	网络服务	USD 1.70	2004-3-10
慧聪	香港	电子商务	HKD 1.25	2003-12-17
数码版权	香港	网络服务	HKD 0.39	2003-2-25
搜狐	美国	综合门户	USD 0.59	2000-7-12
掌上灵通	美国	网络服务	USD 0.86	2004-3-14
空中网	美国	网络服务	USD 1.00	2004-7-9
网易	美国	网络服务	USD 0.69	2000-6-30
新浪	美国	资讯门户	USD 0.68	2000-4-13
携程网	美国	网络旅游	USD 0.75	2003-12-10
环球资源	美国	电子商务	非公开	2000-4-1
中华网	美国	综合门户	USD 0.86	1999-7-12
聚友	深圳	网络服务	RMB 0.27	1997-2-26

资料来源：作者根据美国 SEC、港交所、深交所、上交所公报整理。

表 7-26 为截至 2011 年 12 月中国所有已上市互联网公司。在 58 家公司中，共 10 家公司在深圳上市，7 家公司于香港上市，42 家公司于美国上市（TOM 在线在香港和美国同时上市）。表 7-27 是近两年外资 VC/PE 通过推动境外上市退出的案例统计，境外 IPO 已成为境外资本退出的主流方式。

表7-27 2010—2012年中国互联网企业海外上市外资VC/PE退出案例统计

VC/PE	退出企业数	退出企业
红杉资本	4	奇虎360/麦考林/斯凯网络/网秦
IDG	3	奇虎360/当当网/搜房网
DCM	3	人人网/当当网/易车网
经纬创投	2	世纪互联/奇虎360
贝塔斯曼	2	凤凰新媒体/易车网
老虎基金	1	当当网
英特尔投资	1	凤凰新媒体
Lgnition	1	世纪佳缘
富达亚洲	1	网秦
华登国际	1	当当网
启明创投	1	世纪佳缘
中经合	1	世纪互联

当然也有境外资本通过寻求收购来退出，但是案例比较有限。如2009年2月，启明创投注资游戏谷1000万美元。经过一年多的培植，2010年9月17日，游戏谷成功被腾讯收购部分股权，启明创投获利退出。

7.5.3 境外大型财务资本集团进入中国网络媒体市场的战略与策略——以红杉资本为案例

红杉资本创始于1972年，在成立之后的30多年之中，红杉作为第一家机构投资人投资了如Apple，Google，Cisco，Oracle，Yahoo，Linkedin等众多创新型的领导潮流的公司。目前旗下共掌管18支基金，超过40亿美元总资本，总共投资超过500家公司，200多家成功上市，100多个通过兼并收购成功退出的案例，它投资的公司总市值超过纳斯达克市场总价值的15%。[1]

在中国，红杉资本中国团队目前管理约20亿美元的海外基金和近40亿人民币的国内基金，用于投资中国的高成长企业。红杉中国的合伙人及投资团队兼备国际经济发展视野和本土创业企业经验，从2005年9月成立至今，在我国

---

[1] 资料来源：维基百科 http://zh.wikipedia.org。

IT、互联网、医疗健康和新能源、清洁技术等领域投资了众多具有代表意义的高成长公司。表 7-28 显示了红杉资本投资我国互联网企业的相关情况。

表 7-28　红杉资本投资中国互联网企业统计（公开数据）

互联网企业	联合投资伙伴	细分行业	USD(M)	时间
驴妈妈	江南资本	网络旅游	1600	2011
今世良缘	龙泽资本	网络社区	1000	2011
看书网	无	网络社区	4300	2011
美团网	华登/北极光创投	电子商务	5000	2011
雪球财经	无	资讯门户	320	2011
大众点评网	启明创投/挚信资本/光速创投	资讯门户	10000	2011
唯品会	DCM	电子商务	4100	2011
点点网	联创源策	网络社区	1000	2011
驴妈妈	无	网络旅游	1600	2010
好乐买	英特尔投资/德丰杰	电子商务	1700	2010
快乐购	无	电子商务	5500	2010
奥比网	无	网络游戏	3000	2009
贝海网络	无	网络游戏	400	2008
麦考林	优势资本	电子商务	8000	2008
我乐网	思伟投资/华威	网络视频	2000	2007
51.com	英特尔投资/海纳亚洲/红点	网络社区	1500	2007
点视传媒	思伟投资/德丰杰	网络广告	800	2007
悠视网	思伟投资/海纳亚洲/德丰杰	网络视频	2350	2007
奇虎 360	IDG/红点/高原资本/经纬创投	网络社区	2500	2006
占座网	无	网络社区	500	2006
51.com	海纳亚洲	网络交友	600	2006
大众点评网	无	网络社区	200	2006
奇虎 360	IDG 资本/鼎晖/经纬创投	网络社区	2000	2006
悠视网	海纳亚洲	网络视频	1000	2005

通过对这些投资时间的解读,可以总结出红杉资本投资中国互联网企业的战略及投资策略:

第一,投资多元化。红杉资本投资的目标行业几乎覆盖了全部网络媒体的细分行业,并同时投资于众多目标企业,有效分散风险,提高投资效率。随着其在中国投资经验的积累以及业务布局的完善,红杉资本在投资案例数、投资额和单笔投资额方面都呈整体上升趋势,如表7-29所示。

表7-29 红杉中国投资中国互联网企业分析

年份	投资案例数(起)	投资总额 USD(M)	每笔投资额 USD(M)
2005	1	1000	1000
2006	5	5800	1160
2007	3	4650	1550
2008	2	8400	4200
2009	1	300	300
2010	3	8800	2933
2011	8	27300	3412

第二,联合投资。在全部23笔投资中只有9笔是单独投资,另外14笔是与其他投资机构的联合投资。其中,江南资本、龙泽资本和联创源策按资本类型分类属本土风投,这也体现了红杉合作伙伴本土化的战略。

第三,投资于初创期和扩张期的企业。驴妈妈、今世良缘、看书网、好乐买、奥比网、贝海网络等在当时都处于初创期,而美团网、大众点评网、麦考林、51.com、占座网、51.com等都处于扩张期,是红杉进行投资的重点。

第四,注重长期投资、战略投资。如在2006年3月和11月曾两度为奇虎360注资,于2006年4月和2011年4月两度为大众点评网注资,于2010年12月和2011年9月两度为驴妈妈注资,这说明红杉资本对目标企业进行持续投资和长期培植,体现出明显的战略意图。

7.6 境外资本进入中国网络媒体市场的影响

7.6.1 境外资本进入中国网络媒体市场的宏观影响

首先是积极影响,体现在以下几方面:

1. 推进中国网络媒体产业的市场化进程。外资的进入逐步打破境内市场格局,使境内媒体感受到外部竞争的压力,迫使境内网络媒体企业进行市场化改革并切实提升核心竞争力,从而推动整个行业的市场化进程。

2. 促进网络媒体产业结构优化升级。一方面,境外资本的进入带来先进的技术、领先的管理经验和成熟的市场运作模式,能为境内网络媒体市场注入新鲜血液,为培育我国跨国传媒集团创造条件。另一方面,有助于我国的网络媒体走向世界,更好地向世界普及中国的文化价值观,即通过"引进来"达到"走出去"的目的,推动整个行业的国际化进程。

3. 丰富境内网络媒体市场,满足消费者需求。渠道丰富但内容缺乏是当前境内网络媒体市场的现实状况,外资的进入无疑可以做大网络媒体市场,可提供更多视角、更广领域的资讯,满足消费者对内容多元化的渴求。

其次是消极影响,主要体现在以下几方面:

1. 给本土内资互联网企业带来严峻挑战。中国互联网市场尚处于幼儿期,面对境外成熟的资本运作和传媒巨头,境内网络媒体企业将受到极大的冲击。虽然我国新传媒产业近年来有了飞速发展,网络媒体产值总量持续增长,但从在经济总量中的占比来看,传媒产业仅占整个国家 GDP 总值的 2%,与发达国家 5% 的比例相比,我国仍然明显偏小,境外资本的强势进入严重挤压了内资互联网企业的生存和发展空间。

2. 威胁国家信息安全。境外资本在中国网络媒体细分行业取得垄断地位,如若利用其垄断力量来为政治服务,一旦借机发难便会使国家网络和信息安全受到威胁。2009 年 5 月 20 日,由于美国政府对其"敌对国"发布的贸易制裁禁令,微软居然切断包括古巴、伊朗和朝鲜等在内的五国 MSN 服务。[①] 试想某天迫于美国政府压力,微软是否会关闭这些国家的 Windows 系统,这对这些国家的经济社会生活将造成不可估量的损失,而类似事件也可能发生在中国身上。另外,Google 曾于 2010 年受到互联网违法和不良信息举报中心的两次公开曝光,原因是其中国网站存在黄色淫秽内容和低俗链接,Google 地图还被曝出为美国军方提供军事情报,严重危害国家信息安全。

3. 加剧产业集中,造成网络媒体细分行业寡头垄断。境外资本加剧产业集中的手段有两种,一是直接并购海外注册设立的中国互联网企业,二是通过持股中国互联网企业,取得一定控制权,并推动其进行兼并收购,这两种做法的共同结果是,具备资本、管理和运作优势的境外资本将通过控制主要互联网企业来促

[①] 引自搜狐 IT:http://it.sohu.com/20090525/n264159223.shtml。

成网络媒体细分行业的寡头垄断,从而促使资源集中,使得境内网络媒体企业的生存状况更加恶劣,阻碍民族产业的发展壮大。

以腾讯为例,从市值来看,腾讯是当今中国最大的互联网公司,在全球市场上也仅次于 Google 和亚马逊。目前,腾讯的第一大股东为南非米德拉国际控股集团 MIH,持有 37.5% 的股份,马化腾等创始团队持股不足 20%,ABSA Bank 持股 10%,外资持股逾 50%,按照国际上持股 20% 为相对控制、持股 50% 为绝对控制的惯例,腾讯不论从法律还是股权来讲都已成为一家外资公司。近年来,腾讯不断在网络媒体细分行业发起并购,从 2010 年 7 月到 2011 年 7 月的一年时间里,腾讯成功并购了包括艺龙旅行网、好乐买、F 团和金山软件等 10 家公司的股份。从根本上看,这是境外资本通过并购方式的进入行为,显示了境外资本在我国网络媒体各个细分行业的迅速扩张和逐渐控制。

4. 造成国民财富外流。中国互联网公司的一大特点是"海外注册,植根境内",其主要的业务收入来自中国网络媒体市场。一方面,外资通过持股网络媒体企业以获得相应的收益权,使后者将在境内赚取的利润输送至国外;另一方面,外资推动网络媒体企业海外上市,使得国外公民可以持有公司股票,而本国公民却不能分享其经营成果。

7.6.2 境外资本进入中国网络媒体市场的微观影响

从微观层面看,境外资本进入给中国网络媒体企业带来的直接影响包括:

首先是积极影响。财务性资本的投入一方面缓解了互联网企业在初创期资金需求的燃眉之急,为其注入强劲的发展动力,推动其产品研发和业务拓展,造就了盛大和阿里巴巴等一个个"商业神话";另一方面为扩张期的企业做了上市之前的财务准备,推动 IPO,以求在更广阔的资本市场上筹集企业发展所需资金。而战略性资本的投入除了为互联网企业带来运营资本金之外,还带来了宝贵的管理经验、融资渠道、商业模式、合作伙伴乃至资本运作理念等等,这些无形资产对提升网络媒体企业的经营绩效并形成核心竞争力发挥着重要作用。

其次是消极影响。(1)境外资本在参与网络媒体企业管理和运营的过程中,会在经营理念和企业文化上与本土网络媒体企业产生分歧并引发缺乏信任、融合困难和效率降低等负效用。以 MySpace 为例,董事会与中国公司总经理产生意见分歧,前者希望 Myspace(中国)复制 Facebook[①] 在美国的成功经验,而后者坚持走本土化路线,最终后者携团队成员出走,MySpace 错过了良好的发展机遇期。(2) 外资通过协议控制的方式控制境内持有 ICP 或增值电信业务的内资企业(VIEs),这样,VIEs 成为名义上的所有者和经营者却失去了实际控制权。并且,在代理人协定下,VIEs 的股东不可撤回地同意授给对方全部股东权益代理权,等于已经放弃了对我国互联网企业(VIEs)实体管理权、经营决策权以及处置权等所有股东权益。这样,境内充当 VIEs 的网络媒体企业实际上沦为境外资本的"赚钱机器",将在我国网络媒体市场上获得的经营收益源源不断地输送至国外。

7.7 境外大型网络媒体与中国的关系机制及政策启示——以谷歌为案例

前面的研究表明,对中国网络媒体市场构成重要和长期影响的是境外大型产业资本集团,因此,这类境外资本机构在中国网络媒体市场的行为、对中国的影响及风险,应是政府优化规制环境和改进传媒监管的前提和重要考量因素。本节选取世界最具影响力的网络媒体企业之一——谷歌公司为案例展开研究。

2010 年 1 月 12 日,谷歌在其官方博客宣布,谷歌及另外二十余家美国公司受到了来自中国的、复杂的网络攻击,并宣称将要退出中国搜索市场。一石激起千层浪,一时间关于谷歌退出的报道充斥各大媒体,引发全国网民和媒体热议,成为重大民意事件和舆论事件。同时,美国政府参与其中,美国总统和国务卿都亲自替谷歌站台,力挺谷歌、施压中国,使一个看似普通的商业事件演变为大国间的外交事件。从登陆 google.cn 自动跳转 google.com.hk,到手动跳转并建议收藏 google.com.hk 网址,再到放弃 google.cn,谷歌最终于 2010 年 3 月 23 日发表声明,称不能继续在 google.cn 搜索结果上进行自我审查,从而正式撤走了在中国内地的搜索业务。"谷歌事件"最后以谷歌将网址从中国内地撤到中国香港的"名退实不退"方式收场。

虽然"谷歌事件"已经过去三年多时间,但是,基于国家安全角度重新思考和解构这一事件,具有特别重要的现实意义和政策价值。从国家安全角度,以下

---

① Facebook 为美国 SNS 网站,在 2011 年全球品牌价值排行榜上位列 281 位。

几个问题尚待回答:一是在中国 30 余年的整个对外开放进程中,谷歌是首个,也是迄今唯一直接公开与中国政府"叫板"的跨国公司,为什么是谷歌,而不是其他公司?为什么今天才有产生如此广泛影响的"谷歌事件"发生,以前 30 年没有出现?这类能与东道国"叫板"的跨国公司具备怎样的特征?它们与东道国具有怎样的关系机制?二是处于这种关系机制中的跨国公司会有怎样的行为特征、对东道国会带来怎样的安全风险?三是东道国应该从中获得哪些管理启示?怎样从根本上化解类似"谷歌事件"的发生?

7.7.1 谷歌与中国形成了双向锁定——从"谷歌事件"对谷歌和中国的双向影响来判断

1. 谷歌在中国的业务发展

2000 年 9 月,谷歌全球推出简体和繁体两种中文版,开始为全球中文用户提供搜索服务。2005 年谷歌中国工程研究院成立,聘任李开复为谷歌全球副总裁兼大中华区总裁。2006 年 1 月 7 日谷歌推出中文版网站 www.google.cn,同年 4 月,谷歌在北京发布全球中文名"谷歌",这是谷歌全球唯一非英文名称。从此,谷歌开始了全面进入中国网络媒体市场的征程。截至目前,谷歌在中国的业务发展如下:

(1) 搜索引擎——谷歌最基本的网络服务。

谷歌搜索引擎是世界上最流行、最先进、最大的搜索引擎,界面简洁清晰,主要以全文搜索引擎存在,也有目录搜索功能,可以提供视频、图片、购物、地图、音乐、翻译等多个搜索选项,也包括学术搜索等专业化程度较高的搜索功能。谷歌搜索排名通过一套成熟、完整、有效的算法规则,考察链接网站的网页质量、信息内容、企业规模、可持续经营能力、产品信息等多方面能反映企业综合实力的指标来对其进行排名,有效提供真实有价值的信息。搜索引擎广告通过针对用户搜索关键词而弹出小幅广告。据艾瑞咨询的研究,在全球搜索引擎市场上,谷歌搜索引擎市场占有率达到 66.8%,部分国家其占有率超过 90%(2012 年 7 月数据)。在中国市场上,谷歌搜索引擎占有率从 2010 年 1 季度的 31% 下降到 2011 年 3 季度的 18.3%,最后下降到 2013 年 2 月的 4.25%。

(2) 谷歌 Earth——功能强大的卫星地图。

谷歌 Earth 是谷歌公司投资 300 多亿美元,在 2005 年夏季推出的以网络为平台的全球地图服务系统,将卫星照片、航空照片和 GIS 布置在一个地球的三维模型上,具有卫星影像解析度高、时效性强、图幅拼接完整、与用户交互性强的特点,针对不同的用户,谷歌地球分为免费版和专业版两种。谷歌地球的卫星图片更新具有一定的滞后性,拍摄的图片经过一段时间后才能公布,不同国家地区图片公布的滞后时间也不一样。

谷歌地图广泛用于导航、勘探、搜寻、测绘等方面,具有广泛的商业价值。世界范围内,大量公司购买专业版谷歌地图,满足多种商业用途。中国地势复杂,资源丰富,通过人为勘探地形的方式较为困难,谷歌Earth成为理想的勘探方式之一。民众可以通过谷歌地图浏览他们想看到的任何国家和地区的信息。

谷歌地图中文版提供了四大服务,分别是:动态查看网上电子地图、地图搜索、周边地点搜索和行车路线查询服务。

(3) Gmail邮箱——功能齐全的网络邮件服务。

Gmail是谷歌所提供的免费的网络邮件服务,它具有内置的谷歌搜索技术并提供超过10.1GB的邮箱储存空间,而且不断增长,可以永久保留重要邮件、文件和图片,通过搜索可以快速轻松地查找任何所需内容,支持38种语言。Gmail可以从Yahoo!、Hotmail、AOL等网络邮件服务或POP账户导入联系人和邮件,可以收发不同邮箱的邮件。Gmail采用归纳式存档,将同一主题的邮件放在一起,内置的邮件搜索引擎便于在大容量邮箱中搜索邮件,在Gmail邮箱中插入基于Adwords的服务广告增加Gmail的盈利。Gmail最大的特点是同时拥有邮箱服务功能和在线交流功能。Gmail提供的邮件服务快捷、简练、直观、安全,没有弹出式窗口或横幅广告,可以轻松找到重要信息,有效过滤垃圾邮件和保护用户隐私。其不断扩充的邮箱容量,使整个邮件服务行业的邮箱容量和服务标准整体提高,在全世界范围内拥有大量受众群。谷歌Gmail邮箱全球的市场占有率为32%,位居第二。

电子邮件在日常工作和生活中的重要性日益突出,这种交流方式的安全性、便捷性、功能性等内容也逐渐受到用户重视,Gmail具有的以上特性也是电子邮箱服务行业中最优之一,在中国拥有广大的用户。

(4) Android系统——移动设备操作系统。

Android操作系统是基于Linux内核的开源手机软件平台,通过与运营商、设备制造商、开发商和其他有关各方结成深层次的合作伙伴关系,来建立标准化、开放式的移动终端软件平台,在移动产业内形成一个开放式的生态系统,应用之间的通用性和互联性将在最大程度上得到保持,被广泛运用于移动设备。Android操作系统使用的是开放式免费源代码许可证,一切源代码都是公开免费的。Android操作系统稳定性强,功能全面,与用户互动性强。基于

Android 操作平台开发出的应用程序功能强大,深受用户喜爱。应用程序中有植入式广告,搭载谷歌搜索系统的 Android 系统也间接对搜索业务贡献了利润,终端生产商生产的搭载 Android 的移动设备需要支付一定的费用。基于 Android 操作系统,以谷歌为首,建立了手持设备联盟,其成员包括 HTC、三星、LG、Intel、索尼、爱立信等众多著名的终端生产商,它们纷纷推出搭载有 Android 操作系统的手机。

我国移动操作系统对 Android 有着严重的依赖性,我国企业普遍在 Android 操作系统平台上进行产品和服务的优化和开发。虽然 Android 是开源的,但平台自身的核心技术受到谷歌严格控制,并且我国操作系统研发企业面临谷歌延迟代码共享时间、通过商业协议制约终端企业等歧视行为。由于 Android 建立了庞大的生态系统,因此它牢固锁定中国移动设备操作系统行业,具有强大的影响力。

Android 操作系统由 2009 年的 3.9% 的市场份额发展为 2012 年第 3 季度的 72.4% 的市场份额。在中国,Android 操作系统所占的市场份额更高,2012 年第 3 季度,中国智能手机 Android 市场份额达到 90.1%。Android 操作系统在中国市场上占有绝对的市场份额,同时市场份额在高速增长,至 2012 年底,Android 已占到增量市场的 86.4%。[①]

除上述四项产品外,谷歌还有谷歌学术搜索、谷歌 Chrome 浏览器、谷歌电子图书馆、谷歌开源社区、谷歌+、谷歌地球、谷歌翻译、谷歌眼镜等产品,这些产品均已进入中国。谷歌公司在中国各项业务运营相对独立,相互间影响小。谷歌在华搜索业务并非收入主要来源,谷歌将中国内地搜索业务转移至香港看似是放弃中国内地广大的市场,实际此举对其利润影响并不大。其更多的业务(如 Android 操作系统,谷歌 Earth 等)在华并未受影响。

2. "谷歌事件"对谷歌和中国的双向影响

在"谷歌事件"中,谷歌仅仅是宣布搜索业务退出中国,就给谷歌和中国均造成难以挽回的巨大影响,引发舆论和外交事件。如果谷歌决定所有业务(包括搜索引擎、谷歌地球、Gmail、安卓系统、谷歌学术搜索、谷歌 Chrome 浏览器、谷歌电子图书馆、谷歌开源社区、谷歌翻译、谷歌眼镜等)全身退出中国,那么对双方的影响都会是灾难性的[②],由此,双方实际形成了一种双向锁定的关系。以下仅从谷歌退出中国搜索市场给双方带来的影响,即可知谷歌与中国构成了深度

[①] 工业和信息化部电信研究院:《移动互联网白皮书(2013 年)》。
[②] 在本书"7.7.2、1、(2)"中对造成"灾难性影响"进行了揭示。

的双向锁定。

(1) 对谷歌自身的影响。

易观国际发布的2010年第四季度中国搜索引擎市场监测数据显示,谷歌市场份额连续4个季度下滑,降为19.6%,而发生"谷歌事件"前的一个季度即2009年第四季度,谷歌份额达到最高点35.6%,一年时间内损失的市场份额将近一半。[①] 同时,谷歌的退出还引起了其股票市值缩水。

谷歌的退出还会直接影响其手机业务(Gphone)以及其最具口碑的产品——电子邮箱业务(Gmail);并且由于服务器转到google.com.hk和google.com,搜索速度变慢且极不稳定,这无疑会影响其作为口碑营销基础的产品服务质量,而口碑营销是谷歌的主要营销策略。此外,谷歌的威胁做法也损害了其与中国政府的友好关系,想要再次进入中国市场赢得信任极其困难。这些都会影响其声誉和品牌形象。

(2) 对利益相关者的影响。

广告代理商。退出时谷歌在中国共有26家代理商。谷歌搜索的撤离并不意味着谷歌结束所有业务,因为除了中文关键字搜索业务之外,中国有数量庞大的中小企业具有海外推广的强烈需求。此外,关键字搜索的后台系统极为复杂,网络优化仍需代理商参与。虽然谷歌退出后google.com.hk和google.com仍能提供中文搜索,但效果会大幅下滑,对代理商业绩会产生很大影响。

公司员工。"谷歌事件"后,谷歌多位资深工程师已经跳槽,谷歌中国工程研究院副院长王劲、技术总监郑子斌都加盟百度,谷歌图片搜索创始人李会灿加入腾讯,谷歌中国工程研究院副院长、谷歌全球工程总监刘骏也已离职。[②] 可见谷歌人才的流失很严重,成为各主要竞争对手争抢的对象,同时由于谷歌事件的发生,谷歌作为招聘者的口碑也大大受损。

广告客户。对于大陆市场中文搜索业务的广告客户,谷歌的退出将引发其他竞争对手的争抢,因此这些客户可能面临重新选择合作企业并付出额外的谈判成本。

合作伙伴。"谷歌事件"发生的当年,天涯在线网络科技有限公司、中国移动、中国联通等重要合作伙伴纷纷宣布终止与谷歌的合作。

竞争对手。中国最大的搜索引擎——百度2010年10月23日宣布,其第三季度净利增长一倍以上,超出市场预期,主因系谷歌重整中国业务,百度伺机抢

---

① 张绪旺:《谷歌退出中国一年痛失近半份额》,《北京商报》2011年1月26日第3版。
② 董军:《谷歌退场》,《中国经营报》2010年7月5日第C12版。

夺市场。谷歌退出后,其人力资源及市场份额均遭到各大竞争对手的争夺。此外,谷歌的高端用户也很有可能转向微软的BING搜索。很明显,短期内会出现百度一家独大的现象,但这既不利于用户和广告主,也不利于百度的长期发展以及中国大陆搜索引擎业的健康发展。

中国网民。自谷歌正式进入中国大陆市场后,虽然一直未能打败竞争对手百度,但是也沉淀出庞大的"G粉"阵容。对于免费用户及开发者,谷歌的撤离引起他们的万般不舍,更有网民自发到其总部献花,但是谷歌却没有为其坚守。谷歌退出后会使中国搜索引擎行业的市场竞争度降低,从而降低在位企业创新压力,同时使消费者减少产品和服务的选择机会,从长期看会损害广大网民的利益。

(3) 对中国互联网产业发展的影响。

谷歌的退出会对中国搜索引擎业的发展产生较大负面影响,从长期来看,对百度的发展也有害,因为企业只有在激烈的市场竞争中才能保持活力与创新力,而谷歌退出使得百度轻易迅速大幅提升市场占有率、获得垄断性竞争地位,从而大大减轻市场竞争的压力,不利于整个行业的技术进步、服务改善和国际竞争力提升,最终会损害广大消费者利益和国家利益。

谷歌事件还可能对中国网络文化发展创新以及全球化进程带来一些阻滞。网络文化具有数字性、开放性、多元性等特点,从这个角度看,谷歌确实为全世界的用户提供了包括一流的信息检索服务之内的许多极具创意和使用价值的免费服务。离开它们的支持,中国网络文化的发展可能会受到一些不利影响。

7.7.2 双向锁定的形成机理——一个独特情景的揭示与理论解释框架

回顾中国的对外开放,大批跨国公司,包括大多数世界500强和一些实力超过谷歌的跨国公司都已进入中国投资,但是在中国从没有发生像"谷歌事件"这样产生影响重大的事件,所以需要对双向锁定的形成机制进行深入考察。考察的思路基于两点:一是连中国这样的大国都能被一个跨国公司锁定,说明双向锁定不是源于单一的因素;二是改革开放以来一直未发生跨国公司锁定中国的事件,说明谷歌与中国的双向锁定有来自非传统因素的影响,包含现代的和独特的情景因素。同时,揭示双向锁定的形成机制,有利于正确把握双向锁定的影响因素、锁定双方的行为规律和双向锁定的动态发展趋势,从而找到有效的对策。

1. 对谷歌锁定中国的解释

(1) 产业层面的解释。

如果网络媒体各细分行业形成高寡占型甚至垄断型市场结构，领先企业就具有最大市场势能。目前中国的网络媒体市场呈现怎样的市场结构？下面以通行的行业集中度为指标进行测量。行业集中度(CR)是通过产业内规模最大的前若干家厂商某个相关指标(如资产、产量、销售额等)占整个行业的份额来计算。

因互联网市场涉及多个细分行业，选取有代表性以及与互联网用户紧密相关的公司和网站，将互联网行业测算指标分为一级指标、二级指标和三级指标。

数据来自中国互联网络信息中心的中国互联网数据平台。在选取中国互联网产业集中度测算样本中，一级指标分为行业基础性服务类、商务应用类和社交娱乐类。三级指标中包含247个行业基础性服务类、265个商务应用类和175个社交娱乐类网站，共687个网站。市场占有率过小的网站数目被剔除。(见表 7-30)

表 7-30　互联网行业分类及市场集中度

分类			网站数目	市场集中度					
一级指标	二级指标	三级指标		CR_3	CR_4	CR_5	CR_6	CR_7	CR_8
行业基础性服务	新闻资讯	综合门户	15	74.6	85.7	89.9	93.1	95.6	97.0
		新闻门户	18	62.2	76.4	84.3	88.6	91.5	93.8
		地方门户	37	32.7	40.8	48.3	54.8	59.3	63.7
	信息搜索服务	一般搜索	23	96.0	98.1	99.5	99.7	99.8	99.9
		特定搜索	19	75.1	80.8	84.6	88.3	91.4	93.9
	邮箱	邮件服务	10	90.3	95.5	97.3	98.3	99.2	99.9
	信息资讯	网站导航	15	76.6	84.8	90.1	95.0	96.9	97.7
		旅游资讯	26	47.4	55.4	61.6	67.6	72.4	76.3
		游戏资讯	58	31.4	37.5	42.0	46.6	51.1	55.2
		图片	7	94.8	98.1	99.0	99.5	100	100
		消费资讯	7	84.4	90.7	96.2	99.4	100	100
		生活资讯	12	82.1	88.3	94.2	96.3	98.3	99.6
		地图	9	87.9	92.1	96.1	99.6	99.8	99.9
		平均	19.7	72.0	78.8	83.3	86.7	88.9	90.5

(续表)

分类			网站数目	市场集中度					
一级指标	二级指标	三级指标		CR_3	CR_4	CR_5	CR_6	CR_7	CR_8
商务应用	企业信息服务	IT技术	16	65.6	72.4	79.1	84.5	88.2	91.5
		域名主机	21	50.7	58.1	64.8	69.8	74.7	78.9
		网络客服	6	85.8	96.9	100	100	100	100
		广告服务	33	53.6	60.5	66.9	72.7	77.6	80.8
	电子商务	综合购物	48	76.2	81.4	86.3	88.9	91.1	92.4
		网上银行	12	67.6	80.2	87.6	90.3	92.8	94.9
		网上支付	10	86.7	90.9	94.3	96.4	98.2	99.4
	招聘与教育	教育	51	42.7	47.1	51.3	55.5	59.7	63.6
		招聘	63	53.9	60.4	65.9	68.8	71.4	73.1
		图书音像	5	93.6	99.1	100	100	100	100
	平均		26.5	67.6	74.7	79.6	82.7	85.4	87.5
社交娱乐	交友	综合交友	21	89.4	91.4	93.1	94.8	95.9	96.8
		商务交友	5	77.8	97.8	100	100	100	100
		社区	57	55.0	63.9	67.8	71.4	74.1	76.7
	视频	网络电视	21	83.9	87.7	91.2	94.3	96.3	98.0
		播客	24	77.9	89.9	94.0	95.6	96.9	97.7
	音乐	音乐综合	25	53.5	65.4	70.1	74.8	78.1	81.3
		音乐搜索	22	85.7	90.0	91.6	93.0	94.4	95.6
	平均		25	74.7	83.7	86.8	89.1	90.8	92.3
总计平均			23.2	71.2	78.6	82.9	85.9	88.2	89.9

按照贝恩对于市场结构的分类,网络媒体市场总体来说属于寡占 2 型结构,行业基础性服务和社交娱乐属于寡占 2 型,而商务运用属于寡占 3 型(表 7-31)。

表 7-31 网络媒体细分行业市场结构

一级指标	网站数	CR_3	CR_4	CR_5	CR_6	CR_7	CR_8	市场结构
行业基础性服务	19.7	72.0	78.8	83.3	86.7	88.9	90.5	寡占 2 型
商务运用	26.5	67.6	74.7	79.6	82.7	85.4	87.5	寡占 3 型
社交娱乐	25	74.7	83.7	86.8	89.1	90.8	92.3	寡占 2 型
总体平均	23.2	71.2	78.6	82.9	85.9	88.2	89.9	寡占 2 型

而在三级指标下,部分细分行业具有更高的市场集中度,达到寡占1型,少数细分行业属寡占4型结构。根据我国于2007年颁布的《中华人民共和国反垄断法》对于市场支配地位(垄断地位)的界定,现阶段中国互联网行业市场整体结构尚未达到垄断程度,普遍属于寡头竞争市场。一般搜索市场属寡占1型市场,百度摇摇领先,谷歌居第二。因此,网络媒体各细分市场大多已形成高集中度的结构,而且集中的趋势仍会延续,这决定了获得寡头地位的外资网络媒体企业具有很强的市场势能,这是谷歌锁定中国的一个重要力量来源。

网络媒体产业具有独特的规模经济特征和显著的规模经济效应。一般的工业行业规模经济曲线呈"U"形:企业生产规模小,平均成本高;生产规模超过最佳产量范围时,平均成本不降反升,出现规模不经济;当生产规模在一定范围内时,其平均成本最低,经济效益最好。而网络产业的规模经济曲线类似于L形曲线(图7-14):企业销售规模越大,平均成本越低,且持续下降;由于网络企业的固定成本很高、变动成本极低,因此业务规模的扩大一开始会使平均成本快速下降,当业务规模达到一定程度后下降速度趋于平缓,但永远不会上升,不会出现规模不经济。因此,网络企业都必须持续追求市场占有率的提升,直至市场垄断,网络产业属于自然垄断产业。那么,当市场占有率达到较高和行业领先程度甚至建立垄断地位时,企业就对所在市场形成了锁定,其他企业要打破这种局面就很难。

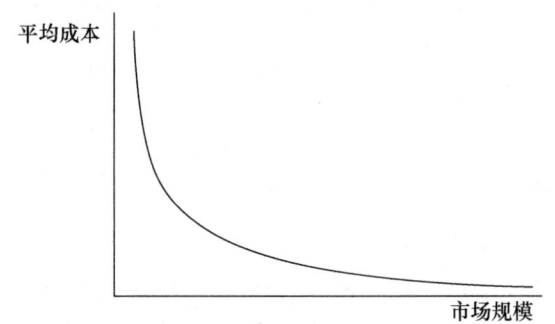

图7-14 网络产业的L形规模经济曲线

网络企业的商业模式可概括为"差异化+低价格+转换成本+增值服务或广告"。差异化是指网络企业提供的产品和服务应具有独特性,尽管目前网络企业的同质化很严重,但这只是互联网发展的初级阶段特有的现象,随着网络发展和竞争日益激烈,差异化就会成为决定能否吸引客户的关键。低价格是指网络企业必须实施低价甚至免费策略,以吸引客户,从而降低成本,因为与一般工业产品不同,网络产品的低价格是低成本的原因而不是结果。转换成本是指网络企业要设法通过优惠、积分、独特性产品和服务、情感建立等增加客户放弃自己转投竞争企业的成本。那么"差异化+低价格+转换成本"组合的战略效应就是扩大和锁定用户规模。用户规模的扩大一方面有利于降低成本,另一方面为开展增值服务和广告业务以获取利润提供前提和保证,这样企业既能建立竞争优势,又能获得好的财务绩效。从网络行业的商业模式看,网络企业也必须不断提高市场占有率甚至实现垄断。

网络媒体产业具有显著的范围经济效应,它使网络企业追求产品组合经营和多元化经营。互联网经济中,范围经济的影响显著。在虚拟产品的开发上,一旦企业所拥有的人才能够开发出一项或几项虚拟产品,就能开发出更多的虚拟产品。互联网产品的一个重要特点在于产品开发基础的相通性,即开发产品的平台较为相似,开发语言也相通。一旦企业拥有使用这些平台和开发语言的能力,就能够开发出多种互联网产品,研发新产品的成本就会大幅降低。对于谷歌这类强势品牌企业,核心能力、品牌、渠道、社会资本等资源均可在不同业务中传导和共享,使经营成本降低并很快建立市场竞争地位。

综上,在高寡占型市场上,谷歌市场占有率虽屈居第二位,但遥遥领先于其他企业,具有了锁定市场和利益相关者的较强势能。但是网络行业L形规模经济特征、独特商业模式和显著范围经济效应,使得谷歌不能忍受因"屈居第二"的竞争地位而导致不能最大程度挖掘其商业模式和总体战略的潜在效能,必然寻求战略突破,实现对中国市场更高程度的锁定,这才是谷歌不惜与中国政府公开"叫板"的真正动机。

(2)产品层面的解释。

谷歌向中国市场提供搜索引擎、谷歌地球、Gmail、安卓系统、谷歌学术搜索、谷歌Chrome浏览器、谷歌电子图书馆、谷歌开源社区、谷歌翻译、谷歌眼镜等产品,其产品组合具有以下特征:首先,谷歌向中国提供的产品系列,通过互联网对全体国民的全覆盖,大多(如搜索服务、谷歌邮件等)很容易为全体国民所使用,而且那些使用较多的用户不仅数量庞大而且素质较高,这些产品和服务与用户的日常工作和生活息息相关,甚至成为用户生活和工作不可或缺的组成部分。谷歌提供的产品中有一些如谷歌地球对中国的国防和国民经济建设具有重要价值,学术搜索有利于中国的科学研究。这些均表明谷歌向中国市场提供的产品和服务具有战略性和国民性特征,使得中国形成对谷歌的高度依赖。其次,谷歌所提供的产品和服务在全球范围内都是首屈一指,其他企业的产品和服务很难匹敌,从而难以替代,使得谷歌的各种产品大多处于所在细分市场的领先地位,形成对所进入的细分市场的控制力。最后,谷歌的很多产品和服务,比如谷歌邮箱,顾客长期使用后就无法更换,再加上对谷歌产生的品牌依赖,对谷歌产品和服务形成的消费习惯,因使用谷歌产品和服务所形成的独特知识、经验和能力,使得用户转而使用竞争者的产品和服务出现心理成本、时间成本和财务成本等转换成本而被谷歌"套牢"。如当人们习惯使用谷歌 Android 系统后,也就习惯了相应的应用与服务,不会考虑使用其他操作系统,因为使用其他操作系统时,用户不仅要学习使用新的操作系统,还要学习使用与之关联的产品和服务。这些特征使得谷歌能对中国遍布全国各行各业数量庞大的优质用户及各个细分市场"一网打尽"并使之"深度套牢",从而有力促进对中国国家的锁定。

(3)品牌层面的解释。

谷歌是世界领先的高科技公司、创新公司,其提供的很多核心产品都是引导世界潮流的。谷歌对外声称的核心价值观是"以用户为中心,其他一切水到渠成;心无旁骛、精益求精;快比慢好;网络的民主作风;获取信息的方式多种多样,不必非要坐在台式机前;不做坏事也能赚钱;信息永无止境;信息需求,没有国界;没有西装革履也可以很正经;没有最好,只有更好"。这些都能使谷歌赢得用户特别是年轻用户的好感,成为世界著名品牌,G 粉众多。谷歌被公认为全球最大的搜索引擎,也是互联网上 5 大最受欢迎网站之一,在全球范围内拥有无数用户。谷歌允许以多种语言进行搜索,在操作界面中提供多达 30 余种语言选择。此外,谷歌还多次入围《财富》历年 100 家最佳雇主榜单,并荣获 2013 年"最佳雇主"称号。从"外事不觉问谷歌,内事不觉问百度"这样广为流传的网络攻略中可看出,在许多中国用户的心目中,谷歌象征着更为开放的信息源。谷歌的品牌地位也增加了谷歌对中国的议价能力。

(4)媒体层面的解释。

谷歌是全球性网络媒体企业,具有分布在全球各个角落的传播渠道,有能力和条件使自己的主张、观点等迅速传遍全球,操控全球舆论和民意、制造舆论事件,是一般工业行业中的跨国公司和传统媒体企业不具备的。东道国不能不考虑这一现实威胁,从而也增加了谷歌对东道国的议价能力。

(5)跨国公司层面的解释。

谷歌是世界著名跨国公司,与其有关的事情容易引起世界的广泛关注。谷歌与美国政府有密切勾连,谷歌有能力使自己在其他国家"不顺心"的事情取得美国政府的关注和支持。这些对东道国来讲无疑具有威慑作用,从而也增加了谷歌对东道国的议价能力。

综上可得出结论,来源于产业、产品、品牌和媒体等层面的特性的叠加,和跨国公司在母国政府中的政治地位与利益勾连以及在全球的广泛影响,使得境外大型网络媒体能够形成对东道国的锁定。这种现象只有在网络媒体行业才有充分体现,因为其他行业都不同时具备这五方面因素的叠加。

2. 对中国锁定谷歌的解释

中国是世界第二大经济体且经济仍在快速增长,中国拥有世界数量最大的网民群体,这为谷歌提供了巨大商机和业务平台,使谷歌享受覆盖全球市场所带来的巨大规模经济效应和范围经济效应。离开了中国,谷歌就无法实现自己的使命和愿景。同时,谷歌与美国政府关系密切,从2013年6月爆发的"棱镜门"事件看,在中美两个大国博弈中,不能排除谷歌进入中国又同时为美国政府服务的战略诉求,客观上要求谷歌必须进入中国并大力拓展业务。

7.7.3 双向锁定中谷歌的行为特征

与中国形成双向锁定的境外资本是否有不同于一般境外资本的值得中国政府关注的行为呢?揭示这一问题,有利于政府针对"双向锁定"这一传媒新现象和管理新问题未雨绸缪,做出恰当的制度与对策安排。从逻辑上讲,只要谷歌在双向锁定中不出现故意损害中国利益的行为,中国政府就没有必要做出规制环境和对策的调整。因此,以下通过考察谷歌制造"谷歌事件"的真正动因以及谷歌在日常经营中和危机过程中的行为,就能回答这一问题。

1. 当遭遇战略挫折时,谷歌选择改变而不是适应外部环境,促使东道国朝着有利于自己的方向改变"游戏规则"。

按照战略管理理论和一般实践,企业在遭遇战略挫折时一般只能调整自己的战略以适应外部环境,但是谷歌在中国却是选择改变外部环境来强推自己的战略,这应是双向锁定中的境外资本的一个行为特征,而外部环境因素中能通过谈判使东道国短期内就能进行改变的只能是政策、法律等规制因素。这里,通过考察"谷歌事件"中谷歌的真正动因来证明。

(1) 表面原因/官方原因。

谷歌在声明中给出的退出原因主要有两个:一是曾经监测到来自中国的针对其基础架构的高技术攻击;二是不愿继续对谷歌中国网站的搜索进行审查。众所周知,黑客攻击是世界各国普遍遭遇的难题,并不仅在中国发生。就在谷歌

境外资本进入中国传媒市场

宣布遭受网络攻击的 2010 年 1 月 12 日,中国内地市场占有率最大的搜索引擎百度受到创立以来最严重的黑客攻击①。另一方面,互联网从来不是绝对自由的空间,世界各国包括美国在内,都不允许互联网放任自流。"9·11"事件后,美国就规定警方有权搜索公民的电子邮件。中国的互联网是开放的,中国政府鼓励互联网的发展和应用,但和世界其他国家一样,要对互联网依法管理。②

(2) 商业运营环境原因——政府网络监管缺位与错位。

虽然谷歌给出的官方原因并未涵盖其退出的全部真实原因,但确实反映了中国商业运营环境有待改善的问题。对此以谷歌主要竞争对手百度的领先原因进行对比分析。

据艾瑞咨询发布的《2010—2011 年中国搜索引擎年度监测报告》,2010 年第四季度报告,百度的网页搜索请求量市场份额较上年同期上升 6.5 个百分点,达到 83.6%,再创历史新高,以绝对优势领先于竞争对手。83.6% 的市场份额已经具备了相当大的垄断势力③,但是对此却没有相关法律进行规范,也没有相关部门进行干预,可见网络监管的缺失。

谷歌在全世界其他地区获得了巨大成功,却在中国内地市场惨淡退出,而百度唯独在中国表现优异。相对于谷歌的锐意进取与不断创新,百度一直以其优异的本土化能力著称,在百度众多本土化策略中最重要的一点就是迎合现行政策,与政府构建良好关系。对于这一点,北京市政府官方网站"首都之窗"的搜索引擎服务由百度提供以及百度推出的"政府网站搜索"产品就是明证。虽然谷歌退出原因复杂,但其努力保护用户信息与自身企业准则的做法却是百度不可比拟的。政府监管部门应该努力维护互联网环境的公平氛围,避免监管缺失与错位,为中外企业提供平等的竞争环境并积极引导企业的健康发展。

好的商业运营环境,应该为境外企业展示自身特点提供良好的平台。谷歌在本土化方面显然逊色于百度,但如果谷歌成为另一个百度,就不利于互联网的多样化发展与互联网环境的改善。我国在网络行业垄断、知识产权保护方面的立法缺失是造成政府监管缺失错位的重要原因,也因此恶化了外资企业的经营环境以及本土企业的健康发展。

---

① 马振岗:《谷歌事件沉思录》,载《人民论坛》2010 年第 10 期,第 321—322 页。
② 同上。
③ 垄断势力:指市场中企业能够使定价高于竞争价格的能力。垄断势力越大,说明企业越有可能对市场形成垄断。企业定价高于竞争性价格时,消费者剩余的损失并不能弥补企业利润的增加从而造成社会福利的损失。垄断势力越大,社会福利的损失越高。

(3) 商业运作原因。

谷歌在宣布退出中国搜索市场时,其在中国的市场占有率为31%,远逊于百度。谷歌在中国市场的收益仅占其全球营业额的1%—2%[①],却为此付出很大代价。谷歌的退出分两步进行。第一步在官方博客上扬言退出,借此和中国政府谈判关于网络审查的相关问题,同时作出为维护企业核心价值观被迫退出的"英雄"姿态,以提升其国际形象和全球声誉。若谈判成功,则有利于其在中国的业务开展;若谈判失败,则退出中国市场合情合理,实施第二步——真正退出。这表明,谷歌出于商业原因考虑退出中国市场。

(4) 经理人原因。

谈及谷歌的进入与退出不得不提到一位关键人物——谷歌全球副总裁兼大中华区总裁李开复。李开复的加盟在很大程度上决定了谷歌进入中国大陆搜索引擎市场的时机选择及其业务发展速度。早在2006年2月15日,美国众议院就曾召开一场"关于谷歌等网络公司参与中国网络控制的听证会"[②]。谷歌总部一直坚守自己的价值观,使谷歌中国的搜索结果出现"根据当地法律法规,部分结果未予显示"的字样,这明显有损中国的形象。李开复常年奔走于中国与美国总部,不断表明中国市场的重要性,才改变了谷歌的一些态度和做法。李开复一手创建了"谷歌中国",并于2009年发表博客称谷歌不会离开中国。"谷歌中国"使谷歌搜索在中国的份额从10%上升到20%以上,这得益于三方面:大量投放广告并开展广泛的战略合作、推出针对本地用户的服务、推出"google.cn"网站并接受中国政府的网络审查。2009年李开复离职,在很大程度上加速了谷歌搜索的退出。

(5) 政治原因。

谷歌是美国总统奥巴马(Barack Hussein Obama Jr.)竞选阵营的第四大资助者,谷歌CEO施密特(Eric Schmidt)于2009年4月入选美国总统科技顾问委员会,而在奥巴马的新班子中,还有谷歌的三名前高管,这不免使人对谷歌作为商业公司的独立性产生怀疑。作为全球最大的互联网搜索引擎公司,谷歌很容易成为美国政府向外推行美国政治意愿及价值观最方便的工具,成为"互联网的高盛"。

美国国务卿希拉里(Hillary Rodham Clinton)曾宣布,美国将利用各种资源推

---

① 蔡尚伟、曹旭:《从"谷歌事件"管窥中国互联网政策》,载《深圳大学学报》2010年第6期,第153—156页。
② 万莹:《卷首语:谷歌的故事》,载《中国物流与采购》2010年第7期。

动网络自由,并把它列入21世纪治国方略。在谷歌的两份声明中,谷歌给出的退出原因从服务器受到攻击这样的一个互联网安全的普遍问题演变为受到中国政府网络审查这样的法律问题。这很可能表明,美国已经把战略中心从军事领域转移到互联网领域。[1] 虽然中国外交部副部长何亚非于2010年1月21日表示,"谷歌事件"不应与两国政府和两国关系挂钩,否则就是过度解读。但是联系希拉里上台之初发表的外交"巧实力"言论[2]、中美两国人权对话将在2010年2月展开的事实,以及继谷歌公司发表退出中国大陆市场威胁言论后,希拉里在华盛顿新闻博物馆就网络自由发表讲话这种种举动,加之美国实力已经因为国际金融危机和几场反恐战争大为削弱,很容易让人怀疑谷歌举动背后的政治因素。不能排除谷歌与美国政府进行了某种合作,帮助其推行人权、言论自由等主张,并由此获得美国政府对其商业活动的支持。

(6) 核心价值观原因。

谷歌对外宣称,中国政府的行为使得谷歌必须做违反自己核心价值观的事情。谷歌对外的这种解释表面上看是有道理的,因为任何企业都必须长期坚守自己的核心价值观。在国际化经营中,公司的文化可以依据东道国的社会、文化等环境因素的不同做适应性调整,但是核心价值观一般是不能调整的。但是,企业国际化经营有另外一条通行原则,即当目标国家的环境条件要求国际化经营企业必须改变核心价值观时,则一般放弃进入该目标国。因此,谷歌的解释是站不住脚的,但是,这样解释却有一个好处,就是对外可提升谷歌的品牌以产生品牌效应、对内可强化公司的核心价值观以产生管理效应。

综上,不难发现,谷歌制造"谷歌事件"的真正原因是其屈居中国搜索市场第二且远远落后于市场领先者百度而又无法解决,同时面临公司内部的一些经营困境,才提出要求中国政府改变网络监管这一有损中国政治主权的行为。

2. 日常经营中谷歌存在较多损害中国国家主权的行为。

谷歌在日常经营中为了最大程度分享中国市场机会,确实向所进入的中国各个细分市场提供了一流产品,总体上讲重视了本土化运作,客观上推动了中国社会、经济甚至科技的发展,满足了中国市场的需要,也实现了自身的巨大经济

---

[1] 姜飞、张丹、冷淞:《谷歌事件:美国"巧实力"外交的一次演练》,载《红旗文稿》2010年第7期,第33—34页。

[2] 花馨:《谷歌背后的美国选举因素》,载《21世纪经济报道》2010年1月14日第3版。

利益。但是,曹妤(2011)①的研究发现,谷歌在日常经营中存在较多损害中国主权的行为。

在经济主权方面,谷歌存在挑战中国对国内一切经济事务的独立自主权和对跨国公司的监督管理权的行为。比如,推出的中文搜索服务网站 google.cn 没有取得中国的 ICP 牌照,却与"赶集网"共用一个 ICP 牌照,违反了中国的规定;2007 年、2011 年先后爆出谷歌存在偷税漏税行为,违反中国的经济法律法规。

在政治主权方面,在"谷歌事件"中,谷歌虽然没有像其他有些跨国公司一样产生颠覆东道国合法政府的效果,但也在多方面形成对中国国家主权的挑战。首先,谷歌不是自己单独与中国政府作对,其背后有美国政府撑腰,仅凭谷歌一己之力不会与中国政府公开"叫板",直指中国政府对内的最高统治权。前已述及,谷歌与奥巴马政府有密切的利益勾连。就在谷歌发表"撤华声明"前几天,斯密特与希拉里共进晚餐共商"互联网政策"。"谷歌事件"发生后,希拉里发表《网络自由》的演讲,借"谷歌事件"四次向中国政府发难,要求中国就谷歌所受的网络攻击展开"彻底透明的调查",指责中国"限制网络自由"等,总统奥巴马随后也表态支持谷歌,希拉里还就谷歌事件与杨洁篪外长进行会谈,这明显是对中国内政的干涉,无视中国政治主权的行为。其次,谷歌的不适当报道和对搜索任务的不加过滤,对中国公民的民族认同、社会秩序的稳定起到反向催化作用,损害中国政府的形象和统治威信,中国政治主权中的最高统治权遭到削弱。例如谷歌对西方关于 2008 年西藏"3·14"打砸抢烧事件、2009 年新疆"7·5"事件的歪曲报道不加过滤,严重影响中国民众对政府的看法,不利于中国社会的稳定与发展。再次,谷歌对中国政治价值观念的冲击和中国国内问题的国际化有直接的推动作用,这会损害中国政治主权能力的发挥。西方国家个人主义利益高于集体主义利益、多党竞争制及被误导的自由理念很快传播到中国,对中国民众的意识形态、价值观等形成冲击;中国国内的"藏独""疆独""台独"等分裂国家的势力因为互联网的迅速发展引起国际社会广泛关注,一些西方国家也想就这些问题在国际上炒作以制衡中国。

在文化主权方面,第一,谷歌"我搜索我自由"的核心文化理念挑战中国传统儒家文化,强调谷歌的用户有自由搜索相关资源的权力,而这与儒家文化强调秩序、规范、礼仪相悖。第二,一方面,谷歌有大量违反中国文化方面的法律法规的行为,如谷歌中国搜索引擎曾于 2009 年 6 月 18 日被中国中央电视台曝光存

---

① 参考曹妤:《全球化背景下跨国公司与国家主权的博弈——以谷歌退出中国事件为例》,上海师范大学 2011 年硕士学位论文,第 31—43 页。

在大量淫秽色情信息,之后谷歌再度陷入版权门,多达数万册图书是在作者不知情、未予授权的情况下擅自被扫描输入谷歌数字图书馆的;另一方面,谷歌又声称自己的网站遭到来自中国、针对公司基础架构的有针对性的高技术攻击,暗指中国限制网络言论自由,后又指责中国的网络监督审查制度。谷歌的这些行为损害了中国国家的文化主权。

在信息主权方面,谷歌和西方媒体鼓吹"互联网自由"和"资讯自由",一些人士声称将对抗"数码暴政"国家,资助研发"破网"、"翻墙"技术,以打破网络审查和监管。谷歌将自己"撤出中国"归因为中国网络审查和监管制度,指责中国"通过各种手段强化网络审查和监管""限制网络自由"。中央电视台曾多次报道,谷歌中国网站的广告内容专区"赞助商链接"中,充斥很多违法的医疗、医药信息;谷歌事件发生初期,一些以前被过滤掉的信息,如达赖喇嘛、天安门事件的图片和资料等重新出现在谷歌搜索引擎上。这些行为均可视为损害中国信息主权的行为。

3. 为实现自己的特殊目的,巧妙使用"组合拳"应对与东道国的危机。

"谷歌事件"中,谷歌采取了组合动作,力图实现自己的特殊目的:一是向媒体宣称谷歌搜索存在中国有针对性的高技术攻击,暗含中国限制网络自由和舆论自由,给中国政府造成舆论压力;二是对外宣称坚守公司核心价值观,显示自己的诉求的正当性并提升自己的品牌形象;三是寻求美国政府的支持,使一个普通的商业事件上升为外交事件;四是与中国政府谈判其特殊要求。

7.7.4 双向锁定对中国国家安全的潜在风险

就谷歌来讲,由于对中国形成了强大议价能力,再加上是媒体企业和网络企业,多方面因素的叠加使它与一般的跨国公司不同,能给中国带来独特的风险:

第一,由于网络行业的自然垄断产业特性,双向锁定中的境外大型网络媒体会使中国本土企业失去成长的市场空间,中国网络媒体市场巨大的财富就会长期被境外资本所攫取。

第二,给中国带来文化和意识形态安全风险。前面已论及谷歌在其日常经营中传播了大量与中国主流价值观不同的内容,由于谷歌的用户不仅数量庞大而且普遍文化素质较高,其用户涵盖对中国社会发展具有重要影响的中产阶层用户,因此,从长期看,会对中国文化形态和意识形态产生很大影响。

第三,成为美国政府利用的工具。随着 2013 年 6 月美国国家安全局前雇员爱德华·斯诺登(Edward Joseph Snowden)对美国的网络窃听计划——"棱镜"项目的揭秘,媒体又报道,美国思科、IBM、谷歌、高通、英特尔、苹果、甲骨文、微软——美国的"八大金刚"在中国长驱直入,占据政府、海关、邮政、金融、铁路、民航、医疗、军警等关键领域,它们与美国政府、军队保持着紧密联系,美国情报部门通过它们的设备、软件、网络获取信息,几乎零门槛。无一例外,这"八大金刚"均为与互联网有关的跨国公司,谷歌位列其中,这说明,谷歌已成为被美国利用获取中国情报的工具和渠道,这无疑对中国构成巨大的安全风险。

第四,制造事件,与母国政府一道施压中国,对中国形成重大舆论压力和外交压力,如同2010年发生的"谷歌事件"那样。

第五,当中美关系出现重大危机,中国遭遇美国制裁时,与2009年微软遵守美国政府制裁措施中关于禁止向被制裁国提供或出口软件的规定,切断连接古巴、叙利亚、伊朗、苏丹和朝鲜5国MSN网络端口服务相类似的事件是否会发生,就不言而喻。如果发生,谷歌对于中国产生的影响无可估量。

7.7.5 结论与政策启示

"谷歌事件"向我们展示了一个当代才有的传媒新现象和国家安全新趋势,以及向东道国政府提出了一个全新的管理新课题,那就是:在全球跨国经营的无数企业中,有一个特殊的企业集团类型,它们符合三个标准:一是网络传媒企业,因为传媒业务具有文化甚至政治属性,其行为不仅影响东道国的产业发展,还会影响社会、文化乃至意识形态,同时网络的特征使这种"影响"能突破传统媒体的各种局限,可实时、快速、无限、持续放大;二是境外著名企业,与之有关的负面事件借助于其传媒业务的覆盖全球的传播渠道,容易成为国际热点事件和舆论事件,对东道国的形象产生影响;三是它们与东道国形成了双向锁定的关系,一旦关系破裂,对传媒集团和东道国的损害都是巨大的,这类企业可称之为双向锁定型境外著名传媒集团(Foreign Double-side Locked Medium Group,FDLMG)。它们与一般的跨国公司具有众多不同的行为特征,对东道国政府的管理能力提出了新的挑战。

境外大型网络媒体集团与中国的双向锁定来自双方的高度依赖。境外大型网络媒体对中国的锁定来自于产业层面、产品层面、品牌层面和媒体层面的特性的叠加,以及其在母国政府中的政治地位与利益勾连。这种锁定只有在网络媒体市场才有充分体现,因此,双向锁定是网络时代才有的传媒新现象,"谷歌事件"也只有在网络时代才会发生,只有像谷歌这样的企业才能引发"谷歌事件"。双向锁定对于东道国既能带来重大战略利益又能带来巨大风险。对双向锁定的管理主要在于降低其中的风险,而风险的降低要从网络媒体的产业、产品、品牌和媒体等层面寻找解决途径,以降低中国对境外大型网络媒体集团的依赖。

因此,我国要从根本上避免再次出现"谷歌事件",政策选择和监管措施应当把握如下几点:(1)防止单一境外资本控制龙头企业,使外资本失去锁定中国的产业基础。如果外资企业市场占有率已经很高,可瞄准机会启动反不正当竞争调查;如果外资企业试图通过并购提升市场占有率,要及时展开反垄断调查;单一境外资本不能成为控股股东,由此使单一境外资本机构无法操控公司董事会和股东会,从而操控公司的重大决策。(2)反倾销调查,同时引入其他供应商,防止单一境外机构过高地占有中国网络媒体市场的硬件和软件市场,降低单一供应商议价能力。(3)大力扶持本土企业发展、提高自主创新能力,走华为技术有限公司的发展道路,形成可与境外大型网络集团抗衡的内资网络媒体集团,使境外资本失去锁定中国的产品基础和品牌基础。(4)培育本土竞争性企业和引入可与谷歌抗衡的其他境外企业,使它们形成强有力的竞争关系。(5)中国已经是一个网民大国,但却不是一个网络强国,要努力改变中国目前缺乏网络规则制定权、关键领域参与权等的被动局面。

7.8 研究结论

1. 进入现状

第一,境外资本进入中国网络媒体市场是二者之间双向选择的结果。一方面,网络媒体运营商的初始成本很高,固定成本远大于可变成本,只有用户数量和通信量达到相当规模的时候才会产生效益,这是网络传媒业的规模经济性,其规模经济曲线呈现"L"形,这决定了企业在初创期需要大量资金投入。同时,境内融资的困难促使企业寻求国际资本注入。另一方面,境外资本由于其使命愿景、战略布局、政治动因以及固有优势,其进入中国市场有着客观必然性。

第二,境外资本通过五种方式进入内地市场,即投资持股、并购、战略合资、品牌合作以及购买境外上市中国互联网公司股票,从涉及资本量和案件数来看,前两种方式是主要方式。采用合资与合作方式进入中国的境外资本较少,尤其是采取品牌合作进入方式进入的案例集中出现于中国网络媒体市场的开放早期,是一种试探性的方式,不涉及资本运作,现在已经很少使用。近年来,境外资本进入中国网络媒体市场呈现愈演愈烈之势。从规模上看,外资投资规模稳步增长,单笔投资额持续走高;从地区选择上看,北、上、广三地作为"增长极",仍然是外资集中投入的地区;从细分行业分布上看,电子商务是外资进入最为活跃的领域,这与电子商务行业的自身特点有关;从资本来源国家或地区上看,主要来自西方七国和美国的同盟国,美国是绝对主体;从资本来源类型上看,财务资本和产业资本并进以前者居多,进入的资本机构主要为实力型资本集团。

第三,境外资本按照投资意图分为产业资本和财务资本,对其采取的战略和策略应分开讨论。境外VC、PE和QFII的投资一般属于财务性投资,其投资范围已经覆盖网络媒体各个细分行业。境外传媒集团和互联网巨头的并购属于战略性投资。当前,通过这种方式进入的境外资本多存在于网络游戏、网络旅游、电子商务和资讯门户这几个细分行业。

第四,境外产业资本公司层战略上采取了本土化、一体化和多元化战略,在业务竞争战略上采用了"差异化+低价格"战略,这是由网络媒体市场的规模经济性和网民的价格敏感共同决定的。境外财务资本在做足本土化的同时,采取分散投资、联合投资和分轮次投资的策略,投资的战略意图明显。

第五,境外资本通过协议控制结构成功绕开中国网络媒体市场准入壁垒,得以大规模进入。中国领先的网络媒体企业已基本被境外资本所控制。

第六,境外资本凭借资本、管理和运营能力的优势加速网络媒体细分行业的产业集中,逐步在各细分行业形成寡头垄断并建立起行业壁垒,实际上控制了中国网络媒体细分行业,对中国网络安全和产业发展形成严重威胁。

2. 进入趋势

通过上述分析,可以对未来几年境外资本进入中国网络媒体市场的进入行为的变化趋势作出预测:

第一,在进入方式的选择上,境外财务资本以投资中国互联网企业的方式为主,境外产业资本以并购、合资方式为主,逐步减少甚至摒弃品牌合作方式的使用。

第二,在进入规模上,投资案例数和投资金额继续稳步提升,大额投资出现的频次增多,从而将拉高单笔平均投资数额水平。

第三,在进入地区上,仍以北京、上海和广东为主要的地区选择,集群现象会更加显著,只有当"增长极"的"扩散效应"超过"极化效应"时才会出现其他理想的投资地区,甚至发展成为新的"增长极"。

第四,在进入行业上,电子商务行业仍然会保持着较高的外资投入,但增速逐步放缓,抽出的境外资本则预计流向旅游预订和网络教育等新兴领域。网络游戏和社区交友行业则会接收一定数额和频次的外资稳定投入,目前还看不出投资高速增长的迹象。

3. 进入影响

第一，宏观影响。积极影响包括：推进中国网络媒体产业的市场化进程；促进网络媒体产业结构优化升级；丰富境内网络媒体市场，满足消费者需求。消极影响包括：国际传媒巨头带来的挑战过于严峻；威胁国家信息安全；加剧产业集中，造成网络媒体细分行业寡头垄断；造成国民财富巨额外流。

第二，微观影响。积极影响包括：财务性资本的投入解决了巨大资金需求；为扩张期的企业做了上市之前的财务准备，推动IPO；战略性资本的投入提升网络媒体企业的经营绩效并形成核心竞争力。消极影响包括：可能带来跨文化冲突；网络媒体企业被境外资本所控制、失去产业发展自主性。

4. 境外大型网络媒体与中国的关系机制及政策启示

随着网络媒体的快速崛起，中国传媒市场出现了一种网络时代和网络媒体行业才有的传媒新现象和国家安全新趋势——境外大型网络媒体与东道国的双向锁定；境外大型网络媒体具有不同于传统媒体和非传媒跨国公司的产业、产品、品牌、媒体等层面的特性，以及在母国政府中的政治地位、利益勾连和国家诉求，这些因素的叠加产生双向锁定；双向锁定中的境外大型网络媒体具有谋求改变东道国规制环境、损害东道国国家主权、以"组合拳"应对与东道国的博弈等等不同于非传媒跨国公司的行为特征；双向锁定对于东道国既能带来重大战略利益又能带来巨大安全风险，对双向锁定的管理在于降低其中的风险，而风险的降低要通过网络媒体的产业、产品、品牌和媒体属性等途径来解决。

中国的政策选择应当是多措并举：（1）防止单一境外资本控制龙头企业，使境外资本失去锁定中国的产业基础。如果外资企业市场占有率已经很高，可瞄准机会启动反不正当竞争调查；如果外资企业试图通过并购提升市场占有率，要及时展开反垄断调查；单一境外资本不能成为控股股东，由此使单一境外资本机构无法操控公司董事会和股东会，从而操控公司的重大决策。（2）反倾销调查，同时引入其他供应商，防止单一境外机构过高地占有中国网络媒体市场的硬件和软件市场，降低单一供应商议价能力。（3）大力扶持本土企业发展、提高自主创新能力，走华为技术有限公司的发展道路，形成可与境外大型网络集团抗衡的内资网络媒体集团，使境外资本失去锁定中国的产品基础和品牌基础。（4）培育本土竞争性企业和引入可与谷歌抗衡的其他境外企业，使它们形成强有力竞争关系。（5）中国已经是一个网民大国，但却不是一个网络强国，要努力改变中国目前缺乏网络规则制定权、关键领域参与权等的被动局面。

第8章 境外资本进入中国网络广告市场

8.1 境外资本进入中国网络广告市场状况

8.1.1 网络广告的界定及特点

1. 网络广告的界定和分类

根据美国著名传媒研究者霍金斯对网络广告的定义,网络广告就是电子广告,即通过网络电子信息服务传播给消费者的广告。[①] 利用网站上的广告横幅、文本链接、多媒体的方法,在互联网刊登或发布广告,通过网络传递到互联网用户的一种高科技广告运作方式,是一种具有良好交互功能的广告形式。

网络广告是基于互联网所投放的广告。其主要形式包括搜索引擎广告、文字链广告、展示类广告、分类广告、其他形式广告等,详细见表8-1。

表8-1 网络广告分类

网络广告	定义	主要形式
展示类广告	通过图形、视频等直接展示型的广告	品牌图形广告、富媒体广告[②]、视频贴片广告等形式
搜索引擎广告	在通过使用搜索引擎产生的结果中展现广告	通用搜索引擎广告、垂直搜索引擎广告

[①] 屠俊龙:《网络课程教材》,北京:北京大学出版社2005年版,第253页。
[②] 富媒体广告是指利用先进技术制作的形式各异的浮层类广告,包括全屏收缩、底部浮出、视频弹出等。

(续表)

网络广告	定义	主要形式
文字链广告	以一排文字作为广告,点击进入相应的广告页面	文件格式为纯文字的广告形式
分类广告	指将各类短小的广告信息按照一定方法进行分类,以便用户快速检索	一般集合放置于页面固定位置
其他形式广告	除上述广告类型以外的广告	其他

资料来源:根据艾瑞咨询《2010—2011年中国网络广告行业年度监测报告》整理。

2. 网络广告的特点

(1) 传播范围广。

网络广告的传播范围广,不受时空的限制,借助互联网的便利可以将广告信息不间断地传播到世界各地。

(2) 受众分布可准确统计。

利用互联网,可通过权威、公正的访客流量统计系统,精确地统计每个广告的浏览人数以及这些用户的查阅时间和地域分布,从而有助于正确评估广告效果,进一步优化广告投放策略。

(3) 灵活的时效性。

网络广告能根据市场需要及时更改广告内容和投放策略。这样,经营策略的变化便可及时得到实施和推广。

(4) 强烈的交互性和感官性。

网络广告的载体基本都是多媒体、超文本格式文件,大大增强了网络广告的交互性和感官性。

8.1.2 境外资本进入中国网络广告市场的状况

1. 中国网络广告市场整体格局

(1) 网络广告市场规模。

自中国加入WTO,中国广告市场保持着稳定快速的增长。2011年中国网络广告市场规模达到512.9亿元,较2010年增长57.6%,超过了报纸广告规模;2004—2011年之间,除去2009年受到金融危机影响,网络广告市场增长率基本保持在55%以上(图8-1)。在互联网技术等新科技迅猛发展的拉动下,中国广告市场有着很大的增长潜力。与美国、日本等广告业较发达的国家相比,中国的广告市场占GDP的比例仍然较低,有较大的发展空间。艾瑞咨询根据企业公开财报、行业访谈以及艾瑞统计预测模型估计今后几年中国网络广告市场规模如

图 8-1 所示,仍呈快速增长态势。

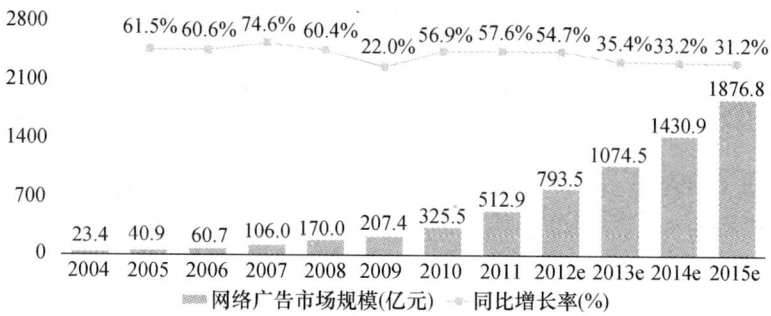

图 8-1　2004—2015 年中国网络广告市场规模

注:含 e 的年份为预测值
资料来源:艾瑞咨询:《2011—2012 年中国网络广告行业年度监测报告》。

(2) 中国网络广告产业链。

网络广告有两大类型销售渠道,一类是以网络广告代理公司为主,另一类是以网络广告联盟平台为主。其中,部分广告代理公司也会将广告分销至自建或者独立的广告联盟平台。网络广告联盟会员多为中小网站和垂直型媒体,通过共同投放联盟广告及监测统计广告投放数据来分享收益。但目前网络广告联盟还处于萌芽阶段,现仅有极少个人或企业开始涉足,且主要为中国国内企业,因此本研究的重点是网络广告代理公司。

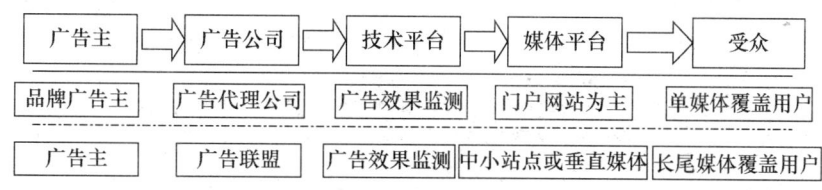

图 8-2　网络广告两类分销产业链对比

资料来源:艾瑞咨询:《2007—2008 年中国网络广告联盟发展报告》。

中国广告主在网络广告市场的网络广告费用,其中约 1/3 是广告主以框架式协议①和赞助等形式直接投放给网络媒体,其余的 2/3 是广告主委托网络广告代理商进行网络媒体投放的,网络广告代理商从中获得部分收入后,其余支付给网络媒体。

---

① 框架式协议:当很多小的重复交易建立了长期合同时,需要一个框架式协议涵盖这些交易及关系,从而使所有交易能作为一个框架进行运作。

具有网络广告业务的公司主要包括：网络媒体、传统意义上的广告公司、专业网络广告公司。在网络广告委托代理过程中，作为产业链中间环节的广告公司主要负责为广告主提供网络营销的解决方案、审查广告内容、选择媒体平台、监测广告效果等服务。而传统意义上的广告公司由于对网络广告的重视度不够以及网络技术的缺乏，大部分都还未拥有自己的公司主页，且在拥有主页的广告公司中，又有大部分公司的网站仅为电子版的公司简介。随着网络广告的兴起，中国互联网用户的急剧增加，网络广告公司会愈加活跃，尤其是跨国网络广告集团，例如阳狮集团、WPP 集团等。

目前在中国网络广告市场，广告主主要将广告委托给国际 4A 广告代理商，由 4A 广告公司负责选择网络广告媒介。2012 年网络广告的产业链如图 8-3 所示。从图 8-3 中，可以看到网络广告产业链每个环节都涉及境外资本。

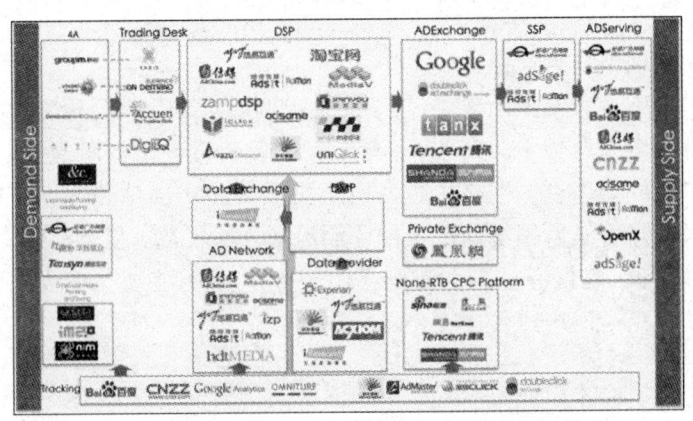

图 8-3　2012 年中国互联网展示广告产业链图
资料来源：中文互联网数据资讯中心。

2. 境外资本已广泛进入中国网络广告市场。

通过对当前中国网络广告产业链的分析，可以发现境外资本主要通过两种途径进入中国网络广告市场，一是通过进入广告代理商市场的直接进入，二是通过进入网络广告载体——网络媒体的间接进入。在广告代理商市场，本土广告代理商虽然与跨国广告代理商在市场份额上所占比例相当，但跨国广告代理商的市场份额主要由六大跨国广告集团[①]占有，而本土广告代理商市场份额却由上万家本土企业分享。在网络媒体市场，80% 以上的网络广告市场份额由

---

① 六大广告集团是指 WPP 集团、IPG 集团、宏盟集团、电通集团、Havas 集团、阳狮集团。

TOP20 的核心媒体所占有。另外,由于网络媒体大多选择了海外上市,使得大部分企业都涉及境外风险投资和股票市场投资者。由此可知,境外资本已经广泛地进入到我国网络广告市场。

(1) 跨国广告集团占据中国网络广告市场半壁江山。

广告业本质上属于服务业,广告公司对广告主有极强的依附性,跨国广告公司随着广告主——跨国企业的进入而进入中国市场。这种趋势在 20 世纪 80 年代跨国企业国际化浪潮兴起后变得尤为明显。追随跨国公司可口可乐(1979年)、宝洁(1980年)、松下(1980年)等进入中国,国际 4A 广告公司纷纷进入中国广告市场,例如 1979 年李奥贝纳中国部成立,1980 年博报堂向阳社在中国设立,1986 年电扬广告成立。外资广告企业在中国市场的成功,使其快速在中国市场树立起了专业和规范的形象。随着中国经济的快速发展,更多的外资广告公司看好中国市场,纷纷进驻并占据越来越大的市场份额。

自中国加入 WTO 以后,中国的广告市场逐步开放。从 2003 年允许成立中外合资广告公司、2005 年允许成立外商独资广告公司到现在,外资已无必要再借道中国本土广告公司进军中国广告市场,越来越多的跨国广告集团直接进入中国广告市场,加快品牌与资产扩张的步伐。表 8-2 反映的是 2004—2010 年外商投资广告企业营业额增长率基本情况,其中,2004 年和 2005 年都保持 10% 以上的增长率,后几年保持在 5% 左右。

表 8-2　2004—2010 年外商投资广告企业基本情况

年份	经营单位(户)	增长率	广告经营额(万元)	增长率	占总经营额(%)
2004	370	-7.73	1336563	56.07	10.57
2005	461	27.01	1697530	45.91	11.98
2006	497	7.81	1324095	-22.00	8.39
2007	577	16.10	1042911	-21.24	5.99
2008	737	27.73	818220	-21.54	4.30
2009	779	5.70	1203904	47.14	5.90
2010	882	13.22	1199947	-0.33	5.13

资料来源:根据 2005—2011 年《中国广告年鉴》整理获得。

奥美、智威汤逊博报堂、WPP 等国际排名前 10 位的广告业巨头都已通过与本土企业建立合资企业进入到中国市场。经过西方产品和文化的渗透,中国企业的品牌意识也逐渐清晰,对于广告公司的服务要求也越来越高。在网络广告繁荣的背后,广告代理商的贡献不容置疑。

自 2009 年起至今,《互联网周刊》联合市场研究公司、数据公司、广告主和门户网站通过独立监测、分析和问卷调查的方式,以广告技术 30%、资源整合度 25%、创新成长潜力 15%、广告主评价 15%、公开数据专业性指标 10%、新媒体评价 5%,评价出每年度中国网络广告公司调查及其服务水平 TOP50 的公司(下文简称 TOP50 网络广告公司)。通过对这些年度网络广告公司排行榜的统计分析,我们可以清晰地发现 70% 以上的具有影响力的网络广告公司隶属于境外集团(见附录 8-1)。随着中国互联网用户的急剧增加,网络广告兴起,网络广告公司也越加活跃,尤其是外资网络广告公司。

(2) 境外资本广泛渗透中国网络广告载体——网络媒体。

加入 WTO 以来,国家对境外资本进入媒体行业的政策限制逐步放宽。对各类网络媒体的标准、市场准入、融资、税收等方面的政策日趋明朗,国家的支持态度展现了我国网络媒体产业发展的良好前景。2012 年文化部发布的《"十二五"时期文化产业倍增计划》中提到,将利用多层次资本市场,推动优质文化企业利用公开发行股票上市融资,扩大文化产业直接融资规模。加强文化企业上市的培育储备和推荐机制,形成"储备一批、培育一批、申报一批、发行一批"的文化企业上市梯次推进格局,培育 30 家上市文化企业。

网络广告市场的发育,必然依托网络媒体的成长。而网络媒体的收入状况并不均匀,网络广告收入主要集中在数家核心媒体。2011 年,在核心媒体中,百度营收达到 145.0 亿元、淘宝达到 87.9 亿元,广告营收规模排名前 20 的网络媒体广告收入 424.7 亿元,占中国网络广告市场(512.9 亿元)比例超过 80%。2011 年中国网络广告市场媒体广告营收规模 TOP20 如图 8-4 所示。

目前中国网络媒体被外资控制大致分为三种形式:第一,网络媒体直接由外资投资控制,如境外网站以中文版形式在中国寻找代理人,例如谷歌中国、MSN 中国、TOM 在线、CBSi、盛拓;第二,促使国内互联网企业在国外上市。2011 年 TOP 20 的网络媒体,18 家已上市,且除太平洋网络以外都在美国上市,其中 TOM 在美国、香港均上市。第三,以风险投资的方式进入到网络媒体,风险投资也是境外资本进入到中国媒体最为主要的方式。TOP20 的核心网络媒体涉及风险投资和私募股权的如表 8-3 所示。

第8章 境外资本进入中国网络广告市场

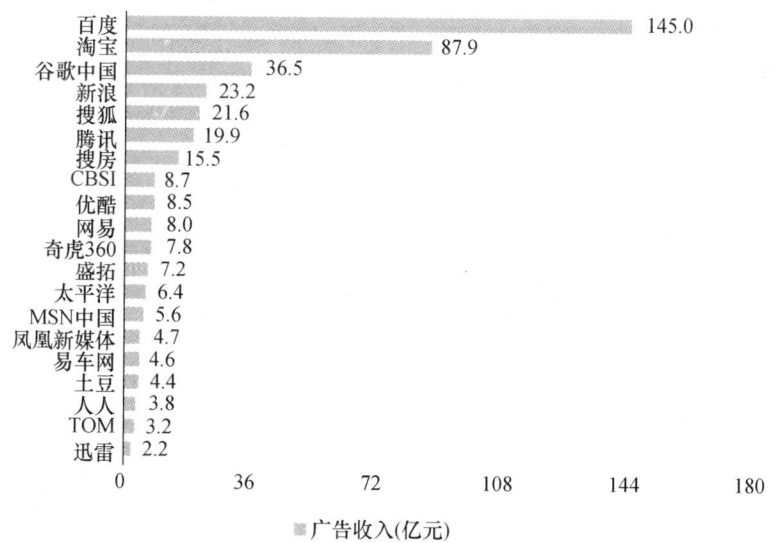

图 8-4　2011 年中国网络广告市场媒体广告营收规模 TOP20

资料来源:艾瑞咨询:《2011—2012 年中国网络广告行业年度监测报告》。

表 8-3　境外资本在中国网络广告市场的风险投资和私募股权投资

企业	时间	投资方	金额（万美元）
百度网	2000.06	Peninsula/Integrity	120
	2000.09	Peninsula/IDG 资本/DFJ ePlanet/Integrity	1500
	2004.06	上海华盈/CMT CV/Integrity/DFJ ePlanet/Peninsula/信中利	1900
新浪	1991.01	永宣创投/华登国际	N/A
搜狐	1998.03	英特尔投资	210
	1998.04	晨兴创投/IDG 资本	N/A
腾讯	1999.01	IDG 资本	220
	2001.06	MIH	3200
搜房网	1999.06	高盛集团/IDG 资本	N/A
	2005.07	N/A	2250
	2010.09	General Atlantic	16300

331

(续表)

企业	时间	投资方	金额（万美元）
优酷网	2005.11	Farallon/成为基金等	300
	2006.12	Sutter Hill Ventures/Farallon/成为基金	1200
	2007.11	Brookside Capital Partners/Sutter Hill Ventures/Farallon 等	2500
	2008.06	Brookside Capital Partners/Sutter Hill Ventures/Farallon/成为基金	4000
	2009.12	成为基金/Brookside Capital/Maverick Capital/Sutter Hill Ventures	4000
奇虎360	2006.03	Matrix/IDG资本/鼎晖投资/红杉中国	2000
	2006.11	Matrix/IDG资本/鼎晖投资/红杉中国/红点投资/高原资本	2500
	2010.01	挚信资本	2000
太平洋	2007.02	Pope	N/A
凤凰新媒体	2009.11	晨兴创投/贝塔斯曼投资/英特尔投资	2500
易车网	2005.10	联想投资	300
	2006.09	NVCC/DCM	1000
	2007.10	Georgian Pine/和通/DCM/联想投资	1500
	2009.07	贝塔斯曼投资	1200
土豆网	2005.01	IDG	50
	2006.05	纪源资本/集富（亚洲）/美国国际数据集团	850
	2007.04	KTB/General Catalyst Partners	1900
	2008.04	美国国际数据集团/Cyber Agent/General Catalyst/纪源资本等	5700
	2010.08	美国国际数据集团/General Catalyst/淡马锡等	5000
迅雷	2003.12	IDG	100
	2005.10	IDG资本/晨兴创投	N/A
	2007.01	IDG资本/富达亚洲/晨兴创投/联创策源	2000
	2011.04	N/A	2940

资料来源：作者根据投资潮公开披露数据整理所得。

从TOP20的网络媒体的融资情况来看,没有一家网络媒体不涉及境外资本,但涉及程度深浅不一。腾讯涉及的境外资本占其80%股权,而凤凰新媒体涉及境外资本只占其约18%的股权。整体上看,境外资本进入网络媒体的领域较广,且对部分网络媒体投资比例较高。鉴于我国对网络媒体中境外资本比例有严格要求,境外资本主要以风险投资、合资经营等方式进入中国核心网络媒体中,并通过VIEs控制取得对中国网络媒体业务的控制,网络广告即是网络媒体业务之一。

境外资本进入中国网络媒体的状况在第7章已有详细研究,这里不再赘述。

8.2 境外资本进入中国网络广告市场的行为特征

8.2.1 境外资本进入中国网络广告市场的方式及其阶段性特征

1. 进入方式

对于进入中国网络媒体市场的境外资本,根据其资本属性和进入目的的不同可以划分为产业资本和财务资本,它们的进入方式存在显著不同。其中,境外财务资本对中国网络广告市场的投资主要表现为对网络媒体的投资。这块投资并不是完全针对网络广告市场,而是包括网络媒体的各项业务,例如网络视频等。而针对网络广告代理商的境外财务投资兴起较晚,境外产业资本相对而言,对中国网络广告市场介入更深。

表8-4 投资于中国网络媒体市场的境外资本类型

外资分类	进入目的	典型代表	进入方式
产业资本	通过业务拓展获得营业收入	跨国六大广告集团(宏盟等)	独资合资、并购、战略合作
财务资本	通过出售股权或上市获取投资收益	风险投资机构(红杉、IDG等)	风险投资和私募

通过对2009—2012年TOP50的网络广告公司进行分析,可发现其中约50%的网络广告公司隶属于六大跨国广告集团。[①] 如果从境外母公司进入中国广告市场和进一步涉足网络广告市场的方式来分析境外资本进入中国网络广

---

① 参见附录8-1,资料由作者对互联网期刊内容整理所得。

市场的方式，可发现网络广告初创期（1997—1999 年）境外资本主要以合资和在传统广告公司设立网络广告经营部门的方式进入到网络广告市场。自 2005 年开始允许外商独资形式的广告公司存在，跨国广告集团掀起了大规模的并购狂潮，一大批本土网络广告公司落入到跨国广告集团旗下。与此同时，鉴于网络广告依附于网络媒体，IT 行业开始纷纷设立网络广告公司，也带动了境外风险投资机构对中国网络广告市场的投资。

（1）合资、独资。

网络广告初创期，由于相关法律法规的限制，境外资本进入到中国网络广告市场主要采取合资经营的方式。网络广告的可观市场，对网络广告的专业化提出了要求，随即演绎出了网络广告公司。网络广告公司的前身一般为广告公司，进入到中国网络广告市场的外商投资广告公司主要由六大跨国广告集团构成。跨国广告集团在中国广告市场的布局为其开拓广告细分市场——网络广告市场提供了丰富的资源和经验。

1997 年，境外广告主 IBM 在中国 IT 网站 chinabyte 网站上为其新产品 AS4OO 的宣传花费了 3000 美元的动画旗帜广告，成为国内最早在互联网上投放广告的广告主。1994 年国家工商行政管理局和对外贸易经济合作部颁布了《关于设立外商投资广告企业的若干规定》，要求跨国广告公司必须通过与国内企业合资的方式进入中国市场，并且不能够控股。所以在那个时间段进入中国市场的跨国广告集团，往往是选择一个有背景的本土广告公司进行合资。以跨国广告集团为例，初入中国内地市场时大多是采用合资组建新公司的方式（见表8-5）。与此同时，为了满足广告主的网络广告投放要求，传统广告公司纷纷建立自己的网络广告经营部门，涉足中国网络广告市场，这也是网络广告的初创期（见表 8-6）。

表 8-5　国际广告集团初入中国广告市场的方式

广告集团	年份	初入中国广告市场的方式
日本电通	1986	日本电通与美国扬雅组建合资公司电扬
	1994	日本电通与中国国际广告公司以及大诚广告公司合资成立了北京电通
宏盟集团	1991	宏盟集团旗下的 BBDO 广告公司与中国广告联合总公司合资成立了天联广告

（续表）

广告集团	年份	初入中国广告市场的方式
WPP集团	1992	WPP旗下的奥美广告公司与上海广告有限公司合作成立了上海奥美
Havas集团	1993	隶属于Havas集团的灵智广告与《广州日报》社合资成立了灵智大洋广告有限公司
阳狮集团	1998	
IPG集团	1991	麦肯与光明报业集团在北京合资成立麦肯·光明广告有限公司

资料来源：卢德华、林升梁、关岑：《中国广告业的并购时代》，载《广告大观理论版》2009年第5期，第84—92页。

表8-6　国际4A广告集团初入中国网络广告市场方式

年份	公司名称	隶属集团	进入中国网络广告市场方式
1999	灵智大洋（广州）广告有限公司	Havas	成立互动传播部
1999	恒美国际传信集团（DDB）	宏盟集团	进军网络广告市场
1999	奥美国际集团与智威汤逊中乔广告公司	WPP集团	联合推出互动媒体咨询
1999	北京电通广告公司	日本电通	成立网络互动中心

资料来源：作者整理获得。

　　2003年网络广告市场开始爆发性增长，中国网络广告的市场规模从2002年的4.9亿人民币急剧增长至10.3亿元人民币，网络广告公司雨后春笋般大量出现。网络广告公司是网络广告市场蓬勃发展的产物。跨国广告集团通过对集团内部子公司进行整顿，竞争网络广告市场份额。2005年12月10日起，允许设立外资独资广告企业。国家工商行政管理总局颁布的《外商投资广告企业管理规定》也是为了履行中国加入世贸组织的承诺，进一步开放中国广告业。独资经营能进一步规避双方经营理念以及文化差异带来的摩擦和矛盾，而且也有利于跨国公司将技术转移到中国，同时这种内部进行的技术转移，可以避免技术的外泄。外资企业的实力要比国内的广告企业强很多，外资企业雄厚的资金实力为它们成立独资企业奠定了基础。在2009—2012年TOP50网络广告公司（见附录8-1）中，属于跨国集团的网络广告公司如表8-7所示。

表 8-7 独资网络广告公司及其运作内容

网络广告公司	所属公司	运作内容
狄杰斯	阳狮集团	媒体购买及新媒体营销
Arc（李奥贝纳）		集品牌策划、创意、媒体为一体，提供全方位的广告服务
ZedDigital（实力）		致力于互动广告和数字传媒
实力传播		提供多元化营销传播服务，为客户提供更广泛的专业咨询意见和整合媒介传播解决方案
博睿传播		提供整合传播服务
星传媒体		专长于媒介管理、媒介赞助、互联网及数字营销
三星鹏泰	三星集团	提供全方位的整合管理咨询服务
竞立媒体	WPP集团旗下群邑集团	提供全球领先的专业媒介传播服务
迈势媒体		擅长媒体策划，对二、三、四线级城市有洞察力
传立媒体		拥有丰富的媒体资源
MECInteraction		消费者洞察研究、投资回报和沟通策划、互动服务（数字式、直接式、搜索式）等
智威汤逊互动	WPP集团	提供有效的行销互动广告
奥美互动		专注于协助企业经营顾客关系、实行一对一行销
Sohosquare		整合行销，通过线下与线上载体传播产品形象与广告创意
BlueInteractive（蓝互动）		提供数码营销、网络媒介和CRM服务的数码营销代理
达彼思		为客户度身定做本地市场拓展方案
G2（精诚信息）	WPP集团下葛瑞集团	致力于品牌传播，提供直销、数据分析及关系行销、互动行销和移动营销、线下活动及促销等专业营销服务
Proximity	宏盟集团	市场活动创意
OMDDigital		承担媒体计划和媒体购买
灵锐互动	Havas集团	媒介咨询、媒介计划和购买、市场研究、数字媒体和互动营销、品牌包装、体育营销、娱乐行销等全方位的市场沟通服务
明锐互动		横跨所有互动渠道的、数据导向型的媒体解决方案
灵智4D		整合传播方案

（续表）

网络广告公司	所属公司	运作内容
麦肯 RMR	IPG 集团旗下麦肯世界集团	具备完善的传播服务网络系统
宣亚 D 平线	宣扬国际集团	领先的整合传播机构
知世营销	安索帕	主要负责市场营销
索美广告	澳洲 SOME MEDIA GROUP	集品牌策划、创意、媒体为一体，提供全方位的广告服务
爱德威广告	日本株式会社 ADWAYS	为客户提供更有效的营销解决方案、技术支持和创新设计，尤其在成果报酬型网络广告领域
Carat（凯络）	安吉斯媒体集团	首创专业媒体服务公司

资料来源：作者整理获得。

2004 年到 2005 年，众多中国网络媒体和广告代理商公司开始赢利，而传统广告公司挤入网络广告市场的有效途径之一就是与具有良好技术平台的网络媒介合作，整合、共享彼此的资源。表 8-8 列举了 2009 年—2012 年 TOP50 网络公司中属于跨国广告集团参与成立的合资网络广告公司及成立意图。

表 8-8 跨国广告公司参与成立的合资网络广告公司

合资方		年份	合资公司	合资意图
群邑集团	华扬联众	2006	华扬群邑合资公司	更好地整合互联网媒体资源
奥美	世纪华美	2005	奥美世纪公司	专注于数字营销
电通	分众传媒	2008	电众数码	共享双方拥有的技术、数据库、业务能力等方面的优势
昌荣传播	安吉斯	2010	伟视捷中国	共享技术平台及全球化网络
安吉斯媒体	随视传媒	2012	安布思沛	主营搜索营销服务与数字化营销服务业务

资料来源：作者整理获得。

(2) 并购。

2002年开启了中国广告业的并购时代。2002—2008年,六大广告集团在中国有案可查的并购活动为27次。其中2002年2次,2003年3次,2004年2次,2006年8次,2007年8次,2008年5次(5月之前)。期间,WPP集团并购最为频繁,总共进行了18次并购。[①]

通过合资独资和并购,跨国广告集团巩固了它们在中国广告市场的领先地位,为进军广告细分市场——网络广告市场创造了良好的资源条件,包括客户、资金、广告专业服务等。自2006年起,跨国广告集团针对网络广告市场的并购如雨后春笋般不断出现。并购是完善业务结构、提高竞争地位的快捷途径,基于此目的,境外资本通常寻找业务结构、营销渠道和组织框架较为完善的本土企业。表8-9为WPP集团为进军网络广告市场发起的并购事件。

表8-9 WPP集团并购情况一览

并购方	被并购方	被并购方特点	并购目的	并购时间	股比
群邑媒体	华扬联众	中国最大网络媒体资源购买商	进军数字营销市场	2006	49%
奥美	世纪华美	网络市场营销策略服务提供商	加强在线品牌电子商务策略管理	2006	控股
智威汤逊	奥维斯	专注于促销网络建设的营销公司	整合线上、线下营销服务能力	2006	65%
奥美	达生	营销服务提供商	吸收营销终端网络	2007	51%
WPP	MY SPACE	社交网络服务提供商	发掘网络利基市场	2007	未控股
Digital	互动通	富媒体网络广告公司	向数字营销领域扩张	2008	未控股
伟门	安捷达	中国在线数字广告公司	向数字营销领域扩张	2008	控股
Wunderman	安捷达	中国在线数字广告公司	向数字营销领域扩张	2009	100%

资料来源:作者整理获得。

(3) 战略合作。

战略合作是出于长期共赢考虑,建立在共同利益基础上,实现深度的合作。

---

① 卢德华、林升梁、关岑:《中国广告业的并购时代》,载《广告大观理论版》2009年第5期,第84—92页,第71页。

网络广告不仅对广告内容制作创新提出要求,也对广告的投放媒介提出了要求。传统广告公司在技术平台、数字营销等方面略为逊色,这也使得在进军网络广告市场时需要与技术提供商进行合作。除了组建自己的公司和并购其他公司以外,在网络广告刚兴起时,战略合作是很好的选择,可以大大降低成本。

以 WPP 和雅虎为例,2008 年雅虎与 WPP 建立广告合作关系,这项合作有利于提高 WPP 的代理在互联网上购买数字背投广告的效率。作为合作协议的一部分,WPP 的广告代理需要开发一座专用媒体交易平台,该平台能与雅虎的 Right Media Exchange 相连接。而雅虎则帮助 WPP 集团开发另一个市场。对 WPP 而言,通过建立战略合作关系,有利于 WPP 以较低的成本进入一个对技术要求较高的领域。

(4)风险投资和私募投资。

随着中国网络广告市场的不断开放,中国网络广告市场巨大的潜力吸引了众多境外风险投资机构和私募机构的目光。与传统广告公司相比,数字媒体是一个新领域。国内手机网络广告、网络视频广告等与数字媒体技术相关的传媒企业,由于其高成长性和高回报性,更能得到风险资本的青睐。外资 VC、PE 的投资目的主要在于获取投资收益,具有财务投资性质。2009 年—2012 年,TOP50 的网络广告公司涉及境外资本风险投资和私募的如表 8-10 所示。

表 8-10　境外资本对中国网络广告公司的风险投资和私募股权投资情况

企业	时间	投资方	金额(万美元)
好耶	2000.03	IDG 资本	200
	2005.09	Oak/IDG 资本	3000
	2010.07	银湖投资	12400
	2012.03		N/A
易传媒	2008.05	金沙江创投	600
	2009.07	N/A	1500
	2010.10	NVP	4000
聚胜万合(MediaV)	2010.08	光速创投/GGV	N/A
	2011.05	GGV/光速创投/量子基金	5000

（续表）

企业	时间	投资方	金额（万美元）
互动通	2002.03	成为基金/Manitou	200
	2006.08	JAIC/红杉中国	N/A
	2006.09	CAI	50
腾信互动	2006.01	N/A	N/A
悠易互通	2010.02	Gobi Partners/Steamboat	1200
	2011.02	橡树资本/Steamboat/Gobi Partners	2000
	2012.09	N/A	N/A
品友互动	2011.05	富德资本	1000
	2013.01	盘古创富/CBC Capital/富德资本	2000
爱点击	2011.03	贝塔斯曼投资	N/A
亿动广告	2006.03	Gobi Partners/集富亚洲	360
	2007.02	Gobi Partners	150
	2008.10	诺基亚成长基金	N/A
北京无限讯奇	2007.10	N/A	N/A
昌荣互动	2008.07	花旗创投/殷库资本	5000
传漾科技	2011.02	祥峰投资/海纳亚洲/Matrix	N/A
北京秀满天下	2006.12	赛富合伙人	500
	2008.07	N/A	3000
精硕科技	2012.07	中经合/金沙江创投	500
亿玛在线	2006.07	华登国际/鼎晖投资	500
	2008.02	CAI	N/A
	2008.02	鼎晖投资/华登国际	1000
	2011.07	兰馨亚洲	N/A

资料来源：作者根据投资潮（www.InvesTide.cn）披露的资料整理获得。

2. 阶段性特征

从上述对境外资本进入到中国网络广告市场方式的分析不难发现，境外资本起初进入到网络广告市场的方式主要为合资经营,这是受到我国相关法律政策以及我国互联网技术的影响。中国加入WTO后,跨国广告集团利用其厚实的资金在中国不断成立子公司,大举扩张,全力争夺本土客户,以达到进军网络广告市场的目的。2005年后,又掀起了网络广告公司的并购狂潮。近几年(2006—2012年)对网络广告行业的风险投资也随之兴起。境外资本进入到中国网络广告市场的方式呈四个阶段,其特征分别表现如下:

(1) 1997—2002年(网络广告初创期):合资进入。

网络广告的发源地是传统广告公司的新媒介部门,1997年前后境外互联网巨头、传媒巨头纷纷通过与本土企业建立合资企业的形式进入中国广告市场,并应广告主对网络广告的投放要求成立网络媒体部门。2000到2002年,为全球互联网的寒冬期,中国网络广告还没有发展就进入到了蛰伏期。但这段时间跨国广告集团在中国成立了众多的传统广告公司,为后来进入网络广告市场奠定了坚实的技术基础和市场基础。

(2) 2002年后:独资进入成为主导。

2003年"非典"的到来,使得互联网广告走进了网民的生活。2003年可谓是网络广告公司真正崛起的开端。由于国际4A公司面临着转型问题,这段时间在中国大陆兴起了一批本土网络广告公司,例如创世奇迹、科思世通、博圣云峰、网迈等。这期间也出现跨国广告集团发起的六例并购案(见表8-11所示),但主要是集中在传统广告领域。且由于政策限制,不能收购被并购企业的所有股权。

表8-11　2002—2005年跨国集团中国大陆市场并购情况一览

并购方	被并购方	被并购方简介	并购目的	年份	股份
奥美	西岸咨询	大型公关公司	实现公关本土化	2002	60%
奥美	Brandone	营销服务公司	提升终端营销服务	2002	60%
WPP	上广	最具实力的本土广告公司之一	吸收并购本土资源	2003	25%
阳狮	实力传播	媒介代理公司	加强媒介购买	2003	40%
奥美	福建奥华	福建最大的传媒企业	获得本土服务网络	2004	51%
智威汤逊	旭日因赛	有实力的本土广告公司	填补华南市场空白	2004	30%

(3) 2005年后:并购狂潮和风险投资兴起。

鉴于2005年前本土网络广告公司并不是很成熟,跨国广告集团主要采取合资合作的形式进入到中国网络广告市场。而2006年后跨国广告集团发起的并购主要是针对已经成熟的或具有某项业务专长(数字营销、网络营销等)的网络广告公司企业(见表8-12),其中以分众、WPP集团并购最为频繁。

表8-12 网络广告公司被收购情况一览

年份	收购方	被收购方	收购股权比例	涉及金额
2006	WPP集团	华扬联众	100%	N/A
2006	WPP旗下奥美集团	世纪华美	100%	N/A
2009	WPP旗下Wunderman	安捷达	100%	N/A
2007	分众传媒	好耶	100%	2.25亿美元
		创世奇迹	70%	2000万美元
		江畔传媒	100%	680万美元
		网迈	100%	1200万美元
		嘉华恒顺	100%	1600万美元
		科思世通	100%	2800万美元
2009	阳狮集团	Razorfish	100%	5.3亿美元
2011		古美互动	100%	N/A
2012		龙拓互动	N/A	N/A
2008	宏盟集团	宣亚国际传播集团	40%	N/A
2011	昌荣	世奇	60%	N/A
2012	安吉斯集团	O.M.P	100%	N/A
		科思世通	100%	8600万美元
2012	电通集团	安吉斯集团	100%	31.64亿英镑
2007	DesignExchange	乐乐互动	100%	N/A

资料来源:根据投资潮(www.InvesTide.cn)公开数据整理所得。

与此同时,境外资本风险投资机构开始重视对网络广告市场的投资。通过对2009—2012年TOP50中的网络广告公司涉及境外资本风险投资和私募投资案例数比较,发现1991至2012年期间,互联网披露的25件案例中,2006年以前(不包括2006年)的风险投资和私募投资案例共只有4起(见表8-13),而2006年以来,由于网络广告的兴起,风险投资和私募投资较为积极。

表 8-13　1991—2012 年风险投资和私募投资案例数

年份	1991	2000	2002	2004	2006	2007	2008	2009	2010	2011	2012
案例数	1	1	1	1	5	1	4	2	5	3	2

资料来源：根据投资潮（www.InvesTide.cn）公开数据整理所得。

（4）2009 年后：并购和风险投资对象倾向于提供技术支持和专项服务的公司。

通过对 2009—2012 年 TOP50 的网络广告公司进行研究，发现相对于 2009 年 TOP50 的网络广告公司，2010 年至 2012 年挤进网络广告公司 TOP50 的企业主要为能够为网络广告提供技术支持和平台的企业，其中科技公司 12 家，如爱点击、百分点科技。此外，专注于汽车行业、房地产、网络游戏等网络广告收入较高的行业的网络广告公司也在 TOP50 网络广告公司中占有一席之地，例如史努克广告、创世奇迹、新意互动等。其中，新意互动是专注于汽车的网络媒体易车网的全资子公司；创世奇迹为网络游戏超过三分之二的品牌客户提供多元化的网络营销服务，史努克广告则为全案服务游戏行业客户的专业广告代理公司。可以预计，跨国广告集团和境外财务资本将会加强对提供技术支持的科技公司和提供某行业专项服务的公司的投资。并购本土专注服务于某行业的营销传播公司和广告公司，可以扩大跨国广告集团的市场空间。

根据上述分析，可以认为短期内，外资进入中国网络广告市场仍然会以独资经营的方式为主，伴随着大量的并购和风险投资，跨国广告集团已经在中国建立大量子公司。但是独资经营、并购也存在一些弊端，大量资金的需求会妨碍到网络广告公司的迅猛扩张。网络广告的技术要求和形式创新，对境外资本而言是一个机遇，但同时也将提出大额资金的要求，这为合资、风险投资提供了需求。外资控股的公司可能会通过金融手段削减当地资本的股权，从而达到对企业更好的控制。随着中国政策的不断开放，跨国广告集团在国内站稳脚跟后，并购将尽显优势，有利于外商投资网络公司不断地扩张。

8.2.2　境外资本进入中国网络广告市场的战略及其阶段性特征

1. 境外产业资本进入中国网络广告市场的战略

总体上讲，境外产业资本进入和开拓中国网络广告市场的战略，在公司层面上注重选择跨国战略和纵向一体化战略，在业务层面上注重选择差异化战略和合作战略。

(1) 跨国战略。

跨国战略是全球战略与本土化战略的统一,旨在获取全球整合和地区响应这两种战略利益。跨国广告集团全球战略主要体现为国际客户、人才、创意资源等方面的全球化共享。通过整合全球资源,有利于网络广告公司提供完美的广告方案。作为在国际上具有强大影响力的跨国广告集团的子公司,国际4A公司在进入中国时通常会借助跨国集团的实力及背景进行广告制作和市场推广。借助知名度高且实力强大的母集团,是国际4A广告公司实现在中国内地初期成本降低的策略。子公司可以获得来自母集团的客户、广告案例、高管等,都是这一战略的具体体现。以WPP为例,WPP是世界上最大的跨国广告集团之一,总部位于英国伦敦。WPP集团的国际客户包括美国运通、西尔斯(Sears)、福特、壳牌、芭比、旁氏、多芬(Dove)、麦斯威尔、IBM、摩托罗拉、联合利华和柯达等,WPP代理这些客户在全球不同地区的广告。其中,2008年IBM在中国市场的网络广告投放费用高达8207万元。除了客户共享外,跨国广告集团的子公司之间也共享人才资源和创意资源。例如曾经供职于奥美的周佩莲也在BDO、盛世长城担任高管。思科世通的核心团队来自美国24/7 Asia Media公司分公司等。

跨国广告公司同时注重本土化运作,提供符合中国市场特定需求的产品和服务,以尽可能挖掘中国市场机会。通过本土化战略的运用实施,跨国广告公司很多广告得到了中国消费者的认可和接受。并购熟悉本土市场的本土企业是国际广告公司本土化最快也最直接的途径,在市场扩张的过程中,外商投资网络广告公司的并购案此起彼伏。网络广告公司的本土化运作途径为:

① 产品本土化。

由于传媒产品具有文化属性,产品在其他国家的可复制程度低,不同国家不同的文化传统和消费习惯要求境外资本在全球化扩张的过程中,推出符合本土受众接受心理的产品,从而有效打开中国市场。外资网络广告公司在网络广告品牌名称、广告形象、广告表现元素和场景及广告主题各方面都会考虑中国文化和本土受众的消费理念。

② 营销本土化。

与本土营销传播公司建立互惠的合作关系是境外资本经营运作本土化的重要手段。营销本土化有利于降低成本,快速进入营销传播的专门领域。以WPP集团为例,2006年并购专业营销公司上海奥思维以加强促销能力,并购北京世纪美华广告公司以增强网络广告代理能力;2007年收购星际回声集团,获得星际回声集团遍布全国的物流系统,收购广州达生整合营销传播机构获得覆盖全国的营销执行网络。跨国广告集团通过并购中国本土大型营销传播公司,可以迅速提升跨国广告集团在营销领域的服务能力,利用国内这些公司在营销传播服务领域的专业实力和已经建立起来的全国性网络,实现跨国广告集团的全国性扩张。

③ 人力资源本土化。

为了实现产品和营销的本土化,跨国网络广告公司通常实施人力资源的本土化。为了便于管理,大多跨国广告公司将亚太地区总部搬迁至上海或北京,培养和招聘一批能够独当一面的本土人才。一方面,为了激励、留住并培养熟悉本地市场的员工,这些跨国广告公司鼓励内部创业,由国际公司提供资金和服务协助,以帮助这些人才成立网络广告公司。另一方面,通过雇佣、培养本土人才,加强对本土受众的文化观念和消费需求的了解,从而更好地满足当地受众的需求,迅速扩大在本土的市场份额。

(2) 纵向一体化战略。

纵向一体化又称垂直一体化,它是指沿着供应链,在供、产、销方面布局,实行纵向渗透和扩张,在一个行业价值链中参与许多不同层次的活动。在网络广告产业中则指拥有的资产涵盖同一种类媒介产品的不同阶段,包括网络广告代理(网络广告制作、网络广告营销等)、网络技术(包括软件等)、选择网络媒体平台等。

实施一体化战略,有利于实现长期战略目标、形成竞争优势。进入中国的境外资本一般都是具有雄厚资金的国际传媒集团,具备实施纵向一体化的实力,并且这也符合多数境外资本的长期战略和经营目标。由于跨国广告公司具备多元化经营和完善产业链等竞争优势,在进入中国网络广告市场时,都纷纷采取纵向一体化战略,向上下游产业链延伸。网络广告联盟就是通过产业链上下游的联盟实现资源整合,以及降低网络广告成本。以跨国广告集团阳狮集团为例,阳狮奇瑞集团整合了阳狮集团的所有媒体购买机构及新媒体营销机构,盛世长城、李奥贝纳、阳狮广告公司、Arc 主要负责广告创意;实力媒体、实力传播、星传媒体博睿传播负责媒介服务;MS&L 负责公共关系服务,Publicis Dialog 负责客户关系营销。对于传媒公司而言,不但不同的公司可以在同一集团下做自己的广告(包括竞争者之间),并且在广告行业的上下游行业达到一站式的服务效果。鉴于整合资源、降低成本、提高竞争力、增加利润的规模效应,传媒集团在并购过程中将更加注意纵向一体化。

(3) 差异化战略。

差异化战略是指企业向顾客提供的产品和服务在行业范围内差异化,使其独具特色,从而给产品带来附加值,当其附加值超过其成本时就会带来竞争优势。优秀网络广告公司有着各自熟谙的生存之道,即在某个领域具有压倒性优势。差异化优势为网络广告公司提供了不可替代的核心竞争力。外资网络广告公司凭借其自身技术优势和管理优势,在网络广告市场具有"不完全替代性"。这些优势体现在营销、方案设计、效果监测、搜索引擎、互动媒介等方面。以创世奇迹为例,创世奇迹隶属于宏盟集团,其为网络游戏超过三分之二的品牌客户提供多元化的网络营销服务,在网络游戏领域的经验和专长,为其塑造了产品和形象的差异化。TOP前50外资网络公司在这些领域各有千秋,主要代表企业如表8-14所示。

表8-14 外资网络公司的差异化优势

公司名称	差异化优势
华扬联众	专长于数字营销,数字媒体资源丰富
好耶	提供集网络广告技术服务、线上营销服务和效果营销服务为一体的专业网络互动营销服务
奥美世纪	目前唯一全球化操作的搜索引擎行销代理公司,提供全方位的新媒体策划和购买及直效媒介规划服务
科斯世通	专业的汽车网络营销专家
知世·安索帕	擅长整合无限创意与专业技术
电众数码	整合运行互动媒介、广告创意与信息技术,提供业内最领先的营销模式
安瑞索思	目前亚洲最大的数字营销创新公司
创世奇迹	为网络游戏超过三分之二的品牌客户提供多元化的网络营销服务
易传媒	致力于建设中国领先的互联网垂直广告网络,提供专业的网络营销媒介平台

资料来源:作者整理获得。

(4) 合作战略。

战略联盟是一种合作战略,是两个或者更多的企业在保持独立性的基础上为了达到一定的目的和获得最大的竞争优势,通过战略整合它们的资源而组成的联合体,其实质是一种契约性质的商业合作伙伴关系。① 通过双方合作的进一步开展,达到产业链各个环节的互补,以提升各自的传播影响力和专业化程度。境外资本在进入中国网络广告市场时,纷纷采取这一战略。近几年网络广告市场有影响的战略联盟事件如表 8-15 所示。

表 8-15 网络广告市场有影响的战略联盟事件

时间	战略联盟事件
2006.12	微软与百度组建付费搜索广告战略联盟
2008.03	百度与网络业务优化软件提供商 Omniture 建立战略联盟
2009.07	北京电通广告公司与中国广告协会组建战略合作伙伴
2010.01	昌荣和安吉斯结成战略联盟,开拓网络广告市场
2010.07	宏盟集团与 Google 在网络显示广告领域达成战略联盟
2010.08	Facebook 与 AOL 组建网络广告战略联盟
2011.10	雅虎和美国广播公司(ABC)达成战略联盟,以加强数字业务并推动转型
2011.07	微软与 Yell Group 组建广告战略联盟,为中小企业提供在线广告

2. 境外财务资本进入中国网络广告市场的策略

(1) 多家联合。

联合投资是指由一家 VC 或 PE 领投,数家 VC 或 PE 跟随,共同出资进行投资,其目的是多家共担风险并且分享投资经验和研究数据,是近年来多被使用的投资方式。具体而言有两种不同组合:外资联合,以 2009 年 4 月悠易互通融资为例,出资方为橡树资本、Steamboat、Gobi Partners 三家外资风投联合;内外联合,以 2012 年 7 月精硕科技融资为例,出资方为本土的金沙江创投和美国的中经合。

(2) 投资对象趋向于具有技术优势的公司。

通过对 2009—2012 年 TOP50 的网络公司背景分析,可发现涉及风险投资的网络广告公司几乎都拥有某项技术专长或具有扎实的技术服务基础。除了资历高深拥有扎实的技术服务基础的网络广告公司好耶、易传媒等以外,大多网络广告公司的背景为科技公司。而这些公司研发技术需要大量资金支持,这也吸引了境外风险投资和私募投资的进入。表 8-16 中所列网络广告公司都是具有某方面甚至多方面技术优势的公司,这些公司几乎都包含有境外财务资本。

---

① 肖海林:《企业战略管理》,北京:中国人民大学出版社 2008 年版,第 284—285 页。

表 8-16 网络广告公司技术优势情况一览

公司名称	公司简介
好耶	集网络广告技术服务、线上营销服务和效果营销服务为一体的专业网络互动营销服务公司
易传媒	服务于广大网站、广告公司/广告主以及其他相关第三方公司的在线广告技术平台和交易平台
聚胜万合（MediaV）	专业从事精准营销及数字营销的专业广告技术和服务机构，以尖端的互联网技术开发为基础，汇聚广告主、网站主、代理商和消费者的多方数据
互动通	中国最大、最早、最好的 Ad Network 数字媒体广告投放平台，为所有数字领域的媒体平台建立最优质的技术架构
腾信互动	自主开发了广告监测、数据分析和搜索营销系统，并拥有更适合 Web2.0 趋势的 feed 管理、博客联盟和话题营销系统，有利于开展基于互联网的社会化媒体营销
悠易互通	推出智能四维定向系统，拥有底层搜索技术等多项国家技术专利，在用户数据储蓄量、投放准确率等方面，均处于同业领先地位
品友互动	是中国网络广告人群实时竞价技术（RTB）的引领者，致力于打造中国人群定向数字广告第一平台
爱点击	专有的算法模型技术（Algorithmic Modeling Technology），为营销商提供自动化的优化技术
亿动广告	是目前中国领先的无线营销专家
北京无限讯奇	中国移动 12580 综合信息服务门户的独家合作伙伴，承建中国移动 12580 综合信息服务门户及运营支撑平台
昌荣互动	拥有国内领先的互联网投放及管理技术，以及强大的媒体购买能力
传漾科技	传漾成熟地应用地域定向、人口统计学定向、内容定向、重定向和行为定向五种国际主流定向技术，实现对目标受众点对点的精确传播，并研发出中国首个网络广告追踪监测系统 Eagle，让广告投放效果透明化
北京秀满天下	北京秀满天下科技有限公司从事动态个人虚拟形象系统研发，并和微软合作于 2006 年初在 MSN 捆绑天下秀虚拟形象系统
精硕科技	Admaster 精硕科技依靠自身的技术优势，通过持续创新为广告主、代理公司及媒体提供可靠的全流程网络广告效果监测、分析评估服务
亿玛在线	北京亿玛在线科技有限公司是国内领先的效果营销平台与服务提供商

资料来源：根据互联网公开信息整理获得。

(3) 本土化运作。

① 管理团队本土化。

境外财务资本通常采取在中国本土寻求资质良好的合伙人一同出资的方式在中国成立分支机构,并从中国本土挑选管理团队成员。这些本土从业人员具备丰富的本土实战操作经验,能为境外财务资本在中国运作提供有力支撑。以红杉资本中国基金为例,它由红杉资本领头,德丰杰全球基金原董事张帆和携程网原总裁兼 CFO 沈南鹏一起始创。本土化的管理团队使境外资本打破运作方式不适用性的限制,迅速融入中国资本市场,开展投资业务。管理团队本土化,聘用中国本土员工,也有利于降低企业成本。

② 投资伙伴本土化。

近年来,境外财务资本倾向于选择中国本土创投进行联合投资,一方面可以降低在中国的投资风险;另一方面,可以向本土机构借鉴投资经验及运作手段,以更好地在中国进行投资。IDGVC 的合伙人的合作时间超过 10 年,是国内风险投资行业合作时间最长的专业团队。这些本土合伙人不仅具有 IT、通讯、半导体、医学等技术背景及丰富的管理、风险投资运作经验,同时对中国市场更为了解。出色的业绩及业内的美誉,赢得了创业者及投资者的信赖。

3. 境外资本进入中国网络广告市场战略的阶段性特征

(1) 产业资本进入到中国网络广告市场战略的阶段性特征。

① 1999—2004 年:强化本土化战略。

1999—2004 年期间,跨国广告集团主要通过设立网络媒体部门和与本土企业建立合资企业的方式涉足网络广告市场。与本土企业合作,有利于跨国广告集团熟悉中国市场和本土客户。为了适应目标市场,外资网络广告公司更加注意本土化战略的灵活运用。境外资本进入网络广告市场跟国际广告主的市场扩张需求息息相关,国际广告主对外商投资网络广告公司的营业收入具有重大影响。为了避免国际广告主的强有力威胁,外商投资网络广告市场更加注重本土化战略的运用。例如在员工本土化战略中,为防止员工习得高技能以后跳槽,而采取更为有效的激励机制;在产品本土化战略中,更加注意中国广告受众的社会文化背景的变化。并购是跨国广告集团实施本土化战略最直接的方式,以 WPP 集团为例,WPP 分别在 2000 年、2002 年、2004 年与扬雅集团、Cordiant 集团、Grey 集团进行并购,并在这个时期参股上海广告公司,这标志着 WPP 拉了收购中国本土公司的序幕。通过吸收被并购公司的本土化资源,WPP 进一步强化了其本土化战略。

② 2005年至今：愈加重视差异化战略。

这段期间，外商网络广告公司进一步深化差异化优势，塑造与竞争对手不同的产品、企业和品牌形象来获得竞争优势。2007年，奥美互动全球的主席兼首席执行官布赖恩·费瑟斯通豪在北京举行的 AdTech 会议上提出营销理论应该从4P向4E①转变。随着营销环境的复杂化，传统的4P营销理论已经不适应现有的以消费者为主导的营销时代，广告应该更加注重服务体验、产品价值、品牌建设、无处不在的营销。除了组建自己的营销公司和并购营销机构外，以电通为代表的国际4A公司还与中国教育界进行战略合作，培养广告人才，提高网络广告的价值。除了形象差异化战略，跨国广告集团还通过合资、并购的形式，建立自己在产品、服务、技术等方面的独特性。以电通为例，2008年与分众合资成立的电众数码着眼于数字时代最领先的营销模式，整合运行互动媒介、广告创意与信息技术，提供业内最完善的创新营销服务。2012年收购的安吉斯媒体集团旗下科思世通则是专业的汽车网络营销专家。这两家公司优势各异，可以培养建立差异化优势。

③ 从境外资本初入中国至今：一直青睐"一体化＋战略合作"。

为了以更快速度获得第一手资料，以及第一时间完成广告的整个过程，包括制作、平台选择、营销、效果监测等，纵向一体化和战略合作都是外商网络广告公司不可缺少的重要战略组成部分。从2002年起，跨国网络广告集团就对具有不同业务专长的广告企业进行并购，从而实现产业链一体化经营，建立全产业链经营的广告集团。2005年前由于政策限制和初入中国网络广告市场的谨慎原则，跨国广告集团需要采取与本土企业合资合作的形式开展业务。2005年后跨国广告集团意识到网络广告对技术的要求，开始与具有技术优势的企业进行合作，从而进一步开拓市场。

（2）财务资本进入中国网络广告市场战略的阶段性特征。

2005年前鲜有财务资本进入中国网络广告市场，且主要倾向于单独投资。以好耶为例，1991年，好耶接受了维新力特资本的投资。2000年，IDG资本投资好耶200万美元。2005年后境外财务资本对网络广告市场十分青睐。这段时期，境外财务资本主要倾向于联合投资和投资于有技术优势的本土企业。

---

① 4E 即"Experience""Everyplace""Exchange""Evangelism"。

8.2.3 境外资本进入中国网络广告市场的未来战略预测

1. 中国网络广告市场行业分析

本节首先综合使用迈克尔.波特的五力模型、行业关键成功因素分析法、SWOT 工具对网络广告行业进行分析,然后据此对境外资本进入中国网络广告市场的未来战略进行预测。

(1) 中国网络广告行业的吸引力分析。

迈克尔·波特(M.E.Porter)认为,一个产业的竞争状况由五种力量决定:潜在的进入威胁、供应商议价能力、购买者议价能力、替代品、现有企业间的竞争。通过分析一个行业中的五种竞争力量,可以知道此行业的吸引力,找到机会与威胁,从而制定有效的竞争战略。

① 潜在的进入威胁。

潜在竞争对手是当前不在产业但是有能力进入本产业的公司。某一行业潜在进入者的威胁大小取决于两方面:进入障碍和预期现有企业对进入者的反应。潜在加入者是否会真的采取行动进入到该媒介产业中去,取决于入侵者对产业进入壁垒的认识。六大跨国广告集团在人力资源、品牌优势、经验效应、规模经济性等方面的优势给潜在进入者塑造了进入壁垒。中国网络广告产业吸引潜在进入者的重要理由当属发展规模和网络新型技术需求。由于对新型技术的开发具有高风险性,因此潜在进入者会有所顾虑。但与此同时,这些新型技术的成功研发也会带来高报酬。

② 供应商的议价能力。

网络广告公司的供应商包括硬件供应商和软件供应商,供应商主要为宽带供应商和网络广告技术系统,包括网络广告营销软件、网络广告计费软件、网络广告制作软件等。宽带供应商主要为电信、联通、移动,这三家运营商处于垄断地位,供应品可替代程度低,因此也无须为了销售而被迫与其他产品竞争,这使得他们在价格方面有着决定权。而在网络软件方面,现在有大量的网络信息技术公司对软件系统进行研发。供应商较多,因此议价能力较弱。

③ 购买者的议价能力。

网络广告的购买者主要指网民和广告主。网民直接影响网络广告的流量、点击量,广告主的购买行为直接影响网络广告行业的整体盈利水平。中国网络广告行业来自买方的讨价还价压力更多是来自广告主。大广告主是网络广告公司的竞争焦点,因此其议价能力相对较强。随着可选择的广告投放途径的增多,中小广告主对一般网络广告公司的议价能力也会有所提高。广告主可选择的媒体日益繁多,但网络广告的优势也日益突出。大广告主主要选择名列前茅的网络广告公司投放广告,而其中跨国网络广告集团又占有大半江山。从这个角度上说,广告主的议价能力并不是很强。网络广告的效果衡量不同于传统媒体,其浏览器是可以精确测量的。因此,广告主能够掌握广告效果的充分信息,具有较强的议价能力。综合来看,如果能够提供高质量的网络广告,广告主的议价能力较弱,反之较强。

④ 替代品竞争力。

替代品是指来自其他企业或产业的能够满足顾客类似需求的产品。正因为替代品具有类似的功能,所以替代品为产业内的产品设定了一个价格上限。网络广告替代品为各种类型的传统广告,主要包括电视广告、报纸广告、广播广告、杂志广告。虽然电视广告的广告营业额仍居首位,但基本保持在稳定水平,增速远远低于网络广告市场。一般情况下,电视广告价格比网络广告贵,电视广告以秒记,网络一般以点击率算。不过电视广告的效益也较好,受众群体也相对较多。随着互联网的普及,电视广告的优势也会减弱。如今中国网络广告行业替代产品的威胁关键在于替代品生产企业的经营策略(例如替代品生产企业能提供低成本高质量的产品将对网络广告造成威胁)和购买者转换成本。从产品的便捷性、互动性和个性化选择看,中国网络广告产品在同替代品的竞争中占一定优势。因此,替代品对现有网络广告市场威胁较小。

⑤ 现有企业间的竞争。

现有行业内竞争对手是指基本上销售同样的产品或服务、互相争夺市场份额的企业,而且竞争的激烈程度与这些对手之间如何运用各种手段获取竞争地位和优势有关。现有网络广告企业在广告制作、营销、公关等方面的差异化程度不足、盈利模式雷同,使用户转换成本较低,行业众多企业竞争由此呈狭窄空间的针锋相对态势。如今,网络广告公司加大了对新型网络技术的投资,例如对动态个人虚拟形象系统、网络广告追踪监测系统、算法模型技术等研发的投资,又掀起了网络广告行业的新一轮竞争,势必对中国网络广告行业未来的格局产生深远影响。现有企业间的竞争较为强烈,网络广告的蓬勃发展将对中国网络广告行业产生重大影响。

通过上述分析,可以总结出:

目前网络广告市场如日中天,其媒体优势使得替代品威胁较小;而网络广告市场发展规模和网络新型技术需求将带来一定的潜在进入威胁;在网络广告供应商方面,网络广告宽带供应商处于竞争垄断地位,其议价能力较强,而软件供应商的议价能力较弱;购买者的议价能力视情况而定,如果能够提供高质量的网络广告,广告主的议价能力较弱,反之较强;现有网络广告企业在广告制作、营销、公关等方面的差异化程度不足,使得行业众多企业竞争激烈。因此境外产业资本在战略制定时应该注意新型技术研发和强化差异化战略。

(2)中国网络广告行业的关键成功因素分析。

这里以产业经济特征理论为依据,从市场规模、市场增长率、规模经济性、技术变革、营销渠道、进入壁垒、市场集中度、产品革新等方面对中国网络广告行业环境进行剖析,并在分析的基础上总结中国网络广告行业的关键成功因素。

① 市场规模。

自2000年互联网浪潮来袭,我国网民规模持续扩大。我国网络人口总规模呈现跨越式发展,网民规模的扩张推动网络广告价值的提升,而网络广告价值的提升又进一步增强其扩张力。据2013年初中国互联网网络信息中心发布的《中国互联网发展状况统计报告》的数据显示,2012年12月底,中国网民规模达到5.64亿,全年共计新增网民5090万人。互联网普及率为42.1%,较2011年底提升3.8%。网民基数大,也为网络广告市场提供了庞大的潜在客户群体。近几年网民特点的趋势如下:

A. 网民结构趋向两极。18岁—24岁之间网民和25岁—30岁之间网民所占比例呈现下降趋势,10岁—17岁和31岁—60岁之间网民所占比重增大。10岁—17岁群体增长的原因主要是互联网的娱乐特性的渗透。31岁—60岁网民增加是由于国家对信息化的推进和上网成本的降低。

B. 互联网日益向低学历人口普及。网民中大专及以上学历人口进一步下降,高中、初中学历所占比重继续提升。

C. 互联网向二、三线城市和农村地区覆盖。2011年我国农村网民规模达1.36亿,占网民总数的26.57%。随着"家电下乡""汽车下乡""以旧换新""地方消费券"等城镇、农村市场刺激的各类措施出台,消费拉动效果明显,也极大地拓展了二、三线城市和农村广告市场。农户自发上网的意识明显增强,农村市场得到进一步开发。2012年3月,国家发改委等七部门研究制定了《关于下一代互联网"十二五"发展建设的意见》,提出"十二五"期间,我国互联网普及率达到45%以上。随着我国网络基础设施的不断完善和中西部开发战略的逐渐推进,网络广告市场在这些地区必将迎来快速增长。

② 市场增长率。

网络广告具有巨大的增长潜力,市场增长率保持较高水平。这一阶段是企业争取新顾客、稳定甚至扩大市场占有率的最佳时期,可以为下一阶段取得较多稳定的利润创造条件,企业可以通过提高销售增长率和扩大市场占有率、增加产品销售、降低成本来实现规模效益。根据艾瑞咨询关于2006—2016年中国网络广告市场规模统计及预测显示,2006—2012年,网络广告市场规模几乎保持50%以上的增长率,而预计2013—2016年,网络广告市场规模会继续增长,但增长速率会有所降低,市场增长率降低会加大网络广告市场企业间的竞争。

③ 规模经济性。

规模经济性是指成本随生产规模的扩大而降低的现象,这一特征通常是由高固定成本、低边际成本的成本结构所决定的。目前,中国网络广告提供商主要应用基于网页的流媒体技术。网络服务提供商的固定成本由设备仪器固定投入和保障运转的相关成本两部分组成,可变成本为全部用户每使用一次网络服务所产生的运营成本的加总。网络广告传送的是信息产品,具有高固定成本和低边际成本的特点。伴随信息产品销量的增加,平均成本逐步降低,边际成本趋向于零,一个信息产品的产量在理论上可以达到无穷大,成本曲线呈"L"形。目前网络广告比较流行的计价方式是CPM和CPC,CPM是按照广告显示次数来计算广告费用,可在短时间内为网站带来巨大访问量。CPC是按照广告点击数计费,限定一个IP在24小时内只能点击一次。因此,只有当网络广告点击量达到相当规模的时候才会产生效益,这就是网络广告业的规模经济性。

④ 技术变革。

自1994年AT&T投放史上第一条Banner广告以来,互联网广告的发展就离不开新技术的不断创新。从广告网络的普及到广告交易平台的兴起,无一不彰显着技术革新的价值。2009年需求端平台DSP应运而生,帮助广告代理公司在统一平台上实现互联网广告的优化投放。伴随着供应端平台SSP、数据管理平台DMP等细分平台的出现以及实时竞价购买(RTB)的出现与DSP的快速发展,新技术不断推动行业快速发展。Accordant Media的数据显示,全球范围内,2012年第二季度的RTB市场份额较去年同期提升128%,广告主趋向于通过RTB购买到更好的广告位。美国等相对成熟的互联网营销行业对中国市场发展起着风向标的作用,DSP在美国的大热无形中也推动了其在中国的发展。2012年初,中国多家公司相继对外推出新的DSP产品,诸如国内该领域的领先者易传媒也对其原有DSP产品进行了升级,加入Ad Exchange的支持。这标志着中国互联网广告行业技术化进程的加速。

⑤ 产品革新。

目前网络广告同质化严重,主要原因是网络广告公司的网络技术整合并实现产品的创新能力不足。网络广告公司非 IT 企业,其核心不是研发新技术,而是对现有技术的整合能力。只有在较好的对现有技术的整合基础上,进一步提高技术研发能力,才能更加稳定地占据中国网络广告市场。因此除了技术变革以外,网络公司应该加强对现有技术的整合能力,从而促进产品革新。

⑥ 营销能力。

网络广告营销具有一定程度的局限性。网络广告传播具有被动性,不是以主动形式展现在用户面前,网络广告商需要开发诸如自动扩展式广告之类的争取用户的技术,以发挥最大的效益。另外,WEB 页面的旗帜广告效果很好,但是创意空间却比较小,要在小空间里创意出有足够吸引力、感染力的广告,对广告策划者构成巨大挑战。此外,可供选择的广告位也相对有限。这些局限性都对营销能力提出了要求。网络广告公司可通过购买或开发营销软件的形式建立营销渠道。

⑦ 市场集中度。

市场集中度通过衡量企业的数目和相对规模的差异来评价整个行业的市场集中程度,是市场势力的重要量化指标。市场集中度集中体现了市场的竞争和垄断程度。目前,跨国广告集团通过并购、合资等方式在网络广告代理商市场占有绝对优势,也是大型广告主的首要选择对象。跨国广告集团通过强化本土化战略及加大对新型技术投资,夯实自身的竞争优势。而在网络媒体市场,则主要以百度、淘宝为首的核心媒体占据了网络广告市场大半江山。2011 年,在核心媒体中,百度营收达到 145.0 亿、淘宝达到 87.9 亿,广告营收规模排名前 20 的媒体广告收入 424.7 亿,占中国网络广告市场(512.9 亿)比例超过 80%。网络广告收入主要集中在百度、淘宝等网络媒体上,这些媒体通过多元化战略等加大自身的竞争优势。网络广告行业经过收购、合并、淘汰等惨烈竞争,市场份额更加集中。这种"竞争性垄断"的市场结构使未来我国的网络广告市场呈现出开放程度越高,竞争性越强,创新速度越快,垄断程度越强,竞争反而越激烈的特点。

⑧ 进入壁垒。

进入壁垒是指产业内在位企业对于潜在进入企业和刚刚进入这个产业的新企业所具有的某种优势的程度,是影响市场结构的重要因素。进入壁垒的高低,既反映了市场内已有企业优势的大小,也反映了新进入企业所遇障碍的大小。

具体而言,目前我国网络广告市场的进入壁垒主要体现在以下几个方面:

A. 必要资本量壁垒。

必要资本量是企业进入新市场时必须投入的资本,必要资本量越大,壁垒作用越明显。目前,跨国广告集团凭借其资金优势在网络广告市场占有重要地位,潜在进入者要与其竞争网络广告份额就需要更加雄厚的资金支持。同时,研发网络广告技术和开发专有网络媒体也需要大量的资本投入,使得此行业天然地具有较高的必要资本量壁垒,这对实力弱小企业的进入限制尤为明显,而对资本实力雄厚的境外传媒集团和风险投资机构则是有利的,它们可利用既有资本优势,采用多种方式进入我国网络广告市场。

B. 先入企业的差异化优势。

现在网络广告公司通过塑造不同领域的差异化优势,为自身提供不可替代的核心竞争力。这些领域包括营销、方案设计、效果监测、搜索引擎、互动媒介等方面。华扬联众是数字营销专家,行业洞察力强,数字媒体资源丰富,执行力强。好耶则提供集网络广告技术服务、线上营销服务和效果营销服务为一体的专业网络互动营销服务。而奥美世纪是目前唯一全球化操作的搜索引擎行销代理公司,提供全方位的新媒体策划和购买及直效媒介规划服务。这些企业在网络广告市场有既有优势,潜在进入企业若要与其竞争市场份额,需要雄厚的资金和经验,先入企业的差异化优势在一定程度上为潜在进入企业建立了进入壁垒。

C. 长期顾客关系。

大型广告主习惯与特定广告代理商建立长期合作关系。建立长期合关系有助于双方业务稳定和降低交易成本。在过去的50年里,奥美与众多全球知名品牌并肩作战,创造了无数市场奇迹,它们包括:美国运通(American Express)、西尔斯(Sears)、福特(Ford)、壳牌(Shell)、芭比(Barbie)、旁氏(Pond's)、多芬(Dove)、麦斯威尔(Maxwell House)、IBM、柯达、Motorola、Lenovo等等。而这种长期顾客关系对于潜在进入者而言,是难以克服的进入壁垒。

上述分析主要针对产业资本市场,网络广告行业的关键成功因素主要包括:雄厚资金实力、长期客户关系、差异化优势、营销渠道、技术研发能力、技术整合能力、建立规模经济、大量市场需求。境外产业资本在制定战略时应该充分利用其雄厚的资金等优势,全球化战略将有利于全球化资源共享,而网络广告行业的关键成功因素强调了差异化战略的重要性。另一方面,雄厚的资金为境外资本采取并购战略提供了基础。

(3) 境外资本进入中国网络广告市场的 SWOT 状况。

这里借助 SWOT 分析模型进行分析,如表 8-17 所示。

表 8-17　境外资本进入中国网络广告市场的 SWOT 状况

优势(Strength)	劣势(Weakness)
• 资本规模 • 经营管理 • 品牌资产 • 完善的产业链 • 人力资源 • 长期客户关系 • 营销渠道	• 传媒政策与制度上的限制 • 营业成本高 • 中国法律限制
机会(Opportunities)	威胁(Treats)
• 逐步放开的外资准入 • 网络广告技术不成熟 • 市场广阔,潜力巨大 • 细分行业较多	• 准入政策的不确定性 • 发展壮大的中国本土企业

① 境外资本的优势。

境外资本在中国网络广告市场主要有以下几方面的优势:

A. 资本规模优势。境外资本进入中国,最突出、最直观的优势莫过于其巨大的资本规模。以跨国广告集团为代表的境外资本在中国境内拥有众多子公司,可以发起全国性并购。境外风险投资机构和私募投资机构的资金体量大多巨大,以 IDG 风投为例,它在全世界 85 个国家和地区设有子公司和分公司,动辄投资数千万甚至数亿美元。

B. 经营管理优势。进入中国的境外资本,大多都是国际上知名大型传媒集团和互联网巨头,经过数十年甚至是数百年的经营,已具有强烈的市场竞争意识,同时积累了丰富的经营管理经验,这些企业的全球化资源,使它们在各领域都处在领先地位。由此产生的核心竞争优势,也为境外资本进入中国网络广告市场奠定了坚实的基础。

C. 完善的产业链。跨国广告集团通过多年的并购,旗下一般聚集了大量的网络广告制作公司。通过发展多种广告和营销服务业务,包括实力强大的传统广告代理、媒介计划与购买、公关与公共事务、互动直销、品牌识别、信息咨询顾问等业务建立完善的产业链。多项业务组合有利于整合资源,挖掘协同效应以降低成本,增强竞争优势。

D. 品牌资产优势。跨国集团凭借其资金、资源等优势和丰富的经验制作了很多优质广告并实现了成功营销,得到了国际广告主和本土广告主的一致认可。而外资网络广告公司大多隶属于跨国集团,并借助跨国集团的品牌优势开拓中国网络广告市场。

E. 人力资源优势。广告媒体对人才的要求非常高。境外资本在资本规模、管理能力、品牌资产方面的明显优势使其对高素质人才更具有吸引力,从而更容易形成人才优势。且跨国集团注重人才的培养,并鼓励内部创业,有利于留住这些优秀人才。

F. 长期客户关系。跨国广告集团随着国际广告主进入到中国市场,并和大型广告主建立了长期合作关系。建立长期合作关系有助于双方业务稳定和降低交易成本。除了国际广告主以外,跨国广告集团也注重与本土广告主建立长远合作关系,帮助广告主实现利益最大化。

G. 营销能力。跨国广告集团尤其注重营销,通过并购本土营销机构,增强其营销能力和扩大其营销范围。跨国广告集团着眼于数字时代最领先的营销模式,整合运行互动媒介、广告创意与信息技术,提供业内最完善的创新营销服务。建立全面的营销渠道有利于跨国广告集团开拓市场份额。

② 境外资本的劣势。

境外资本在中国网络广告市场主要有以下几方面的劣势:

A. 难以迅速适应中国本土文化。当前网络广告市场正在经历着深刻的变化,跨国集团在享受全球化资源的同时必然会遇到本土化问题,特别是针对中国这样具有特殊国情的目标市场。跨国集团的收益大部分仍然依靠国际广告主,它们提供的产品服务还不能完全符合本土化企业的广告需要。审美观点、价值标准和消费偏好的不尽相同,使境外资本在刚进入中国市场时,需要一段时间来适应本地市场,可能会在短期内相对处于劣势。

B. 营业成本高。跨国集团重视对人才的培养、对网络广告质量的追求,以及研发网络广告新型技术,都将提高跨国集团的营业成本。而成本的增加,必将给竞争带来不利影响甚至劣势。

C. 中国政策法律限制。虽然 2005 年后允许外资独资广告公司成立,但是我国对境外资本进入到中国网络媒体(网络广告媒介)的股权比例仍然有严格要求。2011 年 9 月 1 日起生效实施的中国并购新规,旨在明确对外国投资中国企业的国家安全审查制度。其中规定,外国投资者不能以任何方式(如通过签订协议获得一家境内企业的控制权,或者采取多层次再投资)来规避审查。这也杜绝了境外资本对中国网络媒体业务的绝对控制。

③ 境外资本的机遇。

A. 广告市场完全放开的外资准入政策。随着经济全球化的不断深入，传媒全球化也已成为一种发展趋势。中国入世后，我国广告市场加快了对外开放的步伐，从只允许合资经营的形式到100%控股，是巨大的政策放宽，这为境外资本进入中国网络广告市场提供了契机。对于网络广告代理商而言，这是它们全面进入中国网络广告市场的绝佳条件。

B. 网络广告技术不成熟。巨大的人口基数，迅速发展的国民经济，造就了我国广阔且仍在逐步扩大的传媒市场。随着网络技术的进一步成熟，引擎广告份额上涨，包括视频网络广告、社区网站广告、微博广告、移动广告等的新型广告形式突显优势。这些广告形式以及这些广告的效率都对互联网技术提出了很高的要求，但像网络视频广告、移动广告等方面的技术仍不成熟。境外财务资本和产业资本都重视对新兴技术的投资，为境外资本进一步开拓网络广告市场带来了机遇。

C. 网络广告市场广阔、具有潜力。据2012年初中国互联网网络信息中心公布的数据显示，2012年底中国网民人数已达5.64亿。目前中国互联网普及率已经高达42.1%。网民基数大，也为网络广告市场提供了庞大的潜在客户群体。迅速发展的国民经济，造就了我国广阔且仍在逐步扩大的传媒市场。毫无疑问，以盈利为目的的境外资本进军中国网络广告市场，最看重的就是中国传媒市场的容量及发展潜力，这也是境外资本进军中国最大的机遇。

D. 细分行业较多。随着互联网用户的快速增长，网络广告各细分领域包括综合门户广告、搜索广告、网络视频广告、网络社区广告、手机网络广告等。目前，网络视频广告、手机广告等还处在市场初级阶段。跨国广告集团在技术投资力度上远远大于本土广告企业，通过研发新技术和市场开拓有利于企业站稳网络广告细分市场，从而建立进入壁垒。

④ 境外资本的威胁。

A. 规制与监管环境的不确定性。规制与监管环境会影响企业战略行为的选择及其长期效应。网络广告市场的规制建设目前仍然处于不断探索与完善之中，不排除出现较大变化，有可能对境外资本战略产生较大影响。我国在监管政策制定方面存在着不稳定性和反复性特点，而且可能会随着市场的变化而产生新的政策，而新政策又可能与旧政策相违背。这些都对境外资本在中国的发展产生一定阻碍。

B. 逐步壮大的中国本土企业。网络广告市场的高利润吸引了大批本土企业进军网络广告市场。我国本土网络广告企业逐渐走上了规模化发展的道路。除此以外，境外财务资本倾向于与本土财务资本合作的趋势，有利于本土风险投资机构和私募机构的壮大。同时网络广告新型技术为企业创造了条件，例如搜索引擎广告的迅猛发展，使得百度等网络媒体的网络收入翻番增长，这样使得投资百度等财务资本得到了丰厚的利润。近年来，本土企业的发展，对境外资本未来在中国的发展形成了一定的威胁。

2. 境外资本在中国网络广告市场未来战略预测

基于上文的分析，境外财务资本和产业资本在制定战略时应该充分利用自身的资源和能力优势，提高在中国网络广告市场的占有率，其中境外产业资本可以通过并购、战略联盟等方式进占网络广告市场，从而有利于进一步提高规模经济性。对于境外产业资本，为了争夺本土客户和充分利用集团资源，跨国战略仍然属于跨国广告集团采取的普遍性战略。而网络广告各种新型技术的投资和细分市场的开拓需求使得境外财务资本扩大投资范围，因此联合投资和多元化战略将是财务资本采取的主要战略。同时，随着本土风险投资机构的崛起，境外财务资本将趋向于采取与本土投资机构合作的战略。另一方面，境外产业资本应该通过开发新技术和整合新技术及建立差异化优势进一步开拓网络广告市场，且网络广告市场的进一步细分也促使跨国广告集团重点采取差异化战略和战略联盟以快速占据细分市场，从而塑造细分市场进入壁垒。

(1) 境外财务资本进入中国网络广告市场未来战略选择。

①"联合投资+多元化"战略。

一方面，对于网络媒体而言，主要的网络广告市场份额呈长尾分布，主要由百度、淘宝等占有，在未来这个格局的变动将不会很大。为了降低投资风险，境外财务资本可以通过和本土企业联合投资。另一方面，中国网络广告新型技术需要大量资金支持，主要表现在三个方面：网络广告行业经过多年发展，竞争的层次不断提升，对资金的需求较之行业发展初期大幅提升；被投资企业不少属于已经形成多元化经营和具有一定规模和竞争地位的企业，它们所选择的战略对资金的需求往往比较大；网络广告业务的开展有赖于网络媒体的发展，而网络媒体存在较高的必要资本量壁垒，网络媒体行业在进入到成长期晚期和成熟期后，新的网络媒体的创建和在位网络媒体的进一步发展，对资金的需求就会更大。尽管境外财务资本资金实力雄厚，但考虑到投资风险、时间竞争等因素，总体上讲，境外财务资本将会更加重视联合投资。

境外财务资本采取联合投资策略既可以对多项技术进行投资也可以降低投资风险。联合投资在一定程度上也意味着境外资本进入到网络广告市场会更加倾向多元化战略。以 Gobi Partners 为例,涉及 17 个领域,包括数字电视、网络教育、无线广告、网络广告、网络游戏、无线增值、电子商务、广告代理、软件服务等。

② 更加重视与本土企业合作的战略。

风险投资一般趋于投资初创期和扩张期的目标企业。在网络广告市场初创期,企业拥有尚未投入生产和应用的初级产品和服务,实施粗略的经营计划,其管理团队尚不完整,处于几乎没有用户和市场收入的状态。在扩张期,企业的生产、销售和服务体系已经完善,实施大规模生产、销售,具备稳定的盈利模式和大量且稳定的收入,并开始考虑上市。企业所处的这两个发展时期的共同特点有二:一是都需要大量的资金投入;二是都具有较高的风险系数,初创期企业具有盈利能力的风险,扩张期的企业具有上市破发的风险。通过与本土企业合作,有利于充分了解本土企业的真实情况,从而可以减低风险投资和私募的风险。另一方面,中国经济的快速发展,使中国产生了不少有实力或某方面优势的本土企业,这为境外资本与本土企业合作提供了基础。

(2) 境外产业资本未来开拓中国网络广告市场的战略选择。

① 在公司层面上更加重视跨国战略。

国际本土化战略,将是境外资本进入中国网络广告市场采取的普遍性战略。随着跨国广告集团在世界范围内进行市场扩张,通过整合和共享资源,有利于实现规模经济和范围经济效应。另一方面,跨国网络广告集团的客户主要是国际大客户,为了进一步在网络广告市场渗透、争取本土客户,采取跨国战略既可以降低成本也可以最大限度挖掘中国网络广告潜在市场机会。因此跨国战略是境外资本进入中国网络广告市场不可缺少的主要战略。

② 在业务层面上更加重视差异化战略。

差异化战略将是境外资本开拓中国网络广告市场采取的重点战略。目前网络广告的同质化比较严重,跨国广告集团将利用自己的品牌优势、研发能力优势、营销能力优势等提供不同于其他网络广告公司的产品和服务;或是在营销方面,通过有特色的营销活动、灵活的营销整合在消费者心目中树立起与众不同的形象。差异化战略有利于建立起广告主在细分市场对网络广告企业的信赖和忠诚,从而在同行业筑起较高的进入壁垒,在特定领域形成独家经营的市场,避免与竞争对手的直接对抗,保持本企业的竞争优势。外资广告企业对网络广告的质量追求,造成的营业成本上升也可以通过差异化战略进行转移。差异化产品或服务的独特性会降低广告主对涨价的敏感性,进而削弱购买者讨价还价的能力;在细分市场的差异化优势也使得购买者具有较高的转换成本,从而不得不依赖于原来的网络广告企业。

鉴于网络广告市场份额已被大量外资企业占有,中国网络广告行业在一定程度上具有进入壁垒。但新型网络广告技术在中国尚未成熟,可通过引进全球化资源,采取领先创新技术获得先动优势,占有尚未成熟的市场领域,以保持市场领先者的地位。市场领先优势有利于塑造市场领先者的形象和声誉,新型网络广告技术初期树立的领先者形象利益是巨大的。并且这种利益会因为后期网络广告企业所带来的转换成本和网络外部效应而得到稳固。另一方面,在细分产业的领先地位有利于建立进入壁垒优势,尤其是对于本土化网络广告媒体而言。

③ 继续高度重视并购战略和合作战略。

并购战略和战略联盟将是境外资本进入中国网络广告市场采取的重点战略。

跨国广告集团将利用其资本优势,通过并购快速在网络广告细分市场建立进入壁垒。随着互联网用户的快速增长,网络广告各细分领域的营销方法进一步体系化,网络广告主对互联网视频、社区以及其他新型网络媒介的认可以及把握其营销规律,中国网络广告市场将取得较为乐观的增长。其中,搜索引擎广告市场前景乐观,增长势头良好;综合门户广告市场稳步增长;网络视频广告蓄势待发,视频进入高清流畅阶段,视频营销进入大视频时代。网络广告新型技术的研发对于跨国广告集团来说是个机遇,通过并购本土IT企业和网络广告制作企业有利于跨国广告集团站稳网络广告细分市场。

另一方面,战略联盟有利于跨国广告集团进占对行业熟悉度要求较高的网络广告细分市场。艾瑞咨询分析iAdTracker的监测数据发现,门户网站虽然仍然是各行业广告主投放品牌网络广告的首选,但广告主对其的依赖度有所下降。汽车网站、IT网站、房产网站、视频网站等优质垂直行业媒体得到了主要行业广告主的进一步认可,也在其品牌网络广告媒体投放策略中占据重要地位。由于产品特点、行业性质、竞争程度、自身优势等因素的影响,进入到中国网络广告市场的境外资本采取与汽车、房产等行业企业的战略合作,有利于资源互补,促使不同行业网络广告的专业化,有利于境外资本争夺垂直媒体网络广告的市场份额。外资企业将全部力量和资源投入到自己的优势领域,便于目标和管理的集中。将目标集中在特定的细分市场,企业可以更好地调查研究产品技术、市场、消费群体以及竞争对手等各方面的情况。进一步的深入钻研将提高企业的竞争实力。此外,垂直系统网站的广告更容易复制嫁接,有利于外资网络广告降低成本,增加收益。

8.2.4 境外大型产业资本集团进入中国网络广告市场的行为特征——以WPP为案例

1. WPP公司简介

WPP集团是全球最大广告传播集团之一,总部设在伦敦。其营业范围包括广告、公共关系、游说、品牌形象与沟通等。目前WPP集团在全球已经拥有84000名雇员,数千家国际和本地客户。WPP集团拥有60多个子公司,包括智威汤逊、奥美广告、精信集团、传立、扬罗毕凯广告、扬雅、United、伟达公关、朗涛形象策划、美旺宝、Hill & Knowlton、奥美公关、博雅公关、Millward Brown、Research International(国际市场研究顾问)、群邑媒介集团(GroupM)和 Enterprize IG等著名企业,主要服务于本地、跨国及环球客户,提供广告、媒体投资管理、信息顾问、公共事务以及公共关系、建立品牌及企业形象、医疗及制药专业传播服务。WPP进驻中国后的典型收购案例见表8-18。

表8-18 WPP典型收购案例一览

年份	新成立公司	公司特点	方式	影响
2005	福建奥美奥华广告公司	奥美控股福建最大的广告公司	控股	奥美广告公司进军福建,并成为福建最大的广告公司
2006	群邑控股公司	WPP集团整合旗下传力、迈视、灵立媒体、尚扬媒介及宝林	整合	群邑在中国当年媒介承揽额超过80亿元
2006	上海奥维思市场营销服务有限公司	智威汤逊收购中国本土最大的促销公司之一——上海奥维思市场营销服务有限公司	收购	WPP拥有奥维思公司大量本土优质客户,并成功控制了上海广告的下游链条
2006	北京华通代信息咨询有限公司	拥有覆盖全国城市及乡镇的数据采集网络	收购	增强其数据分析与营销咨询的实力
2006	北京世纪美华广告公司	实力较强的广告代理公司	收购	增强网络广告代理能力
2007	阿佩克思达彼思整合营销有限公司	达彼思与西部最大的阿佩克思合作	合资	WPP集团将业务扩展到中国西部

(续表)

年份	新成立公司	公司特点	方式	影响
2007	星际回声集团	拥有遍布全国的物流系统	收购	加强物流系统
2007	广州达生整合营销传播机构	拥有覆盖全国的营销执行网络	收购	加强本土营销能力
2008	互动通	收购中国富媒体广告公司互动通的少数股份	收购	投向新兴领域,进一步拓展中国市场
2008	上海英格美爱数字互动	收购游戏内置广告公司的股份,达到绝对控股	收购	将广告拓展到新的领域
2011	银都奥美	奥美收购江苏省最大的整合行销广告代理商——南京银都	收购	加强奥美在长江三角洲的服务实力

资料来源:作者收集整理获得。

2. WPP集团进入中国网络广告市场方式

(1) 与本土企业建立合资企业(1992—2002年)。

2003年前由于我国对广告市场的相关政策限制,境外资本只能以合资的形式进入到中国市场。1992年,WPP旗下的奥美广告公司与上海广告有限公司合作成立了上海奥美,开始了进军中国广告市场。1999年应广告主的网络广告投放需求,奥美国际集团与智威汤逊中乔广告公司联合推出互动媒体咨询,开始涉足中国网络广告市场。

(2) 非全资收购本土企业(2002—2005年)。

这个时期的并购并不能收购被并购企业100%股权,但在这个时期WPP集团通过收购本土优秀的营销公司和具有行业专长的企业提升在中国市场的竞争力。这个时期的并购对象尚未针对网络广告企业。

(3) 掀起并购狂潮(2005—至今)。

随着我国对外开放,中国广告市场允许外资独资公司形式存在。WPP集团加快了其并购进程。首先,在已经占领北京市场的情况下进驻福建,选择的是当时福建本土最大的广告公司之一奥华广告,接收了奥华一批中国本土的客户,拓展了自己在福建的市场,并且为从长江三角洲向华南发展战略奠定了基础,同时进一步巩固了自己在一线城市的地位。当一线城市已经连成一片之后,WPP将视线投向内地市场,西部地区由于本身地理环境的限制,4A企业进驻较少,而且市场也比较大,进入西部不仅可以获得大量本土客户,而且还可以为自己现在的客户向西部发展做好准备,于是收购了西部较有影响力的阿佩克思,发展了成都市场,并且拥有了阿佩克思的客户,使得其在西部地区的发展有了一个落脚点,再以这个落脚点为基础拓展西部市场。一旦西部市场发展成熟就可以将整个中国市场联系起来,形成联动和整合效应。

WPP集团在网络广告市场的利诱下,成立了数十家网络广告公司,成为网络广告市场广告代理商中的佼佼者。WPP为了获得更多的中国客户,树立品牌形象,收购的全是优秀的中国本土企业,由于其强大的资金实力和品牌形象,中国的网络广告公司一般都是被绝对控股。2006年,并购专业营销公司上海奥思维以加强促销能力;并购北京华通代信息咨询有限公司以拥有覆盖全国城市及乡镇的数据采集网络,有利于增强其数据分析与营销咨询的实力;并购北京世纪美华广告公司以增强网络广告代理能力;2007年收购星际回声集团,获得星际回声集团遍布全国的物流系统;收购广州达生整合营销传播机构,获得覆盖全国的营销执行网络。跨国广告集团通过并购中国本土大型营销传播公司,可以迅速提升跨国广告集团在专业领域的服务水平和整合营销能力。WPP集团通过利用本土企业在营销传播服务领域的专业实力和吸收本土企业已经建立起来的全国性网络,实现全国性市场扩张。

3. WPP集团进入和开拓中国网络广告市场的战略选择

纵观WPP的战略组合,凸显以下三个战略选择:

(1)国际化战略上重视本土化。

在网络广告的迅速发展下,为了满足广告主对网络广告的需求,1999年奥美国际集团与智威汤逊中乔广告公司联合推出了互动媒体咨询,打响了向网络广告进军的第一枪。成立的数字媒体广告部门,主要销售移动广告和社交网络广告,与谷歌、微软等其他网络广告巨头展开竞争,争夺更多的网络广告份额。2002年开始了并购时代,WPP集团在中国的扩展策略目的性明确。将WPP的并购案按时间串联起来就可以看出,无论是从并购的时间、并购的企业、并购后进入的地区都能够从整体上看出一条清晰的脉络——从一线城市向二、三线城市扩张。在其一系列并购中,WPP集团考虑不同区域特点成立了优势各异的子公司。这些并购也为WPP集团全面进入中国网络广告市场奠定了市场基础和技术支持。2005年开始,WPP通过对网络广告公司和具有业务优势和行业专长的本土企业并购,从而使得营销本土化。且在对网络广告公司的并购中非常强调业务专长。此外WPP集团每年度在中国境内大规模的员工招募也是其人才本土化的重要体现。且其旗下子公司的网络广告产品大多还是选择以内地面孔为主角以及中国人接纳的广告词为主,这也体现了WPP集团的人才本土化和创意本土化战略。

(2) 业务战略上重视差异化。

WPP集团内部的差异化战略也有明显体现。WPP旗下的奥美世纪是一家全方位的互动直销传媒服务公司,专注于互联网创作、活动营销、网络媒介投放策划,是目前唯一全球化操作的搜索引擎行销代理公司,提供全方位的新媒体策划和购买以及直效媒介规划服务。WPP旗下的群邑集团包括传立媒体、竞立媒体、尚扬媒介、迈势媒体及宝林广告(户外),这些品牌有着各自的优势。其中,竞力媒体的客户整体满意度高,有良好的研究工具、媒介创意,迈势媒体擅长媒体策划,保持高成长性,对二、三、四线城市有洞察力。传立媒体的优势主要体现在能够获得良好的媒体位置,市场声望佳。这些优势都为WPP集团实施差异化战略奠定了基础。

(3) 公司战略上重视纵向一体化。

WPP已发展多种广告和营销服务业务,包括传统广告代理、媒介计划与购买、公关与公共事务、互动直销、品牌识别与信息、咨询顾问等业务。通过多业务组合,延伸产业链,以增强竞争优势。WPP集团旗下子公司相互配合,构成中国市场的"航空母舰",见表8-19。

表8-19　WPP集团子公司业务构成

业务构成	公司	隶属广告集团
全面广告代理	上海奥美广告公司、奥美群策、福建奥华奥美广告公司、黑弧奥美广告公司、加信·奥美广告公司、上海同盟广告、上海广告有限公司	奥美集团
	智威汤逊·中乔广告公司	智威汤逊·中乔广告公司
	天业广告	天业广告
	旭日因赛·智威汤逊	旭日因赛·智威汤逊
	精信广告	精信集团
全面广告代理	广州达彼思(达华)广告、阿佩克思达彼思整合营销传播有限公司	The Voluntarily United Group of Creative Agencies(United)作为沟通集团(Cordiant)子公司加入WPP
	电扬广告	扬雅广告集团
	Soho Square	Soho Square
	上海旭通广告公司、北京第一企画广告有限公司、北京华闻旭通广告、Tiexu Advertising、上海广告装潢有限公司等	旭通广告集团(ADK)(1998年8月与WPP形成战略合作)

（续表）

业务构成	公司	隶属广告集团
媒介计划与购买	传立媒体、迈势媒体、竞立媒体、尚扬媒介、宝林户外、灵立媒体	群邑
公关与公共事务	上海奥美公关、西岸奥美公关、21世纪公关、iPR奥美有限公司、清华—奥美公共形象与品牌战略研究室、中青奥美科技发展有限公司	奥美集团
	博雅公关、凯维营销策划咨询（上海）有限公司	扬雅广告集团
数据咨询顾问	华南国际市场研究公司、艾杰比尼尔森媒介研究、北京艾德惠研市场调查有限公司、北京华通明略信息咨询有限公司	The Kantar Group
互动直销	华扬群邑	群邑
	奥美顾客关系行销、奥美互动、Neo@Ogilvy	奥美集团
	RMG Connect、上海奥维思	智威汤逊全球广告集团
	伟门	扬雅广告集团
	141 Worldwide（2006年转交Ogilvy）、XM Asia Pacific	The Voluntarily United Group of Creative Agencies（United）
	G2	精信集团
	BLUE	
	万是国际贸易公司	
品牌识别与设计	朗涛品牌咨询公司	扬雅广告集团
	上海扬特品牌识别咨询公司	奥美集团
	G2 Branding & Design	精信集团
	Glendinning Management Consultants	
健康传播	Sudler & Hennessey	扬雅广告集团
	Grey Healthcare	精信集团
	奥美医药营销公司	奥美集团
专业传播	体育营销	
	海润奥美娱乐行销广告公司	奥美集团

资料来源：作者收集整理获得。

WPP集团不但不同的子公司(包括构成竞争关系的子公司之间)可以在同一集团下做自己的广告,而且在上下游不同业务上协同提供一站式服务。鉴于整合资源、降低成本、提高竞争力、增加利润的规模效应等战略需求,传媒集团在并购过程中将更加注意纵向一体化。WPP集团的股东,包括WPP ESOP、Putnam Investment Management、Legg Mason、摩根士丹利、巴克莱银行等,这些机构资金雄厚,使得WPP集团具备实施纵向一体化的实力,并且这也符合多数境外资本的长期战略和经营目标。

8.3 境外资本进入中国网络广告市场的影响

8.3.1 网络广告发展对中国广告市场发展格局的影响

1. 网络广告对中国广告市场的正面影响

(1)扩大广告市场规模,拓展广告行业的产业边界。

从1999年初创期网络广告的行业规模接近1亿元到2011年网络广告的行业规模达到512.9亿元,证明广告市场发展网络广告是必然趋势。随着广告主增加、广告行业规模扩大、网络行业经验更加丰富以及互联网技术更加成熟,网络广告市场的营业额也逐步上升。通过对2005—2010年的网络广告市场规模(以亿为单位)及其占广告市场规模比例进行统计分析(表8-20),可以发现网络广告在整个广告市场的占比呈上升趋势。整个广告市场规模的增量变化主要来自网络广告市场。根据传统媒体广告营业额及其占广告市场份额比例显示(表8-21),传统广告市场的规模较为稳定,其中2005—2010年电视广告营业额占广告市场总营业额比例约为25%,报纸广告约为19%,广播广告约为3.5%,杂志广告约为1.7%。

表8-20 网络广告规模占比广告市场规模

年份	网络广告规模	广告市场总规模	网络广告占广告市场总规模比例
2005	40.7	1416.3	2.87%
2006	60.5	1573.0	3.85%
2007	106.0	1741.0	6.09%
2008	170.0	1900.0	8.95%
2009	207.4	2041.0	10.16%
2010	325.5	2340.5	13.91%

资料来源:根据艾瑞咨询和中国广告年鉴数据整理统计获得。

表 8-21 传统媒体占广告市场及其占广告市场份额比例

年份	传统媒体广告营业额				占广告市场总营业额比例			
	电视广告	报纸广告	广播广告	杂志广告	电视广告(%)	报纸广告(%)	广播广告(%)	杂志广告(%)
2005	355.3	256.0	38.9	24.9	25.1	18.1	2.7	1.8
2006	404.0	312.6	57.2	24.1	25.7	20.0	3.6	1.5
2007	430.0	322.2	62.8	26.5	24.7	18.5	3.6	1.5
2008	480.6	360.9	62.7	21.9	25.3	19.0	3.3	1.2
2009	519.9	392.0	72.2	38.1	25.3	19.2	3.5	1.9
2010	619.2	421.8	85.0	56.0	26.3	18.0	3.6	2.4

资料来源:中国广告年鉴编辑部:《中国广告年鉴》(2006年—2011年),新华出版社。

除了网络广告市场份额的增加对广告市场规模的影响之外,网络广告本身具有的特点也会为广告市场的整体扩张提供有利条件。首先,网络广告的主要效果之一表现在对企业品牌价值的提升上。企业品牌价值的提高,有利于企业其他传统媒体广告效果的进一步加强。其次,网络广告的信息量大、信息更新快,有利于补充传统媒体广告信息不足及信息更新慢的缺点,从而促进产品的销售。此外,网络广告不局限于制作环节,营销、公关等也是网络广告公司的业务重点,从而为客户提供全方位的服务。例如在线调研研究消费者行为及对广告形式的接受度,有利于整合各种广告渠道,以达到网络广告市场的最优配置。随着新媒体的不断变化,网络广告将给广告市场带来新的格局。

2011年艾瑞咨询专门对网络广告受访用户对各个媒体态度(图8-6)进行了调研。调研结果表明能从网络广告获取有用信息的比例最高(47.2%),而受访者对网络广告的厌烦程度并不高(22.7%),这表明相比其他各类广告形式而言,用户对网络广告较为接受,这为广告市场的开拓奠定了受众基础。另一方面,网络广告本身具有的信息量大、精准性高、用户匹配性强等优势,也吸引了更多的消费者,并刺激了他们的消费行为,即进一步刺激了广告市场的扩张。通过研究消费者对于网络广告的态度发现,2011年网络广告调研受访用户中,50%认为网络广告提供的信息对其选择有很大参考作用,且24%的用户认为网络广告经常能直接影响其消费决策,这进一步说明了网络广告对广告市场的影响(图8-7)。

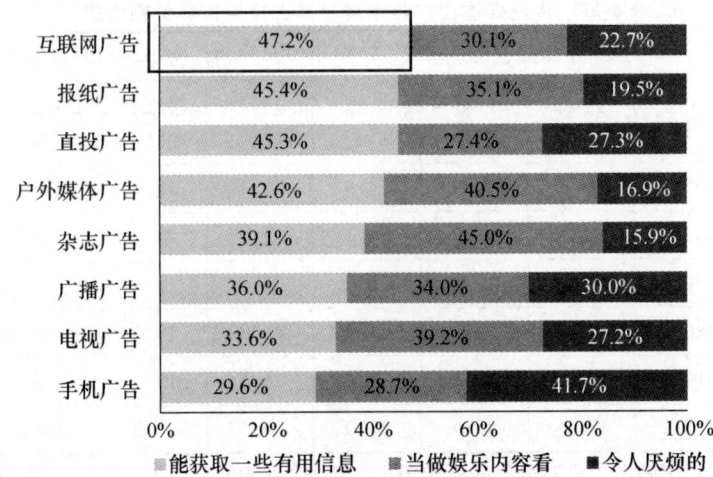

图 8-6 2011 年网络广告调研受访用户对于各类媒体广告的态度对比
资料来源:艾瑞咨询:《2011—2012 年网络广告调研受访用户行为研究报告》。

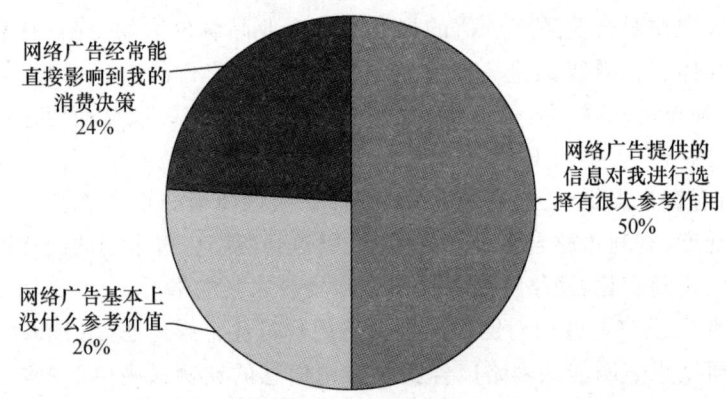

图 8-7 2011 年网络广告对于调研受访用户消费过程总的决策价值分布
资料来源:艾瑞咨询:《2011—2012 年网络广告调研受访用户行为研究报告》。

(2) 使广告市场从传统媒体平台主导向新媒体平台主导转变。

鉴于网络广告的及时性、可测性等优势,网络广告的市场份额占比不断增大。随着传统行业对网络广告的传播更为了解,它们在网络广告方面的预算也不断增大。根据艾瑞网络广告监测产品对展示类广告的广告主投放的长期监测分析,2011 年交通类广告主以 20.4% 的比重成为第一大广告主,网络服务类广告和房产类广告主的比重升到16.1%和13.3%。① 网络广告已一步一步地深入到各行各业,使得期刊及报纸类等传统媒体深受挤压。据艾瑞统计,2011年,中国网络广告市场增速最快,增速超过传统媒体——报纸、电视、广播、杂志等的广告营业收入的增长率,如图8-8。

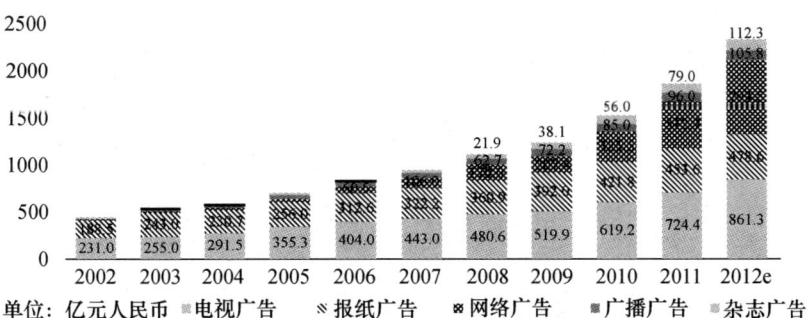

图8-8　2002—2012年中国五大媒体广告市场规模

资料来源:艾瑞咨询:《2011—2012年中国网络广告行业年度监测报告》。

传统媒体的广告营业额保持在稳定水平,增速远远低于网络广告市场,这向传统媒体提出了严峻挑战。网络广告的快速发展,其广阔的市场与日益突显的影响力,吸引了大批资本流入中国网络广告市场,尤其是境外资本的流入,这也导致了网络广告市场的竞争加剧。在2011年三网融合的推进下,媒体之间的联合将是大势所趋。随着监管政策的完善,网络广告将主导广告市场,我国广告市场将从传统媒体向新媒体平台市场转变。

(3) 改变中国广告产业链、广告市场业态和商业模式。

传统的广告市场将重心放在广告的制作之上,而网络广告市场更加注重营销、媒介规划、技术服务等。为了与网络广告市场竞争,传统媒体也必须考虑多元化发展和产业链纵向整合。各种媒体在竞争压力下,势必进一步开拓中国广告市场。网络广告的迅猛发展,不仅降低了广告成本,而且提供了各式各样的广告形式,使得传统媒体低效率高成本的形式逐渐被淘汰。此外,网络的信息传递速度使得完美营销成为可能,也进一步加快了广告市场的广告周转期。

网络广告主要支出分布在版面广告、分类广告、付费搜索上。门户网站纷纷在微博、视频等领域发力;品牌图形广告、富媒体广告等展示类广告整体依然是最大规模的广告形式,但搜索付费的规模已超过了品牌图形广告,预期将保持强

---

① 资料来源:艾瑞咨询:《2011—2012年中国网络广告行业年度监测报告》。

劲的增长势头。从不同类型网站的广告收入份额来看,搜索引擎网站依然是最大的类型网站,门户和垂直媒体的份额则进一步下降,2011年分别降到15.5%和15.7%。①艾瑞咨询关于今后几个年份对广告市场不同类型网站份额的预测,如图8-9所示。图8-9显示,搜索引擎广告占据网络广告市场近一半份额,电商网站将保持现在的发展势头,门户网站、垂直行业网站的网络广告市场份额将有所下降。网络广告在不同类型网站的占比将有所变化,即中国网络广告市场格局有所变化。随着网络广告市场份额占比中国广告市场份额逐步增大,网络广告在不同类型网站的占比变化将进一步促进广告市场业态的变革。

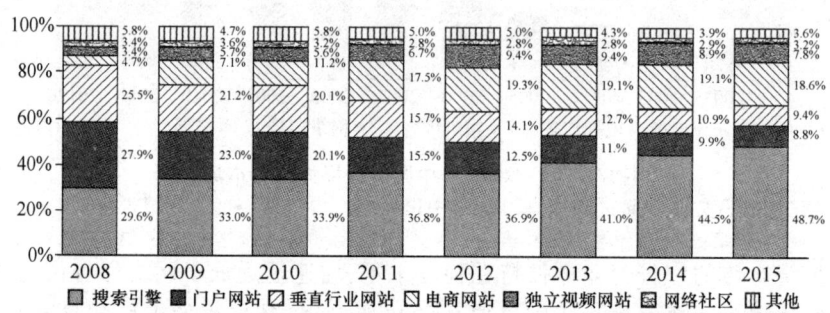

图8-9 2004—2015年中国网络市场不同类型网站份额

传统媒体的商业模式可以归结为"两次售卖"模式,即传媒产品通过采编人员的采写和编辑后,要经过两次售卖才能形成自己的价值和创造新价值。其中,第一次售卖是针对受众,建立客户忠诚度。第二次售卖针对广告主,售卖媒体的传播功能。在传统媒体的商业模式下,媒体和读者之间以及广告主和读者之间都是相对割裂的,媒体很难精确地掌握受众的特征和偏好,且广告发布所需成本大。而网络广告成本投入较小,由于网络媒体的空间是无限量的,成本低廉,网络媒体就有能力和意愿最大限度地吸引用户,而且由于其存储空间海量,它就能更好地满足用户的个性化需求,并实现成本领先。网络广告的这些优势也改变了广告市场的商业模式,使得商业模式趋于低成本战略。

(4) 使广告产业的"天生国际"②性质得以实现,从而有利于中国企业的国际化经营。

广告产业属于"天生国际"产业,但传统广告由于媒介的局限使广告产业的

---

① 资料来源:艾瑞咨询:《2011—2012年中国网络广告行业年度监测报告》。
② "天生国际"是指企业从成立之初就应瞄准和利用国际市场,实施国际化经营。

"天生国际"性质无法体现,一般只能限于一个国家内部。而网络不受空间限制,网民遍布全球,加上广告受众越多、广告企业的效益就越好,因此广告的受众从发布之日起始终覆盖全球网民,广告产业的"天生国际"性质得以显现。这就是一个位于深山沟的农民借助互联网都可以开展国际化经营的原因。

2. 网络广告对中国广告市场的负面影响

(1) 违法网络广告频频出现,损害中国广告市场整体信誉。

由于网络广告无国界,造成了管辖难、适用法律难、调查取证难。目前中国网络广告行业虽然会定期对违法、虚假广告进行曝光,但是由于互联网的信息更替迅速,往往不能制止垃圾广告、虚假广告的频频出现。这类网络广告的出现无疑会损害网络广告的普遍形象,导致消费者对网络广告产品的认可度降低,且在消费者心中建立起负面形象,这也必将进一步影响到该产品的其他广告渠道效益,进而影响到整个广告市场的健康发展。其中违法网络广告主要包括:

① 虚假广告。

虚假广告指广告内容是虚假的或者是容易引人误解的,一是指商品宣传的内容与所提供的商品或者服务的实际质量不符,另一就是指可能使宣传对象或受宣传影响的人对商品的真实情况产生错误的联想,从而影响其购买决策的商品宣传。网络广告的传播范围广,不受时空的限制,借助互联网的便利,可以将广告信息不间断地传播到世界各地。

据金山网络统计,截止到2013年1月,新浪约有6万微博大号从事虚假广告营销,平均每天转发13万条虚假广告,创造了1326万点击量。虚假广告产生了惊人的经济效益。金山网络统计,新浪微博每天每3个活跃用户就有1个会被虚假广告所吸引,每100个活跃用户就有1个会产生交易,平均每天创造40万购买量、数千万元的交易额。

② 隐性广告。

隐性广告亦称"植入式广告",隐藏于载体并和载体融为一体,共同构成了受众所真实感受到或通过幻想所感知到的场景的一部分,以非广告的形式在受众无意识的状态下,将商品或品牌信息不知不觉展露给受众。例如博客主在写作中对产品的宣传,就是隐形广告。受众对隐形广告接受程度较高,使得隐形广告日益流行。

③ 实施不正当竞争的广告。

不正当竞争,是指经营者违反反不正当竞争法的规定,损害其他经营者的合法权益,扰乱社会经济秩序的行为。由于网络广告的传播速度快和信息量大的特点,一些企业可以抄袭他人广告内容进行不正当竞争。另外,搜索广告优势突出,有些企业利用关键字技术进行不正当竞争。通过将他人的商标、企业名称、产品特点写入自己的广告,造成与之相关联的假象,从而提高点击率。

④ 垃圾邮件广告。

凡是未经用户许可就强行发送到用户的邮箱中的任何电子邮件就称为垃圾邮件。随着互联网的普及,通过邮件发送广告的广告商业越来越多。中国互联网协会在《中国互联网协会反垃圾邮件规范》中是这样定义垃圾邮件的:"(1) 收件人事先没有提出要求或者同意接收的广告、电子刊物、各种形式的宣传品等宣传性的电子邮件;(2) 收件人无法拒收的电子邮件;(3) 隐藏发件人身份、地址、标题等信息的电子邮件;(4) 含有虚假的信息源、发件人、路由等信息的电子邮件。"[①]尽管现在开发了反垃圾邮件软件,但有些垃圾邮件逐渐演化成盗窃或破坏性恶意软件,对计算机安全造成威胁。

(2) 大多数网络广告缺乏新意,降低中国广告市场整体品位。

网络广告媒体平台和形式等多样化,以及制作简单,使得大部分网络广告内容大都缺乏新意。有些网络广告为了吸引受众的注意力,利用不适当的表达方式,往往宣传得到反效果,使受众厌烦。随着网络广告的竞争加剧,网络广告将更加注意速度,而忽略质量,这将降低整个广告市场的整体水平。

8.3.2 境外资本进入对中国网络广告市场的影响

境外资本进入到中国网络广告市场,使得本土广告媒体开始注意到这块市场的巨大潜力,同时由于外资投资的网络媒体实力雄厚,给本土网络广告媒体带来了重大压力。境外资本的进入一方面刺激了本土企业的网络广告在市场的投入,另一方面许多本土广告媒体在重压下"病急乱投医",导致大规模的虚假广告、低质广告的出现。

1. 境外资本对中国网络广告市场的正面影响

(1) 突破中国网络广告产业发展的融资瓶颈。

与中国互联网行业、IT和移动通信一样,中国传媒产业的高利润也引起境外财务资本的关注。传媒产业具有相对垄断性、良好增值性、独特盈利性等特点,而网络广告综合了传媒产业和互联网产业的优点,使得这些特点更加突出。境外财务资本通过对网络广告公司和网络媒体的投资进入到中国网络广告市

---

① 资料来源:《中国互联网协会反垃圾邮件规范》。

场。网络广告的载体是网络媒体,两者的发展息息相关。网络媒体的发展需要巨大的投入,境外资本的进入对解决网络媒体发展所需的资金起着至关重要甚至决定性的作用。因此,境外资本通过间接的方式解决了中国网络广告发展的融资渠道问题。以外资风险投资机构IDG资本为例,IDG资本投资于各个成长阶段的公司,主要集中于互联网、通讯、无线、数字媒体、半导体和生命科学等高科技领域。目前已经在中国投资了100多个优秀的创业公司,包括携程、百度、搜狐、腾讯、金蝶、如家、好耶、网龙、搜房等公司,已有30多家所投公司公开上市或并购。专业的团队和强大的联络渠道,为其投资的网络广告媒体的进一步扩张提供了保障。除了对网络媒体进行投资,境外财务资本对具有技术优势和行业专长的网络广告公司也尤为青睐。

在8.1中,我们可以看到2011年TOP20的网络媒体中,几乎都接受了境外机构的风险投资。在许多中小企业面临融资困难的时候,风险投资为网络媒体提供了发展的可能。搜狐、凤凰新媒体、土豆网等企业的创业者在创业初期和发展期都面临着资金紧张的问题,风险投资使他们的战略计划得以实行。以搜狐为例,随着境外资本不断注入,以搜索引擎发家,不断进入新市场,例如社区网站、网络游戏、搜狗开发等,并通过战略合作不断地推动相关产业链的发展,从而增加了网络广告市场份额。境外财务资本为搜狐提供资金支持以外,还提供了招募关键员工、帮助定制战略计划、帮助组织兼并收购或上市等帮助。我们可以看到,境外资本向中国企业提供了资金帮助、人才支持、资源援助等。从这个角度来说,境外资本对中国企业的成长发挥了积极作用。

(2)促进培育和提升中国网络广告产业竞争力。

跨国广告集团进入中国网络广告市场,会向设立在中国境内的网络公司输入优势资源,从而促进培育和提升中国网络广告公司的核心竞争力。一方面,境外资本以独资经营、合资形式或并购的形式进入时,将为我国培养更多的专业人才,引进先进的管理经验和技术,从而使得本土企业在广告制作、广告营销、资源整合等方面得到提高;境外资金以风险投资的形式进入有利于我国网络媒体的全面发展,树立本土企业的国际性眼光,并有利于本土企业整合全球资源。境外资本以战略合作的形式进入中国网络广告市场时,有利于推动不同的媒介之间进行互动、合作,以期实现资源共享、知识传导、优势互补。另一方面,中国本土网络广告媒体规模小、数量众多、结构分散、市场集中度低、效率低下,面对跨国广告集团进入带来的冲击,本土网络广告媒体不可避免地通过充分运用市场力量、整合优化资源、解决同质竞争等,增强整体竞争力。跨国企业在技术等方面的优势将使得其领先占据网络广告各新型市场,这势必给本土企业带来压力,从而促进本土企业学习和快速成长。这不仅有利于推进中国网络广告产业的市场化进程,而且有利于我国网络广告媒体走向世界。

(3)促进中国网络广告的产业创新和多样化发展。

首先,财务资本对中国网络广告市场新型技术开发的投资,有助于网络广告技术提升。以品友互动为例,在2011年和2013年分别接受境外风险投资机构和私募投资1000万美元和5000万美元的投资,使其实时竞价(RTB)架构和算法得到研究开发,RTB采取先进的人群定向专利技术,旨在不断提高整个数字广告产业链的产能和效率,有助于推动中国互联网展示广告进行颠覆式创新——从传统"广告位时代"①迈入"人群"时代。②

其次,外资网络广告公司注重企业品牌价值的塑造,包括对人才的培养、产品和服务的优化、无形资产的建设等。外资网络广告公司的实力强大,对网络广告产品服务要求严格,使得网络广告具有高品质,从而进一步提高网络广告传播效果。跨国广告集团通过对人才的培养,为广告市场注入了大批专业人才和最新广告理念。而优质的产品服务为中国广告市场赢得了更多的国际广告主,使国际广告主加大了对中国网络广告市场的投资力度。

再次,境外资本的进入促进了网络广告市场的差异化发展和多样化发展,例如华扬联众强调数字营销,奥美世纪注重搜索引擎行销,易传媒着重开发垂直广告网络。网络广告市场在数字营销、网络广告技术服务、搜索引擎行销、媒介规划、整合创意、提供互动媒介等不同领域的发展,既能扩展网络广告市场的发展空间、丰富网络广告市场、更好满足多样化的广告需求,又能扩大市场"蛋糕",境外资本的进入可以起到助推作用。

2. 境外资本对中国网络广告市场的负面影响

(1)影响中国网络广告产业发展的自主性。

跨国广告集团对中国本土广告公司的收购,一方面改变了本土企业的所有权结构,另一方面对本土企业的管理模式造成影响。跨国广告集团在广告创意、广告营销、广告制作等方面的优势使其占有产业市场的主导地位,从而制约民族产业发展。此外,跨国广告集团并购中国本土企业主要是为了扩大市场份额,增强国际范围内的竞争力,而中国引入境外资本的目的主要是为了提高本国产业竞争力。而跨国广告集团的产业主导地位则使得其子公司最终根据母公司的全

---

① 广告位时代,即网络广告抢占大量或优势的广告位的时代。
② 人群时代,即通过类搜索技术帮助广告主直接向自己的定向人群投放广告。

球目标制定市场策略,这也将影响中国网络广告产业发展的自主性。

(2) 加大网络广告行业垄断的风险。

一方面,外商网络广告公司不惜重金挖掘人才,为求高品质不惜成本以及探寻在网络广告市场的核心竞争力。这些过程都不乏资金浪费,从而导致营业成本增加。广告市场的成本增加,则会对本土企业的运营带来一定的阻碍。另一方面,境外产业资本利用其先天的资本、管理和运作优势促使资源集中,使得境内网络广告企业的生存状况更加恶劣,极大地阻碍了本土广告企业的发展壮大。外资网络广告媒体经济实力雄厚,互联网技术强,整体占有率高,形成了可以左右网络媒体的力量。而网络广告市场在中国广告市场的比例将逐渐增大,这使得外资在中国广告市场上举足轻重,这也势必会向本土企业提出挑战。中国境内资本在面对该行业巨大的技术成本和内容成本的双重压力下,要么已经被淘汰出局,要么转做社区等其他某一个细分市场。若外资网络媒体在网络广告市场处在垄断地位,会对我国的整个广告市场带来不可控制的局面。

跨国广告集团进入中国的主要方式包括与中国本土企业建立合资公司、战略联盟及收购中国本土企业。在与跨国广告集团合资合作的时候,不少广告公司为了引进资金,出让企业的控制权,甚至包括品牌、销售网络、商业信誉等无形资产。外资公司借助这些中方公司已经积累的品牌效应进入中方公司的销售网络或者对相应领域的客户产生号召力。而民族企业在境外资本长时间进入以后,因为位于外资公司旗下,中方公司原有的品牌力会逐渐削弱,而成为外资公司品牌中的一部分。

(3) 造成国民财富的外流。

2011年TOP前20的网络媒体,18家已上市,且除太平洋网络以外都在美国上市,其中TOM在美国、香港均上市,在一定程度上导致了不论是在投资机会方面还是利润流向方面,都基本上被境外投资者所占有,国民参与相对较少。外资推动了网络媒体的海外上市,使得国外公民可以持有公司股票,而本国公民却不能在其未来盈利中分享利润。在网络广告产业链中,网络媒体享有绝大多数的广告收入,网络广告公司只收取18%左右的手续费。此外,尽管本土网络广告公司在数量上远远超过外资网络广告公司,但在营业额上两者相当。网络媒体的海外上市和外资网络广告公司市场占有都将造成国民财富外流。

总的来说,境外资本进入中国网络广告市场的利大于弊,为我国网络广告市场带来了生机与活力,对促进我国网络广告业的健康发展起到了推动作用。

8.3.3 境外资本进入中国网络广告市场对中国广告市场的影响

1. 助推中国广告市场的产业转型

风险投资的进入、跨国广告集团广泛实施的并购,将更多网络媒体和网络广告公司收入麾下、减少竞争对手、扩大企业规模,从而获取资源共享的范围经济效应、资源整合的协同效应,以及扩大企业规模后的规模经济效应,其结果是导致网络广告市场集中度越来越高。同时,对于作为网络广告载体的网络媒体行业,由于市场的开放度越高竞争就越激烈,技术创新的速度也就越快,网络媒体行业的垄断性就越强,因此,各种境外资本的进入会扩大网络广告市场规模,使得广告市场从传统广告一统天下到传统广告与网络广告并驾齐驱甚至以网络广告为主。网络广告市场的地位日益突出,又将进一步改变广告产业链和广告产业的传统商业模式。

2. 通过提升中国网络广告产业竞争力来提升中国广告产业竞争力

网络广告不仅是广告产业中非常重要的一部分,而且是广告发展的潮流和趋势。提升中国网络广告产业竞争力是提升中国广告产业整体竞争力的重要途径。首先,中国网络广告产业占中国广告产业的比重达到了约35%,所以提升网络广告产业的竞争力必然会有效促进整体产业竞争力的提升。其次,中国网络广告产业在过去几年得到了飞速发展,其所占中国广告产业的比重也逐年提升,是中国广告产业未来的发展趋势所在。所以提升网络广告产业的竞争力是对整个行业未来竞争力的有效保证。最后,中国的网络广告产业较国外发展还显落后,有很大的学习和提升空间。境外资本进入到中国网络广告市场,能加速中国网络广告产业的发展,从而有效带动整个行业的发展。综上可知,从重要性、发展趋势、提升空间等几个层面上来看,提升中国网络广告产业竞争力都能有效提升中国广告产业的整体竞争力。

3. 国际知名广告集团的进入有利于使中国广告产业成为具有国际竞争力的"天生国际"产业

跨国广告集团利用其资金优势和资源优势,制作了众多高品质网络广告,并通过其遍布全球的营销公司使得其网络广告得到快速传播。网络不受空间限制,网民遍布全球,加上广告受众越多、广告企业的效益就越好,跨国广告集团进入中国网络广告市场,使得广告产业的"天生国际"性质得以进一步体现。

4. 对广告市场文化安全的影响

网络广告的迅猛发展,将进一步影响到同一件产品在其他媒体上的形象效应。中国作为世界上最大且增长最快的传媒市场,吸引着众多境外资本的进入,由于我国是社会主义意识形态的国家,国家文化安全及主导意识形态无疑会受到境外资本的负面影响。一方面,要警惕无意的外来文化的侵蚀。媒体产品的消费与文化、思想观念等密切相关。以往单纯靠行政和计划的手段抵御外资显然已经落伍。另一方面,要警惕境外资本有意的对本土文化的破坏。随着文化产业的国际化以及文化产业在世界贸易中的比重越来越大,资本主义文化的扩张与经济利益紧密结合。境外资本对网络媒体的巨额投资,使得大部分网络媒体受到控制,从而使得境外资本能够对网络媒体业务具有决定权或重大影响力,对中国广告市场的价值观带来影响。网络广告的迅猛发展,将进一步影响到同产品在其他媒体上的形象效应,影响主要表现为两方面:

(1) 对价值观的影响。六大跨国集团,除电通的总部在日本以外,其余都在欧美地区。跨国广告集团进入到中国网络广告市场必将对网络广告受众的价值观产生影响。与中国内地人相比,西方人更加崇尚人性、强调个性。以个人为中心的人本价值取向,更加关注自我利益,注重个人人格和个性的发挥。跨国广告集团对网络广告受众的影响主要表现为在网络广告传播中注重强调自我价值和个性张扬的文化。此外,对价值观的影响也会进一步影响受众的行为。跨国广告集团进入中国网络广告市场,势必将国际元素加入到网络广告内容制作中,而网络广告信息对消费者的影响较大。2011年艾瑞咨询网络广告调研受访用户行为中,50%认为网络广告提供的信息对其选择有很大参考作用,且24%的用户认为网络广告经常能直接影响其消费决策,这进一步说明了网络广告对广告消费者价值观的影响。若网络广告内容消极或不健康则会进一步影响社会和谐。

(2) 对传统文化的影响。中国传统文化是中华文明演化而汇集成的一种反映民族特质和风貌的民族文化,是中华民族几千年文明的结晶,除了儒家文化这个核心内容外,还包含有其他文化形态,如道家文化、佛教文化等。而跨国广告集团借助与大众生活潮流紧密相连的网络广告传播的则主要是西方文化。跨国广告集团的主要客户仍然是国际广告主,这也使得西方文化得到进一步传播。西方文化的逐渐渗透必然会对中国传统文化造成影响,例如淡化传统文化等,这在一定程度上必然对我国的文化安全造成影响。

8.4 研 究 结 论

1. 境外资本主要从网络广告产业链中的广告代理商环节和网络媒体环节

进入到中国网络广告市场。境外资本的使命愿景、资质条件、我国庞大的潜在市场和网络技术的快速发展,使境外资本进入中国市场具有必然性。

2. 境外资本在中国网络广告市场的行为特征及一般规律:进入中国网络媒体市场的境外资本根据其进入目的的不同可以分为产业资本和财务资本。产业资本主要以独资合资、并购、战略合作的方式进入中国网络广告市场,财务资本则主要以风险投资和私募股权投资的方式进入中国市场。境外资本进入初期,由于政策的限制,主要以合资经营的方式进入。自2005年中国政策允许外商以独资形式成立广告公司以后,独资经营、并购、风险投资的形式成为主要形式。在战略与策略的选择上,产业资本采取的战略主要包括跨国战略、差异化战略、纵向一体化战略、合作战略;财务资本采取的战略和策略主要包括本土化战略、联合投资、投资对象专业化。境外产业资本为立足现有市场和进一步扩大市场份额,多采取战略联盟、一体化、多元化等战略。

3. 境外资本进入中国网络广告市场的未来战略和影响:境外财务资本进入中国网络广告市场的未来战略主要包括"联合投资+多元化"战略、与本土企业合作;产业资本进入中国网络广告市场的未来战略主要包括跨国战略、差异化战略、并购战略、战略联盟。

4. 境外资本在中国网络广告市场的影响力。主要通过分析网络广告发展对中国广告市场发展格局的影响、境外资本进入对中国网络广告市场的影响及境外资本进入中国网络广告市场对中国广告市场的影响来刻画境外资本进入中国网络广告市场的影响力。目前网络广告对广告市场的正面影响主要体现在扩大广告市场规模和拓展广告行业的产业边界、使广告市场从传统媒体平台主导向新媒体平台主导转变、改变中国广告产业链和广告市场业态及商业模式、使广告产业的"天生国际"性质得以实现;负面影响主要包括违法网络广告频频出现损害中国广告市场整体信誉以及大多数网络广告缺乏新意,降低中国广告市场整体品位。境外资本对中国网络广告市场具有正反两面影响,正面影响主要体现在突破中国网络广告产业发展的融资瓶颈、促进培育和提升中国网络广告产业竞争力、促进中国网络广告的产业创新和多样化发展。而负面影响则主要体现在:影响中国网络广告产业发展的自主性、加大网络广告行业垄断的风险、造成国民财富巨额外流。境外资本进入中国网络广告市场对中国广告市场的综合影响包括助推中国广告市场的产业转型、通过提升中国网络广告产业竞争力来提升中国广告产业竞争力、利于使中国广告产业成为具有国际竞争力的"天生国际"产业。

第9章 境外传媒资本退出中国的状况

境外传媒资本陆续进入中国内地,但与此同时,也有众多的外资传媒企业纷纷宣告退出中国,其中不乏一些大型跨国传媒集团,包括时代华纳、新闻集团、贝塔斯曼、谷歌公司等。根据我们的观察,截至目前,退出中国的境外传媒资本覆盖了门户网站、杂志、电视频道、图书、影院、通讯、搜索引擎、广播等近10个传媒子领域。

2004年,总部位于以色列的ICQ公司,是当时全球第一大即时通信服务商ICQ,开始在中国内地寻求业务合作伙伴,以全面扩展它在中国市场的影响力,随后便快速占据了中国市场。而今天ICQ已经被腾讯QQ远远地抛在后面,在今天的中国市场上几乎销声匿迹。

2004年1月,联想集团宣布正式结束与美国在线(American Online,简称AOL)的合作伙伴关系,双方的"结晶"FM365网站由联想全权控股。2008年,美国AOL总部再次决定撤出中国内地业务,又一次败走中国。

2005年,新闻集团与青海卫视开展合作,并通过该平台让星空曲线落地全国,这也是星空传媒中国业务的最高峰,但只保持了三个月的辉煌便被国家广电总局紧急叫停,时任星空中国CEO的戴杰明也因此事被迫离职。

华纳兄弟国际影院公司于2002年进入中国市场,先后在上海、南京、广州等7个城市建立了试点影院,它们把国际上最先进的影院管理模式和经营理念带到中国,取得了巨大成绩,然而在2006年,华纳国际影院公司宣布全面退出中国市场。

德国贝塔斯曼自1995年进入中国以来,在中国图书市场上屡屡制造热点、掀起波浪、引领潮流。2008年6月,北京贝塔斯曼21世纪图书连锁有限公司宣布,在2008年7月31日前,除了保留上海的8家贝塔斯曼门店之外,全国的36

家贝塔斯曼书店将全部关闭。这意味着,这家在中国苦心经营了13年图书销售业务的全球第四大传媒集团要退出其在中国的图书销售业务,也意味着其2007年开始推行的中国图书市场拓展战略以失败告终。

2010年3月23日谷歌公司高级副总裁、首席法律官大卫·德拉蒙德(David Drummond)公开发表声明,宣布停止对谷歌中国搜索服务的"过滤审查",并将搜索服务的服务器由中国内地转至香港。

美国之音计划自2011年10月1日开始全面停止其普通话短波、中波及卫星电视广播节目,全面取消粤语广播,并计划裁员45人,其中有38人将来自普通话栏目组。

近年来,退出中国传媒行业的境外传媒资本远不止这些,尤其是以雅虎和谷歌为代表的境外门户和搜索网站,可谓节节败退。众多境外传媒资本的退出,给中国的政府、社会和消费者造成了一定的影响,引起了行业内外的普遍关注。

传媒业的有序发展与政府提供的规制环境息息相关,但是中国传媒政策与监管具有不稳定性与反复性的特点,这对境内资本和境外资本的长期业务发展都是不利的,且有损中国政府的形象。了解传媒业的发展规律和境外资本在中国传媒市场的战略行为规律是产生具有生命力的传媒政策与监管的决策基础。本书从退出视角探析境外资本在中国传媒市场的战略行为规律。

9.1 境外传媒资本退出中国的方式

总体上讲,境外传媒资本退出中国包括以下几种方式:

1. 直接解散

直接解散是指境外传媒企业直接撤销其在中国的公司或关闭其门店、遣散企业员工的行为,美国在线和贝塔斯曼书友会的退出就属于这种方式。2008年,美国时代华纳的子公司美国在线AOL总部决定撤销其中国内地业务,AOL北京办事处近百名员工直接被遣散;同年,贝塔斯曼关闭了全国的36家贝塔斯曼书店,并割弃旗下直接集团的中国分公司,一并取消会员中心。一般而言,选择直接解散的原因是由于公司未寻找到合适的买家。

2. 股权转让

股权转让是指境外传媒公司股东依法将自己的股份让渡给他人、使他人成为公司股东的民事法律行为,这是境外资本退出中国最常用的一种方式。

相比于直接解散,股权转让可以收回部分投资成本,可以使原公司继续存在,不会发生大量员工遣散的情况,不易引起消费者的不满情绪,有利于企业的可持续发展。另外,股权转让通常还是企业进行战略投资和战略调整的一种有效方式。

中国境内外资传媒发生的兼并收购和股权转让的案例不在少数。2004年8月,联想以相当于合资公司净资产49%的价格收购了美国在线AOL手中的FM365.com网站,实现全资控股;2005年11月,默多克以1.1亿美元悉数出售持有的中国网通股份;2006年6月,默多克向中国移动出售19.9%的凤凰卫视股权。这些行为都属于股权转让。

3. 中方托管

由于中国特殊的国情和不同的生活消费习惯,外资传媒面对政策压力或经营障碍时,无奈之下也会选择让中国人自己打点,最典型的是雅虎中国。在接二连三的失败之后,雅虎总裁杨致远最终选择了把雅虎中国交给马云全权打理。2005年8月,雅虎宣布计划用总计6.4亿美元现金、雅虎中国业务以及从软银购得的淘宝股份,交换阿里巴巴40%普通股(完全摊薄)。其中雅虎首次支付现金2.5亿美元收购阿里巴巴2.016亿股普通股,另外3.9亿美元将在交易完成末期有条件支付。根据双方达成的协议,雅虎将斥3.6亿美元从软银公司手中收购对方持有的淘宝股份,并把这部分股份转让给阿里巴巴管理层,从而使淘宝网成为阿里巴巴的全资子公司,雅虎作为股东,只关心马云的业绩。

4. 撤离转移

以谷歌为典型代表的互联网公司选择了撤离转移的方式退出中国内地市场。2010年3月,谷歌宣布停止在中国大陆过滤网络搜索结果,将google.cn连结至香港的Google.com.hk,由于中国大陆和香港的体制存在差异,撤离中国内地但又没有离开中国消费者,而是转移到了与中国内地有着千丝万缕的关系的香港,这是境外传媒资本一种特殊的退出方式。

9.2 境外传媒资本退出中国的特点

就境外资本的总体来讲,比较明显的主要有以下几个特点:

1. 反复进退

境外传媒资本退出中国最大的特点就是卷土重来,尤其是对于资本雄厚、实力强大的大型跨国传媒集团,它们不会轻易放弃中国庞大的市场,也不会轻易错过在中国的发展机遇,而是伺机行事,随时卷土重来。最有影响力的是美国时代华纳旗下的美国在线,曾先后两次进入中国大陆,又两次败走,该公司还对外宣称不排除第三次来华。

2. 选择性退出

境外大型跨国传媒集团业务庞大,因此这些企业的退出通常都只选择退出某个业务而不会全部撤离,有时甚至在退出某个业务的同时还"留有余地"。对于处于衰退阶段或者已经无法盈利的业务,境外传媒企业通常会选择主动退出;但是对于一些成长性业务,企业会采取保留的方式,甚至加大投资力度。例如,由于贝塔斯曼的图书销售业务已经遭到了电子商务图书市场的巨大冲击,处于衰退阶段,而当时的中国杂志市场处于刚刚起步的重要时机,所以该公司选择了退出图书销售业务,但积极拓展杂志和外包业务,Gruner + Jahr 推出了名为《Leon》的男性杂志,Arvato 服务的中国区收入持续增长,2009 年上半年的增幅高达 84%。

3. 注重社会责任

大型外资传媒集团在退出中国市场之后并未弃责而逃,而是努力将企业退出所造成的影响降到最低。例如,贝塔斯曼在对待原有客户方面,原书友会会员可以上网或拨打呼叫中心查询账户余额,相应的账户余额将通过邮政汇款返还给会员;对待原有职工方面,依法向所有员工支付经济补偿金,补偿金额将在符合政府要求的前提下,同时考虑所有员工过往对业务发展做出的努力及贡献;对于供应商,贝塔斯曼承诺"将公平、公正地履行对供应商及其他合作伙伴的所有义务"。美国在线 AOL、雅虎中国等外资企业,在退出中国或者改组之时,他们的员工都享受到了应该有的待遇和安排。AOL 员工拿到了 3 个月的遣散费,雅虎中国的原有股东和员工也按照之前的协议获得了补偿。

4. 涵盖全行业

纵观诸多退出中国的传媒企业,其退出的领域几乎包含了中国在传媒行业对外开放的所有领域,涵盖传统媒体和新媒体各个领域(表 9-1)。

表 9-1　退出传媒各个领域的境外代表性企业

退出领域	代表性企业
门户网站	雅虎、FM365、美国在线 AOL
杂志	《滚石》杂志
电视频道	星空传媒,华娱,凤凰卫视

(续表)

退出领域	代表性企业
图书	贝塔斯曼
影院	时代华纳国际影院
搜索引擎	Google、雅虎
通讯	ICQ
广播	美国之音

9.3 境外传媒资本退出中国的影响

境外资本退出有可能给中国带来以下影响:

1. **引起消费者不满**

境外传媒资本退出中国受到伤害最为直接的是消费者,尤其是忠诚度较高的消费者,消费者必须为此对自己原有的生活方式作出一定的改变,因此常常引起消费者的不满甚至引起民愤。当年贝塔斯曼的来临,使得中国读者尝试到会员制、邮购、书友会、折扣书等一系列新的消费方式和服务模式,也使得中国的出版业、发行业认识到多元的市场模式和商业形态,并有效打破了中国的出版发行业格局,产生了"鲶鱼效应"。它的退出,对中国消费者和其他相关行业的消费者都一度带来了很大不便。

2. **造成强大国际舆论压力**

跨国传媒集团的退出,尤其是那些对中国贸易环境不满而萌生退意或发难的跨国公司,它们在西方国家掌握着媒体的话语权,可以引导西方世界把中国的开放性和民主话题推向热议,对中国造成强大的国际舆论压力。在中国这样一个高速发展的时期,过大的国际舆论压力不利于国家形象的树立,进而影响中国的对外贸易、国际谈判和国际地位。

3. **降低行业竞争度和社会福利**

在中国传媒行业中,国家垄断性较强,境外传媒资本的进入会为中国传媒市场注入新的活力,促进中国传媒业进行企业改革和管理创新。对于处于衰退阶段的传媒业务,企业的退出,会加速传媒行业市场结构的调整。例如贝塔斯曼书友会的退出,使以亚马逊为代表的网上书店模式快速发展、市场占有率快速提升,却使消费者减少了对购物方式和生活方式的选择。

对于像互联网搜索引擎这样的新兴载体,境外传媒资本的退出会使那些已呈垄断色彩的传媒业务更加雪上加霜,不利于企业进步,同时也会损害消费者的利益和社会福利。图9-1和图9-2反映了2010年3月谷歌退出中国内地市场后中国搜索引擎访问次数和网页搜索请求量份额的变化,百度的市场份额明显上升,垄断力量更为强大,社会诟病也明显增多。

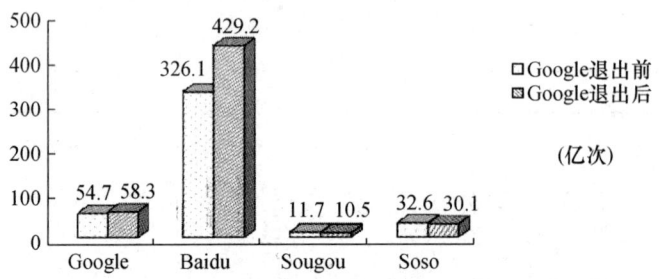

图 9-1　Google 退出前后各大搜索引擎访问次数比较
资料来源:作者根据艾瑞咨询发布的中国搜索引擎市场监测报告整理获得。

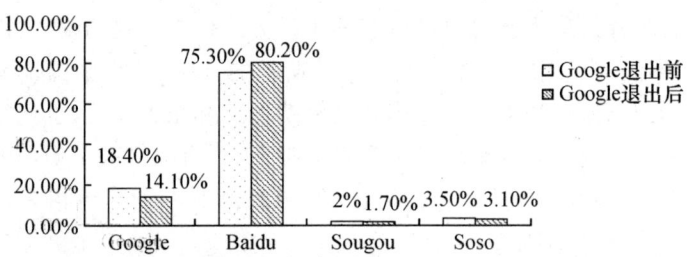

图 9-2　Google 退出前后各大搜索引擎网页搜索请求量份额比较
资料来源:作者根据艾瑞咨询发布的中国搜索引擎市场监测报告整理获得。

4. 损失国外技术和信息资源

现代社会资本流动已经不仅仅是纯粹资本本身的流动,与之相伴而流动的还有技术、人才和管理经验。境外传媒资本会带来国际一流的运作经验和传媒市场的"专业标准",值得我国传媒企业学习。早年央视的《正大综艺》、北京电台的《东芝动物乐园》等,都是以外商提供第一手节目素材,以及其他电视栏目的制作美化等专业外包操作。此外,境外传媒还能使民众更多地了解世界上的最新信息。比如,《商业周刊/中文版》的出版,就为那些不懂英文的国人及时传播了世界经贸、科技和新兴产业、企业管理经验等权威信息,并有助于中国的决策者们掌握国际市场动态和提高企业管理水平。

9.4 境外传媒资本退出中国的原因

不同的境外资本退出中国的原因可能不同,一般表现为以下一种或几种原因:

1. 政策壁垒导致的退出

政治是一种重要的社会现象,也是决定、制约和影响媒介生存和发展的极其重要的因素。在内外传媒之间,存在一个重要的协调机构,即中国的政府管理机构。它可以通过自身拥有的优势资源——政策杠杆来协调内外传媒的竞争,保障国家的政治利益和扶植本土传媒,同时又要考虑与社会整体开放的进程相适应。

(1) 严格的信息安全监管。

星空传媒的教训最为惨痛。2005年,星空传媒买断了青海卫视晚上7点半以后的时段,所有的节目和广告都由星空传媒来操作,只是将星空的标识换成青海卫视的标识,而这种做法在中国是违反法律的。默多克在这一项目上的投资本来是1亿美元,先期投入了5000万美元,项目叫停之后,这5000万美元变成了一笔坏账。

与星空传媒有着相同命运的还有美国杂志《滚石》,因为未经中央政府行政主管部门批准,属于非法出版、经营,因而被迫停止发行。中国政府规定,中国境内所有新闻出版单位的对外版权合作,需由中央政府行政主管部门批准。

正是由于国家信息安全的需要,媒体权限受到很大限制,那些能够在西方国家叱咤风云的大型传媒集团,就无法在中国发挥它们的综合平台优势,而只能见缝插针寻找机遇,使发展严重受限,有的就被迫退出。

(2) 强有力的文化保护措施。

对于文化的保护,首先就是要尊重并保护文化发展的环境。多样的文化环境下滋生出来的文化产品和服务——电影、电视节目、书籍和音乐等——除了具有提供娱乐的功能之外,还天然地具有意识形态的性质。反映到文化产业,它不仅仅是金钱的问题,还关乎一个民族、一个国家的文化身份和文化安全问题,关乎一个民族的原始创造力问题。因此,一定程度的文化保护势在必行。

发展中国家都在寻求立法或政策保护的途径,一方面制止外国传媒在本国市场和社会空间的泛滥,另一方面也为本国传媒产业的增长尽可能地提供保护。例如,根据《广电总局关于进一步规范电视动画片播出管理的通知》,自2006年

9月1日起，全国各级电视台所有频道在每天17:00到20:00之间，均不得播出境外动画片和介绍境外动画片的资讯节目或展示境外动画片的栏目。

2. 监管错位与缺位导致的退出

（1）法律法规的缺位。

目前，与其他部门法相比，传媒相关法律在立法理念、规制手段等方面都存在不少空白。调整传媒产业管理者与其相对方权利义务关系的行为规范大多是位阶较低的行政法规、部门规章，尚未形成完备的法律规制体系。例如，对于即时通讯软件ICQ来讲，正是中国隐私权保护法以及全民隐私保护意识的缺失，导致其在与腾讯交手时一败涂地。另外，以知识产权保护为代表的我国法律体系的不完善，也在一定程度上引起了外商的不满和畏惧，迪斯尼集团拥有大量的传媒影视产品，但是因为中国的知识产权法律的不完善，诸多产品并未能登陆中国市场，造成大量损失。

（2）监管部门的错位。

中国目前采用的分业多头监管体制，例如文化部门主管舞台艺术等口语媒介形态，新闻出版部门主管报纸、图书、报刊、音像、电子及网络出版等六大媒介形态，广电总局负责广播电影电视等音像媒介，信息通讯部门负责互联网、手机等数字媒介形态。这种分业监管与传媒业混业综合经营趋势日益不相适应，形成监管体制不顺，职能严重错位。

以网络监管为例，著名门户网站网易目前已办理的牌照有10多个，包括互联网新闻刊登许可证、网络出版许可证、互联网广告刊登许可证、药品信息刊登许可证、医疗服务信息刊登许可证、网络文化经营许可证、BBS经营许可证等，这些证件分别颁自不同管理部门，相对于国外的统一归口管理，这在无形中增加了外资企业的审查手续和运行成本，这一点成为美国著名社交网站Facebook迟迟未进入中国的因素之一。

3. 战略与管理失当和调整导致的退出

自身战略决策失当、经营管理不到位也是导致众多境外传媒资本退出中国的重要原因，主要表现为以下几个方面：

（1）本土化不到位。

是否要本土化及本土化程度、范围和方式是国际化经营中必须首先面对的重要问题。由于不同的地理环境和社会文化环境会培养出不同的消费观念，不同的气候、不同的土壤会形成不同的消费习惯，媒介的生存与发展已经无法抗拒环境对它的全面渗透。因此,对传媒业,本土化是一个决定国际化经营成败的关键问题,是传媒集团必须做出的战略选择,而且往往必须是深度的和全面的本土化。如果本土化战略不到位,往往遭遇市场淘汰。

即时通讯 ICQ 公司在中国的本土化战略就存在明显的缺陷,导致其与腾讯 QQ 竞争时失去了市场。由于美国网站比较重视用户体验,非常注意保护用户隐私,于是它们在中国推出的即时通讯产品,如果用户在一台电脑上用 ICQ,另外一台电脑同时使用时不能记忆保留先前的资料,这就最大程度地保护了用户的隐私。但是这根本就不适合中国网民,马化腾作为 ICQ 在中国合作伙伴公司的技术对口接洽人,熟悉中国的网民情况,对即时通讯技术做了稍稍改进,不去考虑所谓隐私问题,在当时就大幅抢占了 ICQ 的中国市场。

(2) 跨文化管理冲突。

在中国的外资传媒企业中,通常会有来自中外双方的中高层人士,他们因为文化观念、经营观点等方面不一致,最终形成了企业内部管理人员间的矛盾,尤其是中国子公司或分公司与外国总部的冲突和矛盾,有时甚至会将一个企业推向破产的边缘。以雅虎中国为例,2005 年初,作为雅虎中国 CEO 的周鸿祎,在当时认为应该加大投资力度,但是雅虎总裁杨致远却对中国发展战略摇摆不定,双方的矛盾随着雅虎财政年度预算开始慢慢公开和升级,最后周鸿祎宣布离职,雅虎前后共支付给 3721 股东 9000 万美元,3721 归属雅虎中国。正当此时,他们的竞争对手新浪、搜狐和网易等门户网站在网络增值业务中赚得盆满钵满。看似走上正轨的雅虎中国,因为总部高层在投资战略上的跨文化管理冲突,使雅虎退败中国。

(3) 总部战略调整的需要。

有时并非所有境外传媒资本被动退出,而是采用"以退为进"的策略,选择主动退离中国。2003 年 7 月,时代华纳公司宣布把旗下"华娱卫视"64.1% 的股份以 680 万美元的价格出售给亚洲首富李嘉诚所属的网络、出版和广告集团 TOM 公司。TOM 取得了董事会控股权和管理权,而 TOM 则需要以 2.53 元的价格,发行 2100 万股票给特纳广播。同时,TOM 承诺在未来 30 个月内提供不超过 3000 万美金的运营资金,此外特纳广播仍然对华娱卫视持有"回购权"。2007 年 7 月 1 日前首次行使的价格为:TOM 的投资成本加上 50% 的回报率。出售华娱卫视股份显然是时代华纳当时的一种主动性战略调整。

4．外部环境变化导致的退出

（1）互联网异军突起。

20世纪以来传媒产业最大的变化是互联网的出现，同时诞生了新媒体。互联网的出现，既给传媒产业带来机遇，也对传统传媒产生巨大冲击，那些没有做到与时俱进传媒企业都应声倒下，其中也包括在中国内地的外资传媒。贝塔斯曼当时就因为放弃了网络市场的培育，最终导致关闭中国图书销售业务的窘境。

（2）本土传媒企业的崛起。

对于境外传媒企业来讲，本土竞争者的存在也是其一个不容忽视的威胁，尤其是在国家政策的保护下，外资传媒企业有着很大的生存压力。在上世纪90年代末期，国际资本、国际性人才、国际化的商业运作等已经参与到了中国互联网企业，以新浪在2000年成功在纳斯达克上市为标志，中国本土互联网企业已经把国外同行远远甩在了后面，使得雅虎中国、美国在线 AOL、Facebook、Myspace等众多国外网站在中国集体败退。

（3）宏观经济变化的冲击。

进入21世纪以来，传媒行业经历了2003年的互联网泡沫和2008年的金融危机，广告——传媒企业的重要收入之一，其增长率分别在这两个时刻达到低谷。这两次全球性的经济危机事件，对一些跨国媒体产生了巨大冲击，美国在线的FM365.com网站就是在互联网危机中结束了与联想集团的合作；雅虎中国门户网站也是在互联网泡沫破灭时被本土竞争者远远地甩在了身后；时代华纳下的AOL又是在全球金融危机中再次撤离中国内地。

9.5 研究结论

1．总体上讲，境外传媒资本进入中国市场是主流，退出时有发生，但总体平稳。

2．境外传媒资本退出中国的方式有直接解散、中方托管、撤离转移、股权转让等。

3．境外传媒资本退出的特点比较明显的有：反复进退、选择性退出、注重社会责任、涵盖全行业。

4．境外传媒资本退出可能产生的影响：引起消费者不满；造成国际舆论压力;降低行业竞争度和社会福利;损失国外技术和信息资源。

5. 境外传媒资本退出原因各异,包括亏损性退出,如贝塔斯曼退出图书发行市场;政策变动导致的退出,如时代华纳退出中国电影院线市场;行政强制退出,如新闻集团退出青海卫视;赢利性退出,如风险投资中的财务投资;博弈失败导致的退出,如谷歌退出中国内地搜索引擎市场;合作失败导致的退出,如雅虎退出阿里巴巴集团。这些退出类型只有盈利性退出为主动退出,其他均为被迫退出。

第10章 研究结论、政策思路和理论创新

10.1 研究结论

通过对前面各章研究结果基于不同时间的动态比较、不同细分行业以及传统媒体与网络媒体的横向比较,并进行提炼、归纳、总结,得出以下主要研究结论:

10.1.1 境外资本进入中国传媒市场的行为特征

1. 规制环境是境外资本进占中国传媒市场的唯一风向标。尽管从理论上讲影响境外资本进占中国传媒市场的因素众多,但是由于进入中国传媒市场的境外资本主要是具有丰富跨国经营经验的实力型资本集团,中国传媒业的宏观经济社会科技环境、产业环境和经营环境都是有利的,只有中国的传媒规制和监管是境外资本一般无法改变的,对其战略决策、路径选择具有决定性影响。这一点为对传媒市场各细分行业境外资本进入行为的实证研究所证实。

2. 境外大型资本集团均十分向往中国传媒市场,不断创新形式以突破中国传媒市场针对境外资本的政策壁垒。境外大型资本集团的长期发展目标、现行战略、资质条件,以及对其自身作为全球传媒领导者和对中国传媒市场作为战略性新兴市场的看法,使它们普遍十分向往中国传媒市场。阻碍境外大型资本集团进入中国传媒市场的真正障碍是中国的法律法规和政策规章。为了突破政策壁垒成功登陆中国市场,境外资本创造了多种为传媒市场独有甚至是传媒某些细分市场独有,或者更加倚重甚至作为不二法门的有效进入形式,包括关系营销、权力营销、政府谈判、迂回进入、外围进入、对等落地、战略联盟、打"擦边

球"、QFII、购买境外上市中国企业股票、协议控制等,其中,在新媒体市场普遍存在的协议控制(VIE)模式使得源于规制条件的进入壁垒基本上得以化解。

3. 境外大型资本集团在中国传媒市场的战略行为总体上都是进取性的,普遍组合采用伺机进攻战略、价值网战略、并购战略、卓越性价比战略和全面本土化战略,其结果是最大程度地迅速改变中国传媒各细分市场的市场结构、迅速建立竞争优势和领先竞争地位、最大程度挖掘中国市场机会。对境外资本集团真正构成发展障碍的只有中国的政策,境外资本一旦获得进入条件,就会迅速进入,很快占领市场。如果对内外资施以同样的进入政策,在现阶段中国的传媒各细分市场会很快被境外大型资本集团所垄断。

4. 有的境外大型资本集团在发展受限时会与中国政府博弈,会寻求特殊政策。如不成功,会以坚守公司核心价值观为名,寻求母国政府支持和舆论支持,引发外交事件和舆论事件,谷歌是典型案例。

5. 境外资本通过首先占领中国中产阶层市场而快速拓展中国传媒市场,因中产阶层对中国社会其他阶层的态度、价值观和行为具有引领作用。

6. 境外资本进入中国市场是主流,但退出时有发生。退出原因各异,包括亏损型退出,如贝塔斯曼退出图书发行市场;政策变动导致的退出,如时代华纳退出中国电影院线市场;行政强制退出,如新闻集团退出青海卫视;赢利性退出,如风险投资中的财务投资;博弈失败导致的退出,如谷歌退出中国内地搜索引擎市场;合作失败导致的退出,如雅虎退出阿里巴巴集团。这些退出类型只有盈利性退出为主动退出,其他均为被迫退出。境外资本退出中国的方式有直接解散、中方托管、撤离转移、股权转让等。

10.1.2 境外资本进入中国传媒市场的分布特征

1. 细分行业分布:境外资本在中国传媒市场所有细分行业均有进入,但在进入节奏上,出版、电影、电视市场的进入总体较慢,而广告市场和网络媒体市场的进入堪称涌入,在进入深度、进入广度和进入量上,广告市场和网络媒体市场的进入明显高于出版、电影、电视市场,境外资本已基本控制中国广告市场和网络媒体市场。互联网的快速发展大大加快了境外资本进入中国传媒市场的进程。

2. 产业链分布:总体上讲不同细分行业的产业链分布不同,广告市场的各个产业链环节均大量进入,出版、电影、电视产业链各环节尚只是选择性地进入,网络媒体各细分市场目前基本是广泛进入渠道环节,但内容制作环节的进入呈显著增长趋势,最后走向高度的纵向一体化经营。

3. 境外资本来源分布:无论传统媒体还是网络媒体在来源国家或地区方面,主要是传统的西方七国,其中美国是绝对主体;在境外资本机构类型的分布上,在传统媒体市场进入的主要是境外传媒集团,网络媒体市场则包括境外财务资本集团和传媒集团,前者多于后者。

4. 进入地区的分布:除传统广告市场境外资本已进入全国各地外,其他媒体主要进入北京、上海和广东地区。

5. 不同类型企业中的分布:总体上,在市场上较有影响的传媒企业大多存在境外资本的影子,网络媒体市场各细分行业的领先企业和知名企业绝大多数都有境外资本的进入,或被境外资本所控制。

6. 进入方式分布:按照经典的国际化战略理论,将国际市场进入方式分为出口进入、合同进入和投资进入三种。出版、电影、电视市场以出口进入居多,广告及网络媒体各细分市场以投资进入居多,不论传统媒体还是网络媒体均广泛采用合同进入。

7. 境外资本机构类型分布:进入中国传媒市场的境外资本比较集中,一是传统的境外著名传媒集团,二是几家国际著名风投机构(IDG、软银、红杉资本等)撒网式进入中国互联网各子行业,三是国际著名互联网企业,如谷歌、雅虎。在中国传媒市场活跃且产生较大影响的是这些境外大型资本集团。

10.1.3 境外资本进入中国传媒市场的战略新趋势

1. 境外资本在中国传媒市场的投资重点从传统媒体市场转入网络媒体市场,这在出版、电影、电视、广告市场表现得尤为明显。中国网络媒体市场的蓬勃发展与巨大潜力、网络媒体市场规制建设的相对滞后与不完善,以及协议控制(VIE)模式的发明,为境外资本大规模进入中国传媒市场提供了前所未有的难得机遇,同时也顺应了世界传媒格局深刻变革的发展趋势及境外产业资本集团普遍实施的从纯粹传统媒体业务向传统媒体业务与新媒体业务并重、协同发展的战略转型。

2. 境外资本普遍通过协议控制(VIE)方式化解中国政府长期倚重的中国传媒市场外资进入的政策壁垒,得以大量成功进入中国网络媒体市场。截至目前,中国领先的网络媒体企业几乎都被境外资本通过 VIE 模式所控制。

3. 境外资本在中国传媒市场日益广泛地采用并购扩张战略。并购是一种快速改变市场结构和自身竞争地位的扩张性战略。截至目前,传统广告市场和网络广告市场已出现并购"狂潮",使广告市场日益集中于少数几家境外跨国广告集团,市场集中度日益提升。网络媒体各细分市场的并购案也大量发生而且这种态势将延续,总体上,境外资本对中国网络媒体市场的控制力在不断提升。

4. 境外大型传媒集团普遍在中国实施价值网战略,即同时实施横向多元化经营(撒网式进入多个细分行业)和纵向一体化经营(进入内容制作、传播渠道等多个产业链环节)战略。由于传媒各细分行业的范围经济效应和纵向协同效应普遍十分显著,以及境外大型传媒集团固有的使命愿景和业务架构、资源与能力优势,同时源于传媒市场基本竞争战略——"差异化+低价格"战略的内在要求,价值网战略成为境外大型传媒集团的必然选择,使得少数境外大型传媒集团能在我国广泛的传媒细分市场建立竞争优势,由此,对我国传媒市场构成真正挑战的是境外大型传媒集团。

5. 总体上,较之国际化战略和全球战略,境外资本将更加重视跨国战略和本土化战略。

6. 总体上,以往网络媒体各细分行业的市场竞争主要依靠资本实力的比拼,而未来都会转为主要依靠"差异化+低价格"战略以建立持续竞争优势,资本实力退居次要地位,核心能力的建立成为关键。

以上战略新趋势带来的产业后果是少数境外资本集团快速提升对我国传媒市场的控制力,形成强大的对中国政府和传媒企业的讨价还价能力甚至形成对中国的锁定。

10.1.4 境外资本进入对中国传媒市场的影响

1. 境外资本对中国文化产品进入境外市场、中国传媒产业的市场化改革和竞争力提升、中国网络媒体市场的快速发展,以及向中国广大国民提供多样化文化产品,发挥了重要和积极的作用。通过"借船出海"、对等落地、面向全球的网络传播等途径显著促进了中国文化产品进入境外市场。境外资本通过与中国传媒企业的合作、提供具有竞争力的产品、树立行业标杆、引入和加剧传媒市场竞争、解决传媒发展融资需求等,促进了中国传媒产业的市场化发展,提升了中国传媒产业国际竞争力。境外资本,特别是境外风险投资的大规模进入满足了中国网络媒体市场发展巨大的和中国资本市场无法解决的融资需求,从而促进了中国网络媒体市场的快速发展。

2. 境外资本总体上尚未对中国出版、电影、电视市场形成控制,但其产品普遍具有领先竞争力和市场引领作用,以及能在其进入的领域掌握市场竞争的核心要素乃至很快形成领先竞争地位。具有重要影响的中国网络媒体企业已基本上被境外资本所控制。境外资本之所以总体上尚未对中国出版、电影、电视市场形成控制，主要源于中国的政策保护而非境内传媒企业具有很强的竞争力。

3. 某些境外大型传媒集团已形成与中国的双向锁定，具备"绑架"中国的势力和条件。这类企业在具体的经营中存在损害我国国家主权（政治主权、经济主权、文化主权和信息主权）的行为，既能为我国带来重大战略利益，又潜藏对中国国家安全的巨大风险，需要中国政府高度关注、合理施策。

4. 中国传媒市场针对境外资本的源于制度的进入壁垒在很大程度上实际已经消解。由于传统媒体普遍朝新媒体转型、新媒体传播的大量内容与传统媒体传播的内容相同或相似，同时新媒体具有较之传统媒体更强的传播功能，而境外资本普遍通过 VIE 模式绕开了进入壁垒得以实质性地大规模进入中国网络媒体市场，从而在很大程度上消解了中国传媒市场针对境外资本的进入壁垒。

5. 如果目前的发展态势延续下去，中国传媒市场具有最终被境外资本所控制的可能性，将会面临严重的产业安全和文化安全问题。

10.2　政策思路

构建境外资本有序进入与经营又不失开明的规制环境，对中国的传媒发展、文化及意识形态安全和中国国际形象意义重大。根据上述对境外资本进入中国传媒市场行为特征、分布特征、影响和趋势的揭示，结合前面各章对境外资本进入中国传媒市场的政策环境的分析，利用经济学和管理学的理论，我们认为中国传媒市场的政策思路应做如下调整：

1. 国家政策思路需要做出重大调整，应由严格的市场准入限制为主转向严格的内容监管为主，对敏感领域实施"股权结构限制＋市场占有率限制＋内容监管"的管理模式，对非敏感领域实施"放开准入＋内容监管"的管理模式。具体讲，"股权结构限制"是指单一境外资本机构不能是控股股东（包括相对控股股东和绝对控股股东）①，只要满足了这一条，单一境外资本机构就不能操控股

---

① 2013 年 6 月美国国家安全局前职员爱德华·斯诺登在中国香港爆料，长期以网络安全为名施压中国政府的美国政府 2007 年就开始实施"棱镜"窃听计划（俗称"棱镜门"）。包括谷歌、微软等在内的著名网络媒体企业均存在向美国政府提供所在国政府、重要机构和消费者信息的现象，这表明境外资本集团有可能成为外国政府利用的工具。如果在中国内地举办的网络媒体企业没有为境外资本所控制，那么外国政府就不能按外国的法律要求这些企业提供"棱镜"窃听计划感兴趣的信息。

东会和董事会、直接决定公司的重大事项;"市场占有率限制"是指内外资传媒企业均不能谋求市场垄断,要通过及时启动反垄断调查来解决;"内容监管"是指在内容上出现严重违反中国法律、法规和政策的,及时实施干预和处罚。政策思路进行重大调整的主要原因有以下几点:一是快速发展的网络媒体分担了传统媒体的文化、信息传播使命,且在内容传播的监管方面,网络媒体的开放性使得针对传统媒体的那些限制性政策的作用逐步降低,甚至消于无形,而现代科技的发展给对媒体内容的适时监管提供了便利;二是中国传媒业需要借用境外传媒企业的力量提升业务层次、实现转型升级和建立核心竞争力;三是中国传媒产品需要借用境外传媒企业的境外渠道打入国际市场,扩大中国文化的国际影响;四是传统媒体时代形成的中国传媒市场准入壁垒实际已经消解,而且,传媒开放是大势所趋。

2. 降低政策壁垒的承载压力,只保持对风险性较强的环节(敏感领域和脆弱性领域)对境外资本实行禁止进入或限制进入的政策,传媒各细分市场允许境外资本在不获得相对控股和绝对控股地位的条件下直接进入,把政策重点转到内容监管和建立非政策壁垒上来。一方面要借助现代科学技术手段进行监管,同时,禁止未来新进入中国传媒市场的境外资本采取 VIE 模式,因为这一模式潜藏对网络企业和互联网产业的很大风险,同时实质上是一种损害国家主权并有可能带来其他重要风险的行为。另一方面努力促进本土企业快速发展,借助规模经济、先入者优势、核心能力等形成对境外资本的经营性进入壁垒。

3. 尽快系统修订针对传统传媒制定的与外资进入和经营有关的法律、法规和政策规章,使之获得结构性优化并覆盖新媒体,避免新媒体市场出现制度真空而传统媒体过严的制度失衡。这种失衡一方面会损害传统传媒市场的进一步发展,进一步恶化传统媒体在因新媒体崛起而导致的世界传媒格局变革中的被动局面,另一方面引发新媒体发展的产业安全和文化安全问题。

4. 多措并举,培育可与境外大型传媒集团有效竞争、能持续保持市场领先地位的内资传媒企业。具体措施应包括:一是鼓励民营资本进入、中外合资合作和境内传媒企业上市,以激活产业竞争、整合利用中外传媒经营先进经验、利用规范的公司治理、解决融资需求,催生具有国际竞争力的内资传媒企业。我国电影业光线传媒、华谊兄弟、新画面影业等民营企业的崛起和国有电影制片厂的普遍衰落(迄今在国际市场获奖的电影、在国内市场反应较好的大多为民营企业拍摄),说明境内民营资本才是中国影视业的希望,既可提升中国影视产业国际竞争力,又可避免境外资本进入而引发的文化安全问题。政府在政策选项上应放开、鼓励和促进民营资本进入、使之尽快做强做大,这是治本之策。二是推动内资传媒企业的并购重组。网络媒体各细分行业最终都会形成高寡占型甚至垄断型市场结构,即整个细分产业被极少数企业所控制,因此,只要这些极少数企业被境内资本所控制,外资控制中国传媒市场的可能性及相应的产业安全、文化安全等问题就能自动化解。

5. 建立行业预警机制,及时启动反不正当竞争调查和反垄断调查。因新媒体行业有很多细分行业,每个细分行业都是不可替代的传播渠道,而传媒行业特别是新媒体各细分行业具有"自然垄断"产业的属性,故要建立行业预警机制,及时采取措施防止任何单一企业高度控制中国传媒细分市场。通过反垄断调查防止境外资本通过并购等途径,谋求建立对所在公司的控股地位和对所在中国传媒细分行业的垄断地位。反垄断调查应针对传媒细分行业,而不能笼统地针对传媒市场。如百度在搜索市场的占有率超过了80%,就应对其密切关注,禁止其不正当竞争行为和有可能进一步提升其搜索市场占有率的并购行为。

6. 提升监管层次——从政策监管转到法律监管。把一些必须获得控制的内容的监管从政府行为转变为法律行为,再辅之政策监管,既有利于改善中国政府的国际形象,又有利于提升中国的监管水平,避免为一些强势境外资本提供各种"口实",演变为国际传媒事件甚至外交事件,避免国际社会对中国缺乏言论自由、舆论控制的指责。不能够习惯于"内部文件""行政命令"等随意性大、透明度低的规制形式,要为不同类型资本的进入提供稳定的环境预期,有利于它们进行追求长期发展的战略决策,这样才能促进传媒市场持续健康快速发展。

此外,在本课题研究中发现,一些反映面上情况的关键性数据和资料无法、无从获取,数出多门、数据打架的现象较多,这表明我国在传媒监管方面的基础建设十分欠缺,亟须建立统一归口的数据管理和信息披露系统,以便实时准确地了解境外资本进入中国传媒市场及其经营行为和影响的动态变化,有助于准确了解境外资本的行为规律、特征及其趋势,从而有助于管理当局制定更高质量和前瞻性强的法律、法规和政策规章。

10.3 理论创新

通过本课题的研究还获得了几个重要的理论观点,用这些理论观点才能有效揭示和解释境外资本进占中国传媒市场的行为逻辑、中国传媒市场的演变趋势以及境外资本进入对中国传媒市场的影响,而如果全部采用现有战略管理中

的主流理论,恰恰会得出一些错误的研究结论。这些理论观点是:

1. 揭示出传媒行业,特别是网络媒体各细分行业的、存在显著的和不同于一般工业行业的规模经济特征,即"L"形规模经济曲线,因此,至少网络媒体各细分行业属于"自然垄断"产业。境外资本基于这一规模经济特征的战略选择就是无限扩大产品销售、无限提升市场占有率,直至垄断。

2. 发现了一个新的基本竞争战略类型——"卓越性价比"竞争战略或"差异化+低价格"竞争战略。迄今学术界已经发现的基本竞争战略类型有差异化竞争战略、成本领先竞争战略、集中化竞争战略、最优成本供货商战略、蓝海战略。而本课题发现的"差异化+低价格"竞争战略与这些战略均不同,不同之处在于:一是传媒产品必须是差异化的,但这种差异化不一定以高成本为代价,却常常是低成本的(如很多中小制作电影的票房很高);二是传媒产品的差异化不仅不会带来销售量的下降,恰恰会带来销售量的上升(如总体上讲越是具有特色的电影,票房越高);三是尽管传媒产品必须是差异化的,但却要实行低价甚至免费策略(如电影、电视、网络产品等)而不是高价策略;四是传媒产品的低成本是低价格的结果而不是低价格的原因,传媒产品的低价格是低成本的原因而不是低成本的结果,因为传媒产品要通过低价格扩大销售,销售的扩大就会导致成本的降低;五是通过"差异化+低价格"的组合,提升销售量,建立品牌,以实现成本降低和差异化并为其提供财政支撑。在一般工业行业,差异化与低价格通常是冲突的,但在传媒行业必须是统一的而且只能被少数企业做到,最后整个细分市场被少数企业控制甚至垄断。目前有关传媒企业竞争战略研究的大量文献一般都是沿用经典的战略管理理论,一般使用"差异化战略"和"成本领先战略"来描述传媒竞争,这是很值得商榷的。

3. 进一步揭示,由于传媒行业的规模经济曲线呈"L"形、传媒行业的基本竞争战略是卓越性价比战略,因此,由于进入中国传媒市场的境外资本大多为实力型跨国资本集团,如果不实施干预,中国传媒各细分市场将会是境外著名资本集团的天下。

4. 揭示出境外资本进入中国传媒市场的公司层国际化战略的演变趋势是先国际化战略,再跨国战略,最后全面本土化战略。全面本土化战略是本课题提出的一个新概念。

5. 在公司层战略上,由于传媒产业的范围经济效应和纵向协同效应十分显著,在中国市场的外资传媒企业一般同时选择多元化经营和纵向一体化经营,打造具有竞争力的中国传媒价值网。这与一般工业行业特别强调专业化经营和外包战略明显不同。

6. 由于境外资本一般选择多元化经营、纵向一体化经营、"差异化＋低价格"竞争战略和并购扩张战略，因此，实力型境外资本集团可以在中国传媒广泛的细分市场建立领先甚至垄断的竞争地位，这对中国传媒的产业安全进而对中国的文化安全以及中国本土企业的发展构成严重挑战，因此，中国政府应加强和改进监管，对境外资本的占股比例实施限制、对有可能形成垄断地位的并购实施反垄断调查。

7. 随着网络媒体的快速崛起，中国传媒市场出现了一种网络时代和网络媒体行业才有的传媒新现象和国家安全新趋势——境外大型网络媒体与东道国的双向锁定；境外大型网络媒体具有不同于传统媒体和非传媒跨国公司的产业、产品、品牌、媒体等层面的特性，以及在母国政府中的政治地位、利益勾连和国家诉求，这些因素的叠加产生双向锁定；双向锁定中的境外大型网络媒体具有谋求改变东道国规制环境、损害东道国国家主权、以"组合拳"应对与东道国的博弈等等不同于非传媒跨国公司的行为特征；双向锁定对于东道国既能带来重大战略利益又能带来巨大安全风险，对双向锁定的管理在于降低其中的风险，而风险的降低要通过网络媒体的产业、产品、品牌和媒体属性等途径来解决。

附 录

附录 6-1　境外资本在中国网络视频市场的风险投资和私募股权投资一览

企业	时间	投资方	金额(万美元)
土豆网	2005	IDG	50
	2006	纪源资本/集富(亚洲)/美国国际数据集团	850
	2007	KTB/General Catalyst Partners	1900
	2008	美国国际数据集团/Cyber Agent/General Catalyst/纪源资本等	5700
	2010	美国国际数据集团/General Catalyst/淡马锡等	5000
优酷网	2005	Farallon/成为基金等	300
	2006	Sutter Hill Ventures/Farallon/成为基金	1200
	2007	Brookside Capital Partners/Sutter Hill Ventures/Farallon等	2500
	2008	Brookside Capital Partners/Sutter Hill Ventures/Farallon/成为基金等	4000
	2009	成为基金/Brookside Capital/Maverick Capital/Sutter Hill Ventures	4000
酷6网	2007	德丰杰(DFJ)/德同资本(DT Capital)	1000
	2008	德同资本/UMC Capital/SBI Group/Ito Chu Corporation等	3600
PPTV	2005	软银中国	20
	2006	软银中国/BlueRun	500
	2007	Draper Fisher Jurvetson/DFJ DragonFund/BlueRun	2100
	2011	软银中国购买了PPLive 35%的股份	25000

(续表)

企业	时间	投资方	金额(万美元)
PPStream	2005	联创策源	100
	2007	启明创投、联创策源	1000
	2008	LB Investment、联创策源、启明创投	1500
	2011	电讯盈科等	2864
爱奇艺	2010	Providence Equity Partners	5000
	2011	百度投资	2300
56网	2007	SIG/思伟投资	1000
	2007	HPE/SIG/CID/红杉资本/Steamboat	2000
悠视网	2005	红杉、海纳亚洲等	1200
	2007	Draper Fisher Jurvetson/高原资本/思伟投资/红杉资本等	2350
ROX	2005	软银中国	1000
中国博客网	2006	HARBINGER	100
银河台	2005	VVI Harper	200
顶网	2007	CUBC	200
捷报互动	2004	DFJ ePlanet	250
第一视频	2009	Och-Zif	7920万港币
爱摄汇	2012	CAI	1000万人民币
东方宽频	2008	英特尔投资	1200
以太新世纪	2006	晨兴创投	120
光芒国际	2005	软银集团	2000
100度	2008	三井创投	300
播客网	2006	联讯创投	100
哦哟!	2006	泰国正大	N/A
UUMe	2005	SCM等	N/A
天线视频	2006	Autonomy	N/A

资料来源:投资潮①公开披露数据(此表统计的是直接接受境外 VC 或 PE 投资的中国网络视频企业)。

---

① 投资潮(www.InvesTide.cn)是中国领先的创业投资门户网站。

附录 6-2　境外公司与中国网络视频公司战略合作情况一览(部分)

中方	时间	外资方	主要合作内容
优酷（优酷土豆）	2009.11	凤凰卫视	主要在版权建设方面,囊括娱乐综艺、资讯热点、专题策划等视频内容,签订战略合作协议
	2011	华纳兄弟、梦工厂、派拉蒙、迪斯尼	主要在版权建设方面建立长期战略合作关系
	2012	狮门影业、环球影业、20世纪福克斯、索尼	
	2012.8	雀巢	涵盖微电影、超级大剧、金牌剧场、贴片投放等视频营销各个方面,签署了深度战略合作协议
土豆	2007.11	环球音乐集团	签署战略合作协议,主要在彩铃及铃音资源销售等新媒体业务领域进行全方位合作,还可能进行更深层面的整合营销合作
	2008.2	SonyBMG	双方正式启动包括艺人推广在内的多项战略合作
	2011.1	TVB	在引进电视剧、综艺节目和娱乐新闻等方面达成战略合作协议
	2012.5	TVBS(台湾无线卫星电视台)	达成自制综艺战略合作
酷6	2010.8	华谊兄弟	达成深度战略合作
	2012.1	YouTube	YouTube 为酷 6 传媒提供一个新频道使海外用户能够浏览酷 6 的原创视频方面达成最终协议
	2012.3	美国新闻集团 Channel[V]	Channel[V]官方网站落户酷 6 等方面达成战略合作
爱奇艺	2011.11	微软	携手微软 IE9 开启个性定制 Pin 计划、携手打造一体化家庭影音中心
	2012.10	宝洁	在微电影领域达成战略合作

（续表）

中方	时间	外资方	主要合作内容
光芒国际	2005.11	戴尔英语	签署"战略合作伙伴"关系协议
芒果TV（金鹰网旗下）	2009.12	华语卫视（TOM集团占60%、时代华纳占40%）	签署战略合作协议
	2012.3	三星	达成互联网电视业务战略合作
东方宽频	2006.4	美国在线（AOL）	推出独家中文视频咨询服务
	2005、2006	MSN中文网	合作建设MSN财经、MSN视频频道
新浪视频	2010.1	NBA	达成战略联盟，新浪将成为NBA中国官方网站的官方运营商
搜狐视频	2008.4	韩国电讯公司SKT	双方将在内容、资源、技术、运营模式等方面全方位优势互补，强强联合，达成战略合作
	2009年以来	华纳、迪斯尼、BBC、FOX	主要在海外版权方面，达成战略合作
		狮门影业、索尼、米拉麦克斯	
	2010.6	韩国首尔电视台、韩国国家电视台	主要在正版韩剧引进方面达成战略合作协议
		韩国文化广播电视台	
	2011.11	MSN中国	搜狐视频将负责MSN中文网视频业务的内容和运营，围绕视频的内容、产品和营销，针对白领用户提供定制化服务等，从而进行全方位的战略合作，结成战略合作伙伴关系

资料来源：根据各大视频网站官网及互联网公开信息汇总获得。

附录 7-1 2011年中国互联网企业前五十强外资持股比例①

排名	公司名称	主营业务	境外投资机构名称	所属国家	外资进入占注册资本比例	主要个人股东姓名	主要个人股东目前持股占总股份比例
1	腾讯	即时交流软件、门户网站、游戏、社交、电子商务等	MIH China	南非	34.33%	马化腾	10.32%
2	京东	国内最大B2C企业（综合）	DST	俄罗斯	—	刘强东	—
			老虎环球基金	美国	—		
3	百度	搜索引擎	DFJ ePlanet	美国	25.80%	李彦宏	16.35%
			Intergrity Partners	美国	9.70%		
			Peninsula Capital	美国	8.50%		
			IDG VC	美国	4.60%		
			Goolge	美国	2.60%		
4	网易	门户网站	Orbis Holdings Ltd	美国	12.27%	丁磊	45%
			Lazard Asset Management LLC	美国	8.71%		
			Capital Research Global Investors	美国	8.41%		
5	阿里巴巴	B2B	雅虎	美国	39.00%	马云及管理层	31.70%
			软银	日本	29.30%		
6	盛大	网络游戏	Orbis Group	美国	11.30%	陈天桥	68.40%
			Crystal Day Holdings Limited	美国	10.60%		
			FMR LLC	美国	6.10%		
7	搜狐	门户网站	Morgan Stanley	美国	9.54%	张朝阳	20.20%
			Oppenheimer Funds, INC.	美国	4.78%		
			Oppenheimer Developing Markets	美国	3.64%		

① 企业排名参考工信部发布的《2011年互联网信息服务收入百强企业》，股权比例数据由作者经新浪财经、网易财经、搜狐财经网站及上市公司年报和各公司官网资料整理所得。因一些数据属商业机密，可能存在遗漏，但不会影响对趋势的判断、对结论产生颠覆性影响。

(续表)

排名	公司名称	主营业务	境外投资机构名称	所属国家	外资进入占注册资本比例	主要个人股东姓名	主要个人股东目前持股占总股份比例
8	亚马逊中国	B2C电子商务公司	—	—	—	亚马逊	—
9	分众传媒	数字化媒体集团	Fred Alger Management. Inc	美国	3.80%	复星国际有限公司	16.41%
			Baillie Gifford & Co	英国	3.25%	江南春	15.05%
			Capital World Investors	美国	3.20%		
			Alkeon Capital Management LLC	美国	3.10%		
10	携程	在线旅行服务	FIL LTD	美国	7.02%		
			Morgan Stanley	美国	6.12%		
			Artisan Partners Limited Partnership	美国	5.63%		
11	新浪	门户,服务于全球华人社群	FIL LTD(富达国际有限公司)	美国	9.77%	曹国伟	8.66%
			Price(T. Rowe) Associates INC	美国	8.66%		
			Orbis Holdings LTD	美国	6.42%		
			Wells Fargo & Company(富国银行)	美国	5.38%		
			Baillie Gifford and Company(贝利吉福德)	英国	3.92%		
			HSBC Holdings PLC(汇丰控股有限公司)	英国	3.16%		

（续表）

排名	公司名称	主营业务	境外投资机构名称	所属国家	外资进入占注册资本比例	主要个人股东姓名	主要个人股东目前持股占总股份比例
11	新浪	门户,服务于全球华人社群	Waddell & Reed Financial INC(沃德尔和里德)	美国	2.93%	曹国伟	8.66%
			Platinum Investment Management Ltd(铂金投资管理)	澳大利亚	2.26%		
12	完美时空	网络游戏	SB Asia Investment Fund II L. P.(软银)	日本	31.02%	池宇峰	31.02%
			Prosperous World	美国	22.13%		
			Putnam Investment Management, L. L. C.	美国	5.70%		
13	当当	电子商务	老虎基金	美国	19.25%	李国庆	32.38%
			DCM	美国	7.03%		
			IDG 集团	美国	5.50%		
14	畅游	网游,中国在线游戏开发和运营商之一	FMR LLC	美国	1.17%	搜狐	70.70%
						王滔	14.60%
15	搜房网	房地产家居网络平台	澳洲电讯	澳大利亚	54.30%	莫天全	32.40%
			Trader	法国	15%		
			IDG	美国	13.60%		
16	巨人网络	游戏网站	Capital International, INC	美国	0.80%	史玉柱	68.43%
			Renaissance Technologies, LLC	美国	0.51%	史静	18.57%
						冯玉良	6.23%

407

（续表）

排名	公司名称	主营业务	境外投资机构名称	所属国家	外资进入占注册资本比例	主要个人股东姓名	主要个人股东目前持股占总股份比例
17	环球资源	B2B 多渠道的国际贸易平台	Hermes Pensions Management Ltd	英国	2.76%	Merle Allan Hinrich	48.30%
			Royal Bank of Canada	加拿大	12.83%		
			Diamond Hill Capital Management, Inc.	美国	1.43%		
18	麦考林	电子商务购物	Maxpro Holdings Limited（红杉资本所有）	美国	38.00%	沈南鹏（红杉资本）	33.20%
			Ever Keen Holdings Limited（红杉资本所有）	美国	24.80%	新浪	19%
						顾备春	11.60%
						中国动向	10%
19	中房信	房地产资源	TCW Group	法国	3.58%	易居中国	54.10%
			FMR LLC	美国	1.43%	新浪	33%
20	前程无忧	人力资源服务	Recruit CO., Ltd.	日本	41.20%	RICK Yan	22.90%
			Wells Fargo & Company	美国	3.38%	凯瑟琳·简	3.00%
			CRCM L.P.	美国	1.68%		
21	智联招聘	人力资源服务	Seek	澳大利亚	40%	智联招聘管理层	30%
			麦格理	澳大利亚	30%		
22	苏宁易购	电子商务购物	无			苏宁电器	65%
23	支付宝	独立第三方支付平台	无			浙江阿里巴巴电子商务有限公司	100%

（续表）

排名	公司名称	主营业务	境外投资机构名称	所属国家	外资进入占注册资本比例	主要个人股东姓名	主要个人股东目前持股占总股份比例
24	空中网	电信增值服务	DFJ ePlanet	美国	8.60%	王雷雷	17.40%
			Renaissance Technologies, LLC	美国	4.21%		
			Diamond Back Capital Management	美国	3.04%		
			Symmetry Peak Management LLC	美国	2.84%		
25	拉手网	团购网站	Rebate Networks GmbH	德国	8.70%	金沙江创投	31.60%
			Milestone Tuan Limited	美国	13.70%	吴波及其家人	16.40%
			IPROP Holdings Limited	美国	6.10%	贾晓波	13.10%
			Reinet Columbus Limited	美国	6.10%		
26	金山软件	应用服务,软件供应商	未来资产环球投资(香港)有限公司(Mirae Asset Global Investments Group)	韩国	5.01%	腾讯	15.68%
						雷军	10.30%
						求伯君	9.54%
27	TOM在线	无线互联网公司	无	/	/	李嘉诚	66.07%
28	一号店	B2C(综合)	汇丰控股(间接)	英国	10.07%	平安集团	60%
			沃尔玛	美国	20%	沃尔玛	20%
29	易讯	B2C购物(数码产品),主要面向上海、江苏、浙江等地	—	—	—	卜广齐	—

（续表）

排名	公司名称	主营业务	境外投资机构名称	所属国家	外资进入占注册资本比例	主要个人股东姓名	主要个人股东目前持股占总股份比例
30	斯凯网络	手机软件平台	红杉资本 II	美国	28%	宋涛	72%
			红杉资本 Principals fund II				
			红杉资本 Partners Fund II				
			Capital Research Global Investors	美国	4.48%		
31	红孩子	B2C（母婴用品）	NEA	美国	共30%		
			KPCB	美国			
			North light	美国			
32	网龙	网络游戏开发	IDG（国际数据集团）	美国	14.83%	刘德建	51.57%
33	凤凰新媒体	新闻、娱乐	Morningside	美国	12.64%	凤凰卫视控股有限公	64.84%
			Intel Capital	美国	10.54%		
			Bertelsmann Asia	德国	3.16%		
34	世纪互联	IDC 服务	Clairvoyance Capital Advisors PTE. LTD	美国	19.13%	陈升	28.20%
			Waddell & Reed Financial Inc	美国	15.35%	李宏玮	11%
			Goldman Sachs Group Inc	美国	10.25%	David Ying Zhang	10.50%
			GGV funds	美国	8.50%		
			Cisco Systems	美国	2.10%		
35	库巴购物网	B2C（家电、数码），国内家电网购第一门户	—	—	—	国美电器	80%
36	人人	社交	SB Pan Pacific Corp（软银）	日本	34.20%	陈一舟	22.80%
			DCM	美国	7.50%		
37	艺龙旅行网	在线旅行服务	Price（T. ROWE）Associates Inc	美国	3.27%	唐越	18.31%

(续表)

排名	公司名称	主营业务	境外投资机构名称	所属国家	外资进入占注册资本比例	主要个人股东姓名	主要个人股东目前持股占总股份比例
37	艺龙旅行网	在线旅行服务	Integre Advisors	美国	1.71%	Lawrence Auriana	17.63%
			Sigma Capital Management, LLC	美国	1.50%		
38	掌上灵通	手机增值服务	Farallon Capital Management, LLC	美国	3.04%	HaryTanoesoedibjo	58.10%
			Renaissance Technologies, LLC	美国	2.16%		
			CRCM L. P.	美国	0.74%		
39	易车网	B2C(汽车)	DCM	美国	17.50%	傲视控股	23.80%
						DCM	17.50%
			Bertelsmann Asia	德国	8.40%	联想投资	9.80%
40	蓝汛通信	移动通信/电信运营、增值服务	INVESTOR AB	瑞典	15.05%	王松、寇晓红	25.40%
			Tremblant Capital Group	美国	8.25%	Paul Jin	19.30%
			Wolf Opportunity Fund, Ltd	美国	5.31%	邝子平	14.30%
41	土豆网	互联网信息供应商,在线视频服务	Sennett Investments	新加坡	17.10%	David M. Hand	12.30%
			IDG 中国	美国	9.20%	Hany Nada	9.60%
			General Catalyst	美国	6.60%		
42	迅雷	多媒体下载服务	IDG	美国	12.50%	晨兴科技投资集团	25.10%
						IDG	12.50%
			Google Inc.	美国	2.30%	程浩	11%
						邹胜龙	10.40%

（续表）

排名	公司名称	主营业务	境外投资机构名称	所属国家	外资进入占注册资本比例	主要个人股东姓名	主要个人股东目前持股占总股份比例
43	金融界	财经门户	IDG	美国	31%	赵志伟	21.20%
			FMR	美国	7.78%		
			Vertex Venture Holdings Ltd.	新加坡	6.83%		
44	优酷网	视屏网站	Brookside Capital Management, LLC	美国	28.92%	古永锵	41.48%
			Tcw Group, Inc. (THE)	法国	2.03%		
			Morgan Stanley	美国	1.83%		
			FMR LLC	美国	1.64%		
45	第九城市	大型网络数字生活平台	CRCM L. P	美国	10.50%	朱骏	27.60%
			QVT 基金	美国	5.01%		
			花旗	美国	4.11%	Bosma Limited	18.10%
			Renaissance Technologies, LLC	美国	2.61%		
46	奇虎	在线广告、第三方防病毒软件、互联网增值服务	无	/	/	周鸿祎	21.50%
47	焦点科技	综合型第三方B2B电子商务平台	江苏红杉创业投资有限公司	美国	7.50%	沈锦华	59.18%
48	淘米网	SNS 社区	T. Rowe Price Associates, Inc.	美国	2.40%	曾李青	18.70%
						启明创投	17.30%
						汪海兵	12%
						魏震	10%

(续表)

排名	公司名称	主营业务	境外投资机构名称	所属国家	外资进入占注册资本比例	主要个人股东姓名	主要个人股东目前持股占总股份比例
49	大众点评网	餐饮、订票平台	挚信资本	美国&新加坡	共约10%	张涛	—
			红杉中国	美国			
			启明创投	美国			
			光速创投	美国			
50	世纪佳缘	婚恋网站	无			钱永强	23.13%
						龚海燕	20.27%
						JP Gan	16.69%

资料来源：作者通过查阅各公司官网、各大搜索网站搜索、各中介机构的研究报告收集整理。

附录7-2 境外资本在2011年中国互联网企业盈利前五十强企业中的投资状况

国家	境外机构名称	投资个数	互联网企业名称	外资进入占注册资本比例	互联网企业盈利排名	境外资本的股东排名（是否前三大股东）
美国（52）	Alkeon Capital Management LLC	1	分众传媒	3.10%	9	否
	Artisan Partners Ltd. Partnership	1	携程	5.63%	10	否
	Brookside Capital Management LLC.	1	优酷网	28.92%	44	第二大股东
	Capital Research Global Investors	1	网易	8.41%	4	否
	Capital World Investors	1	分众传媒	3.20%	9	否
	Capital International Inc.	1	巨人网络	0.80%	16	否
	Citigroup Inc（花旗）	1	第九城市	4.11%	45	否
	Cisco Systems	1	世纪互联	2.10%	34	否
	Clairvoyance Capital Advisors Pte. Ltd	1	世纪互联	19.13%	34	第三大股东
	Crystal Day Holdings Limited	1	盛大	10.60%	6	否
	CRCM L.P.	3	前程无忧	1.68%	20	否
			掌上灵通	0.74%	38	否
			第九城市	10.50%	45	第三大股东
	Draper Fisher Jurvetson（DFJ）Planet	2	百度	25.80%	3	第一大股东
			空中网	8.60%	24	第二大股东
	Diamond Back Capital Management	1	空中网	3.04%	24	否
	Diamond Hill Capital Management Inc.	1	环球资源	1.43%	17	否
			当当	7.03%	13	第三大股东
	Doll Capital Management（美国顶级风险投资机构）	3	易车网	17.50%	39	第二大股东
			人人	7.50%	36	第三大股东
			掌上灵通	3.04%	38	否
	Farallon Capital Management LLC	1	盛大	6.10%	6	否

(续表)

国家	境外机构名称	投资个数	互联网企业名称	外资进入占注册资本比例	互联网企业盈利排名	境外资本的股东排名（是否前三大股东）
美国（52）	Fidelity Management & Research（FMR）	7	畅游	1.17%	14	否
			中房信	1.43%	19	否
			金融界	7.78%	43	否
			优酷网	1.64%	44	否
			新浪	9.77%	11	第一大股东
			携程	7.02%	10	否
			分众传媒	3.80%	9	否
	Fred Alger Management. Inc	1	土豆网	6.60%	41	否
	General Catalyst	1	世纪互联	10.25%	34	否
	Goldman Sachs Group Inc.	1	百度	2.60%	3	否
	Google Inc.	2	迅雷	2.30%	42	否
			世纪互联	8.50%	34	否
	Granite Global Ventures	1	拉手网	6.10%	25	否
	IPROP Holdings Limited	1	百度	9.70%	3	否
	Intergrity Partners	1	百度	4.60%	3	否
	International Data Group, Inc（美国国际数据集团）	7	当当	5.50%	13	否
			搜房网	13.60%	15	否
			网龙	14.83%	32	第二大股东
			土豆网	9.20%	41	不详
			迅雷	12.50%	42	第二大股东
			金融界	31%	43	第一大股东
			艺龙旅行网	1.71%	37	否
	Integre Advisors	1	凤凰新媒体	10.54%	33	否
	Intel Capital	1				
	Lazard Asset Management LLC	1	网易	8.71%	4	否
	Milestone Tuan Limited	1	拉手网	13.70%	25	否

（续表）

国家	境外机构名称	投资个数	互联网企业名称	外资进入占注册资本比例	互联网企业盈利排名	境外资本的股东排名（是否前三大股东）
美国（52）	Morning Side	1	凤凰新媒体	12.64%	33	第二大股东
	Morgan Stanley（摩根斯坦利）	3	搜狐	9.54%	7	第二大股东
			携程	6.12%	10	否
			优酷网	1.83%	44	否
	Oppenhemer Funds Inc.	1	搜狐	8.42%	7	否
	Peninsula Capital	1	百度	8.50%	3	否
	Price（T. ROWE）Associates Inc.（普莱斯基金）	3	新浪	8.66%	11	第二大股东
			艺龙旅行网	3.27%	37	否
			淘米网	2.40%	48	否
	Prosperous World	1	完美时空	22.13%	12	第三大股东
	Putnam Investment Management LLC	1	完美时空	5.70%	12	否
	Renaissance Technologies LLC（文艺复兴科技公司）	4	巨人网络	0.51%	16	否
			空中网	4.21%	24	否
			掌上灵通	2.16%	38	否
			第九城市	2.61%	45	否
	Reinet Columbus Limited	1	拉手网	6.10%	25	否
	Sequoia Capital（红杉资本）	3	斯凯网络	28%	30	第二大股东
			大众点评网	—	49	未知
			麦考林	62.80%	18	第一大股东
	Sigma Capital Management, LLC	1	艺龙旅行网	1.50%	37	否
	Symmetry Peak Management LLC	1	空中网	2.84%	24	否
	Tremblant Capital Group	1	蓝汛通信	8.25%	40	否

（续表）

国家	境外机构名称	投资个数	互联网企业名称	外资进入占注册资本比例	互联网企业盈利排名	境外资本的股东排名（是否前三大股东）
美国（52）	Tiger Global Management（老虎基金）	1	当当	19.25%	13	第二大股东
	QVT 基金	1	第九城市	5.01%	45	否
	Wal-Mart（沃尔玛）	1	一号店	20%	28	第二大股东
	Wells Fargo & Company（富国银行）	2	新浪	5.38%	11	否
			前程无忧	3.38%	20	否
	Waddell & Reed FinancialInc（沃德尔和里德）	2	新浪	2.93%	11	否
			世纪互联	15.35%	34	第二大股东
	Wolf Opportunity Fund, Ltd	1	蓝汛通信	5.31%	40	否
	Yahoo! Inc.	1	阿里巴巴	39.00%	5	第一大股东
	New Enterprise Associates（NEA）	1	红孩子	30%	31	未知
	Kleiner Perkins Caufield Byers（KPCB）	1				
	North light	1				
日本（2）	Recruit Co. Ltd（瑞可利）	1	前程无忧	41.20%	20	第一大股东
	Soft Bank Group（软件银行集团）	3	阿里巴巴	29.30%	5	第三大股东
			完美时空	31.02%	12	第一大股东
			人人	34.20%	36	第一大股东
英国（3）	Baillie Gifford & Co（贝利吉福德）	2	分众传媒	3.25%	9	否
			新浪	3.92%	11	否
	Hermes Pensions Management Ltd.	1	环球资源	2.76%	17	否
	HSBC Holdings PLC（汇丰）	2	新浪	3.16%	11	否
			一号店	10.07%	28	否

(续表)

国家	境外机构名称	投资个数	互联网企业名称	外资进入占注册资本比例	互联网企业盈利排名	境外资本的股东排名（是否前三大股东）
澳大利亚(4)	Platinum Investment Management Ltd.	1	新浪	2.26%	11	否
	Telstra（澳大利亚电信）	1	搜房网	54.30%	15	第一大股东
	SEEK	1	智联招聘	40%	21	第一大股东
	Macquarie（麦格理）	1	智联招聘	30%	21	第二大股东
法国(2)	TCW Group	2	中房信	3.58%	19	否
			优酷网	2.03%	44	否
	Trader	1	搜房网	15%	15	否
加拿大(2)	Royal Bank of Canada	1	环球资源	12.83%	17	否
	Orbis Investment Management Limited	3	网易	12.27%	4	第二大股东
			盛大	11.30%	6	第二大股东
			新浪	6.42%	11	否
德国(2)	Bertelsmann Asia	2	凤凰新媒体	3.16%	33	否
			易车网	8.40%	39	
	Rebate Networks GmbH	1	拉手网	8.70%	25	否
韩国(1)	Mirae Asset Global Investments Group（未来资产环球投资）	1	金山软件	5.01%	26	否
瑞典(1)	Investor AB	1	蓝汛通信	15.05%	40	第三大股东
新加坡(2)	Sennett Investments	1	土豆网	17.10%	41	第一大股东
	Vertex Venture Holdings Ltd.	1	金融界	6.83%	43	否
南非(1)	MIH Holdings Ltd.（南非米拉德国际控股集团公司）	1	腾讯	34.33%	1	第一大股东
俄罗斯(1)	DST	1	京东	—	2	未知

数据来源：根据附录7-1整理获得。

附录7-3　2005.1—2011.10 境外资本投资中国互联网企业一览（公开数据）

企业	投资方	行业分类	USD（M）	时间	ICP注册地
图吧	IDG	网络服务	3000	2011年10月	北京
佳品网	英特尔投资/Moraun Investments 等	电子商务	2400	2011年10月	北京
佐卡伊	凯泰资本/浙江创新产业投资	电子商务	3200	2011年9月	广州
易积科技	挚信资本/IDG资本	电子商务	2000	2011年9月	广州
新华旅行	麦顿投资	网络旅游	2300	2011年9月	北京
驴妈妈	红杉/江南资本	网络旅游	1600	2011年9月	北京
今世良缘	红杉/龙泽资本	网络社区	1000	2011年9月	济南
看书网	红杉	网络社区	4300	2011年9月	成都
走秀网	凯鹏华盈/华平	电子商务	6000	2011年8月	深圳
耀点100	英特尔投资	电子商务	730	2011年8月	上海
CC视频	思伟投资/江苏高科投/IDG资本	网络视频	2000	2011年8月	北京
尚品网	思伟投资/成为/晨兴创投	电子商务	5000	2011年7月	北京
返利网	思伟投资/启明创投	电子商务	1000	2011年7月	上海
百分点科技	名力中国成长基金/IDG资本	搜索引擎	720	2011年7月	北京
寺库网	IDG资本	电子商务	1000	2011年7月	北京
凡客诚品	IDG资本/淡马锡/中信产业基金	电子商务	23000	2011年7月	北京
分享传媒	DCM	网络广告	1000	2011年7月	上海
多玩网	老虎基金/思伟投资	网络游戏	10000	2011年7月	广州
美团网	红杉/华登/北极光创投	电子商务	5000	2011年6月	北京
雪球财经	红杉	资讯门户	320	2011年6月	北京
优雅100	DCM/IDG资本	电子商务	400	2011年6月	北京
俏物悄语	经纬中国/今日资本	电子商务	4300	2011年6月	上海

(续表)

企业	投资方	行业分类	USD（M）	时间	ICP注册地
聚胜万合	纪源资本/索罗斯基金/光速创投	网络广告	5000	2011年5月	上海
也买网	DCM/清科创投/曼图资本/成为	电子商务	3100	2011年5月	上海
大众点评网	红杉/启明/挚信资本/光速创投	资讯门户	10000	2011年4月	上海
豆瓣网	贝塔斯曼/挚信资本/红杉中国	网络社区	160	2011年4月	北京
韩都衣舍	IDG资本	电子商务	1000	2011年4月	济南
猪八戒网	IDG资本	电子商务	1000	2011年4月	重庆
米兰网	红杉	电子商务	1000	2011年4月	成都
唯品会	DCM/红杉	电子商务	4100	2011年4月	广州
点点网	红杉	网络社区	1000	2011年3月	北京
拉手网	NVP/麦顿投资/Remgro/特纳亚	电子商务	11000	2011年3月	北京
好大夫	DCM	网络服务	1500	2011年3月	北京
聚美优品	红杉	电子商务	1000	2011年3月	北京
出口易	凯鹏华盈	电子商务	400	2011年2月	广州
传漾科技	经纬中国/祥峰集团/海纳亚洲	网络广告	2000	2011年2月	上海
恺英网络	凯鹏华盈/清科创投/经纬中国	网络游戏	1500	2011年2月	上海
爱点击	贝塔斯曼/合众资本/住友商事	网络广告	2000	2011年2月	北京
佳品网	松禾资本	电子商务	1000	2011年1月	北京
椰子旅行网	库拉诺集团	网络旅游	500	2011年1月	海口
饭否	松禾资本	网络社区	160	2011年1月	深圳
童壹库	赛富投资基金	电子商务	1500	2011年1月	北京

(续表)

企业	投资方	行业分类	USD（M）	时间	ICP注册地
拉手网	NVP/特纳亚（原雷曼兄弟）	电子商务	2100	2010年12月	北京
乐淘网	老虎基金/德同资本	电子商务	3200	2010年12月	北京
绿盒子	DCM	电子商务	1500	2010年12月	上海
八方视界	瑞穗/戈壁/星火资本	网络教育	530	2010年12月	上海
驴妈妈	红杉	网络旅游	1600	2010年12月	北京
凡客诚品	老虎基金/赛富投资基金/IDG	电子商务	10000	2010年12月	北京
麦包包	DCM/君联资本/挚信资本	电子商务	1500	2010年11月	嘉兴
兰亭集势	挚信资本	电子商务	3500	2010年10月	北京
好乐买	红杉/英特尔投资/德丰杰	电子商务	1700	2010年10月	北京
优士网	利丰投资/世铭投资/麦顿投资等	网络社区	160	2010年10月	北京
苟矩互动	海纳亚洲	网络游戏	400	2010年9月	北京
满座网	凯鹏华盈	电子商务	1000	2010年9月	北京
趣玩网	经纬中国/挚信资本	电子商务	800	2010年9月	北京
尚品网	思伟投资/晨兴创投	电子商务	1000	2010年9月	北京
绿盒子	挚信资本	电子商务	320	2010年9月	上海
聚胜万合	纪源资本/光速创投	网络广告	1000	2010年8月	上海
土豆网	IDG资本/淡马锡	网络视频	5000	2010年8月	上海
灵禅	TMIS/日亚/集富亚洲/和通国际	网络游戏	800	2010年8月	上海
悠哉旅游网	今日资本	网络旅游	500	2010年7月	上海
也买网	DCM/上海创投/曼图资本	电子商务	1000	2010年6月	上海
五分钟	日亚投资	网络游戏	150	2010年6月	上海
赶集网	蓝驰创投/诺基亚成长伙伴基金	网络服务	2000	2010年5月	北京

（续表）

企业	投资方	行业分类	USD（M）	时间	ICP注册地
7k7k游戏	启明创投/纪源资本/晨兴创投	网络游戏	500	2010年5月	北京
58同城	DCM/赛富投资基金	网络社区	1500	2010年4月	北京
奇虎360	IDG资本	网络服务	430	2010年4月	北京
快乐购	红杉中国	电子商务	5500	2010年3月	长沙
也买网	DCM	电子商务	300	2010年3月	上海
敦煌网	凯鹏华盈/华平/集富亚洲	电子商务	2900	2010年3月	北京
第七大道	松禾资本	网络游戏	2700	2010年2月	深圳
京东商城	老虎基金	电子商务	7500	2010年1月	北京
四海商舟	IDG资本	网络广告	1000	2010年1月	上海
悠易互通	思伟投资/亚盛投资/戈壁	网络广告	1000	2010年1月	北京
客多传媒	蓝驰创投/北极光/凤凰基金	网络服务	1300	2010年1月	广州
热酷网	Infinity Venture	网络游戏	1000	2009年12月	北京
聚力传媒	蓝驰创投/德丰杰龙脉/软银中国	网络视频	940	2009年12月	上海
奥比网	红杉中国	网络游戏	3000	2009年12月	上海
凤凰新媒体	贝塔斯曼/英特尔投资/晨兴创投	资讯门户	2500	2009年11月	北京
卖买提	和利资本	电子商务	1300	2009年11月	上海
趣玩网	经纬中国	电子商务	1200	2009年11月	北京
多玩网	思伟投资/纪源资本/晨兴创投	网络游戏	1200	2009年11月	广州
艾摩	永辉瑞金创投	电子商务	1300	2009年9月	上海
去哪儿	纪源资本 Mayfield Tenaya Capital	搜索引擎	1500	2009年9月	北京

(续表)

企业	投资方	行业分类	USD（M）	时间	ICP注册地
久娱网络	银泰资本/纪源资本/招商和腾	网络游戏	500	2009年9月	上海
商讯通	嘉富诚	电子商务	1500	2009年8月	深圳
安居客	经纬创投	资讯门户	1000	2009年8月	上海
一嗨租车	集富亚洲	电子商务	2000	2009年7月	北京
舍得网	SIG	电子商务	400	2009年7月	北京
易传媒	Richmond	网络广告	3000	2009年7月	上海
易车网	DCM/贝塔斯曼/和通国际	电子商务	1700	2009年7月	北京
第一视频	OZ	网络视频	1000	2009年6月	北京
汉森信息	松禾资本	网络游戏	1000	2009年6月	成都
摩尔庄园	启明创投	网络游戏	600	2009年6月	上海
开心网	启明创投/北极光创投	网络交友	2000	2006年5月	北京
神州付	IDG资本/Ventech	在线支付	1000	2009年5月	北京
798Game	IDG资本/Infiniti Capital	网络游戏	2000	2009年5月	北京
商派科技	君联资本/日亚投资/晨兴创投等	电子商务	4500	2009年5月	上海
舍得网	海纳亚洲	电子商务	400	2009年4月	北京
淘米网	启明创投	网络游戏	500	2009年4月	上海
互动在线	Doll	资讯门户	3000	2009年4月	北京
八方视界	戈壁	网络教育	600	2009年3月	上海
天下网	Infiniti Ventures	网络社区	1000	2009年2月	上海
同学网	吉富资本	网络社区	600	2009年2月	北京
游戏谷	思伟投资/启明创投	网络游戏	1000	2009年2月	北京
京东商城	今日资本/雄牛资本	电子商务	2100	2009年1月	北京
极光互动	启明创投/北极光创投	网络游戏	1500	2009年1月	北京
盛大	GIC	网络游戏	4700	2009年1月	上海

（续表）

企业	投资方	行业分类	USD（M）	时间	ICP注册地
一网娱乐	IDG资本/Infiniti Capital	网络游戏	2700	2009年1月	上海
聚胜万合	永辉/光速创投	网络广告	1600	2009年1月	上海
金银岛	达晨创投	电子商务	4000	2009年1月	北京
爱狗网	阿里巴巴/IDG资本/软银中国	网络社区	1000	2009年1月	北京
安居客	经纬中国	资讯门户	1000	2008年12月	上海
九天音乐	日亚/伊藤忠商社	网络音乐	500	2008年12月	上海
漫游谷	启明创投	网络游戏	450	2008年12月	北京
天盟数码	IDG/祥峰	网络服务	1000	2008年11月	福州
美乐健康网	卢森堡剑桥集团	电子商务	200	2008年11月	上海
汇通天下	经纬创投	网络旅游	700	2008年10月	上海
GOGO游戏	北极光创投	网络游戏	400	2008年10月	北京
时代图片	德丰杰龙脉	资讯门户	200	2008年9月	上海
开心网	北极光创投	网络交友	400	2008年9月	北京
多玩网	思伟投资	网络游戏	600	2008年8月	广州
凡客诚品	启明创投/日本软银	电子商务	2000	2008年8月	北京
拉卡拉	君联资本/富鑫国际/晨兴创投	在线支付	2500	2008年8月	北京
饭统网	日亚/伊藤忠商社	电子商务	400	2008年7月	北京
酷6网	UMC/德同资本/SBI	网络视频	5000	2008年7月	北京
优酷网	贝恩资本/法拉龙资本	网络视频	3000	2008年6月	北京
好大夫	DCM	网络服务	300	2008年6月	北京
酷我	启明创投	网络音乐	1000	2008年5月	北京
橄榄网络	北极光创投/NEA	电子商务	2500	2008年5月	上海
贝海网络	红杉	网络游戏	400	2008年4月	上海
千橡互动	软银中国	网络交友	40000	2008年4月	北京

(续表)

企业	投资方	行业分类	USD(M)	时间	ICP注册地
中宝首饰	海纳亚洲/软银中国	电子商务	250	2008年4月	上海
浩方游戏	英特尔资本等	网络游戏	2000	2008年3月	上海
环球市场	大和资本/集富亚洲	电子商务	3000	2008年3月	广州
佰程旅行	集富亚洲	网络旅游	1300	2008年3月	北京
风云网络	汇丰直投	网络服务	1000	2008年3月	南京
麦考林	红杉/优势资本	电子商务	8000	2008年3月	上海
亿玛在线	华登/日亚	网络广告	800	2008年2月	北京
时代赢客	德同资本/达晨创投	电子商务	875	2008年2月	深圳
宝宝树	经纬中国	网络社区	1000	2008年2月	北京
九钻网	凯鹏华盈 启明创投	电子商务	1200	2008年2月	上海
100度TV	三井创投	网络视频	300	2008年1月	北京
梦芭莎	祟德投资	电子商务	200	2007年12月	广州
258人才网	KEY投资	网络招聘	1345	2007年12月	杭州
热度传媒	三井创投	网络社区	300	2007年12月	北京
慧聪网	IDG资本	搜索引擎	1230	2007年12月	北京
我乐网	思伟投资/红杉中国/华威	网络视频	2000	2007年12月	广州
优酷网	法拉龙资本/Sutter Hill/贝恩资本	网络视频	3700	2007年11月	北京
去哪儿	Mayfield/Tenaya Capital	搜索引擎	1000	2007年11月	北京
随视传媒	法拉龙资本/英特尔投资	网络广告	500	2007年11月	北京
巨人网络	渣打直投	网络游戏	2500	2007年11月	上海
大商圈网	IDG资本	资讯门户	1100	2007年9月	上海
巨人网络	海纳亚洲/复星集团	网络游戏	10000	2007年8月	上海
京东商城	今日资本	电子商务	1000	2007年8月	北京
乐友网	永威投资	电子商务	1100	2007年7月	北京

（续表）

企业	投资方	行业分类	USD(M)	时间	ICP注册地
51.com	红点投资/红杉/英特尔/海纳亚洲	网络社区	1500	2007年7月	上海
传神	华威	网络服务	650	2007年6月	北京
多玩网	晨兴创投	网络游戏	400	2007年6月	广州
冰动娱乐	德同资本/启明创投	网络游戏	850	2007年6月	上海
红孩子	凯鹏华盈	电子商务	2500	2007年6月	北京
世纪佳缘	启明创投	网络交友	1000	2007年5月	上海
点视传媒	思伟投资/红杉中国/德丰杰	网络广告	800	2007年5月	上海
立佰趣	君联资本/鼎晖创投/麦顿投资	在线支付	230	2007年5月	上海
京东商城	今日资本	电子商务	1000	2007年4月	北京
爱帮网	经纬创投	搜索引擎	480	2007年4月	北京
我酷网	华威	网络社区	500	2007年4月	深圳
世友网络	美国个人投资者	网络交友	250	2007年3月	上海
PPS.TV	启明创投/联创策源	网络视频	1000	2007年2月	上海
悠视网	思伟投资/海纳亚洲/红杉等	网络视频	2350	2007年2月	北京
中资源网	Transcosmos	网络广告	600	2007年2月	厦门
婚嫁中国	FIGVC	资讯门户	165	2007年1月	合肥
迅雷在线	IDG/晨兴/富达亚洲/谷歌	网络服务	2000	2007年1月	深圳
捷银	RRE/云月基金	在线支付	2000	2006年12月	上海
优酷网	成为/法拉龙资本/Sutter Hill	网络视频	1200	2006年12月	北京
奇虎360	IDG/红杉中国/红点投资等	网络社区	2500	2006年11月	北京
酷我	启明创投	网络社区	550	2006年11月	北京

426

(续表)

企业	投资方	行业分类	USD(M)	时间	ICP注册地
万维联讯	晨兴创投	网络广告	500	2006年10月	北京
酷讯互动	海纳亚洲/联创策源	搜索引擎	1000	2006年9月	北京
完美时空	赛富基金	网络游戏	800	2006年9月	北京
红孩子	恩颐投资/赛伯乐/北极光创投	电子商务	700	2006年9月	北京
点视传媒	红杉中国	网络广告	200	2006年9月	上海
搜房网	澳大利亚电讯	资讯门户	25400	2009年9月	北京
占座网	红杉中国	网络社区	500	2006年7月	北京
亿玛在线	华登国际/鼎晖	网络广告	500	2006年7月	北京
当当网	华登国际/DCM	电子商务	2700	2006年7月	北京
数字鱼	IDG资本/软银中国	网络音乐	500	2006年7月	北京
时代导航	软银中国	资讯门户	2000	2006年7月	北京
我爱卡	海纳亚洲/eGarden	资讯门户	600	2006年7月	北京
聚力传媒	软银中国/蓝驰创投	网络视频	500	2006年6月	上海
赛尚智业	IDG资本	网络视频	500	2006年6月	北京
51.com	海纳亚洲/红杉中国	网络交友	600	2006年5月	上海
土豆网	IDG资本/集富亚洲/纪源资本	网络视频	850	2006年5月	上海
珍爱网	四维安宏/Bridger/商菱投资	网络交友	800	2006年5月	深圳
唯晶科技	英特尔投资/汇丰直投	网络游戏	300	2006年4月	上海
大众点评	红杉中国	网络社区	200	2006年4月	北京
百合网	Mayfield/恩颐投资/北极光创投	网络交友	900	2006年3月	北京
奇虎360	IDG资本/红杉中国/鼎晖/经纬	网络社区	2000	2006年3月	北京
千橡互动	DCM Accel GA TCV	网络社区	4810	2006年3月	北京
全景视觉	中经合/纪源资本	网络服务	800	2006年3月	北京
58同城	赛富基金	网络服务	500	2006年2月	北京

境外资本进入中国传媒市场

（续表）

企业	投资方	行业分类	USD(M)	时间	ICP注册地
悠视网	红杉中国/海纳亚洲	网络视频	1000	2005年12月	北京
滚石移动	智基创投/联想投资/华登国际等	网络音乐	3000	2005年12月	广州
中文在线	嘉丰资本/北极光创投	网络服务	400	2005年12月	北京
若邻	海纳亚洲/维众创投	网络交友	400	2005年12月	北京
红孩子	恩颐投资/北极光创投	电子商务	300	2005年11月	北京
优酷网	成为基金/法拉龙资本	网络视频	300	2005年11月	北京
博客网	IDG资本/纪源资本/ePlanet	网络社区	1000	2005年11月	浙江
迅雷在线	IDG资本/晨兴创投	网络服务	1000	2005年10月	深圳
百合网	Mayfield	网络交友	200	2005年10月	北京
全景视觉	中经合	网络服务	200	2005年10月	北京
博客网	赛富基金/纪源资本/BVP	网络社区	1000	2005年9月	北京
好耶广告	IDG资本/Oak	网络广告	3000	2005年9月	上海
MySee	恩颐投资/北极光创投	网络视频	200	2005年9月	北京
源泉	智基创投/联创策源	网络音乐	500	2005年9月	北京
中搜	IDG资本/联想投资/富达亚洲	搜索引擎	1350	2005年8月	北京
捷银	RRE云月基金	在线支付	780	2005年8月	上海
时代导航	软银中国	资讯门户	200	2005年8月	北京
聚众传媒	凯雷集团	网络广告	2000	2005年6月	上海
265导航	IDG资本	搜索引擎	1000	2005年6月	北京
嫁我网	赛富基金	网络交友	1250	2005年6月	深圳
光芒国际	软银集团	网络视频	2000	2005年6月	北京
5173.com	IDG资本/华登国际	电子商务	300	2005年6月	杭州
搜房网	Trader Classified Media	资讯门户	2250	2005年6月	北京
久游网	Asian Groove Capital China	网络游戏	500	2005年5月	上海
大承网络	IDG资本/住友商事	网络游戏	200	2005年3月	上海

资料来源：作者通过查阅各公司官网、各大搜索网站搜索、各中介机构的研究报告收集整理。

附录 8-1　2009—2012 年网络广告公司 TOP50 排行榜

网络公司	2009	2010	2011	2012	归属六大集团
好耶	1	2	4	4	
华扬联众	2	1	1	1	
科思世通	3	4	5	8	电通集团安吉斯媒体集团
知世·安索帕	4		11	22	电通集团
腾信互动	5	7	9	13	
奥美世纪	6	3	2	3	WPP 旗下奥美集团
狄杰斯	7		14	23	阳狮集团
电众数码	8	8	6	15	电通集团 67%，分众 33%
新意互动	9	6	3	2	
安瑞索思	10	12	17	24	
安捷达	11		22	28	WPP 集团
灵智 4D	12	16	20	33	Havas 集团
三星鹏泰	13	11	7	5	三星集团
互动通控股	14	10	25	14	
竞立媒体	15	17	13		WPP 旗下 DroupM 群邑
麦肯（MRM）	16	9	33	18	麦肯世界集团
奥美互动	17		21	16	WPP 集团旗下奥美集团
创世奇迹	18	5	16	25	宏盟集团
龙拓互动	19	13	29	32	阳狮集团
ZedDigital	20		18		阳狮集团
盛世长城（互动）	21	14	28	29	阳狮集团合资
Sohosquare	22		31		WPP 集团
OMDDigital	23	15	12		宏盟集团
G2（精诚信忠）	24		35	39	WPP 集团
TBWADigital	25				Omnicom
Razorfish	26				阳狮集团
灵锐互动	27		38	48	Havas 集团
Blue Interactive（蓝互动）	28				WPP 集团
平成竞介	29	19	49	42	
广东省广	30	20	24	10	
Arc（李奥贝纳）	31	25	45	40	阳狮集团
Proximty	32		43		宏盟集团

(续表)

网络公司	公司排名				归属六大集团
	2009	2010	2011	2012	
易传媒	33	36	8	6	
蓝门广告	34	27			
易步	35	26			
网迈	36	24	32	12	宏盟
美通互动/美通联盟	37	28			
古美互动	38	40			阳狮集团
计世在线	39				
史努克广告	40	22			
悠易互通	41	45	26	19	
博圣云峰	42	30			
万摩	43	31			
达闻	44	32			
世奇	45	33			
九赢	46	34			
MECInteraction	47		44	49	WPP集团
宣亚D平线	48				宣亚国际传播集团
北京众成就网络科技（原三人行互动业务部）	49				
上海麦悠	50	46			
三人行广告		18			
知世营销		23			电通旗下安索帕
博睿传播		29			阳狮集团
脉动		35			
七元广告		37			
尚扬媒介		38	39		WPP集团旗下DroupM群邑
宣亚国际		39			宏盟集团战略投资40%
乐诚汇通		41			
北京秀满天下		42			
索美广告		43			澳洲SOME MEDIA GROUP公司
爱德威广告		44	34	26	日本株式会社ADWAYS
亿动广告传媒		47			

（续表）

网络公司	公司排名 2009	公司排名 2010	公司排名 2011	公司排名 2012	归属六大集团
上海新易传媒		48			
北京无限讯奇		49			
北京精准亿库		50			
上海程迈		21			CCE Communication Group
Media V(聚胜万合)			10	7	
迈势			15		WPP集团 DroupM 群邑
carat(凯络)			19	21	日本电通安吉斯媒体集团
群邑(互动)			23		WPP集团
传漾			27	17	
品友互动			30	20	
星传			36	46	阳狮集团
实力			37	30	阳狮集团
智威汤逊互动			40	43	WPP集团智威汤逊(JWT)
国双科技			41	37	
昌荣互动			42	41	
传立			46		WPP集团 DroupM 群邑
达彼思			47	45	WPP集团达彼思(Bates)
i2mago(原象数字营销)			48	38	
亿玛科技			50	47	
安吉斯				9	电通
DroupM 群邑				11	WPP集团
明锐互动				27	Havas 集团
映盛中国				31	
爱点击				34	
智易传媒				35	
精硕科技				36	风险投资500万美元
O.M.P				44	电通安吉斯集团
百分点科技				50	

资料来源：作者通过查阅各公司官网、各大搜索网站搜索、各中介机构的研究报告收集整理。

参考文献

[1] 艾里克·拉斯缪森:《博弈与信息:博弈论概论》,王晖等译,北京:北京大学出版社2003年版。

[2] 艾瑞市场咨询有限公司:《2006年中国网络视频研究报告》,上海:艾瑞市场咨询有限公司,2007年。

[3] 艾瑞市场咨询有限公司:《2008—2009年中国网络视频行业发展报告》,上海:艾瑞市场咨询有限公司,2009年。

[4] 艾瑞市场咨询有限公司:《中国网络视频行业创投数据分析2003—2008》,上海:艾瑞市场咨询有限公司,2009年。

[5] 爱德华·赫尔曼、罗伯特·麦克切斯尼:《全球媒体——全球资本主义的新传教士》,甄春亮等译,天津:天津人民出版社2001年版。

[6] 爱德华·张伯伦:《垄断竞争理论》,周文译,北京:华夏出版社2009年版。

[7] 北大文化产业研究所:《2006年中国网络传媒产业年度报告》,2006年。

[8] 毕潜、李飞:《移动互联网对传媒业的影响及策略探讨》,载《新闻界》2011年第8期。

[9] 蔡萍:《电影〈疯狂的石头〉和〈爱情呼叫转移〉商业营销策略的探讨》,载《电影评介》2009年第8期。

[10] 蔡尚伟、曹旭:《从"谷歌事件"管窥中国互联网政策》,载《深圳大学学报》(人文社会科学版),2010年第6期。

[11] 曹书乐:《新闻集团进入中国媒介市场的行为研究》(上),载《北京电影学院学报》2003年第1期。

[12] 曹妤:《全球化背景下跨国公司与国家主权的博弈——以谷歌退出中国事件为例》,上海:上海师范大学出版社2011年版。

[13] 曹展明、侯蕾:《国家、利益、制度:对北约价值观念的一种解读》,载《南京政治学院学报》2008年第2期。

[14] 柴玉舟:《外资进入中国出版业的四种模式分析》,载《出版发行研究》2006年第1期。

[15] 常新:《国际传媒集团进入大陆传媒市场的策略与我国传媒的制度创新》,上海:上海大学出版社2004年版。

［16］陈邦武：《政府与市场在数字出版中的为与不为——试论数字出版产业链建设》，载《出版发行研究》2010年第4期。

［17］陈芳：《市场、版权、产业链——数字出版的三大关键问题》，载《中国出版》2004年第2期。

［18］陈明玥：《电视与网络融合的对策探讨》，载《新闻界》2011年第1期。

［19］陈宁、严磊：《论信息网络化对国家主权的挑战》，载《世界经济与政治论坛》2004年第5期。

［20］陈少峰：《文化产业战略与商业模式》，长沙：湖南文艺出版社2006年版。

［21］陈艳彩、刘友芝、钱金：《民营与境外资本进入中国广告业的量化分析》，载《湖南工业大学学报》（社会科学版），2008年第5期。

［22］陈晔：《中国图书出版寡头垄断竞争反应分析》，载《农业图书情报学刊》2009年第1期。

［23］成咏梅、周必勇：《一样的选择，不一样的结果——"时代华纳""新闻集团"的中国战略之比较》，载《新闻界》2005年第2期。

［24］程新晓：《网络书店对出版产业链的影响及作用》，载《新闻爱好者》2010年第14期。

［25］初广志：《加入WTO对中国新闻传播业的影响及对策》，西安：陕西人民教育出版社2001年版。

［26］崔保国主编：《中国传媒产业发展报告》，北京：社会科学文献出版社，历年。

［27］维·M.纽伯里：《网络型产业的重组与规制》，何玉梅译，北京：人民邮电出版社2002年版。

［28］维·莫谢拉：《权力的浪潮——全球信息技术的发展与前景1964—2010》，高铦等译，北京：中国社会出版社2002年版。

［29］年初、熊艳红、范洁：《视听新媒体与广电管理体制改革》，载《中国广播电视学刊》2007年第12期。

［30］董媛媛：《境外资本进入中国广播电视领域的可行性》，载《青年记者》2010年第12期。

［31］杜传忠：《网络型寡占市场结构与企业技术创新——兼论实现中国企业自主技术创新的市场结构条件》，载《中国工业经济》2006年第11期。

［32］杜江、蒲媛：《境外资本进入中国电视业的模式研究》，载《今传媒》2010年第8期。

［33］范萱怡：《国际时尚杂志中文版的经营策略——以"时尚"和"桦谢"集团为例》，载《新闻记者》2005年第8期。

［34］方卿等：《出版产业链研究》，北京：高等教育出版社2011年版。

［35］富兰克林·R.鲁特：《国际市场进入战略》，北京：中国人民大学出版社2005年版。

［36］高红岩：《中国电影企业发展战略研究》，北京：北京大学出版社2007年版。

［37］高宏丽：《传媒竞争的差异化优势》，载《采写编》2003年第5期。

［38］高虹：《美国传媒型跨国公司进入中国市场的方式与阶段》，载《特区经济》2008年第8期。

[39] 高建瓴、张鹰:《视频网站与电视台——从对立走向共赢》,载《新闻世界》2011年第11期。

[40] 格里高利·曼昆:《经济学原理(第5版):微观经济学分册》,梁小民、梁砾译,北京:北京大学出版社2009年版。

[41] 工业和信息化部电信研究院:《移动互联网白皮书》,载《工业和信息化部电信研究院》2013年。

[42] 郭宝宏:《跨国垄断资本主义简论》,北京:经济科学出版社2004年版。

[43] 郭燕:《国际传媒资本多元化运作及其对中国传媒业的影响》,长沙:湖南大学出版社2008年版。

[44] 国家广播电影电视总局发展研究中心:《2009年中国广播电影电视发展报告》,北京:新华出版社2009年第5期。

[45] 国家信息中心、中国信息协会:《中国信息年鉴2010》,北京:中国信息年鉴期刊社,2010年。

[46] 韩絮:《论网络媒体对中国外交决策的影响》,北京:外交学院出版社2011年版。

[47] 韩梅:《〈滚石〉中文版之殇》,载《今传媒》2006年第6期。

[48] 杭敏、罗伯特·皮卡特:《传媒经济学研究的历史、方法与范例》,载《现代传播》2005年第4期。

[49] 郝佳宁:《"谷歌事件"对跨国公司在华运营风险的启示》,载《中国商界》2010年第2期。

[50] 郝静:《我国互联网媒体业外资准入制度构建的必要性》,载《今日南国》2009年第5期。

[51] 郝婷:《我国数字出版法律制度的现状、问题及对策研究》,载《中国出版》2011年第16期。

[52] 郝振省:《2004—2005国际出版业状况及预测》,北京:中国书籍出版社2005年版。

[53] 郝振省:《中国出版业发展报告》,北京:中国书籍出版社,历年。

[54] 郝振省:《2010—2011中国数字出版产业年度报告(摘要)》,载《出版参考》2011年第21期。

[55] 郝振省:《2011年国内数字出版发展趋势预测》,载《中国编辑》2011年第1期。

[56] 郝振省:《国际出版业发展报告2008版》,北京:中国书籍出版社2008年版。

[57] 郝振省主编:《中国数字出版年度报告》,北京:中国书籍出版社,历年。

[58] 何煜:《美国视频网站YouTube与电视的融合之道》,载《中国读者》2011年第3期。

[59] 贺德方:《中外数字出版的对比研究》,载《编辑之友》2006年第4期。

[60] 贺剑锋:《我国出版企业核心竞争能力及其培养》,载《编辑之友》2002年第5期。

[61] 洪伟:《中外合作杂志的国际化和本土化——阿歇特菲利帕契和贝塔斯曼在中国杂志合作的案例分析》,上海:复旦大学出版社2005年版。

[62] 侯东合:《跨国传媒集团中国市场营销策略浅析》,载《现代传播》2005年第2期。

[63] 胡旭:《传媒业开放:小步慢走十五年》,载《今传媒》2008年第8期。

[64] 胡正荣:《后 WTO 时代中国媒介产业重组及其资本化结果——对中国媒介发展的政治经济学分析》,载《新闻大学》2006 年第 3 期。

[65] 胡正荣:《美国电影产业的核心与经营策略》,载《电影艺术》2005 年第 1 期。

[66] 胡正荣:《外国媒介集团研究》,北京:北京广播学院出版社 2003 年版。

[67] 胡正荣等:《21 世纪初我国大众传媒发展战略研究》,北京:中国广播电视出版社 2007 年版。

[68] 华明、卢峰:《遭遇全球化:中国南方电视博弈》,广州:广州出版社 2006 年版。

[69] 黄河、江凡:《论中国大陆网络广告的发展分期》,载《国际新闻界》2011 年第 1 期。

[70] 黄进:《论媒介与业外资本的结合》,载《新闻界》2006 年第 5 期。

[71] 黄升民、邵华冬:《2010—2011 年中国媒体广告市场发展现状与态势》,载《新闻与写作》2011 年第 1 期。

[72] 黄孝章、章志林、陈丹:《数字出版产业发展研究》,北京:知识产权出版社 2011 年版。

[73] 黄运涛:《谷歌"蜗居"中国或令在华大型科技公司更为谨言慎行》,http://cn.mobile.reuters.com/article/vbc_cnauto/idCNCHINA-2639320100713,2010-07-13。

[74] 嵇美云:《论跨国媒体进入中国的现状、影响及其对策》,载《中国广播电视学刊》2001 年第 7 期。

[75] 吉恩·K.查勒比:《全球新媒体秩序下的电视:跨国电视网和全球体系的形成》,载《国际传媒政策新视野》2005 年第 12 期。

[76] 姜飞:《海外传媒在中国》,北京:中国文联出版社 2005 年版。

[77] 姜姝、官成:《跨国传媒集团进入中国的本土化策略研究》,载《文学与艺术》2010 年第 6 期,第 294 页。

[78] 蒋雪湘:《中国图书出版产业组织研究》,长沙:湖南大学出版社 2010 年版。

[79] 金更达、王同裕:《数字出版及其产业认识与思考》,载《中国出版》2010 年第 9 期。

[80] 金宇、余晚婷:《中国网络视频行业深度报告——后并购时代:竞争继续》,北京:中国国际金融公司,2012 年。

[81] 荆林波、王雪峰:《外资对我国互联网业市场影响的研究》,载《财贸经济》2009 年第 5 期。

[82] 景朝阳:《中国新闻传媒准入制度初探》,载《中国社会科学院研究生学报》2005 年第 3 期。

[83] 靖思:《华纳进入中国》,《新快报》2005 年 3 月 21 日。

[84] 考林·霍斯金斯:《全球电视和电影:产业经济学导论》,北京:新华出版社 2004 年版。

[85] 科尔尼管理咨询公司:《全球投资环境评估的分析报告》,北京:科尔尼管理咨询公司,2010 年。

[86] 匡文波:《网络媒体的经营与管理》,北京:中国传媒大学出版社 2009 年版。

[87] 雷琼芳:《加强我国网络广告监管的立法思考——以美国网络广告法律规制为借鉴》,载《湖北社会科学》2010年第10期。

[88] 雷雨:《战略模糊让AOL再度折戟中国》,http://www.huanqiu.com/zhuanti/china/guge/,2009-03-11。

[89] 李斌:《互联网公司十年赴美上市路》,载《新财经》2011年第6期,第71页。

[90] 李广羽:《网络电视现状与发展分析》,载《中国报业》2011年第11期。

[91] 李浩:《新媒体崛起背景下外资传媒进军中国的策略分析——以美国"新闻集团"为个案》,上海:复旦大学出版社2006年版。

[92] 李红强:《国际出版集团的战略角色研究》,载《中国出版》2010年第15期。

[93] 李红祥:《媒介融合下传媒监管模式的变革》,载《新闻爱好者》2010年第18期。

[94] 李宏葵:《出版物发行渠道冲突原因探析》,载《出版发行研究》2008年第7期。

[95] 李怀、高良谋:《新经济的冲击与竞争性垄断市场结构的出现——观察微软案例的一个理论框架》,载《经济研究》2001年第10期。

[96] 李琳:《引狼入室抑或与狼共舞——关于外资进入中国电影业的思考》,载《中外文化交流》2005年第3期。

[97] 李明杰:《从产业竞争结构看中国出版产业发展的方向》,载《出版发行研究》2002年第3期。

[98] 李昕:《国际出版巨头向中国快步拓展,同时加速电子化》,载《新世纪周刊》2010年第44期。

[99] 李欣:《全球化背景下西方媒体集团的跨国经营及影响》,上海:复旦大学出版社2004年版。

[100] 李欣:《西方传媒集团跨国经营的特征》,载《当代传播》2008年第3期。

[101] 李欣:《西方传媒新秩序》,广州:南方日报出版社2008年版。

[102] 李新家:《网络经济研究》,北京:中国经济出版社2004年版。

[103] 李旭:《境外媒体进入中国电视市场的现状与趋势》,载《商品与质量理论研究》2010年第S5期。

[104] 李艳华:《非国有资本进入传媒的方式与运作特征》,载《现代传播》2008年第1期。

[105] 李云凤:《默多克新闻集团经营战略及其对中国传媒的启示》,桂林:广西大学出版社2008年版。

[106] 李长春:《正确认识和处理文化建设发展中的若干重大关系,努力探索中国特色社会主义文化发展道路》,载《求是》2010年第12期。

[107] 理查德·A.格申:《跨国传媒管理问题——传媒经济与管理学导论》,李茸译,北京:清华大学出版社2010年版。

[108] 梁小建、于春生:《国外传媒集团的并购经营及对我国出版业的启示》,载《中国出版》2011年第2期,第13—16页。

[109] 林静东、张燕娟:《2008—2011 年两岸新闻交流与合作纪实》,载《海峡导报》2011 年第 6 期。

[110] 刘佳、武佳:《后 Google 时代猜想》,载《互联网周刊》2010 年第 2 期。

[111] 刘建丽:《中国制造企业海外市场进入模式选择》,北京:经济管理出版社 2009 年版。

[112] 刘晓磊、夏吟秋:《国际传媒巨头的中国投资》,载《中国高新技术企业》2005 年第 2 期。

[113] 刘益、赵志伟、杨卫斌:《培生集团的经营管理与发展战略研究》,载《出版发行研究》2009 年第 12 期。

[114] 刘友芝:《现代传媒新论》,湖北:武汉大学出版社 2006 年版。

[115] 刘友芝:《业外资本进入文化业的若干影响研究——以报业为例》,载《新闻界》2007 年第 5 期。

[116] 罗伯特·皮卡特:《传媒管理学导论》,韩俊伟译,北京:人民邮电出版社 2006 年版。

[117] 罗伯特·吉尔平:《全球政治经济学——解读国际经济秩序》,杨宇光等译,上海:上海人民出版社 2006 年版。

[118] 罗燕、暴剑光:《谷歌退出中国风波》,载《环球企业家》2010 年第 1 期。

[119] 罗霆:《基于"竞争五力"模型的电视产业环境分析》,载《现代传播》2009 年第 3 期。

[120] 罗以澄等:《中国媒体发展报告》,武汉:武汉大学出版社,历年。

[121] 吕蓉:《广告法规管理》,上海:复旦大学出版社 2003 年版,第 266—268 页。

[122] 马勤、牛建林:《A 股上市出版发行公司的现状——多元性、盈利性与公益性视角下的分析》,载《出版发行研究》2010 年第 8 期。

[123] 马莹:《十年国际巨头悄然织网布局中国》,载《中国图书商报》2011 年 8 月 26 日。

[124] 迈克尔·波特:《竞争战略》,陈小悦译,北京:华夏出版社 1988 年版。

[125] 迈克尔·波特:《竞争优势》,陈小悦译,北京:华夏出版社 1997 年版。

[126] 迈克尔·波特:《国家竞争优势》,北京:中信出版社 2007 年版。

[127] 麦家琪:《外资图谋电影院线》,载《中国经济周刊》2004 年第 10 期。

[128] 麦志辉:《关系营销策略及其在企业营销中的作用》,载《中国商贸》2010 年第 17 期。

[129] 毛蕴诗:《跨国公司在华经营策略》,北京:中国财政经济出版社 2005 年版。

[130] 门罗·E.普莱斯:《媒介与主权:全球信息革命及其对国家权力的挑战》,北京:中国传媒大学出版社 2008 年版。

[131] 苗苏:《华纳兄弟大举进入中国 计划新开 200 家品牌经营店》,载中国经济网,2006 年 3 月 27 日。

[132] 苗月新:《市场营销学》,北京:清华大学出版社 2007 年版。

[133] 闵阳:《当前中国传媒市场投资分析》,载《当代传播》2005 年第 5 期。

[134] 聂莉:《论中国传媒内容市场准入的规制路径选择》,载《当代传播》2009 年第 1 期。

[135] 聂莉:《外资传媒入华的效应分析——兼论中国传媒市场的开放度》,载《商业经济文荟》2006 年第 3 期。

[136] 齐勇锋、张崎:《2007年中国电影投融资状况分析》,载《2008年中国电影产业研究报告》2008年第6期。

[137] 钱晓文:《外资传媒在华经营模式及其影响》,载《新闻记者》2001年第8期。

[138] 清科研究中心:《中国创业投资年度统计报告》,北京:清科研究中心,历年。

[139] 瞿红蕾:《传媒企业纵向一体化经营模式可行性分析》,载《新闻界》2007年第1期。

[140] 单秀巧:《默多克兵败中国》,载《21世纪经济报道》2006年11月28日。

[141] 慎海雄、曹磊、张周平:《中国互联网外资控制调查报告暨中国外资背景互联网企业榜单》,北京:中国B2B研究中心,2009年。

[142] 石长顺、石婧:《"三网融合"下的传媒新业态与监管》,载《现代传播》2010年第8期。

[143] 苏曼丽:《我国电影市场引外资开闸》,载《东方财经》2008年。

[144] 宋保强、孙立彬:《雅虎兵败中国》,载《IT时代周刊》2006年第9期。

[145] 孙赫男:《西方出版巨头为何纷纷抛售教育出版》,载《出版参考》2007年第10期。

[146] 孙瑞华、施彦斐:《VC掘金:从有线数字电视到网络电视》,载《新经济导刊》2005年第7期。

[147] 孙仁斌:《贝塔斯曼——拓荒者的落日挽歌》,载《经营者》2008年第14期。

[148] 谭扬芳:《对我国互联网海外上市潮的几点思考》,载《北京行政学院学报》2011年第4期。

[149] 唐舰、张晓斌:《中国出版业的资本运作——出版企业上市:走向考场》,载《编辑之友》2008年第2期。

[150] 唐润华:《解密国际传媒集团》,广州:南方日报出版社2006年版。

[151] 童兵:《加入世贸组织三年中国传媒格局的嬗变与前瞻》,载《复旦学报》2005年第1期。

[152] 童兵:《入世一年的中国传媒市场新格局》,载《新闻记者》2003年第1期。

[153] 投中集团:《中国创业投资市场投资行业分析报告》,历年。

[154] 王华等:《外资进入中国出版业专题报告》,载《2006—2007中国出版业发展报告》(中国出版蓝皮书),北京:中国书籍出版社2007年版。

[155] 王华等:《中国出版业对外交流与合作专题报告》,载《2007—2008中国出版业发展报告》(中国出版蓝皮书),北京:中国书籍出版社2008年版。

[156] 王辉:《CNTV:上线后的中国网络视频行业变局与市场规律探析》,载《东南传播》2012年第5期。

[157] 王积龙:《从汤姆森—路透的并购看:增值最快与市场最大》,载《出版参考》2007年第22期。

[158] 王俊豪:《产业经济学》,北京:高等教育出版社2008年版。

[159] 王林:《华纳影院退出中国真相》,载《经济观察报》2006年11月28日。

[160] 王四新:《论广播电视规制的六种理论》,载《现代传播》2009年第3期。

[161] 王晓红:《文化产业利用外资的效应与对策支持》,载《改革》2004年第4期。

[162] 王新业:《迪斯尼VS华纳:动画双雄,谁与争锋》,载《经营者》2008年第5期。

[163] 王星:《等待突破——外资电视媒体在中国》,载《IT经理人世界》2001年第13期。

[164] 王学成:《全球时代的跨国传媒集团》,北京:社会科学文献出版社2005年版。

[165] 魏永征:《西方传媒的法制、管理与自律》,北京:中国人民大学出版社2003年版。

[166] 魏永征:《中国文化业利用业外资本合法性研究》,载《新闻与传播研究》2001年第2期。

[167] 温家宝:《政府工作报告——2011年3月5日在第十一届全国人民代表大会第四次会议上》,人民出版社2011年版。

[168] 闻学、肖海林:《境外传媒资本退出中国市场成因分析》,载《商业研究》2013年第3期。

[169] 闻学、邢红霞、肖海林:《境外资本进入中国出版发行和版权服务市场的模式和分布》,载《出版发行研究》2012年第11期。

[170] 闻学:《当前湖北文化产业跨越式发展的战略思路》,2007湖北发展论坛·湖北和谐文化建设,湖北人民出版社2007年版。

[171] 闻学:《媒介企业面临的新挑战与管理新思路》,载《中南财经政法大学学报》2007年第3期。

[172] 闻学:《我国媒介并购的战略风险与应对策略》,载《管理世界》2007年第8期。

[173] 闻学:《我国媒介经济学的内涵、研究方法及内容和意义》,载《新闻与文化传播论丛》(第3辑),中国财政经济出版社2006年版。

[174] 吴斌:《外资媒体进入中国电视传播领域现状》,载《贵州大学学报》2003年第2期。

[175] 香江波:《中美出版物及版权贸易状况分析》,载《出版发行研究》2006年第9期。

[176] 向志强、颜婷、黄盈:《中国传媒产业区域非均衡发展的增长极分析》,载《现代传播》2010年第7期。

[177] 项仲平、刘静晨:《论网络电视对传统电视的冲击》,载《当代传播》2010年第2期。

[178] 肖海林、周瑶、闻学:《境外资本进入中国出版市场的战略前瞻和政策建议》,载《产业组织评论》2012年第2期。

[179] 肖海林:《企业战略管理:理论、要径和工具》(第一版),北京:中国人民大学出版社2008年版。

[180] 小艾尔弗雷德·钱德勒:《规模与范围:工业资本主义的原动力》,张逸人等译,北京:华夏出版社2006年版。

[181] 谢毅:《试论电视对外传播的本土化策略——境外电视频道本土化给我们的启示》,载《电视研究》2009年第5期。

[182] 新闻出版总署:《全国新闻出版统计资料汇编》,中国书籍出版社,历年。

[183] 信息产业部:《WTO电信业务领域的有关协议规定释义》,载《当代通信》2003年第

12 期。

[184] 邢海恩:《基于供应链的中国电影产业融资模式研究》,北京:北京交通大学出版社 2009 年版。

[185] 邢建毅、陈丽娟:《2007 年五大跨国传媒集团发展研究》,载《现代传播》2008 年第 3 期。

[186] 徐琛:《境外传媒进军中国市场的策略》,载《新闻爱好者》2005 年第 4 期。

[187] 徐放:《论我国网络广告法律规制的完善》,载《法制与社会》2010 年第 20 期。

[188] 徐凤兰:《全球化经营本土化落实——浅论国外传媒的本土化战略的运用》,载《新闻采编》2002 年第 3 期。

[189] 徐文松:《网络电视市场初探》,载《电影评介》2006 年第 16 期。

[190] 薛乾:《VIE 模式产生的原因、风险及对策分析》,载《现代商业》2012 年第 21 期。

[191] 薛求知、彭文兵:《从政治功能浅析美国两类跨国公司进入中国市场的方式与阶段》,载《上海管理科学》2004 年第 1 期。

[192] 亚瑟·赛斯尔·庇古:《福利经济学》,何玉长、丁晓钦译,上海:上海财经大学出版社 2009 年版。

[193] 颜玮楠:《文化地理:跨国传媒集团全球化扩张的阻力——以贝塔斯曼败走中国市场为例》,载《东南传播》2008 年第 11 期。

[194] 杨淳:《我国电影产业的发展现状、存在的问题及建议》,载《思想战线》2010 年第 S1 期。

[195] 杨芳:《外资传媒与中国政府规制博弈的得失》,载《青年记者》2008 年第 6 期。

[196] 杨贵山:《国际出版业导论》,北京:北京大学出版社 2010 年版,第 37 页。

[197] 杨琳桦:《华纳兄弟进入中国影业敏感地带》,载《山西科技报》2004 年 11 月 6 日。

[198] 杨眉:《一年入账 1 亿多,华纳兄弟稳拿内地票房冠军》,载《中国经济周刊》2006 年第 2 期。

[199] 杨文进:《论资本的性质与作用》,载《福建论坛》2010 年第 11 期。

[200] 杨锡怀、王江:《企业战略管理——理论与案例》(第 3 版),北京:高等教育出版社 2010 年版。

[201] 杨樱:《贝塔斯曼之死》,载《纪实》2008 年第 13 期。

[202] 姚德权、曹海毅:《外资进入中国传媒业态势与政府规制创新》,载《吉林大学社会科学学报》2007 年第 2 期。

[203] 姚德权、赵文英:《传媒业外资准入收缩与发展:规制视角》,载《财经理论与实践》2006 年第 6 期。

[204] 耶丹:《〈互联网视听节目服务管理规定〉对网络视频市场的影响》,载《今传媒》2008 年第 5 期。

[205] 叶朗:《中国文化产业年度发展报告》,湖南:湖南人民出版社 2004 年版。

[206] 叶新、石曼云:《美国杂志出版商开拓中国大陆市场策略》,载《出版广角》2006 年第

2期。

[207] 艺恩咨询:《2009—2010年中国电影产业研究报告》,北京:中国电影出版社2020年版。
[208] 尹鸿、程文:《2010年中国电影产业备忘》,载《电影艺术》2011年第2期。
[209] 尹鸿、王晓丰:《中国电影产业备忘》,载《当代电影》2005年第2期。
[210] 尹鸿、萧志伟:《好莱坞的全球化策略与中国电影的发展》,载《当代电影》2001年第4期。
[211] 尹鸿、詹庆生:《2005中国电影产业备忘》,载《电影艺术》2006年第2期。
[212] 尹鸿:《2006年中国电影产业备忘》,载《电影艺术》2007年第2期。
[213] 尹鸿:《2007年中国电影产业备忘》,载《电影艺术》2008年第2期。
[214] 尹鸿:《2008年中国电影产业备忘》,载《电影艺术》2009年第2期。
[215] 尹鸿:《2009年中国电影产业备忘》,载《电影艺术》2010年第2期。
[216] 尹鸿:《2002—2003年中国电影产业备忘》(上),载《电影艺术》2004年第2期。
[217] 尹鸿:《欲来山雨满楼风:2001年中国电影备忘》,载《电影》2002年第2期。
[218] 尹韵公:《中国新媒体发展报告(2012)》,北京:社会科学文献出版社2012年版。
[219] 余宏华:《构建传媒业外资流入及流向机制》,载《青年记者》2008年第26期。
[220] 余宏华:《基于产业安全视角的中国传媒业外资作用机制研究》,长沙:湖南大学出版社2008年版。
[221] 禹建强:《传媒营销管理》,北京:华夏出版社2004年版。
[222] 喻国明、苏林森:《中国媒介规制的发展、问题与未来方向》,载《现代传播》2010年第1期。
[223] 喻国明、张小争:《传媒竞争力——产业价值链案例与模式》,北京:华夏出版社2006年版。
[224] 喻国明:《当前中国传媒业发展客观趋势解读》,载《现代传播》2004年第2期。
[225] 喻国明:《中国传媒发展指数报告2010年》,北京:人民日报出版社2010年版。
[226] 喻思变、赵永新:《第30次中国互联网络发展状况统计报告》,北京:中国互联网络信息中心,2012年。
[227] 约翰·纳什:《纳什博弈论论文集》,张良桥、王晓刚译,北京:首都经济贸易大学出版社2000年版。
[228] 翟光勇:《中国网络视频行业竞争态势与发展战略研究》,载《学术界》2011年第4期。
[229] 张成考:《21世纪营销组合的创新思维——"4R"营销组合理论》,载《工业技术经济》2004年第3期。
[230] 张鸿霞:《我国传媒产业开放政策分析》,载《报业新论》2006年第11期。
[231] 张辉锋:《跨国传媒集团的低成本战略——兼论对中国传媒集团的启示》,载《国际新闻界》2003年第1期。
[232] 张金海、梅明丽:《世界十大传媒集团产业发展报告》,武汉:武汉大学出版社2007

年版。

[233] 张良卫：《网络视频：主流之路渐行渐近》，上海：光大证券出版社 2012 年版。

[234] 张美娟、何国军、周瑜：《基于产业组织理论的中国出版产业研究述评》，载《出版科学》2010 年第 5 期。

[235] 张楠：《网络电视发展趋向分析》，载《黑龙江科技信息》2010 年第 15 期，第 39 页。

[236] 张鹏洲：《传媒信息安全策略与实施》，北京：中国传媒大学出版社 2007 年版。

[237] 张倩：《国际资本流动文献综述》，载《商业文化》2012 年第 11 期。

[238] 张珊珊：《网络对中国影视艺术传播的影响》，保定：河北大学出版社 2008 年版。

[239] 张婷：《AOL 时代华纳中国二度折戟》，载经济观察网 2009 年 3 月 12 日。

[240] 张维迎：《博弈论与信息经济学》，上海：上海人民出版社 2004 年版。

[241] 张文彦、肖东发：《从全球出版结构审视中国出版文化软实力》，载《江苏大学学报》（社会科学版），2010 年第 1 期。

[242] 张孝德：《国外风险投资机构在中国投资的特点及发展趋势》，载《东南大学学报》（哲学社会科学版），2002 年第 6 期，第 64—66 页。

[243] 张新：《我国利用外资的地区分布特点与对策》，载《武汉教育科学院学报》1999 年第 2 期。

[244] 张新华、王建生：《出版物分销市场：在外资的冲击下》，载《出版参考》2007 年第 1 期。

[245] 张咏华、潘华、刘佳：《境外媒体进入上海的现状与挑战》，载《新闻记者》2005 年第 6 期。

[246] 张志君：《全球化与中国国家电视文化安全》，北京：中国传媒大学出版社 2006 年版。

[247] 张志安：《媒介败局》，广州：南方日报出版社 2010 年版。

[248] 张众：《"内容为王"的网络视频产业模式构建》，载《湖北工业大学学报》2009 年第 6 期。

[249] 章宏伟：《2010 年出版大事记》，载《编辑之友》2011 年第 1 期。

[250] 招斯喆：《解析电视与网络的融合》，载《电影评介》2010 年第 11 期。

[251] 赵嘉麟、杨静：《〈财富〉全球论坛在京闭幕——时代华纳：找到理想伙伴》，载《中国经济网》2005 年 5 月 19 日。

[255] 赵景华：《跨国公司在华子公司战略比较研究》，北京：经济管理出版社 2006 年版。

[256] 甄荣军：《2005：境外资本逼宫影视传媒》，载《互联网周刊》2005 年第 3 期。

[257] 甄巍杰、王海：《4R 营销理论在传媒领域的应用》，载《新闻爱好者》2010 年第 9 期。

[258] 郑保卫：《论媒介经济与传媒集团的发展》，北京：中国人民大学出版社 2003 年版。

[259] 郑保卫：《媒介产业：全球化·多样性·认同》，北京：中国传媒大学出版社 2007 年版。

[260] 郑健、贺超：《Android 和 Chrome 的发展与未来》，载《移动通信》2010 年第 11 期。

[261] 郑彦：《卓越与当当：从差异到趋同》，载《出版广角》2008 年第 6 期，第 37—39 页。

[262] 中国 B2B 研究中心：《中国互联网外资控制调查报告》，2009 年。

[263] 中国出版工作者协会:《中国出版年鉴》,北京:商务印书馆,2001—2010 各年。

[264] 中国电影家协会:《2011 中国电影行业研究报告》,北京:中国电影家协会,2011 年。

[265] 中国风险投资院:《新媒体行业投资分析报告》,载《中国风险投资院》2009 年。

[266] 中国互联网络信息中心:《中国互联网络发展状况统计报告》,北京:中国互联网络信息中心,历年。

[267] 中国互联网络信息中心:《2010 年中国网络视频发展报告》,北京:CNNIC 互联网络研究中心,2011 年。

[268] 中国排行榜网:《2011 中国互联网企业 100 强》,http://trade.phb168.com/list3920/231962.html,2011-06-11。

[269] 中国新闻出版总署出版产业发展司:《2009 年新闻出版产业分析报告》,北京:中国新闻出版总署出版产业发展司,2010 年。

[270] 中国互联网络信息中心:《中国移动互联网发展状况调查报告》,北京:中国互联网络信息中心,2012 年。

[271] 钟瑛:《我国互联网发展现状及其竞争格局》,载《新闻与传播研究》2006 年第 4 期。

[272] 周翠君、魏文起:《外资传媒进入中国电视业途径——兼析全球化压力下的中国电视节目资源》,载《采写编》2003 年第 5 期。

[273] 周海英:《中国数字出版产业竞争状况分析》,载《中国出版》2008 年第 7 期。

[275] 周鸿铎:《传媒产业资本运营》,北京:经济管理出版社 2003 年版。

[276] 周鸿铎:《传媒业的结构调整与政策护航》,载《传媒》2009 年第 6 期。

[277] 周琳、夏永林:《网络广告》,西安:西安交通大学出版社 2008 年版。

[278] 周新军:《外资媒体登陆中国,利兮?弊兮?》,载《中国外资》2003 年第 6 期。

[279] 朱春阳:《传媒营销管理》,广东:南方日报出版社 2004 年版。

[280] 朱金凤:《中国传媒业外资准入规制研究》,长沙:湖南大学出版社 2008 年版。

[281] 朱金凤:《如何完善传媒外资规制》,载《青年记者》2008 年第 10 期。

[282] 朱金玉、巢立明:《中国广播电视业发展战略》,上海:上海人民出版社 2006 年版。

[283] 朱诠、卫朝峰、海继才:《外资进入中国出版业的现状及应注意的问题》,载《编辑之友》2003 年第 2 期。

[284] 邹欣、蔡明超:《高科技产品市场多产品完全垄断研究》,载《科技进步与对策》2009 年第 9 期。

[285] A. Marvasti. Motion Picture Industry: Economies of Scale and Trade [J]. International Journal of the Economics of Business, 2000, 7(1): 99—114.

[286] Abbott. K. W, D. Snidal. International 'Standards' and International Governance [J]. Journal of European Public Policy, 2001, 8(3):345—370.

[287] Agarwal, S., S. N. Ram Swami. Choice of Foreign Markets Entry Mode: Impact of Ownership, Location and Internationalization Factors [J]. Journal of International Business Stud-

ies, 1992, 23(1).

[288] Alan B. Albarran. Global Media Economics—Commercialization, Concentration and Integration of World Media Markets [M]. New York: Iowa State University Press, 1996.

[289] Brunger-Weilandt. Quality-Key Factor for High Value in Professional Patent, Technical and Scientific Information[J]. World Patent Information, 2011, 33(3):230—234.

[290] Buckley P. J. , M. C. Casson. An Economic Model of International Joint Venture Strategy [J]. Journal of International Business Studies, 1996, 27(4):849—876.

[291] Clement G Krouse. Local Exchange Competition and the Telecommunications Act of 1996 [J]. Information Economics and Policy, 2003, 15(2):223—241.

[292] David W. K. Yeung, Leon A. Petrosyan. Cooperative Stochastic Differential Games[J]. New York: Springer Science Business Media, Inc. 2006.

[293] Dupagne, M. Factors Influenceing the International Syndieation Market Place in the 1990s [J]. Journal of Media Economics, 1998(3):3—29.

[294] E. Ray Canterbery, A. Marvasti. The U.S Motion Picture Industry: An Empirical Approach [J]. Review of Industrial Organization, 2001, 19(1):81—98.

[295] Gillian Doyle. Media Ownership: The Economics and Politics of Convergence and Concentration in the UK and European Media [M]. London: Kingston Press, 2002.

[296] Gliver P. Deep Structure: Copyright, Contracts and the Business of Publishing[J]. Journal of Scholarly Publishing, 2004, 60(3):125—132.

[297] Hamelink. Cultural Autonomy in Global Communications: Planning National Information Policy [M]. New York: Longman Press, 1983.

[298] Hodgson G M, Rothman H. The Editors and Authors of Economics Journals: a Case of Institutional Oligopoly [J]. The Economic Journal, 1999, 109(453):165—186.

[299] Jaemin Jung. Acquisition or Joint Ventures: Foreign Market Entry Strategy of U. S. Advertising Agencies [J]. Journal of Media Economics, 2004, 17(1):35—50.

[300] Jennifer Wing See Chau. The Chinese Film Industry's Soft Power Implications [D]. California, Los Angeles: University of Southern California, 2009.

[301] Masanao Aoki, Hiroshi Yoshikawa. Demand Saturation-Creation and Economic Growth [J]. Journal of Economic Behavior & Organization, 2002, 48(2): 127—154.

[302] Mu Lin. Changes and Consistency: China's Media Market after WTO Entry [J]. Journal of Media Economics, 2004, 17 (3):177—192.

[303] Noam. Eli. Video Media Competition: Regulation, Economics and Technology [M]. New York: Columbia University Press, 1985.

[304] Reichamn J H. Universal Minimum Standards of Intellectual Protection Under the TRIPS Component of the WTO Agreement [J]. International Lawyer, 1995.

[305] Root. Franklin Reentry Strategies for International Markrts[M]. Jossey-Bass,1987.
[306] Seio Nakajima. The Chinese Film Industry in the Reform Era: Its Genesis, Structure and Transformation since 1978[D]. Berkeley: University of California, Berkeley, 2007.
[307] Timothy Besley, Andrea Prat. Handcuffs for the Grabbing Hand? The Role of the Media in Political Accountability [J]. American Economic Review, 2001, 96(3):720—736.
[308] Tirole Jean. The Theory of Industrial Organization [M]. MIT Press, 1988.
[309] Weber 1 G. Challenges Facing China's Television Advertising Industry in the Age of Spiritual Civilization: An Industry Analysis [J]. International Journal of Advertising, 2000, 19(2): 259—281.
[310] Xinyu Dong. China at Play: Republican Film Comedies and Chinese Cinematic Modernity [D]. Cambridge, Massachusetts: Harvard University, 2009.
[311] Yiu Ming, Ray Yep. Global Capital and Media Control:A Case of Joint Venture in China's Media Market before WTO[J]. East Asia ,2008,25(2):167—185.
[312] Yuanzhi Zhou. Capitalizing China's Media Industry: The Installation of Capitalist Production in The Chinese TV and Film Sectors [D]. Illinois, Champaign: University of Illinois at Urbana—Champaign, 2007.

关键词索引

A

阿里巴巴 57,81,259,260,263,264,269, 270,283,285,286,297,303,383,391,393, 408,417,424

阿歇特 21,24,26,32,37,64,80

艾萌阁集团 15,19,23,29,38

案例研究 7

奥本海默基金公司 87

澳大利亚 147,238,255,256,258,264,266, 407,408,418,427

B

巴诺集团 57

百度 34,37,51,81,90,100,101,197,201, 204,239,260,264,270,277,283,285,286, 292,298,308,309,312,314,316—318, 330,331,347,355,360,375,386,398,402, 405,414—416

版权合作出版 19

北青传媒 20,38,266

贝恩资本 295,424,425

贝塔斯曼集团 15,16,21,23,26,29,59— 61,86

本土化战略 4,31,62,63,141,170,208, 227,240,291,292,344,349,355,361,366, 380,389,395

比较分析 7,210,215,216

并购 3,16,17,41,49,60,61,63,64,66— 73,75,77,82,87,95,108,115,138,175, 190,195,201,205,211,223—225,243, 248,250,269,270,272—276,282,284, 290,293,302,303,322—324,333—335, 338,339,341—345,349,350,355,357, 358,360,362,364,365,368,375,376,378, 380,394,395,398,400

并购战略 9,69,356,362,380,393

播出渠道市场 160,195

博瑞传播 46

C

CRCM 259,261,262,268,270,408,411, 412,414

财务资本 6,102,225,248—252,268,272, 282,294—296,299,323,333,343,347, 349,350,359—361,374—376,380,394

差异化程度 51,52,152,187,212,352,353

"差异化+低价格" 13,113,148,152,212,

213,217,221,222,226—228,235,236,240,291,293,294,323,395,399,400

差异化战略　5,13,149,170,173,193,195,196,213,293,294,343,346,350,353,356,360,361,366,380,399

产业规制理论　9

产业环境　3,7,8,11,30,184,392

产业经济特征理论　9,245,353

产业链分布　393

产业链结构　104,159

产业整合　105,108

产业支撑　109

产业资本　6,102,248—250,268,272,273,282,291,293,304,323,333,343,349,353,356,359—361,363,377,380,394

产业组织理论　9

长期顾客关系　356

撤离转移　383,391,393

成本领先战略　5,149,399

出版传媒　17,20,21,32,46,47,49,62,63,65,73,78

出版市场　3,8,15,18,28,30,39,40,43,44,50,53,55,64,65,69—73,102

出口进入　3,36,72,198,394

传媒格局　1,7,11,241,394,397

传奇东方　105,117,126

D

DCM　94,260,262,263,268,270,299,300,332,407,410,411,419—424,427

打擦边球　4

打"擦边球"　5,174,392

丹麦　15,19,23,29,38

当当网　34,38,52,53,57—59,66,67,81,100,260,270,285,287,297,299,427

德国　15,19,23,25—27,29,31,36,40,41,49,72,86,206,255,256,258,260,381,409—411,418

德意志银行　87,127—129

第一视频　197,201,402,423

电视产业价值链　142—144,146

电视市场　3,9,11,139,144,147,150,155,157,158,163,164,169—171,173—178,182—185,188—196,208,238,393—396

电信队　197,198,212,234,239

电影产业价值链　142,144,146

电影产业形态　103

电影市场　3,8,103,104,108—116,119,120,125—127,130,131,137,139,142,148,149,153,154,238

电子图书　62,77,80,88,89,97,100—102,307,313

鼎晖投资　80,87,95,332,340

东盟卫视事件　174

对等落地　35,140,168,392,395

多维资源整合　212,214,217,226,235,236,240

E

俄罗斯　168,255,256,405

F

FMR　259,261,269,405,407,408,412,415

发行市场　46,56,66,72,106,132,391,393

法国　24—26,32,33,80,108,125,132,167,255,256,258,293,407,408,412,418

反复进退　383,391

泛华科技　23

放开准入　396

放映市场　107,132,133,136,142,143

447

非股权进入　163

非敏感领域　396

分布特征　12,13,86,393,396

分众传媒　110,169,176,260,261,274,286,294,337,342,414,415,417

风险投资　80,84,87,89—92,94,95,102,127,130,131,169,193,195,198—200,223,235—237,240,247,251,261,262,266,268,270,272,288,296,329—331,333,334,339,341—343,347,349,356,357,360,361,375,376,378,380,391,393,395,401,414,431

风险资本市场　127,129,153

服务进入　82,102

负面效应　5,177,178

G

高盛集团　87,331

哥伦比亚电影公司　121,122

供应商议价能力　211,322,324,351

购买境外上市中国企业股票　393

购买者议价能力　351

谷歌　9,37,241,253,254,304—309,312—322,324,330,365,381—383,386,391,393,394,396,426

谷歌事件　304,305,307—309,315—322

股权结构限制　396

股权进入　168,169,239

股权转让　289,382,383,391,393

关系营销　18,27,72,139,154,345,392

广电队　197,198,207,210,212,216,217,224—226,230,234,235,239

广告市场　27,28,35,155,159,161,162,182,195,196,211,214,219,326,329,333—335,338,341,353,359,362,364,

368—374,376—380,393—395

规范性影响　13

规范研究　7

国际化战略　3,4,9,63,138,141,170,171,208,240,291,365,394,395,399

国际新闻出版总署

国家安全　1,2,12,99,137,138,149,151,152,304,320,321,324,358,396,400

国家竞争优势　40,42,43

H

Havas集团　328,335,336,429,431

韩国　25,44,89,108,125,135,136,157,165,168,174,177,206,228,255,256,404,409,418

合拍电视剧　159,164,192

合同进入　3,36,72,198,201,237,239,240,394

荷兰　24,26,40,125

核心价值观　4,6,111,112,314,317,318,320,393

赫斯特集团　23,29

行业预警机制　398

横向多元化　62,65,73,395

红杉资本　92,130,136,225,253,260,262—264,267,269—271,299—301,349,394,402,408,410,416

宏观环境　3,9,243

宏盟集团　328,334—336,342,346,347,429,430

互补性合作　196

互联网队　197—199,210,211,214,216,217,230,234—236

花旗集团　88

华纳兄弟　111,121,127,135,137,139,142,

145—149,206,238,381,403
华特迪士尼
华闻传媒 17,46
环球影片公司
环球影业 121,122,403
混合战略 13

I

IDG 集团 23,29,407
IPG 集团 328,335,337

J

集中化战略 5
加拿大 25,26,40,125,177,255,256,258,259,264,408
甲骨文公司 75,79
价值链理论 4,9
价值网战略 142,393,395
间接进入模式 80,102
监管层次 398
监管挑战 8
渐进发展战略 28,72
节目出口 139,154,159,164,192,237
节目市场 155,159,163,177,195,196,235,240
结构性特征 1,6—8
进入壁垒 4,30,31,50—53,66,178,183,185,186,188,210,222,223,245,247,248,351,353,355,356,359—362,393,396,397
进入方式分布 394
京东商城 37,57,58,67,294,295,422,423,425,426
经济安全 1,2,151
经济主权 319,396
经营环境 3,316,392

竞争对手分析模型 9,59
竞争性合作 196
竞争性垄断 195,196,222,247,355
竞争优势理论 9
境外大型资本集团 6,8,392—394
境外先入者 152
境外资本机构类型分布 394
境外资本来源分布 394
绝对控股 262—264,364,365,396,397

K

凯雷投资集团 74,80
可变利益实体 198,201,202,237,240,276,283,284
酷 6 197,201,214,215,230,231,234,235,239,297,401,403,424
跨国战略 4,28,72,141,152,154,170,171,195,208,227,240,343,344,360,361,380,395,399

L

LG 132,207,208,307
L 型规模经济曲线
蓝海战略 5,113,399
老虎基金 93,272,295,299,407,417,419,421,422
雷曼兄弟 93,421
棱镜门 241,315,396
里德·爱思唯尔集团 20,21,26
柳斌杰 31
龙源期刊 88,100
垄断性合作 196

M

麦格—希尔集团 20

449

美国 8,15,18,19,23—27,29,31,36,39—41,44,49,51,57,63,67,72,74,75,79—82,87—89,91,95,97,98,105,106,108,110,112,114,117,123,125—127,130,135,137,138,140,141,143,146,157,158,160,166—169,171,173,201,204,206,210,228,238,241,249,253—257,259—264,266—268,270,271,273,274,285—287,291,292,296—298,302—304,314—321,323,325,326,330,332,334,335,344,347,354,356,364,365,377,381,382,384,385,387,389,394,396,401,403,405—417,426

美国在线 145,157,168,169,381—384,390,404

梦工厂 121,126,127,154,209,403

米拉德控股集团 88

敏感领域 396,397

摩根斯坦利 260,262,416

N

南非 20,29,255,256,264,266,268,303,405,418

内部创业 3,5,224,248,345,358

内容监管 70,73,396,397

内容进入 82,102

内容授权 19

O

ORBIS控股公司 263,264,270

P

PEST分析模型 9,243

派拉蒙影业公司 121

培生集团 15,19—21,23,26,29,31,59—61,63

品牌合作出版模式 18,38

苹果 37,75,82,85,90,253,321

Q

QFII 17,38,193,250,272,273,275,323,393

潜在风险 137,152,290,320

青海卫视事件 174

渠道壁垒 186

权力营销 5,392

全景式研究 13

全面本土化 13,141,154

全面本土化战略 65,70,141,152,393,399

全球战略 4,111,115,208,209,227,240,344,395

R

人人电影 126,127

日本 25,26,31,36,44,49—51,72,87,98,105,125,135,136,157,165,167,169,253,255—257,259,260,263,264,266,268,274,278,326,337,379,405,407,408,410,417,424,430

日本电通 334,335,431

软银中国 92,215,401,402,422,424,425,427,428

瑞典 255,256,411,418

S

ST传媒 46

三网合一 192

三星 85,132,157,160,161,166,181,187,207,208,238,307,336,404,429

设备进入 82,102

盛大文学 89,95—101

时代出版 17,46,47

时代华纳 6—8,105,108,116,118,119,121,136—154,157,166—168,225,238,249,381,382,384,385,390,391,393,404

实力型资本集团 323,392

实证研究 6,392

使命 4,6,9,42,43,60,70,73,111,112,137,157,175,253,315,322,380,395,397

20世纪福克斯 117,121,122,154,179,403

市场集中度 5,49—53,56,66,68,133,222,310—312,353,355,375,395

市场结构 3—5,43,47,49—53,56,66,68,136,152,184,195,196,222,223,247,310,311,355,385,393,394,398

市场吸引力 4,59,64

市场占有率限制 117,396,397

手机出版物 77,93

数据库出版物 77

数字报纸 76,77,83,86,87

数字出版市场 3,68,74,77,83,100—102

数字期刊 77,82,86,88,95,97

数字音乐 77,91

双向版权合作 19

双向锁定 9,12,13,153,305,307—309,315,320,321,324,396,400

双向锁定型境外著名传媒集团 321

伺机进攻战略 148,153,393

索尼 105,121,122,125,127,129,154,166,168,206—209,238,307,403,404

T

TOM集团 16,17,24,150,167,176,404

台湾 21,25,36,72,89,91,98,147,215,403

台湾出版事业协会 24

汤姆森路透集团 15,21,26,59,61

特许经营 24,33

天生国际 372,373,378,380

天舟文化 17,20,38,50

同方知网 88

投资进入 3,36,37,43,72,182,195,198,237,239,240,374,394

投资偏好 9,241,254—256,258,266,269,270

土豆 197,201—203,209,214,215,217,221—223,230,231,234,235,285,287,296,332,375,401,403,411,415,418,421,427

W

WPP 328,329,335,336,338,339,341,342,344,349,363—366,368,429—431

WTO 1,3,7,15—18,31,33,35,103,106,119,120,139—141,148,157,183,185,191,225,243,250,326,329,330,341

外围进入 392

完美时空 89,98,99,260,263,264,286,297,416,417,427

皖新传媒 17,46,47

万方数据 88

网络产业价值链 142,145,146

网络地图 77

网络电视市场 162,163

网络动漫 77,83

网络广告市场 3,9,219,325—331,333—335,337—343,345—347,349—365,368,369,371,372,374—380,395

网络教育出版物 77,93

网络媒体 1,2,7,9,12,13,62,216,227,241—254,263,273,275,276,278,279,

451

291—293,295,296,301—304,310—315,320—324,327—330,333,334,337,338,341,343,345,349,355,356,358—360,372,374,375,377—379,392—400

网络媒体市场 3,6,7,9,11,241,247—250,252,253,271—279,282—284,288,291—296,299,301—305,310,311,320—324,328,333,355,380,393—396

网络视频 197—201,203—219,221—240,242,246,261,266—268,280,281,285,295—297,300,333,339,359,362,402,403,419,421—428

网络视频市场 3,9,11,163,197—200,202,204,208,209,216—219,222—229,234,235,237,240,281,401

网络游戏 77,83,84,89,95,96,98,99,242,246,261,267,268,273—275,279—282,285,293,295—298,300,323,343,346,361,375,405,407,410,419—428

网络原创文学 77,96

网台合作 232

威科集团 16,21,24,26

唯一风向标 138,182,196,392

维普资讯 88

维亚康姆 113,116,164,166,168,170,171,173,175,178,181—184,190,225,238,239

文化安全 1,2,27,35,36,69—71,119,178,378,379,387,396—398,400

文化主权 319,320,396

文艺复兴科技公司 261,262,270,416

五力分析模型 9,185

X

西班牙 26,60,91

习近平 1,141

细分行业分布 323,393

夏普 207,208

相对控股 254,261,264,266,396,397

香港 8,16,17,20,21,23—25,29,38,51,87,105,109,110,113,117,122—129,133—136,140,141,144—147,160,166,167,169,174,179,201,203,206,239,266,270,286,287,297,298,304,307,330,377,382,383,396,409

协同效应 13,64,65,184,190,215,249,273,293,357,378,395,399

协议控制 80,82,101,102,201,217,240,282,288,290,304,323,393,394

新华传媒 17,38,46,47,135

新华网络电视台 201

新华文轩 20,38

新加坡 31,87,125,144,166,168,255,256,411—413

新浪 37,43,81,87,89,100—102,197,201,204,206,215,230,235,260,261,263,270,275,277,283—286,298,331,373,389,390,404—408,415—418

信息安全 1,2,151,291,302,324,387

信息主权 320,396

行为特征 5,7,12,13,137,163,174,182,195,259,305,315,321,324,333,363,380,392,396,400

选择性退出 384,391

Y

雅虎 176,260,264,267,274,293,339,347,382—385,389—391,393,394,405

亚马逊集团 15

衍生品市场 146,159,162,193,195,196

阳狮集团 328,335,336,342,345,429—431

452

业务竞争战略 5,139,148,152,208,240,291,323
易观国际 46,89,91,93,308
意大利 26,132
英国 15,19,23,25—27,29,31,36,40,72,80,82,87,125,157,164,167,169,206,254—257,344,406,408,409,417
营销组合 5,9
永华电影城 118,137,142,147
优酷 165,197,201,203,206,209,214,215,217,221—223,230—232,234,235,239,285,287,295,297,332,401,403,412,414—416,418,424—426,428
迂回进入 140,154,169,176,188,193,392
欲放又止 69
愿景 4,6,9,43,60,111,112,137,153,157,158,253,315,322,380,395

Z

战略合作 3,5,20,26,27,37,54—56,58,78—80,83,102,105,117,165,173,174,177,195,198,204,205,208,209,214,223,224,233,235—237,239,240,317,333,338,339,347,350,362,366,375,380,403,404
战略联盟 5,18,29,37,105,117,140,142,154,173,180,192,346,347,360,362,377,380,392,404
战略逻辑 7,12,13
战略特征 6,8,12,137,138
战略效应 8,12,13,137,313
战略新趋势 12,13,394,395
战略性投资 6,268,269,273,275,294,295,323
战略意图 8,12,137,145,175,195,301,323

整体效应 13,279
正面效应 176
证券市场 127,129,153,273
政策壁垒 4,37,50,52,66,70,72,75,102,116,139,153,154,162,164,185,193,195,202,208,210,237,240,387,392,394,397
政策思路 10—13,70,73,392,396,397
政府规制 4,5,16,27,35,37,70,71
政府谈判 140,154,317,320,392
政治安全 1,2,70
政治主权 318,319,396
直接解散 382,383,391,393
直接进入模式 79,102
直接投资模式 15
植入广告 127,131,132,153,231,237
中长期信贷市场 127,128,153
中方托管 383,391,393
中影华纳横店 105,118,126,127,133,139,140,142,147,149,150,153
转换成本 53,58,186,187,210—212,312—314,352,362
卓越网 16,17,52,53,58,59,66,67,274,292
卓越性价比战略 148,149,393,399
资金壁垒 178,185
自然垄断 13,312,320,398,399
纵横中文网 89,98,99
纵向一体化 63,65,66,73,97,108,142,170,171,184,195,196,343,345,350,366,368,380,394,395,399,400
钻石模型 9,278
钻石体系 40,41
最优成本供货商战略 5,170,171,195,196,399

453